UML en action

De l'analyse des besoins à la conception en Java

CHEZ LE MÊME ÉDITEUR

DU MÊME AUTEUR

P. Roques. – **Les Cahiers du programmeur UML : modéliser un site e-commerce.**.
N°11070, 2002, 168 pages.

P. Roques. – **UML par la pratique, 2e édition**. *Cours et exercices.*
N°11246, 2003, 312 pages. *(Parution février 2003)*

AUTRES OUVRAGES

Modélisation objet – UML

P.-A. Muller, N. Gaertner. – **Modélisation objet avec UML**.
N°9122, 2e édition, 2000, 520 pages + CD-Rom PC.

G. Booch, J. Rumbaugh, I. Jacobson. – **Le guide de l'utilisateur UML**.
Collection *Technologies objet/Référence*. N°9103, 2000, 552 pages.

C. Soutou. – **De UML à SQL**. *Conception de bases de données.*
N°11098, mai 2002, 450 pages.

D. Carlson. – **Modélisations d'applications XML avec UML**.
N°9297, 2001, 354 pages

J. Conallen. – **Concevoir des applications Web avec UML**.
N°9172, 2000, 320 pages.

Processus de développement

A. Shalloway. – **Design patterns par la pratique**.
N°11139, 2002, 278 pages.

J.-L. Bénard, L. Bossavit , R.Médina , D. Williams. – **L'Extreme Programming, avec deux études de cas.**
N°11051, 2002, 300 pages.

A. Cockburn. – **Rédiger des cas d'utilisation efficaces**.
N°9288, 2001, 320 pages.

I. Jacobson, G. Booch, J.Rumbaugh. – **Le processus unifié de développement logiciel**.
N°9142, 2000, 510 pages.

B. Meyer. – **Conception et programmation orientées objet**.
N°9111, 2000, 1223 pages.

UML
en action

De l'analyse des besoins
à la conception en Java

Pascal ROQUES
Franck VALLÉE

Deuxième édition 2003

EYROLLES

ÉDITIONS EYROLLES
61, Bld Saint-Germain
75240 Paris Cedex 05
www.editions-eyrolles.com

Ce livre est dédié à tous ceux qui œuvrent pour la paix dans le monde.

Préface

UML s'est très rapidement imposé comme le langage standard pour la modélisation objet des systèmes d'information. Mais UML n'est qu'un langage, et dans les centaines de pages qui décrivent sa sémantique et ses annexes, rien ne dit concrètement comment il convient de s'en servir, au jour le jour, dans un projet réel.

Quand Pascal Roques et Franck Vallée m'ont demandé de préfacer leur ouvrage sur la mise en œuvre d'UML, au travers d'une étude de cas complète, je me suis tout de suite dit que la rédaction d'un tel ouvrage ne devait pas être une chose aisée, car s'il est facile de discuter d'un projet informatique autour d'une tasse de café, il est en revanche bien difficile de décrire la démarche suivie et l'enchaînement et la logique des activités qui ont été menées. Le risque est grand de sombrer dans les détails ou de se limiter à des généralités.

UML en action évite magistralement ces écueils et nous apporte, dans un style agréable à lire, une description précise et motivée d'une manière éprouvée de modéliser une application informatique avec UML, depuis l'analyse des besoins, jusqu'à la réalisation finale avec Java, en passant par la description de l'architecture et les différentes activités de conception.

Ce livre répond parfaitement au réel besoin des informaticiens, confrontés à la transition vers UML et à la recherche d'exemples concrets de sa mise en œuvre. *UML en action* est le résumé du savoir-faire de Pascal Roques et de Franck Vallée ; c'est aussi un ouvrage pragmatique et très accessible. Je suis certain que sa lecture aidera beaucoup d'informaticiens à franchir avec succès le cap de la modélisation avec UML.

Pierre-Alain Muller
Président-Directeur Général
ObjeXion Software

Table des matières

CHAPITRE 9 : CONCEPTION GÉNÉRIQUE 199

CHAPITRE 10 : CONCEPTION PRÉLIMINAIRE 233

CHAPITRE 11 : CONCEPTION DÉTAILLÉE 269

ANNEXE 1 : BIBLIOGRAPHIE 325

ANNEXE 2 : RAPPELS DE NOTATION UML 1.4 337

ANNEXE 3 : SYNTHÈSE DES STÉRÉOTYPES UML 357

ANNEXE 4 : RÉCAPITULATIF DES CONSEILS ET DES PIÈGES 365

Chapitre 1 Introduction

Depuis la parution, il y a maintenant cinq ans, du livre de P.A. Muller [Muller 97] chez le même éditeur, de nombreux autres auteurs ont apporté leur contribution à la diffusion du langage UML, avec des points de vue souvent complémentaires, tels que [Kettani 98] et [Soutou 02].

Les « pères » d'UML eux-mêmes ont décrit dans le détail les concepts, les notations et la sémantique du langage dans des ouvrages de référence [UML-UG 99] et [UML-RM 99].

Alors pourquoi un autre livre sur UML ?

Les professionnels de l'informatique cherchent régulièrement des exemples concrets à partir desquels ils pourront élaborer leurs propres projets. C'est à cette préoccupation très pragmatique que souhaite répondre ce livre qui, pour illustrer UML, présente une étude de cas réaliste couvrant toutes les étapes du processus de développement.

Cette approche est retenue depuis longtemps à **Val***tech,* dans le cadre de l'offre de formation aux entreprises :

- le cours « Modéliser les besoins et analyser avec UML » est consacré à la présentation générale d'UML et de son utilisation pour l'expression des besoins et la spécification détaillée ;
- le cours « Analyse et conception avec UML et les patterns » offre un panorama complet de l'utilisation d'UML dans une démarche de type processus unifié ;
- le cours « Concevoir avec les design patterns en UML, pour Java » complète le cours d'analyse par l'application d'UML à la conception d'un produit Client/Serveur développé en Java ;
- le cours « Concevoir avec les design patterns en UML, pour C++ » est son homologue pour le langage C++.

Ce livre est construit à partir de ce matériel pédagogique éprouvé et de notre expérience à l'enseigner. Cependant, notre métier de consultant ne consiste pas à répéter les mêmes formations. Dans le cadre de missions d'assistance et de conseil, notre offre se prolonge auprès des équipes de projets. C'est donc cette expérience du terrain ainsi que notre exigence d'aboutir à des réalisations concrètes que nous avons essayé de retranscrire dans ce livre.

En conséquence, vous ne trouverez pas ici de description formelle exhaustive du langage UML, ni de réflexions théoriques sur un quelconque aspect de sa dernière version. Mais ce livre vous montrera l'application pratique d'UML à partir d'un développement complet. C'est ainsi que vous apprendrez :

- à utiliser UML pour capturer les besoins des utilisateurs ;
- à analyser ces besoins avec UML ;
- puis à concevoir avec UML et les design patterns en vue d'un développement Java.

En dernier point, nous vous livrons un processus de développement qui, adapté au développement des systèmes Client/Serveur, s'inscrit dans la famille des « Unified Process ».

Loin de nous prétendre exhaustifs, ou détenteurs d'une vérité absolue, notre unique ambition consiste à présenter notre approche du développement logiciel avec UML, afin que vous puissiez en bénéficier à votre tour.

Prérequis

Ce livre est en quelque sorte le pendant pratique de la théorie UML ; il a été essentiellement pensé comme le complément utile d'un ouvrage de référence tel que [UML-RM 99].

Pour pouvoir en tirer pleinement profit, nous vous conseillons donc de connaître les rudiments de l'approche objet. Les termes classe, instance, encapsulation, héritage et polymorphisme doivent vous être familiers. Dans la plupart des cas, la pratique d'un langage de programmation objet suffit pour acquérir ces concepts.

En second lieu, il convient d'avoir compris ce qu'est une méthode de développement logiciel qui intègre notamment un support de modélisation. La connaissance d'une méthode de type Analyse Structurée (SA, SADT, SA-RT...), de Merise, ou de tout autre méthode orientée modélisation, vous permettra de mieux situer la démarche que nous mettons en pratique dans cet ouvrage.

Ce livre ne fait que rappeler les rudiments d'UML, dans la mesure où il existe aujourd'hui suffisamment d'ouvrages sur le sujet. Néanmoins, l'annexe 2 présente rapidement les 9 diagrammes d'UML 1.4.

Structure de l'ouvrage

Cet ouvrage s'articule autour de l'étude de cas SIVEx, que vous découvrirez en temps utile (chapitre 3). Comme c'est avant tout un guide pratique d'utilisation d'UML dans diverses situations, il ne manque pas une occasion d'utiliser UML. D'ailleurs, pour présenter la structure des chapitres, nous avons utilisé un diagramme d'activités !

Notre processus s'appelle le « 2 Track Unified Process » ou processus en Y ; il est sous-jacent à la structure du livre, comme le montre la figure 1-1. Ce processus est décrit plus en détail au chapitre 2, *Processus et architecture*.

La première partie du livre fait office d'entrée en matière.

- Le chapitre 1, *Introduction*, correspond à la présentation de l'ouvrage.
- Le chapitre 2, *Processus et architecture* vous livre notre vision du processus et de l'architecture, ainsi que l'importance que nous leur accordons. C'est notamment ici que vous trouverez toutes les explications sur le processus en Y.

La seconde partie concerne la modélisation des besoins.

- Le chapitre 3, *Étude préliminaire*, présente le sujet de l'étude de cas SIVEx, et commence la modélisation de son contexte.
- Le chapitre 4, *Capture des besoins fonctionnels*, explique comment identifier les besoins exprimés selon le métier des utilisateurs, les reformuler, les structurer et les documenter avec UML. Il s'appuie pour une large part sur la technique des cas d'utilisation.
- Le chapitre 5, *Capture des besoins techniques*, indique comment identifier les exigences qui ont trait à l'exploitation d'un système logiciel, les reformuler, les structurer et les documenter avec UML. Il s'appuie également sur les cas d'utilisation et introduit la notion importante de découpage en couches.

La troisième partie concerne l'analyse objet.

- Le chapitre 6, *Découpage en catégories*, montre comment organiser la structure des concepts d'un système pour établir une cartographie judicieuse des classes issues des besoins fonctionnels.
- Le chapitre 7, *Développement du modèle statique*, décrit et illustre le travail d'analyse détaillée de la structure des classes.
- Le chapitre 8, *Développement du modèle dynamique*, est consacré au travail d'analyse détaillée du comportement des classes.

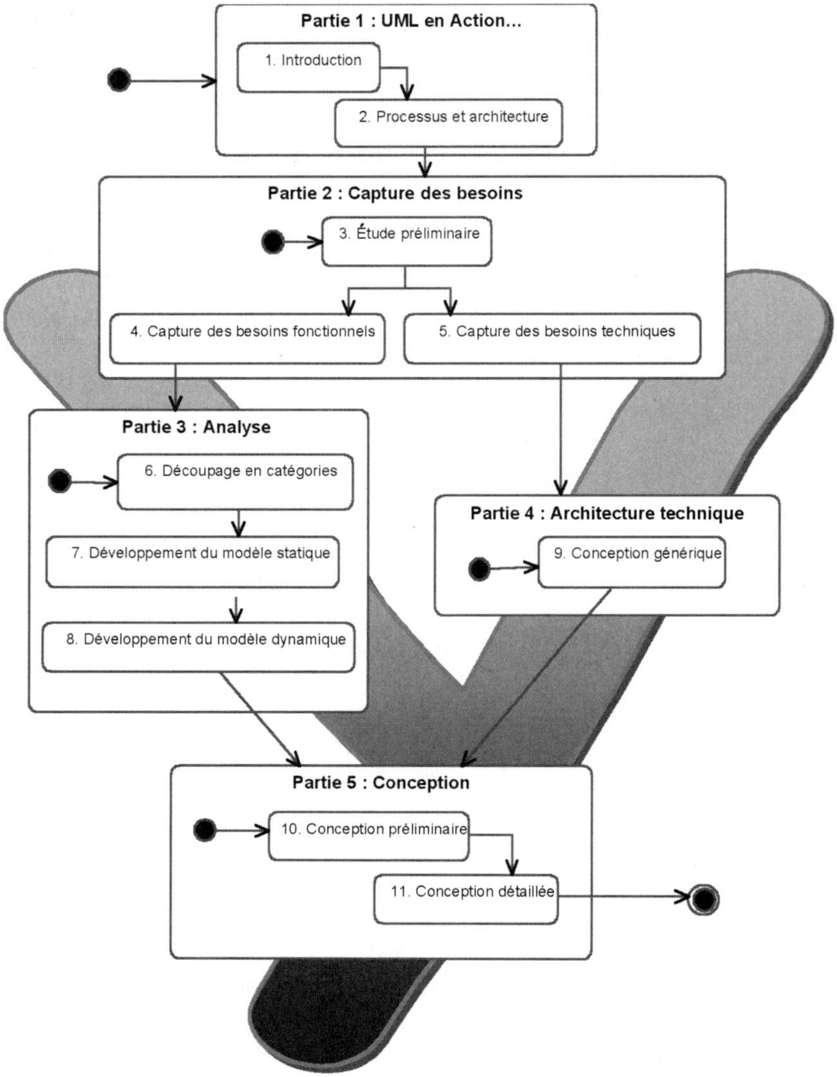

Figure 1-1. : Le processus en Y sous-jacent à la structure du livre

La quatrième partie concerne la conception de l'architecture technique.

- Le chapitre 9, *Conception générique*, explique comment, à partir de l'analyse des besoins techniques, il est possible de commencer à concevoir le système, indépendamment de son contenu fonctionnel.

La cinquième partie concerne la conception objet.

- Le chapitre 10, *Conception préliminaire*, explique comment organiser un modèle de conception au vu des regroupements d'analyse et des couches

logicielles d'architecture. Il illustre notamment l'identification des composants métier et techniques d'un système logiciel.
- Le chapitre 11, *Conception détaillée*, illustre la modélisation de solutions Java en appliquant différents design patterns, suivant les couches que l'on désire réaliser.

Ce livre comporte également quatre annexes et un index :
- l'annexe 1 qui constitue une bibliographie de référence ;
- l'annexe 2 qui rappelle la notation des 9 diagrammes d'UML 1.4 ;
- l'annexe 3 qui dresse une synthèse des stéréotypes (standards ou non) utilisés dans cet ouvrage ;
- l'annexe 4 qui récapitule les conseils et les pièges à éviter.

Pour que vous puissiez vous repérer aisément dans l'ouvrage, nous avons attribué des titres aux paragraphes traitant du processus, à savoir :
- *Objectif*, qui définit l'exposé du chapitre ;
- *Quand intervient...*, qui vous rappelle la position du chapitre dans le processus en Y et vous restitue le contexte d'intervention ;
- *Éléments mis en jeu*, qui établit la liste des mots-clés, techniques UML, concepts d'architecture et processus du chapitre ;
- *Phases de réalisation*, qui récapitule le détail du processus utilisé dans le chapitre ;
- *Sur le site Web*, qui décrit les documents électroniques complémentaires que vous trouverez sur le site Web des éditions Eyrolles (*www.editions-eyrolles.com*). Il comporte notamment un modèle UML au format Rational/Rose par chapitre.

Outre le texte principal, chaque chapitre est ponctué d'insertions facilement repérables grâce aux icônes suivantes :

Définition — RAPPEL OU ÉNONCÉ D'UNE DÉFINITION

Conseil — NOUS VOUS CONSEILLONS DE...

Ne pas faire

NOUS VOUS DÉCONSEILLONS FORTEMENT DE...

Étude

APPROFONDISSEMENT D'UN POINT PARTICULIER

Comment lire UML en Action...

La grille de lecture est en partie dédiée à nos homologues consultants qui ont rarement le temps de lire un ouvrage jusque dans ses moindres détails. Aussi avons-nous établi la spécification fonctionnelle de notre ouvrage... en UML.

Les lecteurs que nous avons identifiés sont représentés dans la nomenclature de la figure suivante.

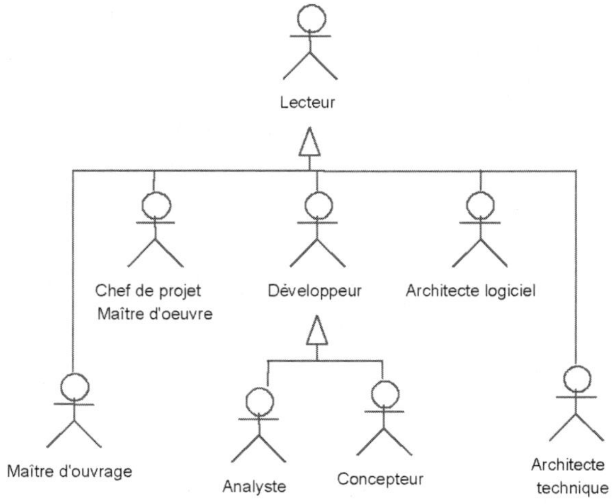

Figure 1-2. : Typologie des lecteurs de UML en action...

Le lecteur « Maître d'ouvrage » est client du système à développer. Il participe à la spécification en représentant le métier des utilisateurs ; il est donc impliqué dans l'analyse objet. Il s'intéresse également au processus de développement afin de s'assurer que les dispositions nécessaires à la réussite du projet ont été prises.

Le lecteur « Chef de projet » appartient à la maîtrise d'œuvre. Il s'intéresse à l'aspect gestion du développement et doit inciter à l'utilisation des meilleures pratiques de développement. C'est pourquoi il est directement concerné par toutes les techniques de modélisation objet présentées dans cet ouvrage.

Le lecteur « Développeur » représente un membre de l'équipe de développement. Il est soit analyste, soit concepteur, soit successivement les deux. En fonction de son rôle, il est intéressé par les techniques de modélisation objet soit pour l'analyse, soit pour la conception.

Le lecteur « Architecte technique » met en œuvre les outils, les langages et les plates-formes nécessaires à l'équipe de développement. Il est concerné par la modélisation d'une conception objet, avec laquelle il va construire les composants techniques requis par les développeurs.

Le lecteur « Architecte logiciel » est chargé de structurer et d'organiser le système informatique. Son intérêt se porte par conséquent sur les modèles d'analyse qu'il doit intégrer au niveau conceptuel et sur les modèles de conception au niveau logiciel. Il trouvera également les techniques permettant de concevoir les briques, réutilisables ou non, avec lesquelles est façonné un système informatique résilient et évolutif.

Des cas d'utilisation structurent le contexte dans lequel l'ouvrage peut être utilisé par les différents lecteurs. C'est encore une bonne occasion d'utiliser UML.

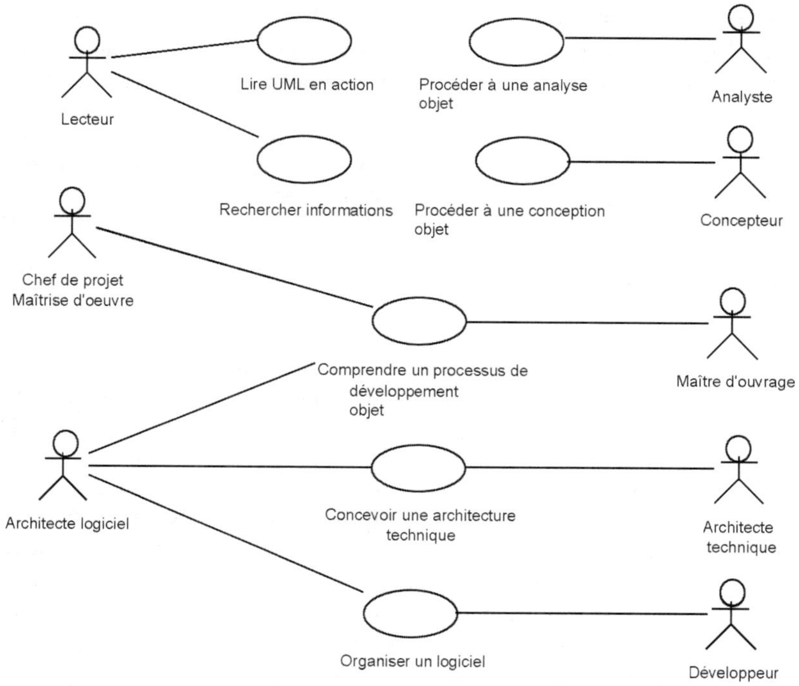

Figure 1-3. : Les cas d'utilisation de UML en Action…

Cette courte analyse des besoins concernant *UML en Action...* aboutit à la grille de lecture ci-dessous.

Qui	Fait quoi	Comment
Le lecteur	lit UML en Action...	de manière séquentielle.
Le lecteur	recherche les informations	grâce à nos différents outils de recherche : l'index, la cartographie du processus, les titres « Éléments mis en jeu » et « Phases de réalisation » de chaque chapitre et enfin la bibliographie.
L'analyste	procède à une analyse objet	doit lire dans l'ordre le chapitre 3, Étude préliminaire, pour comprendre la teneur fonctionnelle de SIVEx, le chapitre 4, Capture des besoins fonctionnels, puis la troisième partie concernant l'analyse objet.
Le concepteur	procède à une conception objet	doit lire le chapitre 9, Conception générique, pour comprendre comment concevoir des composants techniques, puis la cinquième partie dédiée à la conception objet.
Le maître d'ouvrage, le chef de projet, l'architecte	comprennent un processus objet	doivent se référer au chapitre 2, Processus et architecture, puis aux titres «Quand intervient...» et «Phases de réalisation» de chaque chapitre.
Les architectes technique et logiciel	conçoivent une architecture technique	doivent consulter le chapitre 5, Capture des besoins techniques, pour voir comment en acquérir les spécifications, puis la quatrième partie consacrée à l'architecture technique.
L'architecte logiciel	organise un système logiciel	doit lire le chapitre 2, Processus et architecture, introduisant les termes d'architecture, le chapitre 6, Découpage en catégories, pour comprendre l'organisation conceptuelle, le chapitre 9, Conception générique, qui concerne l'organisation technique et logicielle, et le chapitre 10, Conception préliminaire, qui traite de l'organisation en composants.

Remerciements

UML en Action... n'aurait pas pu voir le jour sans l'accord de la société **Val***tech*, dont nous avons exploité l'étude de cas provenant de la formation « Modéliser les besoins et analyser avec UML ». C'est donc un premier remerciement à Jean-Yves Hardy et Olivier Cavrel.

Bien que fortement imprégné de nos deux expériences, cet ouvrage est aussi le résultat de discussions, d'échanges, et de documents de capitalisation provenant de l'ensemble des consultants de **Val***tech* à travers le monde. C'est ainsi que vous bénéficiez de l'expérience accumulée sur plus de mille projets dans les secteurs les plus variés. Nous tenons donc à remercier ceux qui ont bien voulu prendre un peu de temps pour nous faire part de leurs remarques et suggestions, en particulier Françoise Caron, Pierre Chouvalidzé, Thibault

Cuvillier, Philippe Dubosq, Michel Ezran, Thomas Gil, Jean-Luc Guigné, Patrick Le Go, Yann Le Tanou, Gaël Renault, José Roméro, Christophe Addinquy, tous de **Val***tech*, et Frédérique Vallée de MATHIX SA (pardon d'avance à ceux que nous avons oubliés !).

Le contenu technique est une chose, mais le travail de présentation qui rend un livre facile à exploiter et répondant bien aux attentes des lecteurs, nous le devons à l'équipe éditoriale d'Eyrolles.

Enfin, un grand merci à nos familles, avec une mention particulière à nos épouses Pascale et Fabienne, qui nous ont soutenus et encouragés tout au long de cette petite aventure.

Chapitre 2 Processus et architecture

Une introduction aux processus unifiés

La complexité croissante des systèmes informatiques a conduit les concepteurs à s'intéresser aux méthodes. Bien que ce phénomène ait plus de 30 ans, nous ne pouvons constater aujourd'hui l'existence d'une règle qui soit à la fois très formelle et commune aux différentes cultures. On a par exemple comptabilisé en 1994 jusqu'à 50 méthodes objets différentes. Chaque méthode se définit par une notation et un processus spécifique, mais la plupart convergent en ce qui concerne la sémantique de leur notation. Néanmoins le travail de définition d'un processus est toujours resté vague et succinct. UML a ouvert le terrain de l'unification en fusionnant les notations et en apportant précision et rigueur à la définition des concepts introduits. L'introduction d'UML a apporté un élan sans précédent à la technologie objet, puisqu'elle y propose un standard de niveau industriel.

Il reste cependant à définir le processus pour réellement capitaliser des règles dans le domaine du développement logiciel. Définir un seul processus universel serait une grave erreur car la variété des systèmes et des techniques ne le permet pas. Dans la lancée d'UML, les 3 amigos[1] ont donc travaillé à unifier non pas les processus, mais plus exactement les meilleures pratiques de développement orienté objet. Le résultat de ces travaux est actuellement disponible dans [Jacobson 99] et [Kruchten 99] et surtout dans le produit commercial RUP de Rational (*www.rational.com*).

---

1. Dénomination de Grady Booch, James Rumbaugh, et Ivar Jacobson qui sont les « pères » d'UML.

Définition

PROCESSUS DE DÉVELOPPEMENT LOGICIEL

Un processus définit une séquence d'étapes, en partie ordonnées, qui concourent à l'obtention d'un système logiciel ou à l'évolution d'un système existant.

L'objet d'un processus de développement est de produire des logiciels de qualité qui répondent aux besoins de leurs utilisateurs dans des temps et des coûts prévisibles. En conséquence, le processus peut se décomposer suivant deux axes de contrôle sur le développement :

- l'axe de développement technique, qui se concentre principalement sur la qualité de la production ;
- l'axe de gestion du développement, qui permet la mesure et la prévision des coûts et des délais. Nous ne traitons pas cet aspect dans « UML en *Action…* ».

Définition

PROCESSUS UNIFIÉ (UNIFIED PROCESS)

Un processus unifié est un processus de développement logiciel construit sur UML ; il est itératif et incrémental, centré sur l'architecture, conduit par les cas d'utilisation et piloté par les risques.

La gestion d'un tel processus est organisée d'après les 4 phases suivantes: préétude (*inception*), élaboration, construction et transition.

Ses activités de développement sont définies par 5 disciplines fondamentales qui décrivent la capture des besoins, l'analyse et la conception, l'implémentation, le test et le déploiement.

Le processus unifié doit donc être compris comme une trame commune des meilleures pratiques de développement, et non comme l'ultime tentative d'élaborer un processus universel. La définition d'un processus UP est donc constituée de plusieurs disciplines d'activité de production et de contrôle de cette production. Tout processus UP répond aux caractéristiques ci-après.

- Il est itératif et incrémental. La définition d'itérations de réalisation est en effet la meilleure pratique de gestion des risques d'ordre à la fois technique et fonctionnel. On peut estimer qu'un projet qui ne produit rien d'exécutable dans les 9 mois court un risque majeur d'échec. Chaque itération garantit que les équipes sont capables d'intégrer l'environnement technique pour développer un produit final et fournit aux utilisateurs un résultat tangible de leurs spécifications. Le suivi des itérations constitue par ailleurs un excellent contrôle des coûts et des délais.

- Il est piloté par les risques. Dans ce cadre, les causes majeures d'échec d'un projet logiciel doivent être écartées en priorité. Nous identifions une première cause provenant de l'incapacité de l'architecture technique à répondre aux contraintes opérationnelles, et une seconde cause liée à l'inadéquation du développement aux besoins des utilisateurs.
- Il est construit autour de la création et de la maintenance d'un modèle, plutôt que de la production de montagnes de documents. Le volume d'informations de ce modèle nécessite une organisation stricte qui présente les différents points de vue du logiciel à différents degrés d'abstraction. L'obtention de métriques sur le modèle fournit par ailleurs des moyens objectifs d'estimation.
- Il est orienté composant. Tant au niveau modélisation que production, c'est une garantie de souplesse pour le modèle lui-même et le logiciel qu'il représente. Cette pratique constitue le support nécessaire à la réutilisation logicielle et offre des perspectives de gains non négligeables.
- Il est orienté utilisateur, car la spécification et la conception sont construites à partir des modes d'utilisation attendus par les acteurs du système.

Le processus 2TUP

2TUP signifie « 2 Track Unified Process ». C'est un processus UP qui répond aux caractéristiques que nous venons de citer. Le processus 2TUP apporte une réponse aux contraintes de changement continuel imposées aux systèmes d'information de l'entreprise. En ce sens, il renforce le contrôle sur les capacités d'évolution et de correction de tels systèmes. « 2 Track » signifie littéralement que le processus suit deux chemins. Il s'agit des chemins « fonctionnels » et « d'architecture technique », qui correspondent aux deux axes des changements imposés au système informatique.

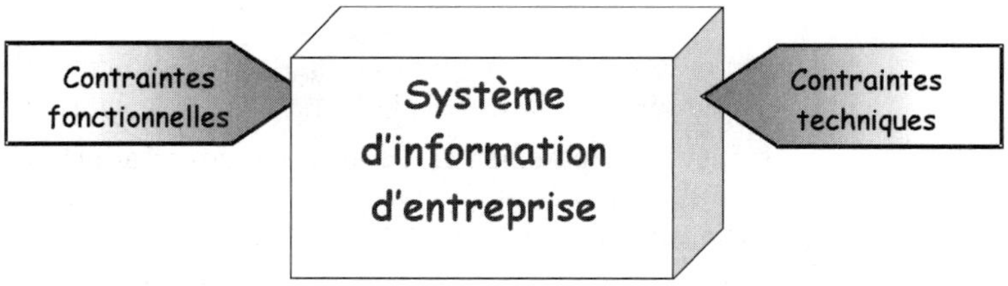

Figure 2-1. : Le système d'information soumis à deux natures de contraintes

L'axiome fondateur du 2TUP consiste à constater que toute évolution imposée au système d'information peut se décomposer et se traiter parallèlement, suivant un axe fonctionnel et un axe technique. Pour illustrer cet axiome, prenons les trois exemples suivants :

1. une agence de tourisme passe des accords avec une compagnie aérienne de sorte que le calcul des commissions change. En l'occurrence, les résultats issus de la branche fonctionnelle qui évoluent pour prendre en compte la nouvelle spécification ;

2. cette même entreprise décide d'ouvrir la prise de commande sur le Web. Si rien ne change fonctionnellement, en revanche, l'architecture technique du système évolue ;

3. cette entreprise décide finalement de partager son catalogue de prestations avec les vols de la compagnie aérienne. D'une part, la fusion des deux sources d'informations imposera une évolution de la branche fonctionnelle, d'autre part, les moyens techniques de synchronisation des deux systèmes conduiront à étoffer l'architecture technique du système. L'étude de ces évolutions pourra être menée indépendamment, suivant les deux branches du 2TUP.

À l'issue des évolutions du modèle fonctionnel et de l'architecture technique, la réalisation du système consiste à fusionner les résultats des deux branches. Cette fusion conduit à l'obtention d'un processus de développement en forme de Y, comme illustré par la figure 2-2.

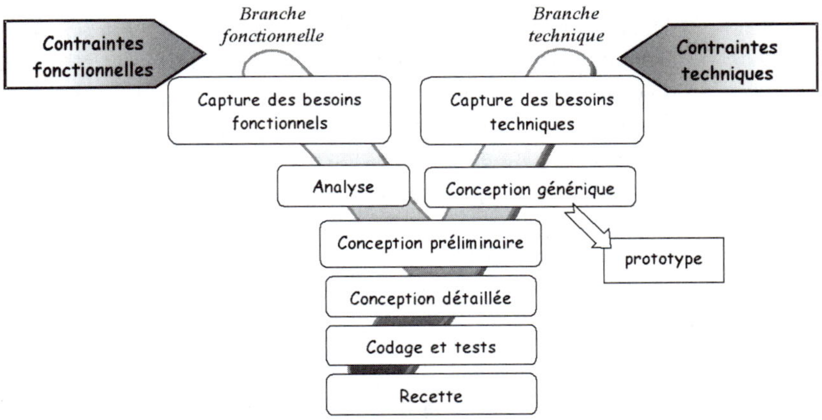

Figure 2-2. : Le processus de développement en Y

La branche gauche (fonctionnelle) comporte :

- la capture des besoins fonctionnels, qui produit un modèle des besoins focalisé sur le métier des utilisateurs. Elle qualifie au plus tôt le risque de produire un système inadapté aux utilisateurs. De son côté, la maîtrise d'œuvre consolide les spécifications et en vérifie la cohérence et l'exhaustivité l'analyse, qui consiste à étudier précisément la spécification fonctionnelle de manière à obtenir une idée de ce que va réaliser le système en termes de métier. Les résultats de l'analyse ne dépendent d'aucune technologie particulière.

La branche droite (architecture technique) comporte :

- la capture des besoins techniques, qui recense toutes les contraintes et les choix dimensionnant la conception du système. Les outils et les matériels sélectionnés ainsi que la prise en compte de contraintes d'intégration avec l'existant conditionnent généralement des prérequis d'architecture technique ;
- la conception générique, qui définit ensuite les composants nécessaires à la construction de l'architecture technique. Cette conception est la moins dépendante possible des aspects fonctionnels. Elle a pour objectif d'uniformiser et de réutiliser les mêmes mécanismes pour tout un système. L'architecture technique construit le squelette du système informatique et écarte la plupart des risques de niveau technique. L'importance de sa réussite est telle qu'il est conseillé de réaliser un prototype pour assurer sa validité.

La branche du milieu comporte :

- la conception préliminaire, qui représente une étape délicate, car elle intègre le modèle d'analyse dans l'architecture technique de manière à tracer la cartographie des composants du système à développer ;
- la conception détaillée, qui étudie ensuite comment réaliser chaque composant ;
- l'étape de codage, qui produit ces composants et teste au fur et à mesure les unités de code réalisées ;
- l'étape de recette, qui consiste enfin à valider les fonctions du système développé.

L'ensemble de ces étapes de développement sera illustré tout au long de cet ouvrage par la mise en application du processus 2TUP à l'étude de cas SIVEx. Seules les deux dernières étapes, ne relevant pas de l'utilisation d'UML, ne seront pas abordées dans cet ouvrage.

Étude

LES BRANCHES DU "Y" PRODUISENT DES MODÈLES RÉUTILISABLES

La branche gauche capitalise la connaissance du métier de l'entreprise. Elle constitue généralement un investissement pour le moyen et le long terme. Les fonctions du système d'informations sont en effet indépendantes des technologies utilisées. Cette évidence n'a malheureusement pas souvent été mise en pratique, car dans bien des cas, la connaissance fonctionnelle d'un produit se perd dans les milliers de ligne de code de sa réalisation.

Étude

L'entreprise qui maintient le modèle fonctionnel de sa branche gauche est pourtant à même de le réaliser sous différentes technologies. Il suffit de « greffer » une nouvelle architecture technique pour mettre à jour un système existant.

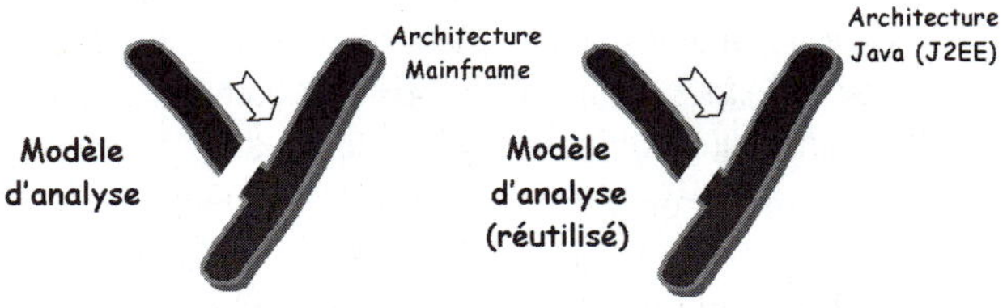

Configuration 1 *Configuration 2*

La branche droite capitalise quant à elle un savoir-faire technique. Elle constitue un investissement pour le court et le moyen terme. Les techniques développées pour le système peuvent l'être en effet indépendamment des fonctions à réaliser.

L'architecture technique est d'ailleurs de moins en moins la préoccupation des services informatiques dont l'entreprise n'a pas vocation à produire du code. L'existence de produits tels que les serveurs d'application ou la standardisation des services Web reflète cette tendance à pouvoir disposer sur le marché d'architectures techniques « prêtes à intégrer ».

Une architecture technique est en effet immédiatement réutilisable pour les différentes composantes fonctionnelles d'un même système d'entreprise.

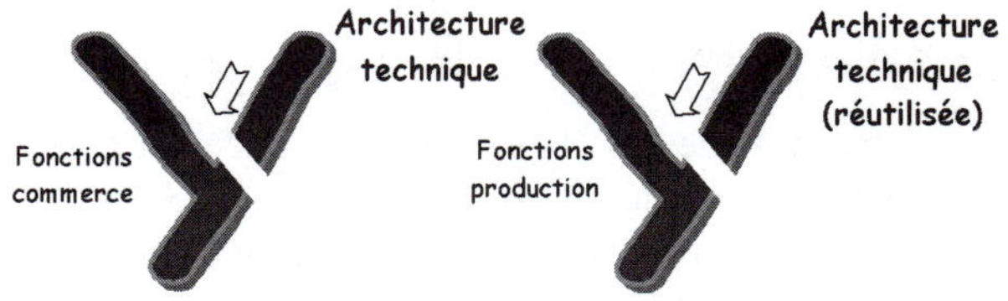

Système de gestion commerciale *Système de gestion de production*

Un processus itératif et incrémental piloté par les risques

Définition

ITÉRATION

Une itération est une séquence distincte d'activités avec un plan de base et des critères d'évaluation, qui produit une release (interne ou externe). Le contenu d'une itération est porteur d'améliorations ou d'évolutions du système et il peut être évalué par les utilisateurs.

Définition

INCRÉMENT

Un incrément est la différence (delta) entre deux releases produites à la fin de deux itérations successives.

Une ou plusieurs itérations s'inscrivent dans chacune des phases de gestion de projet et servent en conséquence à réaliser l'objectif propre à chaque phase.

- En préétude, les itérations servent à évaluer la valeur ajoutée du développement et la capacité technique à le réaliser.
- En phase d'élaboration, elles servent à confirmer l'adéquation du système aux besoins des utilisateurs.
- En phase de construction, elles servent à livrer progressivement toutes les fonctions du système.
- En phase de transition, elles servent à corriger et à faire évoluer le système.

Le processus de développement en Y se reproduit à différents niveaux d'avancement en se terminant sur la livraison d'une nouvelle release. La figure 2-3 illustre un scénario typique d'avancement sur les 3 premières phases de gestion de projet.

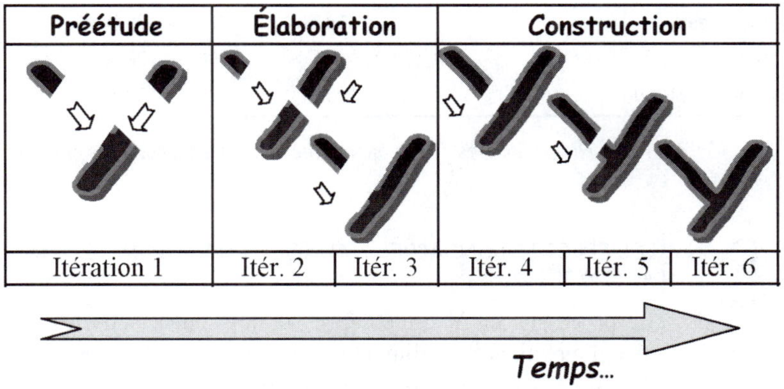

Figure 2-3. : Plan d'itération suivant l'axe de gestion de projet

- L'itération 1 développe les fonctions de validation du principe du système et intègre les outils prévus pour le développement.
- L'itération 2 est focalisée sur l'architecture ; elle peut être considérée comme le prototype de réalisation technique.
- L'itération 3 avance dans la réalisation des fonctions les plus prioritaires de manière à présenter une première version de déploiement pour les utili-

sateurs. Elle permet entre-temps d'améliorer et de compléter l'architecture technique.

- Les itérations suivantes avancent dans la réalisation des fonctions jusqu'à l'obtention complète du système initialement envisagé.

Par définition, chaque itération passe en revue toutes les activités du processus en Y. Il est évident que l'effort consacré à chaque activité n'est pas identique suivant la phase de développement du projet.

Pour reprendre l'exemple précédent, on peut estimer que l'itération de préétude consacre relativement plus d'efforts à la capture des besoins que les itérations d'élaboration. Le tableau ci-dessous établit pour chaque phase, un ordre de grandeur des efforts consacrés. Ces chiffres ne constituent en aucun cas une référence qui puisse être réutilisée telle que dans votre projet.

Effort relatif par activité	Itération 1 (préétude)	Itération 2 (élaboration)	Itération 4 (construction)
Capture des besoins fonctionnels	16 %	1 %	2 %
Analyse	22 %	9 %	4 %
Capture des besoins techniques	2 %	4 %	0 %
Conception générique	5 %	14 %	2 %
Conception préliminaire	10 %	10 %	10 %
Conception détaillée	10 %	14 %	20 %
Codage et tests	28 %	26 %	30 %
Recette	7 %	22 %	32 %
(Total des activités du Y)	100 %	100 %	100 %

Tableau 2-1 : Répartition des efforts par activité suivant les différentes phases du projet

Étude

LES EFFORTS CONSACRÉS À CHAQUE ITÉRATION NE S'ARRÊTENT PAS AUX ACTIVITÉS DU Y

Le processus en Y est focalisé sur les seules activités de développement technique, mais en réalité, la fabrication d'un incrément nécessite deux types d'activités support dont il faut tenir compte dans l'estimation des efforts.

Les tâches d'industrialisation du logiciel concernent la mise en place des moyens qui vont permettre un développement de qualité. On y regroupe les activités d'administration et d'appropriation des outils de développement, ainsi que la gestion de configuration très importante pour le contrôle du changement.

Étude

Les tâches de pilotage regroupent les efforts consacrés à contrôler et à anticiper l'avancement du projet. Elles comprennent également les temps de réunion et de coordination.

Les phases définies par un UP sont prévues pour la gestion des risques. Comme on l'a vu au paragraphe précédent, le couplage avec une politique d'itérations permet de traiter en priorité les problèmes présentant le plus de risques.

La configuration du processus en Y a également été conçue pour gérer en priorité et en parallèle les risques de nature fonctionnelle et technique :

- d'une part, les risques d'imprécision fonctionnelle, et d'inadéquation aux besoins sur la branche gauche,
- d'autre part les risques d'incapacité à intégrer les technologies, et d'inadaptation technique sur la branche droite.

Il est d'usage de consacrer la phase de préétude à l'étude des fonctionnalités que produira le système logiciel. Afin de pallier un risque courant d'imprécision dans la définition fonctionnelle du système, les techniques de formalisation du contexte (voir chapitre 4) vous aideront à établir la frontière entre le système et le reste du monde.

L'exigence d'aboutir à une première release permet également d'évaluer très rapidement la capacité à intégrer les technologies nécessaires au projet. À l'issue de la phase de préétude, un choix s'impose : faut-il continuer ou non le projet ? Pour y répondre, le suivi des efforts est un élément clé qui permet d'estimer la rentabilité globale du projet.

La phase d'élaboration est ensuite consacrée au développement de l'architecture technique et à la réalisation des fonctions les plus prioritaires. À l'issue de cette phase, le comportement technique du système (temps de réponse, tenue en charge, robustesse, etc.) et son accueil par les utilisateurs (réponse aux besoins, ergonomie, etc.) doivent écarter définitivement tous les risques d'échec.

Un processus piloté par les exigences des utilisateurs

Comme nous l'avons souligné précédemment, un bon nombre de risques proviennent de la non-adéquation technique et fonctionnelle du système aux besoins des utilisateurs. Les exigences des utilisateurs sont donc prioritairement traitées dans les deux branches du processus en Y en considérant deux types d'acteurs différents du système informatique :

- l'utilisateur consommateur des fonctions du système, qui correspond généralement à un poste, un rôle ou un métier dans l'entreprise. Il convient dans ce cadre de se focaliser sur la plus-value que lui apporte le système dans l'exercice de sa profession ;
- l'utilisateur exploitant le système, qui correspond plutôt à un rôle technique et opérationnel commun à la plupart des systèmes informatiques. Dans le domaine client/serveur, les utilisateurs, considérés au sens large, attendent des performances, une tenue à la charge, une sécurité d'accès, etc. L'axe technique permet également d'introduire le point de vue des exploitants et des administrateurs souvent oubliés dans la livraison finale d'un produit.

L'enjeu du processus en Y est donc de développer le point de vue utilisateur et de construire la spécification puis la conception objet à partir des concepts maniés par les acteurs du système. Les cas d'utilisation sont justement des outils construits pour définir les besoins, développant de surcroît le point de vue des utilisateurs. Il convient par la suite de montrer comment s'établit la traçabilité entre les cas d'utilisation et le modèle de conception. La figure 2-4 montre comment les cas d'utilisation influencent l'analyse et la conception d'architecture du système.

- Sur la branche gauche, pour la capture des besoins fonctionnels, les cas d'utilisation portent uniquement sur la plus-value métier des fonctions du système. Chaque cas d'utilisation met en évidence des classes d'analyse qui sont les concepts utilisés par l'utilisateur et des scénarios qui établissent les comportements attendus du système.
- Sur la branche droite, pour la capture des besoins techniques, la nature des cas d'utilisation a été quelque peu adaptée en fonction des plus-values opérationnelles du système pour ses exploitants. Chaque cas d'utilisation technique structure des spécifications d'architecture que l'on peut par la suite décomposer par couche logicielle. Les cas d'utilisation techniques permettent de concevoir les classes qui vont offrir une réponse aux contraintes opérationnelles du système. Les interactions entre ces classes permettent par ailleurs d'étudier les échanges entre classes, de consolider et de vérifier la conception des cas d'utilisation techniques.
- Lors de la conception préliminaire, les classes obtenues naissent de la distribution des classes d'analyse sur les couches logicielles. Les interactions entre classes de conception permettent de consolider et de vérifier à terme

la conception des cas d'utilisation fonctionnelle tenant compte des contraintes opérationnelles.

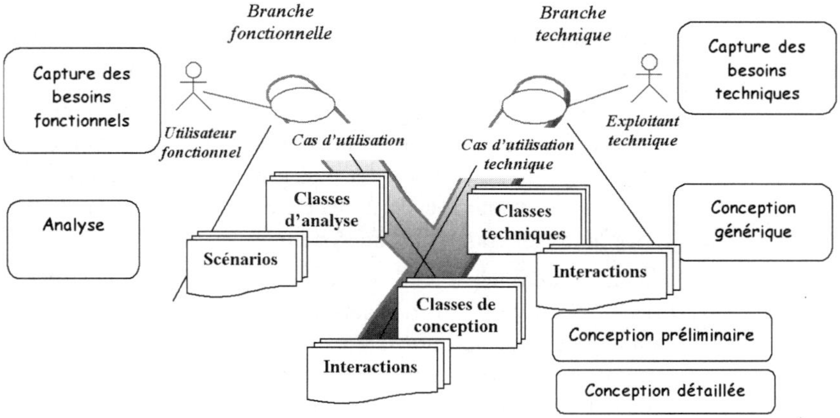

Figure 2-4. : Influence des cas d'utilisation dans le processus en Y

Au travers des cas d'utilisation, le point de vue utilisateur a donc bien le rôle d'initiation souhaité pour une conception. Vous noterez par ailleurs que l'orientation métier imposée par les cas d'utilisation de la branche gauche renforce la plus-value apportée par le système et introduit une dimension d'analyse de la valeur.

Le pilotage par les cas d'utilisation consiste justement à ordonner les cas d'utilisation par priorité, de manière à organiser les itérations par valeur ajoutée. En phase de construction notamment, c'est une bonne pratique d'inclure les cas d'utilisation les plus prioritaires en réalisation des premières itérations, puis de continuer par ordre de priorité. En apportant au plus tôt le maximum de valeur ajoutée au système, on rentabilise plus rapidement le développement, ce qui est encore une manière de réduire les risques.

Un processus de modélisation avec UML

Il nous paraît difficile d'envisager le processus 2TUP sans recourir à UML comme support. Certes, les concepts présentés jusqu'à présent ne sont pas spécifiquement liés à une notation particulière. Nous avons cependant omis de préciser le rôle central et fondamental de la modélisation objet tout au long du développement d'une solution logicielle.

Le recours à la modélisation est depuis longtemps une pratique indispensable au développement, car un modèle est prévu pour anticiper les résultats du développement. Un modèle est en effet une abstraction du résultat, dont le but est de documenter, de prévoir, d'étudier, de collecter ou d'estimer les informations d'un système. Associé au processus de développement, un modèle représente la vue sur une spécification ou sur une solution de système, pris à un niveau de détail pertinent pour exprimer ou concevoir la cible de l'étape en cours.

Le modèle sert donc des objectifs différents suivant l'étape de développement et sera construit avec des points de vue de plus en plus détaillés :

- dans les activités de capture des besoins, il convient premièrement de considérer le système comme une boîte noire à part entière afin d'étudier sa place dans le système métier plus global qu'est l'entreprise. On développe pour cela un modèle de niveau contexte, afin de tracer précisément les frontières fonctionnelles du système ;
- dans les activités d'analyse, le modèle représente le système vu de l'intérieur. Il se compose d'objets représentant une abstraction des concepts manipulés par les utilisateurs. Le modèle comprend par ailleurs deux points de vue, la structure statique et le comportement dynamique. Il s'agit de deux perspectives différentes qui aident à compléter la compréhension du système à développer ;
- dans les activités de conception, le modèle correspond aux concepts qui sont utilisés par les outils, les langages ou les plates-formes de développement. Le modèle sert ici à étudier, documenter, communiquer et anticiper une solution. Il est en effet toujours plus rentable de découvrir une erreur de conception sur un modèle, que de le découvrir au bout de milliers de lignes codées sans grands horizons. Pour la conception du déploiement enfin, le modèle représente également les matériels et les logiciels à interconnecter.

Pour illustrer au mieux ce qu'est un modèle, Grady Booch [UML-UG 99] a établi un parallèle entre le développement logiciel et la construction BTP. Cette analogie est judicieuse, car les plans tracés pour construire un immeuble reflètent parfaitement bien l'idée d'anticipation, de conception et de documentation du modèle. Chaque plan développe par ailleurs un point de vue différent suivant les corps de métier. Par exemple, le plan des circuits d'eau et le plan des passages électriques concernent le même immeuble mais sont nécessairement séparés. Enfin, chaque plan se situe à un niveau d'abstraction et de détail distinct suivant l'usage que l'on désire en faire. Ainsi, le plan de masse permet d'anticiper les conséquences de l'implantation de l'immeuble sur son environnement, exactement comme le modèle de contexte. Viennent ensuite des plans de construction d'un étage, analogues aux modèles de conception.

Le modèle en tant qu'abstraction d'un système s'accorde parfaitement bien avec le concept orienté objet. L'objet représente en effet l'abstraction d'une entité utilisée dans le système en analyse, puis le modèle d'un composant de solution logicielle en conception. La correspondance est encore plus flagrante, et le modèle encore plus précis, lorsque les outils de développement sont eux-mêmes orientés objet. Aujourd'hui, le standard industriel de modélisation objet est UML.

Définition

« UNIFIED MODELING LANGUAGE »

UML se définit comme un langage de modélisation graphique et textuel destiné à comprendre et décrire des besoins, spécifier et documenter des systèmes, esquisser des architectures logicielles, concevoir des solutions et communiquer des points de vue.

UML unifie à la fois les notations et les concepts orientés objet. Il ne s'agit pas d'une simple notation, mais les concepts transmis par un diagramme ont une sémantique précise et sont porteurs de sens au même titre que les mots d'un langage. UML a une dimension symbolique et ouvre une nouvelle voie d'échange de visions systémiques précises. Ce langage est certes issu du développement logiciel mais pourrait être appliqué à toute science fondée sur la description d'un système. Dans l'immédiat, UML intéresse fortement les spécialistes de l'ingénierie système.

UML unifie également les notations nécessaires aux différentes activités d'un processus de développement et offre, par ce biais, le moyen d'établir le suivi des décisions prises, depuis la spécification jusqu'au codage. Dans ce cadre, un concept appartenant aux besoins des utilisateurs projette sa réalité dans le modèle de conception et dans le codage. Le fil tendu entre les différentes étapes de construction permet alors de remonter du code aux besoins et d'en comprendre les tenants et les aboutissants. En d'autres termes, on peut retrouver la nécessité d'un bloc de codes en se référant à son origine dans le modèle des besoins.

Les diagrammes d'UML

UML s'articule autour de 9 diagrammes différents, chacun d'eux étant dédié à la représentation des concepts particuliers d'un système logiciel. Par ailleurs, UML modélise le système suivant deux modes de représentation : l'un concerne la structure du système pris « au repos », l'autre concerne sa dynamique de fonctionnement. Les deux représentations sont nécessaires et complémentaires pour schématiser la façon dont est composé le système et comment ses composantes fonctionnent entre elles.

Le mode de représentation statique ou structurel s'appuie sur les 5 diagrammes ci-après.

- Le diagramme de cas d'utilisation représente la structure des fonctionnalités nécessaires aux utilisateurs du système. Il est utilisé dans les deux étapes de capture des besoins fonctionnels et techniques. Vous en retrouverez une description détaillée de son usage aux chapitres 4 et 5 de cet ouvrage.

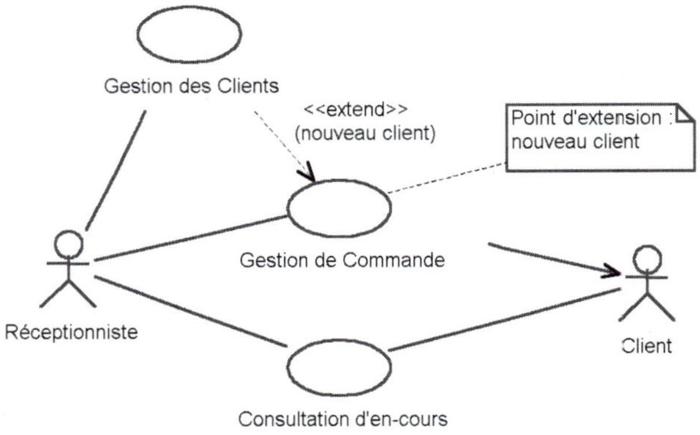

Figure 2-5. : Diagramme de cas d'utilisation

- Le diagramme de classes est généralement considéré comme le plus important dans un développement orienté objet. Sur la branche fonctionnelle, ce diagramme est prévu pour développer la structure des entités utilisées par les utilisateurs. Vous retrouverez les explications relatives à cette utilisation aux chapitres 4, 6 et 7. En conception, le diagramme de classes représente la structure d'un code orienté objet, ou au mieux les modules du langage de développement. Vous retrouverez l'utilisation du diagramme de classes en conception aux chapitres 9, 10 et 11.

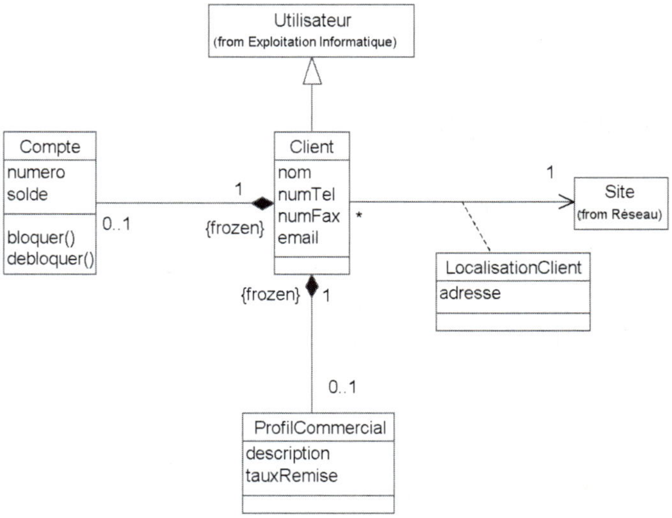

Figure 2-6. : Diagramme de classes

- Le diagramme d'objets sert à illustrer des structures de classes compliquées. Ce diagramme est utilisé en analyse pour vérifier l'adéquation d'un diagramme de classes à différents cas possibles. Vous retrouverez l'utilisation d'un tel diagramme en analyse au chapitre 7.

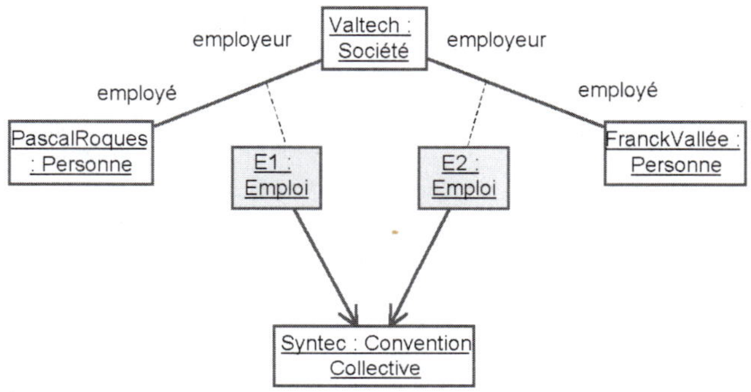

Figure 2-7. : Diagramme d'objets

- Le diagramme de composants représente en premier lieu les concepts connus de l'exploitant pour installer et dépanner le système. Il s'agit dans ce cas de déterminer la structure des composants d'exploitation que sont les librairies dynamiques, les instances de bases de données, les applications, les progiciels, les objets distribués, les exécutables, etc. L'utilisation du diagramme de composants pour l'exploitation est illustré au chapitre 10. Le diagramme de composants représente en second lieu les concepts de configuration logicielle, pour fabriquer une version de composant d'exploitation ou tout autre produit intermédiaire tel qu'une librairie ou un fichier JAR (Java). Il s'agit de montrer comment s'agencent des composants comme les fichiers source, les packages de code ou les librairies. Vous trouverez aux chapitres 9 et 11 l'utilisation d'un diagramme de composants pour la configuration logicielle.

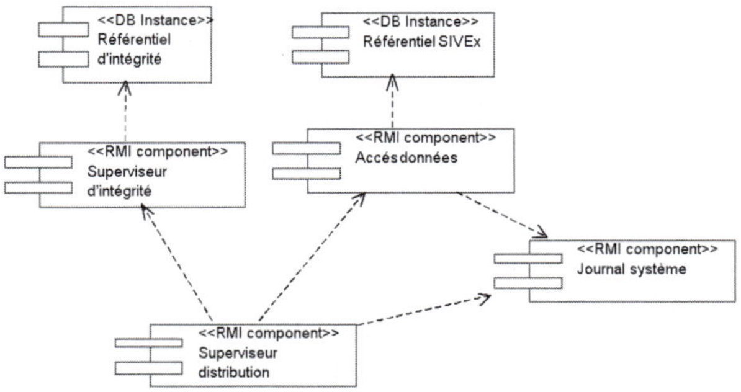

Figure 2-8. : Diagramme de composants

- Le diagramme de déploiement correspond à la fois à la structure du réseau informatique qui prend en charge le système logiciel, et la façon dont les composants d'exploitation y sont installés. Vous trouverez aux chapitres 5 et 10 l'utilisation d'un tel diagramme.

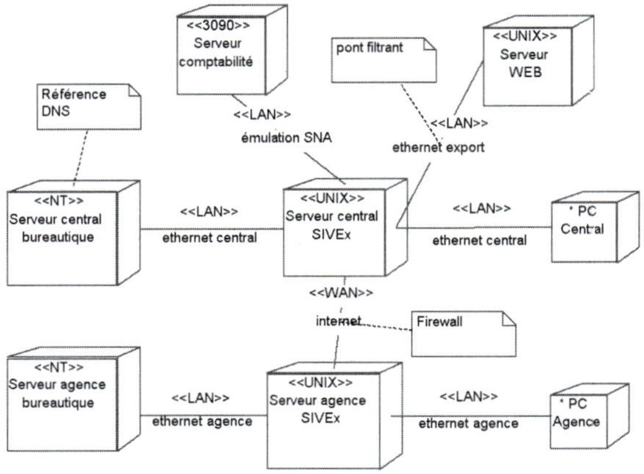

Figure 2-9 : Diagramme de déploiement

Le mode de représentation dynamique ou comportemental s'appuie sur les 4 diagrammes ci-après.

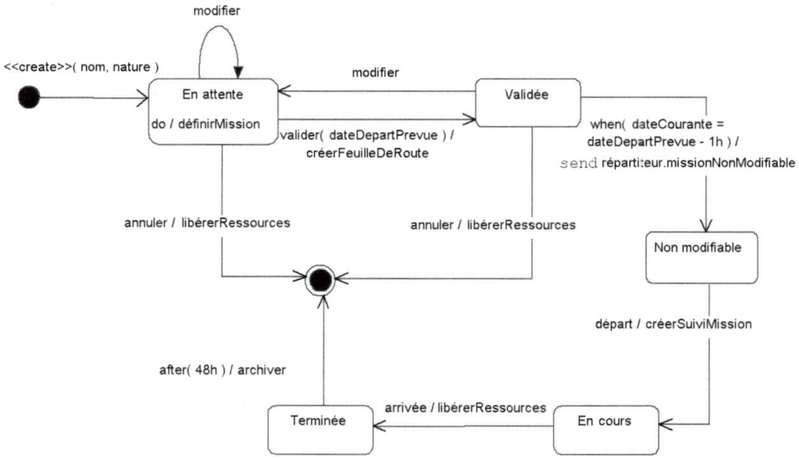

Figure 2-10. : Diagramme d'états

- Le diagramme d'états représente le cycle de vie commun aux objets d'une même classe. Ce diagramme complète la connaissance des classes en analyse et en conception. Le chapitre 8 vous indiquera comment utiliser ce diagramme à des fins d'analyse et le chapitre 11 à des fins de conception.

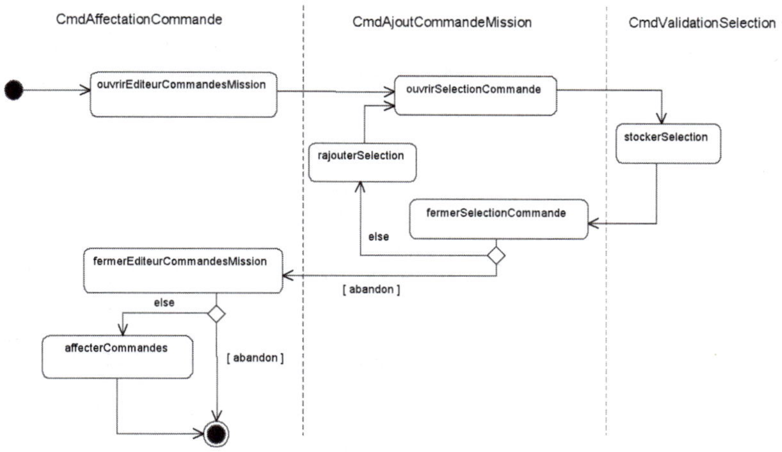

Figure 2-11. : Diagramme d'activités

- Le diagramme d'activités représente les règles d'enchaînement des activités dans le système. Il permet d'une part de consolider la spécification d'un cas d'utilisation comme illustré au chapitre 4, d'autre part de concevoir une méthode comme le montre le chapitre 11.

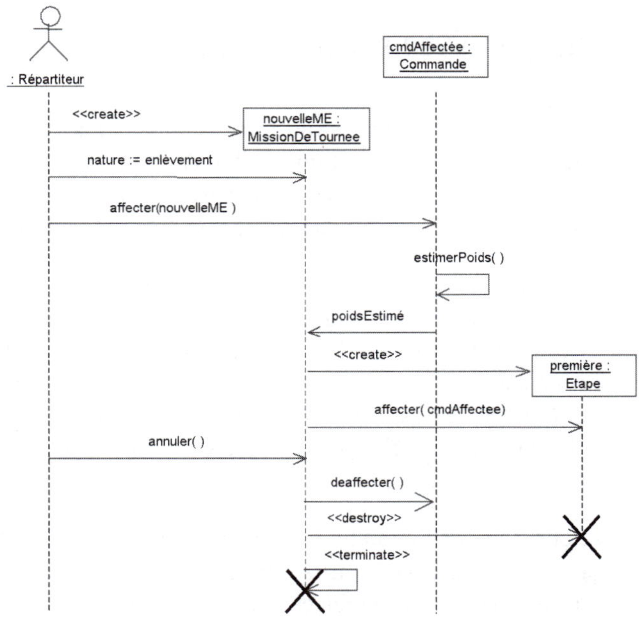

Figure 2-12. : Diagramme de séquence

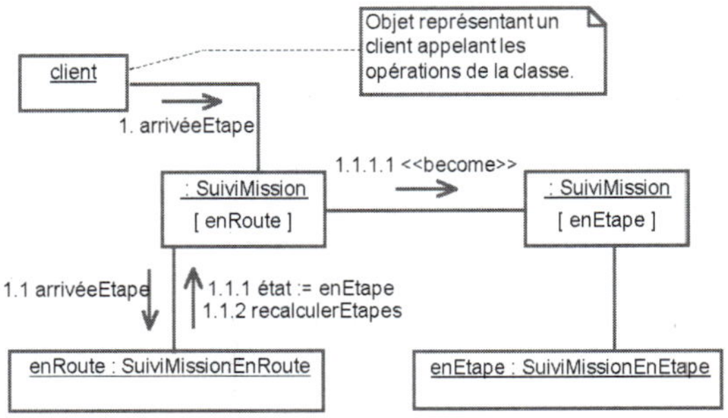

Figure 2-13. : Diagramme de collaboration

- Les diagrammes de collaboration et les diagrammes de séquence sont tous deux des diagrammes d'interactions UML. Ils représentent les échanges de messages entre objets, dans le cadre d'un fonctionnement particulier du système. Le diagramme de collaboration est utilisé pour modéliser le contexte du système, tel qu'illustré au chapitre 3. Les diagrammes de séquence servent ensuite à développer en analyse les scénarios d'utilisation du système. Vous en trouverez des exemples au chapitre 8. Enfin, les diagrammes de collaboration permettent de concevoir les méthodes comme indiqué au chapitre 11.

Un processus par niveaux d'abstraction

La modélisation se construit forcément par étapes successives de plus en plus détaillées. Il est en effet impossible de produire un modèle représentant quelques milliers de lignes de code sans passer par les étapes d'avancement qui permettent d'organiser judicieusement le volume d'informations collectées.

Tout processus construit sur un modèle doit donc se doter d'une tactique d'avancement par consolidation de chaque étape de construction du modèle. Un tel avancement est itératif, car il définit des objectifs à atteindre suivant un découpage en niveaux de détail allant croissant par rapport au modèle de développement. Ces niveaux correspondent à une vision de moins en moins abstraite du développement, c'est pourquoi nous les qualifions aussi de niveaux d'abstraction.

Pour illustrer l'évolution du modèle par niveaux d'abstraction, nous avons recours à un cône dont la surface symbolise à un instant donné le volume d'informations rassemblées par le modèle. Le processus en Y implique une dichotomie initiale du modèle suivant les deux branches fonctionnelle et technique, comme l'illustre la figure 2-14.

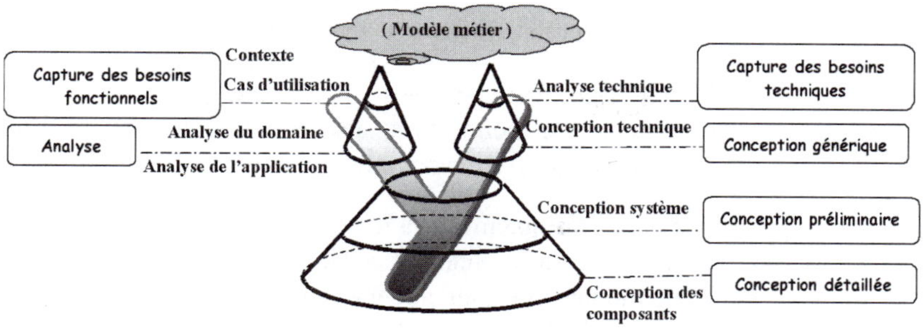

Figure 2-14. : Les niveaux d'abstraction du processus en Y

Chaque niveau d'abstraction du modèle s'inscrit dans une étape du processus et fixe un objectif de description du modèle.

Pour la capture des besoins fonctionnels :

- le niveau du contexte a pour objet de définir la frontière fonctionnelle entre le système considéré comme une boîte noire et son environnement ;
- le niveau des cas d'utilisation définit ensuite les activités attendues des différents utilisateurs par rapport au système toujours envisagé comme une boîte noire. Ce modèle permet de contrôler la bonne adéquation des besoins avec les utilisateurs.

Pour l'analyse :

- on ouvre le système pour établir la structure des objets utilisés. Le modèle d'analyse du domaine définit la structure et le comportement des objets connus dans le métier des utilisateurs du système ;
- le modèle d'analyse de l'application y rajoute, suivant le même processus, les objets qui sont connus des utilisateurs, dans le cadre de la mise en application de leurs besoins.

Pour la capture des besoins techniques :

- le modèle d'analyse technique établit des couches logicielles et y spécifie les activités techniques attendues.

Pour la conception générique :

- le modèle de conception technique définit les composants qui, délivrant des services techniques, assurent la réponse aux exigences opérationnelles du système.

Pour la conception préliminaire :

- le modèle de conception système organise le système en composants, délivrant les services techniques et fonctionnels. Ce modèle regroupe les informations des branches fonctionnelle et technique. Il peut être considéré comme la transformation du modèle d'analyse par projection des classes d'analyse sur les couches logicielles.

Pour la conception des classes :

- le modèle de conception des composants fournit l'image « prêt à fabriquer » du système complet.

Notons que, préalablement au développement, un modèle métier peut établir le contexte organisationnel dans lequel vient s'insérer le système informatique. Ce modèle éventuellement objet constitue un point d'entrée possible au processus en Y. Mais nous n'aborderons pas la problématique de modélisation métier dans cet ouvrage.

Une fois les objectifs établis, l'avancement sur un modèle se fait par itération des mêmes tâches de construction jusqu'à obtention d'un modèle satisfaisant. Nous vous présenterons dans cet ouvrage le workflow de construction associé à chaque niveau d'abstraction. L'animation d'un processus itératif consiste à planifier les tâches nécessaires à l'aboutissement du modèle, à les réaliser, puis à valider le modèle avec les acteurs concernés.

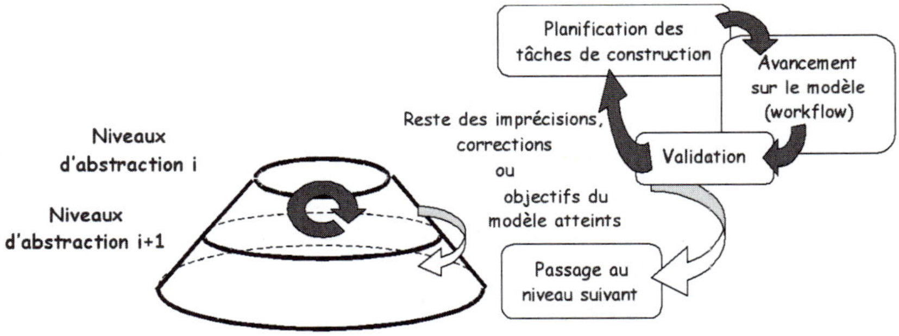

Figure 2-15. : Animation du processus itératif

Les points de vue de modélisation

Le processus en Y itère donc sur la construction d'un modèle. À cet effet, nous avons abordé les niveaux qui servent à fixer des jalons dans l'avancement du développement. Il nous reste maintenant à considérer les points de vue qu'un modèle doit honorer ainsi que les techniques qu'il doit développer pour structurer le volume d'informations croissant qu'il contient.

En tant que support d'étude, d'anticipation, de conception et de documentation du système, le modèle doit représenter les points de vue nécessaires aux différents protagonistes du développement. Ces points de vue représentent autant de vitrines d'observation du même problème en mettant en valeur certains contenus et en en masquant d'autres. Par analogie au BTP, pensez aux plans tracés pour les différents corps de métier, électricité, plomberie, maçonnerie, etc. Les points de vue du modèle d'un système logiciel sont répertoriés ci-après.

- Le point de vue de spécification fonctionnelle concerne l'organisation du modèle des besoins fonctionnels exprimés par les utilisateurs et étudiés par les analystes. Les éléments de construction correspondent aux cas d'utilisation organisés en packages, aux acteurs, aux activités, aux interactions entre objets et aux contraintes dynamiques.
- Le point de vue structurel a trait à l'organisation du modèle des besoins élaboré en classes par les analystes. Les éléments de construction y sont les catégories, les classes, les associations, les généralisations, les attributs et les contraintes structurelles.
- Le point de vue matériel développe la structure physique des machines et des réseaux sur lequel repose le système informatique. Il concerne les ingénieurs système et réseau. Comme éléments de construction, on compte les nœuds et les connexions qui permettent de prévoir le dimensionnement des processeurs et des bandes passantes.
- Le point de vue de déploiement représente la structure des postes de travail et localise les composants sur le réseau physique. Il concerne les ingénieurs d'exploitation chargés d'installer le logiciel et d'identifier les causes de pannes. Les éléments de construction y sont les postes de travail, les serveurs, les connexions et les composants qui permettent d'étudier les échanges internes et externes du système en développement. En client/serveur, on évoquera souvent les niveaux de répartition locale, départementale et centrale.
- Le point de vue d'exploitation correspond à l'organisation des composants et identifie les fonctions prises en charge par le logiciel installé. Il concerne à la fois les ingénieurs d'exploitation et les concepteurs, les uns pour trouver le composant incriminé par une panne, les autres pour cartographier les dépendances logicielles. Les composants, les interfaces et les dépendances entre composants constituent les éléments de construction. En client/serveur, il est d'usage de répartir les composants suivants des architectures 2-tiers, 3-tiers ou n-tiers.
- Le point de vue de spécification logicielle concerne les architectes qui décident de répartir par couches les exigences techniques, afin de les dissocier par nature de responsabilités. Les éléments de construction y sont les cas d'utilisation techniques organisés en couches, les exploitants, les activités, les interactions entre objets et les contraintes dynamiques. On aura recours aux couches réparties en responsabilités de présentation, de gestion des applications, de gestion du métier, d'accès aux données et de stockage des données.

- Le point de vue logique est relatif à l'organisation du modèle de solution élaboré en classes par les concepteurs. Les éléments de construction y sont les classes regroupées en catégories, les interfaces, les associations, les généralisations, les réalisations, les attributs, les états, les opérations et leurs méthodes. Ce point de vue est incontournable, car il fournit la vision « prêt à coder » de la solution et inversement, documente le code produit.
- Le point de vue de configuration logicielle retrace enfin la manière dont sont construits les composants qui servent à l'élaboration d'un sous-système. Il permet de mesurer l'impact d'un changement sur la construction du logiciel et d'établir les configurations et les compatibilités entre plusieurs éléments de versions différentes. Les éléments de construction y sont les sous-systèmes, les composants de construction et leurs dépendances de fabrication. Pour fixer les idées, sachez que ces informations peuvent servir à construire les fichiers « makefile » d'un projet.

Vous remarquez que tous les points de vue n'interviennent ni au même moment, ni au même niveau d'abstraction dans le processus de développement. Il existe par ailleurs des dépendances entre points de vue, dont il est nécessaire d'avoir une cartographie pour maintenir la cohérence du modèle. La figure 2-16 présente les relations existantes entre les différents points de vue et les situe par rapport aux différents niveaux d'abstraction du modèle.

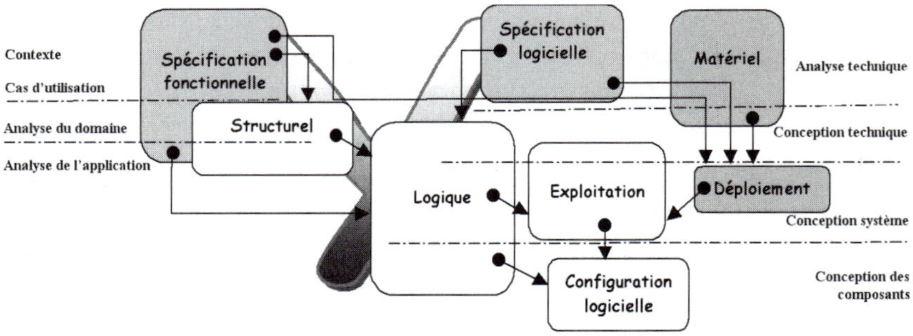

Figure 2-16. : Cartographie des points de vue de modélisation

La spécification fonctionnelle défend le point de vue des utilisateurs, elle pilote le contenu du développement et conditionne les points de vue structurel et logique mais également le déploiement de la conception système de la façon suivante :

- les cas d'utilisation permettent de trouver les classes de la vue structurelle du modèle d'analyse ;
- les scénarios élaborés par cas d'utilisation permettent de trouver les opérations des interfaces de la vue logique du modèle de conception système ;

- les cas d'utilisation identifient des fonctions qu'il faut répartir sur le déploiement du modèle de conception système.

La spécification logicielle se place du point de vue des exploitants et gère le modèle de la façon suivante :

- les cas d'utilisation techniques permettent de trouver les classes de la vue logique du modèle de conception technique. Leurs scénarios permettent de trouver les opérations de ces classes regroupées par couches ;
- les cas d'utilisation techniques identifient les fonctions d'exploitation qu'il faut répartir sur le déploiement du modèle de conception système.

La vue du matériel présente le support du déploiement.

La vue structurelle projette ses classes dans la vue logique au niveau de la conception système.

La vue d'exploitation définit ses composants à partir des interfaces de la vue logique du modèle de conception système et des composants de déploiement.

La vue de configuration logicielle dépend des classes du modèle logique qui réalisent les différents composants d'exploitation.

Le tableau suivant établit la correspondance entre les diagrammes proposés par UML 1.4 et les points de vue de modélisation. Le symbole ✔ signifie que l'utilisation du diagramme est incontournable dans la formalisation du point de vue, tandis que ✓ symbolise une utilisation optionnelle.

Point de vue / Diagramme UML	Spéc. Fonc.	Struct.	Spéc. Log.	Mat.	Log.	Expl.	Dépl.	Conf. Log.
Classes	✓	✔	✓		✔			
Objets		✓			✓			
Cas d'utilisation	✔		✔					
Séquence	✔		✓		✔			
Collaboration	✔		✓		✔			
États		✔			✔			
Activités	✔		✔		✓			
Composants						✔	✔	✔
Déploiement				✔			✔	

Tableau 2-2 : Utilisation des diagrammes UML en fonction des points de vue du modèle

Un processus centré sur l'architecture

Le terme architecture est un mot actuellement en vogue mais utilisé de manière abusive. L'architecture est souvent mal comprise parce qu'on la situe dans la structure résultante d'un modèle. L'architecture n'est pas la conséquence du modèle mais préside au contraire à son organisation. Cette organisation fixe des directives générales au développement, et les structures qu'elle induit aident au maintien de l'intégrité du modèle.

Définition

ARCHITECTURE

L'architecture est l'ensemble des décisions d'organisation du système logiciel qui défend les intérêts de son propriétaire final. Les intérêts s'expriment en termes d'exigences fonctionnelles, techniques et économiques. L'architecture y répond par l'intégration de plusieurs styles de développement informatique qu'elle adapte aux éléments logiciels d'un contexte existant.

Le propriétaire du système logiciel, par définition le maître d'ouvrage, est au premier chef concerné par l'adéquation aux besoins des utilisateurs, la pertinence par rapport à l'organisation de l'entreprise, l'analyse de la valeur qui en résulte, et les qualités de maintenance et d'évolution du logiciel. C'est pourquoi l'architecture du logiciel décrit plusieurs axes de solution générique, définis comme ci-après.

- Les architectures client/serveur en tiers (2-tiers, 3-tiers ou n-tiers) concernent la capacité de montée en charge du système. Le style 2-tiers vise des applications départementales à nombre limité d'utilisateurs. Elles mettent généralement en jeu des clients et un serveur de base de données. Les styles 3-tiers ou n-tiers permettent l'évolution du nombre des utilisateurs par l'introduction d'un middleware, qui distribue les services entre les clients et les serveurs.
- Les architectures en couches visent la distribution des responsabilités techniques sur les parties développées pour le système logiciel. Nous avons déjà cité la répartition suivant les cinq couches : présentation, application, métier, accès aux données et stockages des données. Ces architectures améliorent les qualités d'évolution et de maintenance des aspects techniques du système.
- Les architectures en niveaux correspondent au déploiement des fonctions sur les postes de travail des utilisateurs. Les 3 niveaux considérés pour l'entreprise sont le niveau central, le niveau départemental et le niveau local. Ces niveaux permettent de mieux contrôler l'imbrication des fonctions du système, ce qui améliore ses qualités d'évolution et de maintenance fonctionnelles.

- Les architectures à base de composants consistent à développer les opportunités de réutilisation au sein du système informatique. Les composants sont à la fois spécifiquement développés ou achetés sur étagère. Une telle architecture impose dans tous les cas une définition stricte de la décomposition modulaire. Les composants améliorent non seulement les qualités d'évolution et de maintenance mais également les coûts de développement du système.

L'architecture implique des décisions d'organisation qui se répercutent sur la structure du modèle lui-même. Les différents points de vue de modélisation cités précédemment deviennent les outils de contrôle de l'architecte logiciel qui permettent de superviser la conformité du développement aux intérêts du maître d'ouvrage. Le tableau suivant illustre l'influence des styles d'architecture sur les différents points de vue du modèle.

Architecture / **Points de vue**	**Multiniveaux**	**Par composant**	**En couches**	**Multitiers**
Spécification fonctionnelle	Positionnement des acteurs aux différents niveaux de l'entreprise.	Identification de cas d'utilisation gérés par des composants existants.		
Spécification logicielle		Identification de cas d'utilisation techniques, gérés par des composants existants.	Positionnement des cas d'utilisation techniques sur les différentes couches.	
Structurel et organisationnel	Regroupement des classes par niveau.	Regroupement des classes provenant de composants existants.		
Matériel	Définition des matériels installés par niveaux.			Définition d'un middleware.
Déploiement	Définition des postes de travail par niveau.	Identification et positionnement des composants d'exploitation sur le réseau.		Regroupement des composants par services distribués.
Exploitation	Regroupement des composants par poste de travail.	Identification des interfaces et des composants à exploiter.	Répartition des composants par couche.	Répartition des composants entre tiers.
Architecture / **Points de vue**	**Multiniveaux**	**Par composant**	**En couches**	**Multitiers**

Logique		Regroupement des classes communes au même composant.	Identification des classes se situant dans la même couche de services techniques.	Identification des interfaces et des classes distribuées.
Configuration logicielle		Fabrication de chaque composant.	Fabrication des composants spécifiques à une couche.	Fabrication des composants distribués.

Tableau 2-3 : Influence des styles d'architecture sur les vues du modèle

Un processus centré sur l'architecture impose le respect des décisions d'architecture à chaque étape de construction du modèle. L'architecture est donc la condition qui préside à l'intégrité d'un projet complexe, car elle permet la structure et la cohérence des points de vue.

La somme des parties d'un système complexe a en effet pour caractéristique de dépasser la complexité de chacune des parties. L'organisation d'un modèle cohérent permet d'établir des règles précises de croissance, sans dépasser les capacités de compréhension humaine. L'architecte utilise la structure du modèle pour communiquer et contrôler les liens complexes entre ces parties. Le processus centré sur l'architecture permet donc de dégager des opportunités pour renforcer les intérêts économiques du maître d'œuvre :

- les modèles correctement organisés offrent des moyens de réutilisation du logiciel à large échelle ;
- leur découpage facilite l'élaboration de métriques, l'estimation et la répartition du travail entre équipes ;
- les points de vue cohérents facilitent l'étude d'impact suivant les différents axes de changement que sont l'évolution des fonctions, de la structure des entités, des techniques, des configurations d'exploitation, et des versions logicielles ;
- la documentation apportée par les modèles facilite les tests, l'intégration, et aide à identifier la source des erreurs.

Un processus orienté vers les composants

Le respect des règles d'architecture et la structuration du modèle à toutes les étapes du processus tend naturellement à regrouper les concepts à forte cohérence et à identifier scrupuleusement tous les couplages entre parties. L'expression des couplages implique la spécification de règles d'interface et permet d'évaluer l'opportunité de réutiliser les regroupements de concepts à d'autres contextes de développement.

Au niveau du système d'information d'entreprise, tel que celui présenté dans l'étude de cas, un progiciel doit être considéré comme un composant à part entière, ayant des caractéristiques fonctionnelles et logicielles propres. Cette orientation rejoint clairement les options du « best of breed » qui vise à positionner le meilleur outil à la meilleure place pour répondre aux fonctions du système d'information d'entreprise ; elle se distingue d'une philosophie « ERP centric » qui tend au contraire à ramener toutes les fonctions de l'entreprise dans le même progiciel. Le mariage de plus en plus fréquent de progiciels du marché, de développements spécifiques et de technologies d'intégration (EAI ou services Web) va introduire des contraintes non négligeables dans l'organisation d'une modélisation UML tant pour les activités d'analyse que pour celles de conception.

Les regroupements de concepts définissent des packages et des composants dans le modèle, leur réutilisation peut se situer à tous les niveaux d'abstraction. De plus, la cohérence du modèle impose d'établir et de suivre les liens entre les structures d'un point de vue à l'autre et d'une étape à l'autre.

- Lors de la capture des besoins fonctionnels, les cas d'utilisation sont regroupés en packages pour organiser le modèle de spécification fonctionnel. Ces packages représentent les besoins d'un métier d'entreprise vis-à-vis d'un système informatique, et peuvent constituer des modèles de spécification à réutiliser par des progiciels métier. Les packages de cas d'utilisation structurent la répartition en applications du système. Ces applications déployées sur les postes de travail constituent une partie des composants du modèle d'exploitation.
- Lors de l'analyse, les classes sont regroupées en catégories pour organiser successivement le modèle d'analyse métier et le modèle d'analyse de l'application. Les catégories métier représentent la description détaillée des concepts de l'entreprise et peuvent constituer des références, réutilisables par différentes applications. Les catégories d'analyse structurent les catégories de conception ainsi que la répartition en composants métier. Ces derniers constituent éventuellement des composants du modèle d'exploitation.
- Pour la capture des besoins techniques, les cas d'utilisation sont regroupés en couches logicielles en vue d'organiser le modèle de spécification technique. Ces packages représentent les besoins techniques vis-à-vis d'une technologie, et peuvent constituer des modèles de spécification à réutiliser par différentes applications de l'entreprise. Les couches logicielles structurent la création de frameworks techniques qui constituent des mécanismes de conception générique pour la technologie concernée.
- Lors de la conception préliminaire, les classes sont regroupées en frameworks pour remplir des fonctions techniques spécifiques. Les frameworks constituent éventuellement des composants du modèle d'exploitation et participent au modèle de configuration logicielle.

- Pour la conception détaillée, les classes sont organisées en catégories et documentent généralement une librairie de classes réutilisables. Les catégories de conception constituent éventuellement des composants du modèle d'exploitation et structurent les sous-systèmes de configuration logicielle.
- Les composants d'exploitation sont les éléments que l'on déploie pour installer le système complet. Les différentes technologies correspondant à cette notion sont les instances de bases de données, les applications à disposition des utilisateurs, les librairies dynamiques, les objets distribués, les Java-Beans, les ActiveX, etc. Les composants d'exploitation sont des cibles de fabrication du logiciel, de sorte que chaque composant d'exploitation correspond à un sous-système de configuration logicielle.

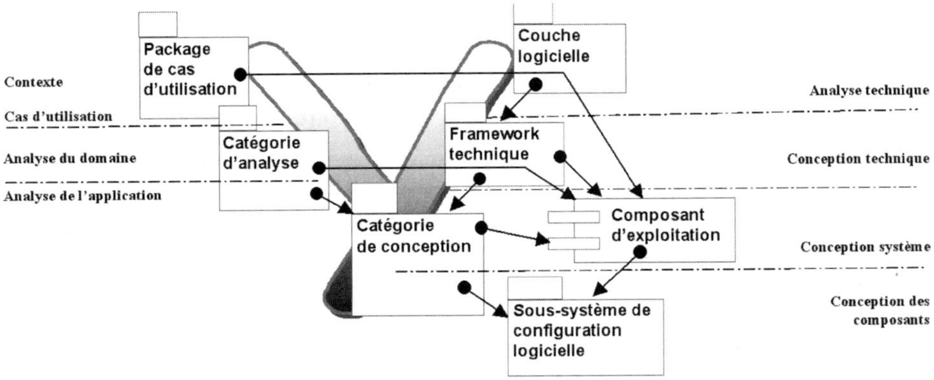

Figure 2-17. : Positionnement et influence des structures réutilisables sur le processus 2TUP

Aujourd'hui, il existe des technologies orientées composant, à savoir Corba, DCOM, ActiveX, Java RMI, Java Beans et plus récemment les infrastructures EAI et services Web. De fait, le développement et l'intégration de composants vont de pair et le travail du développeur nécessite un effort encore plus poussé vers le respect du style d'architecture orienté composant. Les types de composants que l'on peut réutiliser au sein de l'entreprise ou du commerce s'intègrent à différents niveaux suivant leur nature.

- Les composants transverses correspondent aux outils offrant des fonctionnalités purement techniques. De tels outils s'intègrent dès la conception technique s'ils se présentent sous la forme d'une bibliothèque de code. Dans tous les cas, ils doivent être considérés suivant les points de vue du déploiement, de leur exploitation et de leur configuration logiciel.
- Les composants verticaux, ou *compogiciels*, apportent à la fois des fonctions métier et une architecture technique. Ils doivent d'une part se représenter sous la forme de classes et de services pour être intégrés dans les points de vue dynamique et statique du modèle d'analyse. Si leurs méca-

nismes d'interface ne sont pas standard, ils font d'autre part l'objet d'une couche logicielle à intégrer dans la conception technique. Les *compogiciels* doivent ensuite être considérés suivant les points de vue du déploiement et de leur exploitation.

- Les progiciels apportent des fonctions métier, une architecture technique et des interfaces utilisateur. S'ils sont prévus pour fonctionner en complète autonomie, leur intégration dans un système d'information existant requiert une étude fonctionnelle et technique analogue à l'intégration d'un compogiciel. Les progiciels ont par ailleurs leur propre déploiement et exploitation.
- Les bus d'intégration EAI et B2B apportent un framework d'échanges qui a des implications non négligeables sur les architectures technique et fonctionnelle. Ce domaine a fait l'objet d'un « Profile » particulier édité en février 2002 par l'OMG.

Résumé du chapitre

La famille des « Unified Process » constitue une trame commune pour intégrer les meilleures pratiques de développement. Un processus UP est itératif et incrémental, centré sur l'architecture, conduit par les exigences des utilisateurs, piloté par les risques et orienté composants. Le processus 2TUP se situe dans cette lignée, en insistant sur la non-corrélation initiale des aspects fonctionnel et technique. Les deux branches d'étude fusionnent ensuite pour la conception du système, ce qui donne la forme d'un processus de développement en Y. La dichotomie initiale permet à la fois de capitaliser la connaissance métier sur la branche gauche et de réutiliser un savoir-faire technique sur la branche droite.

UML est le langage de modélisation objet standard du 2TUP. Chacun des 9 diagrammes de UML 1.4 est en effet pertinent pour représenter les étapes de développement et les points de vue de modélisation préconisés. 2TUP est construit autour de la construction et du maintien d'un modèle qui permet de contrôler l'adéquation du développement aux règles d'architecture et qui favorise la conception d'un système orienté composants.

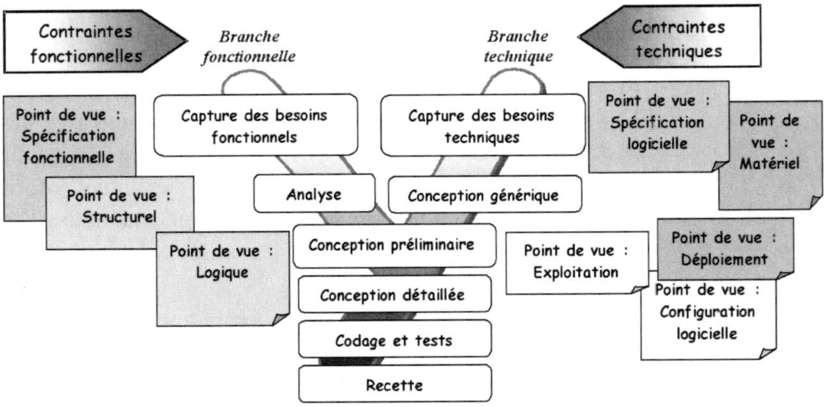

Figure 2-18. : Rappel des étapes et des points de vue du 2TUP

Chapitre 3 Étude préliminaire

Objectifs du chapitre

Ce chapitre va nous servir à poser les bases de la capture des besoins du système à réaliser.

Dans un premier temps, nous allons introduire l'étude de cas qui servira de fil conducteur tout au long du livre, en donnant une version textuelle préliminaire de son cahier des charges.

Dans un second temps, nous commencerons à déterminer les besoins fonctionnels en considérant le système comme une boîte noire, afin d'étudier sa place dans le système métier plus global de l'entreprise. Après avoir identifié les *acteurs* qui interagiront avec le système, nous développerons un premier modèle UML de niveau *contexte*, pour pouvoir établir précisément les frontières fonctionnelles du système.

Quand intervient l'étude préliminaire ?

L'étude préliminaire (ou préétude) est la toute première étape de notre processus de développement. Elle consiste à effectuer un premier repérage des besoins fonctionnels et opérationnels, en utilisant principalement le texte, ou des diagrammes très simples.[1] Elle prépare les activités plus formelles de capture des besoins fonctionnels (décrite au chapitre 4) et de capture des besoins techniques (décrite au chapitre 5).

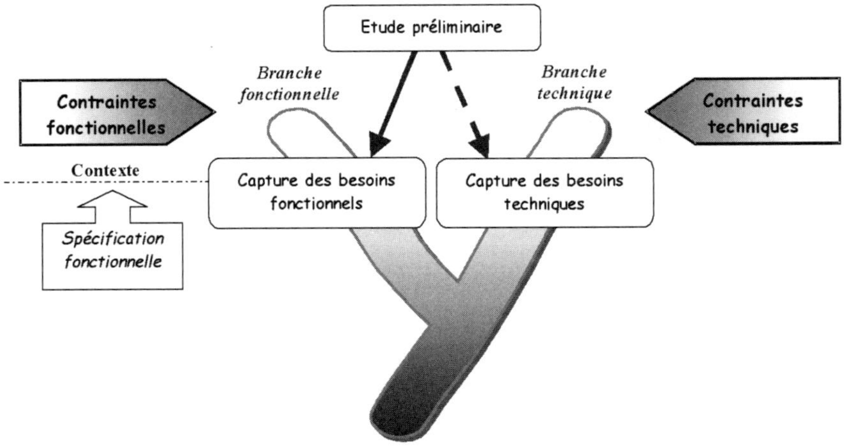

Figure 3-1. : Situation de l'étude préliminaire dans 2TUP

Éléments mis en jeu

- Acteur,
- Stéréotype,
- Contexte statique, diagramme de classes,
- Message, événement,
- Contexte dynamique, diagramme de collaboration,

1. On peut comparer cette étape à la phase d'inception du Processus Unifié, qui consiste à cadrer le projet et à définir son business case, en particulier en identifiant toutes les entités externes qui vont interagir avec le système, et en définissant la nature de cette interaction à haut niveau. Cependant, pour simplifier la lecture du livre, nous n'introduisons le concept clé de cas d'utilisation que dans le chapitre suivant.

Cahier des charges

ÉTUDE DE CAS : PRÉSENTATION DU PROJET

VExpress est une société dont l'activité principale est la messagerie. Cette activité consiste en l'enlèvement, le transport et la livraison de colis.

VExpress possède 800 véhicules répartis sur 70 agences. La société traite un volume moyen de 40 000 colis par jour (enlèvements et livraisons) et compte 3 000 employés.

VExpress souhaite se doter d'un système informatique performant afin de :

- maîtriser au plus près l'acheminement des colis par la connaissance de leur localisation et de leur état,
- suivre la réalisation des commandes, ainsi que la gestion comptable des factures et des règlements,
- offrir aux clients la possibilité de suivre l'acheminement de leurs colis via une connexion Internet.

La durée de vie du nouveau système, appelé **SIVEx** (**S**ystème d'**I**nformation de **VEx**press), est estimée à 5 ans.

ÉTUDE DE CAS : GRANDS CHOIX TECHNIQUES

Afin de maîtriser les risques, **VExpress** souhaite utiliser une approche itérative et incrémentale, fondée sur le processus en Y (décrit au chapitre 2).

Après une première étude menée par un cabinet-conseil, la direction générale de **VExpress** a officialisé le choix d'un certain nombre de techniques clés pour ce projet stratégique, et donné son feu vert à un vaste plan de formation des informaticiens de la société.

Ces technologies clés sont principalement :

- La modélisation objet avec UML,
- les architectures 3-tiers avec SGBDR,
- le déploiement de clients légers,
- La plate-forme Java (avec JSP, RMI et JDBC) et les potentialités de XML pour les applications à développer,
- Le déploiement de SAP R/3 pour les modules comptables et ventes (CO & SD),
- Le déploiement d'une solution CRM fondée sur le progiciel SIEBEL.

Autre point crucial, la direction de VExpress est très sensible à la problématique de l'EAI (Enterprise Application Integration) et souhaite intégrer au maximum le nouveau système informatique aux briques existantes du système d'information de la société.

Le positionnement respectif de tous ces éléments techniques est illustré à la figure suivante.

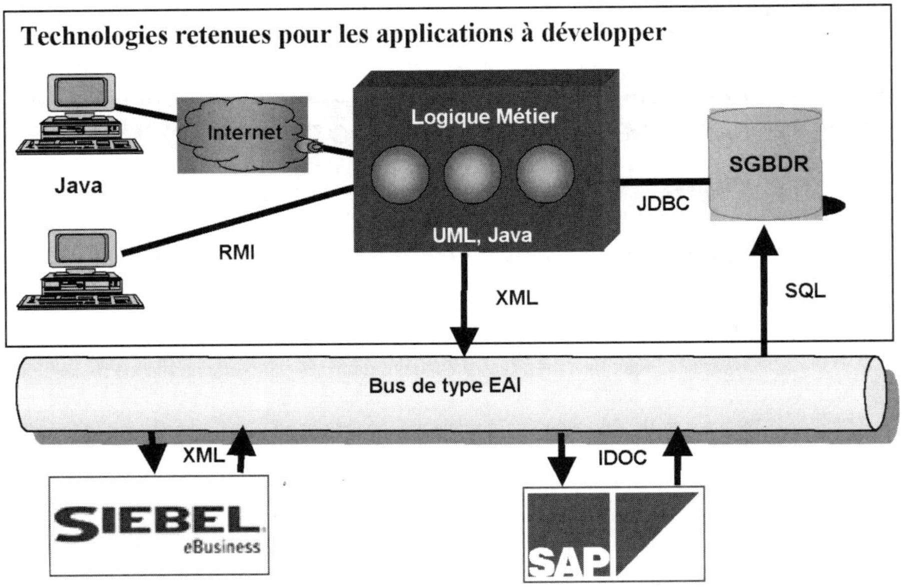

Figure 3-2. : Architecture logicielle préliminaire

ÉTUDE DE CAS : RECUEIL DES BESOINS FONCTIONNELS

Un premier tour d'horizon des besoins exprimés par les employés de l'entreprise a permis d'établir le cahier des charges préliminaire suivant :

Traitement des commandes

Les commandes sont saisies dans le progiciel Siebel par un réceptionniste à partir des informations fournies par les clients. Lors de la prise de commande, le réceptionniste doit disposer du coût estimé de la prestation et des dates probables d'enlèvement et de livraison. Ces informations doivent pouvoir être éditées et envoyées directement par fax ou courrier électronique au client.

Lors d'une première prise de commande, le réceptionniste doit enregistrer les caractéristiques du nouveau client également dans Siebel ; les données des commandes et des clients sont automatiquement synchronisées avec SAP pour leur suivi en back-office.

Une fois confirmées, les commandes sont mises à disposition immédiate du service administratif et des agences chargées du transport. Ces informations portent principalement sur l'adresse d'enlèvement, l'adresse de livraison et la description de chaque colis.

Un en-cours de commande est ensuite maintenu à jour par le système. Il précise la localisation des colis de la commande, ainsi que les dates d'enlèvement et de livraison. Le réceptionniste, ou le client lui-même via Internet, est par la suite à même de consulter ces informations de suivi.

Administration

Les factures des commandes réalisées et leur consolidation journalière sont transmises au progiciel SAP.

Un comptable émet les factures des clients qui règlent leurs commandes en différé. Par ailleurs, il saisit les différents règlements reçus et les répartit sur les factures.

Le système peut éditer les lettres de relance pour les factures non payées en fonction de critères dépendant du client (délai et/ou découvert autorisé). Le système permet ainsi au comptable de suivre ses contentieux de paiement.

Création de mission

Un répartiteur crée les missions d'acheminement pour son agence. Une mission traite un ensemble de commandes qui transitent par l'agence. À cet effet, le répartiteur définit l'ordre des étapes (points de passage pour enlever ou livrer les commandes), puis affecte à la mission un véhicule et un chauffeur.

Le répartiteur s'appuie sur les ressources (véhicules et chauffeurs) dont il dispose à son agence. Le cas échéant, il peut utiliser temporairement des ressources d'une autre agence déléguées par le responsable logistique.

On distingue trois types de missions : l'enlèvement de colis, leur livraison et le convoyage entre deux agences (traction).

Suivi de mission

Un chauffeur part en tournée avec les bordereaux décrivant les commandes à livrer sur les différents sites de chaque étape de la mission. Il est équipé d'un terminal portable lui permettant d'indiquer en temps réel l'état de sa mission : les arrêts et les départs aux différentes étapes, les acquittements des clients, ainsi que les incidents occasionnels qu'il peut rencontrer (panne, retard, refus de règlement, absence du client…).

Un GPS est embarqué dans chaque véhicule et permet d'envoyer automatiquement et périodiquement (toutes les quinze minutes) sa position au système, pendant toute la durée de la mission.

Dès qu'une mission se déroule de façon anormale, le système doit en avertir immédiatement le répartiteur.

Traitement des colis

Au retour d'une mission d'enlèvement, un opérateur de quai identifie les colis à partir de la liste établie pour chaque commande. À l'aide d'une bascule reliée au système, les colis sont pesés afin de vérifier les dépassements tarifaires de charge. Une étiquette à code-barre, imprimée par le système est alors collée sur le colis par l'opérateur de quai.

Chaque fois qu'un colis transite sur un quai (départ de livraison, départ ou arrivée de traction), un opérateur de quai pointe l'étiquette du colis afin de permettre sa localisation en temps réel.

Les opérateurs de quai doivent également disposer d'un mode « inventaire » qui leur permet de pointer tous les colis présents sur le quai et de détecter les colis oubliés (présents sur le quai depuis plus de 48 h).

Logistique

Le responsable logistique doit effectuer les tâches suivantes :

- il définit la liste des agences et des ressources (véhicules et chauffeurs) ainsi que la répartition de ces ressources entre les agences ;
- il définit différents plans de transport. Chacun de ces plans se compose des zones de redistribution et des zones terminales des agences, ainsi que des connexions à appliquer pour l'acheminement des commandes. Un seul plan de transport est applicable à un instant donné pour l'ensemble du réseau ;
- enfin, le responsable logistique consulte régulièrement les statistiques de transport (fréquentations, accidents, retards, et ce par site, par agence et par région), afin d'optimiser ses plans de transport.

ÉTUDE DE CAS : RECUEIL DES BESOINS OPÉRATIONNELS

Sécurité

Lors de sa connexion, chaque employé doit être reconnu du système par un nom, un mot de passe et la fonction qu'il occupe (par agence).

Un client connecté via Internet doit également être identifié par un mot de passe et n'accéder qu'aux informations d'en-cours de commande qui le concernent.

Un administrateur système est chargé de définir les profils des utilisateurs.

Volume de données

Certaines données du système doivent être traitées en temps réel : le suivi de l'état courant des missions, celui des incidents, la création et la modification des commandes.

D'autres données peuvent faire l'objet de traitement « batch » : édition journalière des facturations, suivi statistique de l'activité.

Une première évaluation du volume de données a produit les résultats suivants :

Type de données	Volume unitaire (Ko)	Quantité (par mois)	Durée de rétention (mois)	Volume total (Mo)
Commande	0,5	300 000	6	9 000
Facture	0,5	200 000	6	6 000
Historique événements	0,1	900 000	6	540
Colis	0,2	1 200 000	6	1 440
Bordereau	1	46 000	6	276
Mission	0,5	46 000	6	138
Inventaire	4 000	100	6	2 400
Données d'exploitation				19 764

Tableau 3-1 : Volume de données d'exploitation

Type de données	Volume unitaire (Ko)	Quantité	Volume total (Mo)
Client	1	30 000	30
Plan de transport	1 000	4	4
Véhicule	1	800	0,8
Employé	0,1	3 000	0,3
Données statiques			35,1

Tableau 3-2 : Volume de données de base

Une fois ce premier recueil de besoins effectué, la description du contexte du système peut commencer. Elle consiste en trois activités successives :

- l'identification des acteurs,
- l'identification des messages,
- la réalisation des diagrammes de contexte.

Identifier les acteurs

Conseil

QU'EST-CE QU'UN ACTEUR ?

Un *acteur* représente l'abstraction d'un rôle joué par des entités externes (utilisateur, dispositif matériel ou autre système) qui interagissent directement avec le système étudié.

Un acteur peut consulter et/ou modifier directement l'état du système, en émettant et/ou en recevant des messages éventuellement porteurs de données.

Les acteurs candidats sont systématiquement :

- les utilisateurs humains directs : identifiez tous les profils possibles, sans oublier l'administrateur, l'opérateur de maintenance, etc. ;
- les autres systèmes connexes qui interagissent aussi directement avec le système.

Vérifiez que les acteurs communiquent bien *directement* avec le système, par émission et/ou réception de messages. Une erreur fréquente consiste à répertorier en tant qu'acteurs des entités externes qui n'interagissent pas directement avec le système, mais uniquement par le biais d'un des véritables acteurs.

Vérifiez que les acteurs se trouvent bien *à l'extérieur* du système ! Une erreur fréquente consiste à répertorier des acteurs qui correspondent en fait à des composants du système étudié, voire même à de futures classes...

Dans notre étude de cas, nous considérons que SAP et Siebel sont des sous-systèmes de SIVEx, c'est pourquoi ils n'apparaîtront pas dans la liste des acteurs.

Ne pas faire

ACTEUR : NE CONFONDEZ PAS RÔLE ET ENTITÉ CONCRÈTE !

Une même entité externe concrète peut jouer successivement différents rôles par rapport au système étudié, et par conséquent être modélisée par plusieurs acteurs. Réciproquement, le même rôle peut être joué simultanément par plusieurs entités externes concrètes, qui seront alors modélisées par le même acteur.

Par exemple, face au système que constitue l'ordinateur d'une salle de formation, l'administrateur système va d'abord jouer son rôle habituel, pour installer une nouvelle version d'un outil UML ; puis, il va se connecter en tant que simple utilisateur, afin de vérifier que les stagiaires y auront bien accès lors de la prochaine session. Il n'y a dans ce cas qu'une seule instance d'entité externe concrète (l'administrateur système) et pourtant deux acteurs distincts...

ÉTUDE DE CAS : ACTEURS DU SYSTÈME SIVEX

- Réceptionniste :
  Le réceptionniste a pour mission de saisir, et éventuellement d'annuler, les commandes en provenance des clients.
- Client :
  Le client peut consulter ses en-cours de commande par Internet. Il reçoit également les confirmations de commande par courrier électronique ou par fax.
- Comptable :
  Le comptable fait le point régulièrement sur les commandes, établit les factures et avoirs des clients. Il s'assure aussi du recouvrement des factures.
- Répartiteur :
  Le répartiteur crée les différentes missions en fonction des commandes et des ressources disponibles. Il surveille les missions en cours de manière à parer aux incidents.
- Chauffeur :
  Le chauffeur assure les missions ; il réceptionne ou livre les colis et avertit le système des arrêts qu'il effectue à chaque étape.
- Véhicule :
  Le véhicule envoie automatiquement et périodiquement sa position au système par le biais de son GPS embarqué.
- Opérateur de quai :
  L'opérateur de quai identifie et pèse les colis provenant d'un enlèvement. Il pointe ensuite le passage des colis en départ et arrivée d'agence ou procède aux inventaires de quai.

- Responsable logistique :
  Le responsable logistique définit le réseau des agences et maintient la stratégie de transport.
- Administrateur système :
  L'administrateur système gère les profils des utilisateurs et les mots de passe.

Conseil

ÉLIMINEZ LES ACTEURS « PHYSIQUES » AU PROFIT DES « LOGIQUES »

L'acteur est celui qui bénéficie de l'utilisation du système. Il a une autonomie de décision. Cela ne doit pas se réduire à un simple dispositif mécanique passif.

Par exemple, il serait peu judicieux de considérer comme acteurs pour SIVEx :

- les terminaux informatiques (écrans, claviers, imprimantes, etc.) des différents employés de VExpress, à la place des différents profils identifiés,
- la bascule de pesée au lieu de l'opérateur de quai.

Cette règle simple permet de s'affranchir dans un premier temps des technologies d'interface et de se concentrer sur les acteurs « métier », nettement plus stables.

Étude

ACTEUR = MÉTACLASSE À PART ENTIÈRE

Dans le métamodèle d'UML 1.4, le concept d'acteur est en fait une métaclasse à part entière, avec une représentation graphique standard.

Cependant, comme cette métaclasse hérite du concept plus abstrait de *classifier* (au même titre que la classe), on peut montrer un acteur soit sous la forme graphique dite du *stick man,* soit sous une forme rectangulaire, avec le mot-clé <<actor>> :

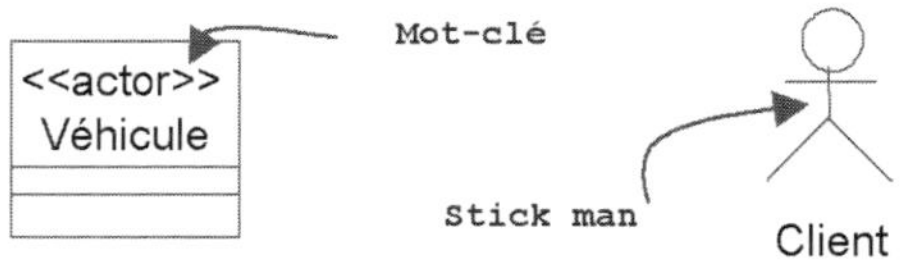

Figure 3-3. : Représentations graphiques possibles d'un acteur

Une recommandation de plus en plus répandue consiste à utiliser le *stick man* pour les acteurs humains et la forme rectangulaire pour les acteurs non-humains, si l'outil de modélisation le permet…

Un acteur peut ainsi disposer :

- d'un ensemble d'attributs permettant de caractériser son état,
- d'un ensemble de signaux qu'il peut émettre ou recevoir,
- d'un diagramme d'états.

Conseil

VOUS POUVEZ STÉRÉOTYPER LES ACTEURS !

Il est possible d'utiliser les mécanismes d'extensibilité d'UML pour stéréotyper le concept d'acteur afin de fournir des icônes particulières plus significatives pour le lecteur.

Pour distinguer visuellement les utilisateurs « humains » des acteurs « non-humains » dans les diagrammes de cas d'utilisation, et les diagrammes d'interactions, nous avons expérimenté avec succès la représentation graphique suivante :

Figure 3-4. : Proposition de stéréotype d'acteur « non-humain »

Identifier les messages

Définition

QU'EST-CE QU'UN MESSAGE ?

Un *message* représente la spécification d'une communication entre objets qui transporte de l'information avec l'intention de déclencher une activité chez le récepteur.

La réception d'un message est normalement considérée comme un *événement.*

Cette notion de message est également tout à fait applicable pour décrire les interactions de plus haut niveau entre les acteurs et le système.

Pour chaque acteur, demandez-vous quels sont les messages qui déclenchent un comportement du système attendu par l'acteur dans le cadre de son activité.

Pour le système, demandez-vous quels sont les messages émis à l'intention d'un acteur particulier, et qui portent une information utilisée par ce destinataire.

ÉTUDE DE CAS : EXEMPLES DE MESSAGES ENTRE SIVEX ET SES ACTEURS

Le système SIVEx émet (entre autres) :

- les statistiques de transport pour le responsable logistique,
- les confirmations de commande pour le client,
- les incidents de mission pour le répartiteur.

Le système SIVEx reçoit (entre autres) :

- les créations, modifications, ou annulations de commande du réceptionniste,
- les règlements de facture du comptable,
- les créations de mission du répartiteur,
- les informations de suivi de mission du chauffeur,
- les positions des véhicules,
- l'identification et le pointage des colis de l'opérateur de quai.

Ne pas faire

PAS DE MESSAGES ENTRE ACTEURS !

Ne perdez pas de temps à réfléchir aux messages échangés par les acteurs : c'est généralement hors sujet par rapport au système étudié (sauf si vous modélisez le métier de l'entreprise et non un système informatique).

Modéliser le contexte

Tous les messages (système <-> acteurs) identifiés précédemment peuvent être représentés de façon synthétique sur un diagramme, que l'on peut qualifier de diagramme de contexte dynamique.

REPRÉSENTEZ LE CONTEXTE DYNAMIQUE GRÂCE À UN DIAGRAMME DE COLLABORATION !

Conseil

Utilisez un diagramme de *collaboration* de la façon suivante :

- le système étudié est représenté par un objet central ;
- cet objet central est entouré par d'autres objets symbolisant les différents acteurs ;
- des liens relient le système à chacun des acteurs ;
- sur chaque lien sont montrés les messages en entrée et en sortie du système, sans numérotation.

De nombreux auteurs, comme G. Booch lui-même dans *Object Solutions* [Booch 96], ou plus récemment B. Douglass dans *Real-Time UML* [Douglass 98], ont préconisé cette utilisation un peu particulière du diagramme de collaboration.

ÉTUDE DE CAS : DIAGRAMME DE CONTEXTE DYNAMIQUE DE SIVEX

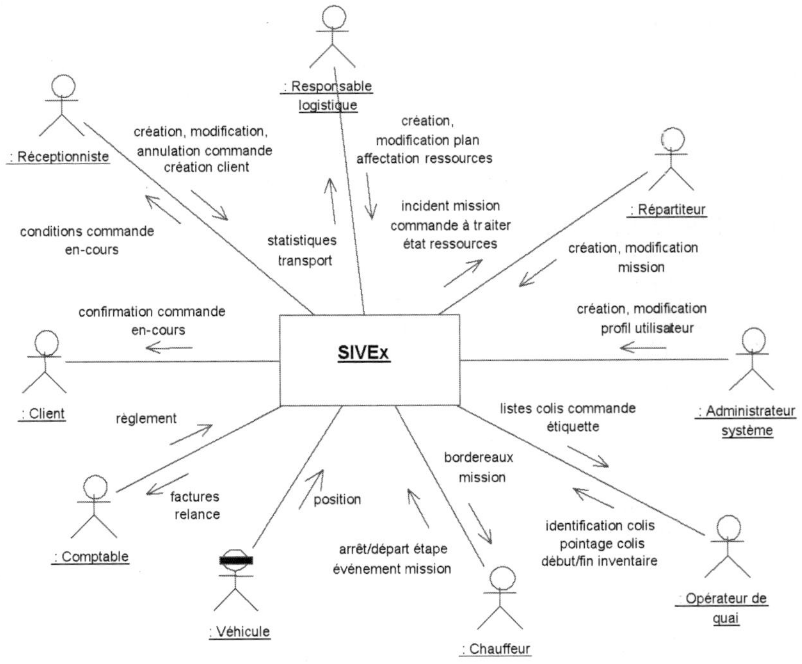

Figure 3-5. : Diagramme de contexte dynamique de SIVEx

Pour ne pas surcharger ce premier diagramme, nous avons volontairement omis :

- les actions de consultation pure, sans effet de bord (ex. : consultation des en-cours par le client ou le réceptionniste),
- les actions de connexion/déconnexion au système.

Conseil

DÉCRIVEZ LES MESSAGES TEXTUELLEMENT !

Afin de ne pas surcharger inutilement le diagramme de contexte, il est souvent nécessaire de décrire à part, sous forme textuelle, le contenu des messages.

À cette étape, il est également possible de distinguer - si cela est pertinent pour comprendre l'usage métier du système - les messages asynchrones des messages synchrones, ainsi que de signaler les messages périodiques.

ÉTUDE DE CAS : EXEMPLES DE DESCRIPTION DÉTAILLÉE DE MESSAGES

conditions commande : ce message est émis systématiquement par SIVEx en réponse à une création ou une modification de commande effectuée par le réceptionniste. Il contient en particulier le coût estimé de la prestation, ainsi que les dates prévues d'enlèvement et de livraison.

création mission : ce message émis par le répartiteur lors de la création d'une nouvelle mission contient les données suivantes : type de mission, liste des étapes, commandes concernées, chauffeur et véhicule affectés, dates prévues de départ et d'arrivée.

Étude

EXPRIMER LE CONTEXTE STATIQUE

On peut compléter le modèle de contexte dynamique par l'étude du contexte statique. Ce dernier spécifie le nombre d'instances d'acteurs reliées au système à un moment donné.

Ce complément est surtout utile lorsque les acteurs sont nombreux, et que l'on veut mettre en évidence les différences qui existent en termes de multiplicités d'instances d'acteurs. On pourra ainsi exprimer que le système SIVEx peut être relié simultanément à un nombre variable de clients qui consultent leurs en-cours par Internet, mais à un seul responsable logistique.

Tout comme le diagramme de contexte dynamique peut être réalisé au moyen d'un diagramme de collaboration UML, le diagramme de contexte statique peut être dessiné au moyen d'un diagramme de classes ne faisant intervenir que les acteurs et le système.

ÉTUDE DE CAS : MODÈLE DE CONTEXTE STATIQUE

Ce diagramme permet de montrer de façon synthétique qu'il existe :

- un seul responsable logistique, comptable et administrateur système dans la société,
- autant de répartiteurs que d'agences (70),
- un maximum de 800 véhicules,
- un nombre non défini de clients, réceptionnistes, chauffeurs et opérateurs de quai.

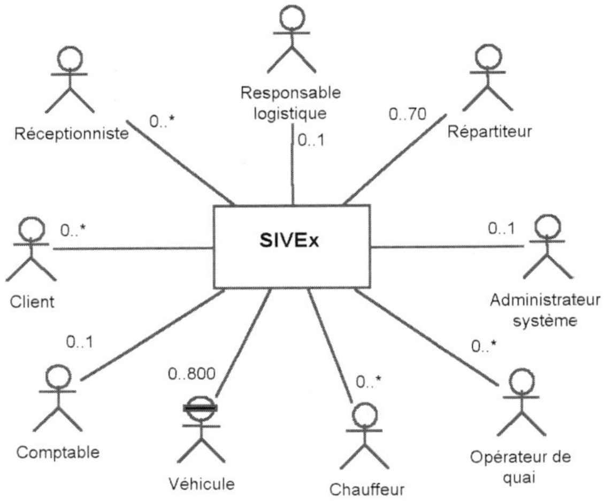

Figure 3-6. : Diagramme de contexte statique de SIVEx

Conseil

LE MODÈLE DE CONTEXTE STATIQUE N'EST PAS OBLIGATOIRE !

Ne perdez pas de temps à dessiner un diagramme représentant un contexte statique qui ne montrerait que des multiplicités indéfinies (0..*), ou au contraire un seul acteur avec une multiplicité 0..1 !

Étude

EXPRIMER LA DÉCOMPOSITION EN SYSTÈMES FONCTIONNELS AU NIVEAU DU CONTEXTE

Dans le cas de systèmes complexes dont les grands sous-systèmes fonctionnels sont déjà connus, nous avons expérimenté avec succès une approche [Roques 99] qui consiste à :

- élaborer le modèle de contexte dynamique du système, comme précédemment ;
- traiter le système comme un objet composite contenant les différents sous-systèmes fonctionnels grâce à une inclusion graphique ;
- répartir les flots de messages du niveau système entre les sous-systèmes concernés ;
- ajouter les principaux flots de messages entre les sous-systèmes deux à deux.

Appliquée à notre étude de cas, l'approche consiste à considérer SIVEx comme un système composite constitué des progiciels Siebel et SAP et d'une partie à développer nommée « SIVEx central ». Voici un exemple partiel de diagramme de contexte dynamique ainsi décomposé :

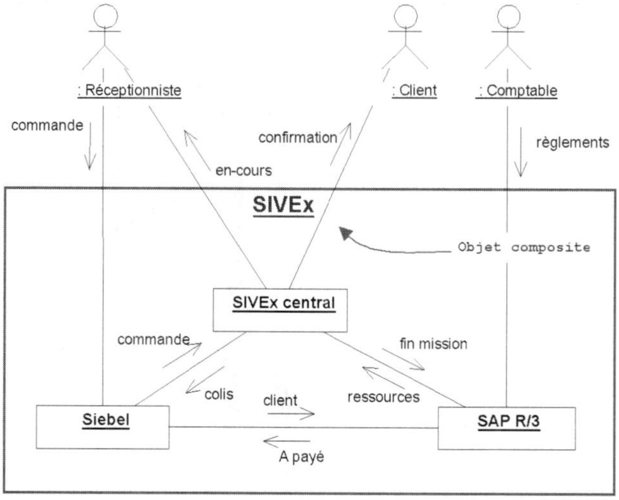

Figure 3-7. : Modèle de contexte dynamique décomposé

Ce diagramme de contexte « hiérarchique » permet d'extraire facilement les trois modèles de contexte des sous-systèmes. Chacun de ces sous-systèmes pourrait à son tour être décomposé.

Phases de réalisation de l'étude préliminaire

L'étude préliminaire a pour objectifs principaux de :

- établir un recueil initial des besoins fonctionnels et opérationnels,
- modéliser le contexte du système, considéré comme une boîte noire, en
  - identifiant les entités externes au système qui interagissent directement avec lui (acteurs),
  - répertoriant les interactions (émission/réception de messages) entre ces acteurs et le système,
  - représentant l'ensemble des interactions sur un modèle de contexte dynamique, éventuellement complété par un modèle de contexte statique, ou décomposé pour faire apparaître les principaux sous-systèmes fonctionnels.

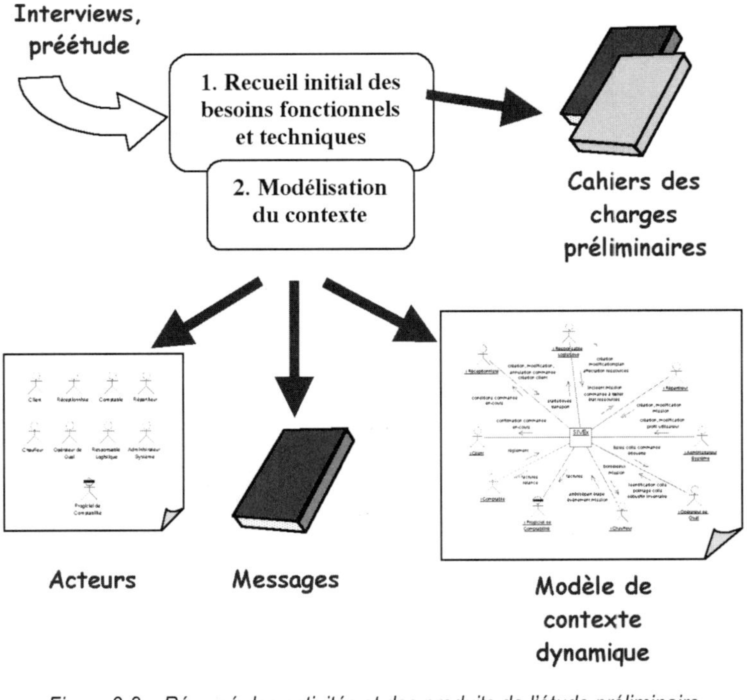

Figure 3-8. : Résumé des activités et des produits de l'étude préliminaire

Sur le site Web (www.editions-eyrolles.com)

Pour consulter le modèle contenant la définition des acteurs et les diagrammes de contexte de SIVEx, ouvrez le fichier *chap3.mdl* (au format Rational/Rose).

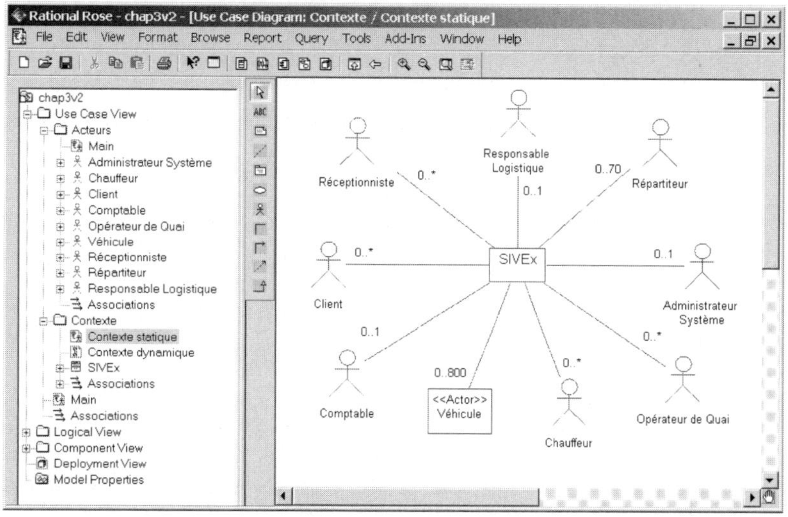

Chapitre 4

Capture des besoins fonctionnels

Objectifs du chapitre

Ce chapitre traite du rôle que tient UML pour compléter la capture des besoins fonctionnels ébauchée durant l'étude préliminaire. La technique des cas d'utilisation est la pierre angulaire de cette étape. Elle va nous permettre de préciser l'étude du contexte fonctionnel du système, en décrivant les différentes façons qu'auront les acteurs d'utiliser le futur système.

Nous verrons successivement dans ce chapitre comment :

- identifier les cas d'utilisation du système par ses acteurs,
- décrire les cas d'utilisation,
- organiser les cas d'utilisation,
- identifier les classes candidates du modèle d'analyse.

Quand intervient la capture des besoins fonctionnels ?

La capture des besoins fonctionnels est la première étape de la branche gauche du cycle en Y. Elle formalise et détaille ce qui a été ébauché au cours de l'étude préliminaire.

Elle est complétée au niveau de la branche droite du Y par la capture des besoins techniques (décrite au chapitre 5) et prépare l'étape suivante de la branche gauche : l'analyse (décrite dans les chapitres 6 à 8).

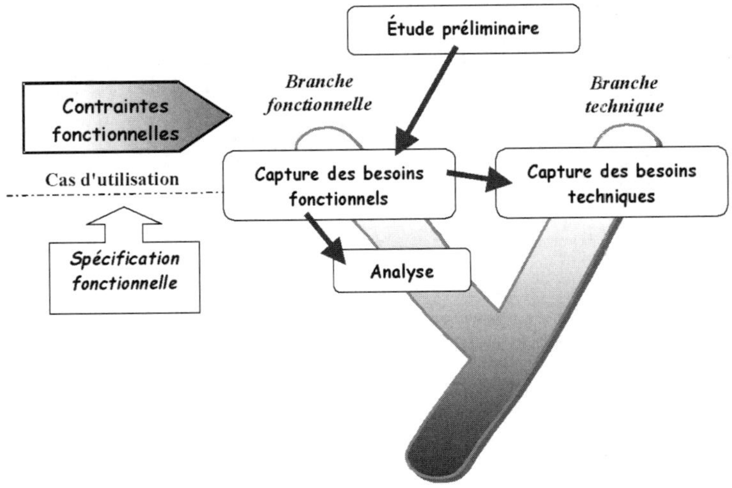

Figure 4-1. : Situation de la capture des besoins fonctionnels dans 2TUP

Éléments mis en jeu

- Messages, acteurs, modèle de contexte dynamique.
- Acteur principal, acteur secondaire.
- Cas d'utilisation, description préliminaire d'un cas d'utilisation.
- Diagramme de cas d'utilisation.
- Fiche de description textuelle d'un cas d'utilisation.
- Scénario, enchaînement, diagramme d'activités.
- Inclusion, extension et généralisation de cas d'utilisation.
- Package de cas d'utilisation.
- Classes candidates, responsabilités, diagramme de classes participantes.
- Traçabilité des cas d'utilisation avec les besoins fonctionnels, itération.

Identifier les cas d'utilisation

Définition

QU'EST-CE QU'UN CAS D'UTILISATION ?

Un *cas d'utilisation* (use case) représente un ensemble de séquences d'actions réalisées par le système et produisant un résultat observable intéressant pour un acteur particulier.

Un cas d'utilisation modélise un *service* rendu par le système. Il exprime les interactions acteurs/système et apporte une valeur ajoutée « notable » à l'acteur concerné.

Chaque cas d'utilisation spécifie un comportement attendu du système considéré comme un tout, sans imposer le mode de réalisation de ce comportement. Il permet de décrire *ce que* le futur système devra faire, sans spécifier *comment* il le fera. Dans le cadre de la branche fonctionnelle, le cas d'utilisation doit mettre en valeur les interactions métier entre les acteurs et le système. On exprimera donc des actions effectuées dans le cadre du métier de l'utilisateur, par opposition à des manipulations de l'application ou à des comportements techniques. Par exemple, on ne développe ni la manipulation d'une IHM (Interface Homme Machine), ni la gestion d'erreurs matérielles au travers d'un cas d'utilisation.

L'objectif est le suivant : l'ensemble des cas d'utilisation doit décrire exhaustivement les exigences fonctionnelles du système. Chaque cas d'utilisation correspond donc à une fonction métier du système, selon le point de vue d'un de ses acteurs.

Pour chaque acteur identifié durant l'étude préliminaire, il convient de :

- rechercher les différentes intentions métier avec lesquelles il utilise le système,
- déterminer dans le cahier des charges les services fonctionnels attendus du système.

On se servira avec profit des échanges de *messages* identifiés dans le modèle de contexte dynamique.

Pour chaque cas d'utilisation candidat, il faut :

- vérifier qu'il fournit une valeur ajoutée « notable » à l'acteur, toujours dans le cadre de son métier,
- contrôler qu'un événement externe au système en déclenche l'exécution (sauf exceptionnellement pour des traitements « batch », comme la transmission comptable vers SAP).

Ne pas faire

UN CAS D'UTILISATION N'EST NI UNE TRANSACTION, NI UNE FONCTION !

Une erreur fréquente concernant les cas d'utilisation consiste à vouloir descendre trop bas en termes de granularité, notamment lorsque l'on oublie la valeur métier d'un cas d'utilisation, par opposition aux transactions informatiques produites dans le cadre de la réalisation d'une fonction de l'entreprise. Un cas d'utilisation représente *un ensemble de séquences d'actions* réalisées par le système, et le lien entre ces séquences d'actions est précisément l'intention fonctionnelle de l'acteur vis-à-vis du système. Le cas d'utilisation ne doit donc pas se réduire systématiquement à une seule séquence, et encore moins à une simple action.

Pour illustrer notre propos, considérez le travail d'un comptable désirant saisir les règlements qu'il a reçus. Son intention est de procéder à la saisie de ces règlements, et il pourra opter entre scanner des chèques, taper manuellement les versements ou saisir une feuille de dépôt de banque. Les trois options donneront lieu à des séquences d'actions différentes du même cas d'utilisation, car la valeur ajoutée est toujours identique dans le métier du comptable. Par ailleurs, le cas d'utilisation comprendra également des déroulements alternatifs ainsi que la gestion de cas d'erreurs, comme nous allons vous le montrer en détail dans ce chapitre.

Conseil

DISTINGUEZ L'ACTEUR PRINCIPAL DES ACTEURS SECONDAIRES !

Nous appelons acteur *principal* celui pour qui le cas d'utilisation produit la plus-value métier. En conséquence, l'acteur principal est la plupart du temps (mais pas forcément, comme dans le cas précité des traitements batch) le déclencheur du cas d'utilisation. Par opposition, nous qualifions d'acteurs secondaires les autres participants du cas d'utilisation. Les acteurs secondaires sont typiquement sollicités à leur tour par le système pour obtenir des informations complémentaires.

Un cas d'utilisation comporte donc :

- un acteur principal (c'est obligatoire),
- d'éventuels acteurs secondaires.

Conseil

NOMMEZ LES CAS D'UTILISATION AVEC UN VERBE À L'INFINITIF SUIVI D'UN COMPLÉMENT !

Une recommandation complémentaire consiste à veiller à bien utiliser le point de vue de l'acteur et non pas celui du système. Par exemple, le cas d'utilisation d'un distributeur de billets par l'acteur « Porteur de CB » doit être intitulé « Retirer de l'argent » (point de vue de l'acteur), et non « Distribuer de l'argent » (point de vue du système).

ÉTUDE DE CAS : LISTE PRÉLIMINAIRE DES CAS D'UTILISATION DE SIVEX

Voici la technique recommandée pour identifier les cas d'utilisation à partir du modèle de contexte : considérez l'intention fonctionnelle de l'acteur par rapport au système dans le cadre de l'émission ou de la réception de chaque message (voir chapitre 3, figure 3-5). En regroupant les intentions fonctionnelles en unités cohérentes, vous obtiendrez les cas d'utilisation recherchés. Le tableau ci-dessous permet d'établir le résultat de ce travail, en montrant le lien entre les cas d'utilisation identifiés, les acteurs principaux et secondaires, et les messages provenant du contexte.

Cas d'utilisation	Acteur principal, acteurs secondaires	Message(s) émis / reçus par les acteurs
Traiter une commande	Réceptionniste	émet : création, modification, annulation commande reçoit : conditions commande
	Client	reçoit : confirmation commande
Gérer les infos clients	Réceptionniste	émet : création client
Consulter les en-cours	Client	reçoit : en-cours
	Réceptionniste	reçoit : en-cours
Gérer la facturation	Comptable	reçoit : factures
Suivre les règlements Comptable		émet : règlement
		reçoit : relance
Planifier une mission	Répartiteur	émet : création, modification mission
	Chauffeur	reçoit : bordereaux mission
Suivre une mission	Chauffeur	émet : arrêt/départ étape, événement mission
	Répartiteur	reçoit : incident mission
	Véhicule	émet : position
Réaliser l'inventaire	Opérateur de quai	émet : début/fin inventaire, pointage colis
Manipuler les colis	Opérateur de quai	émet : pointage colis, identification colis reçoit : listes colis commande, étiquette
Définir le plan de transport	Responsable logistique	émet : création, modification plan reçoit : statistiques transport
Gérer les ressources	Responsable logistique	émet : affectation ressources
Gérer les profils	Administrateur	émet : profil utilisateur

Tableau 4-3 : Liste des acteurs et des messages par cas d'utilisation

Conseil

ÉTABLISSEZ UNE PREMIÈRE DESCRIPTION SUCCINCTE DE CHAQUE CAS D'UTILISATION CANDIDAT !

Chaque cas d'utilisation doit faire l'objet d'une définition a priori qui décrit l'intention de l'acteur lorsqu'il utilise le système et les séquences d'actions principales qu'il est susceptible d'effectuer. Ces définitions servent à fixer les idées lors de l'identification des cas d'utilisation et n'ont aucun caractère exhaustif.

EXEMPLES DE DESCRIPTION PRÉLIMINAIRE DE CAS D'UTILISATION

Planifier une mission (Répartiteur) :

- **Intention** : planifier au sein d'une agence une mission nécessaire à la réalisation des commandes en cours ;
- **Actions** : créer une nouvelle mission (regrouper des commandes, affecter des ressources disponibles, établir un parcours, etc.), modifier ou annuler une mission existante.

Suivre une mission (Chauffeur) :

- **Intention** : informer en temps réel de l'état d'avancement de chaque mission en cours ;
- **Actions** : transmettre chaque arrêt/départ d'étape, signaler les événements de mission (acquittement client, panne, retard, absence client, etc.).

Maintenant que nous avons identifié les cas d'utilisation et leurs acteurs, nous allons pouvoir les représenter graphiquement sur un *diagramme de cas d'utilisation*, dont la notation graphique de base est la suivante :

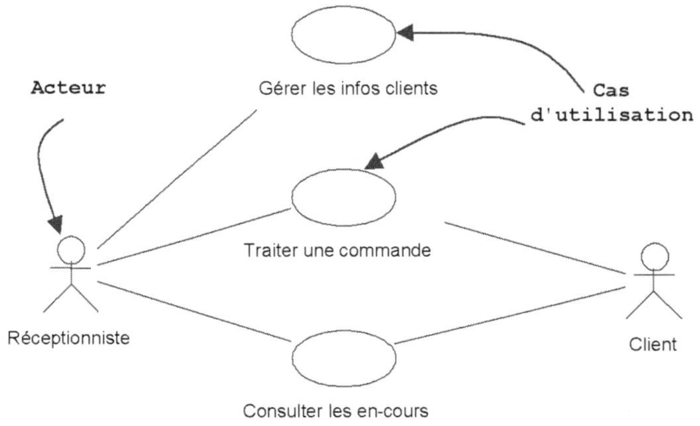

Figure 4-2. : Exemple de diagramme de cas d'utilisation de SIVEx

Conseil

DIAGRAMME DE CAS D'UTILISATION : DÉTAILLEZ LES RÔLES (PRINCIPAL OU SECONDAIRE) ET LE SENS DES ASSOCIATIONS !

Pour améliorer le contenu informatif des diagrammes de cas d'utilisation, nous recommandons d'adopter les conventions suivantes :

- par défaut, le rôle d'un acteur est « principal » ; si ce n'est pas le cas, indiquez explicitement que le rôle est « secondaire » sur l'association, du côté de l'acteur ;
- si un acteur a pour rôle unique de consommer des informations du système, sans modifier l'état de celui-ci au niveau métier, représentez cette particularité en ajoutant une flèche vers l'acteur sur son association avec le cas d'utilisation ;
- si un acteur a pour rôle unique de fournir des informations au système sans en recevoir, représentez cette particularité en ajoutant sur l'association une flèche vers le cas d'utilisation.

Dans l'exemple précédent, nous avons trois cas de figure différents :

- *Gérer les infos clients*, qui n'a qu'un seul acteur principal : le réceptionniste ;
- *Traiter une commande*, qui a deux acteurs : le réceptionniste qui est principal, et le client qui est secondaire ;
- *Consulter les en-cours*, qui a également deux acteurs. Tous deux peuvent accéder à la même fonctionnalité métier. Dans ce cas, l'acteur principal est celui qui tire réellement bénéfice des résultats du cas d'utilisation. Il s'agit en fait du client qui passe soit directement par Internet, soit par l'intermédiaire du réceptionniste pour obtenir l'information.

UML ne comporte pas de notation standard pour distinguer graphiquement ces trois cas. Mais, avec les conventions que nous avons répertoriées plus haut, le diagramme devient :

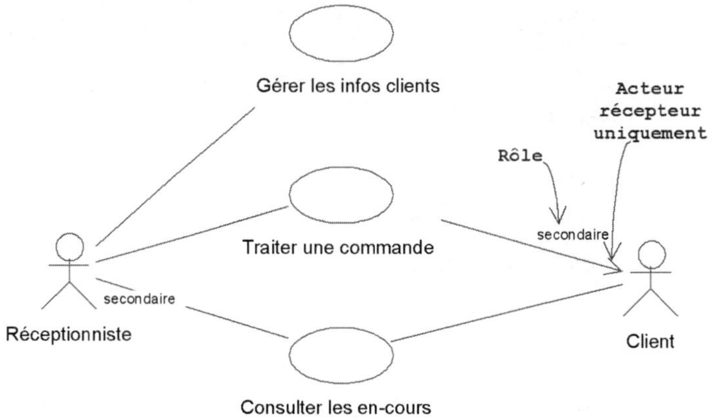

Figure 4-3. : Ajouts graphiques sur le diagramme de cas d'utilisation de SIVEx

Ne pas faire

NE RÉINVENTEZ PAS LA DÉCOMPOSITION FONCTIONNELLE !

Paradoxalement, malgré l'apparente simplicité du concept de cas d'utilisation, et son acceptation immédiate dans la plupart des méthodes objet, il existe des risques importants de mauvais emploi des cas d'utilisation !

Ces risques sont principalement liés à :

- leur nature fonctionnelle, et non objet,
- la difficulté de savoir à quel niveau de détail s'arrêter.

Un nombre trop important de cas d'utilisation est en général le symptôme d'une décomposition fonctionnelle descendante hiérarchique. Nous avons vu plusieurs projets s'engluer ainsi dans des tentatives de structuration des cas d'utilisation en « sous-cas d'utilisation » avec plusieurs niveaux de décomposition, pour tenter d'arriver à des sortes de transactions élémentaires.

La décomposition fonctionnelle, très en vogue dans les années 80, a montré ses limites dans la pratique, en particulier sur les gros projets. Il ne s'agit donc pas de réintroduire, avec la décomposition des cas d'utilisation, les problèmes connus que l'approche orientée objet permet justement d'éviter !

Fondamentalement, un cas d'utilisation sera réalisé par une collaboration d'objets du système, mais cette correspondance n'est absolument pas bijective. En effet, un objet est souvent impliqué dans la réalisation de plusieurs cas d'utilisation. Ainsi, sur un gros projet, si l'on se sert uniquement des cas d'utilisation pour découper le travail entre les équipes de développement, on aboutit inévitablement à ce que ces équipes construisent en parallèle les mêmes classes, en introduisant des incohérences. Un regroupement de classes suivant leur implication par cas d'utilisation a donc peu de chance de perdurer dans l'organisation des classes d'analyse. Ces dernières s'organiseront dans le modèle structurel d'analyse qui vise notamment la modularité des concepts manipulés dans le système. C'est cette capacité à organiser, partager, isoler et réutiliser des concepts qui manquait cruellement à l'approche par décomposition fonctionnelle.

N'oubliez pas cependant que les cas d'utilisation ne constituent pas une fin en soi. Leur objectif est de :

- dialoguer avec le client,
- analyser les besoins métier,
- disposer d'un support d'analyse de la valeur,
- aider à démarrer l'analyse orientée objet en identifiant les classes candidates.

Conseil

LIMITEZ À 20 LE NOMBRE DE VOS CAS D'UTILISATION !

Le niveau de granularité des cas d'utilisation étant comme on l'a vu très variable, cette limite arbitraire oblige à ne pas se poser trop de questions philosophiques et à rester synthétique. Dans les paragraphes suivants, nous expliquons qu'un cas d'utilisation décrit en réalité un ensemble de scénarios. Il est ainsi courant d'avoir une quinzaine de cas d'utilisation, comprenant chacun une dizaine de scénarios. Vous pouvez considérer ces ordres de grandeur comme une limite pratique qui vous aidera à mieux situer la frontière entre cas d'utilisation et scénario.

Nous conseillons donc d'identifier un nombre restreint de « grands » cas d'utilisation, alors que certains auteurs [Texel 97] préconisent au contraire de nombreux « petits » cas d'utilisation, mais avec les risques identifiés au paragraphe précédent.

Décrire les cas d'utilisation

Un cas d'utilisation représente un ensemble de séquences d'interactions entre le système et ses acteurs. Pour décrire la dynamique du cas d'utilisation, le plus naturel consiste à recenser toutes les interactions de façon textuelle. Le cas d'utilisation doit par ailleurs avoir un début et une fin clairement identifiés. Il doit préciser quand ont lieu les interactions entre acteurs et système, et quels sont les messages échangés. Il faut également préciser les variantes possibles, telles que les différents cas nominaux, les cas alternatifs, les cas d'erreurs, tout en essayant d'ordonner séquentiellement les descriptions, afin d'améliorer leur lisibilité. Chaque unité de description de séquences d'actions est appelée *enchaînement*. Un *scénario* représente une succession particulière d'enchaînements, qui s'exécute du début à la fin du cas d'utilisation.

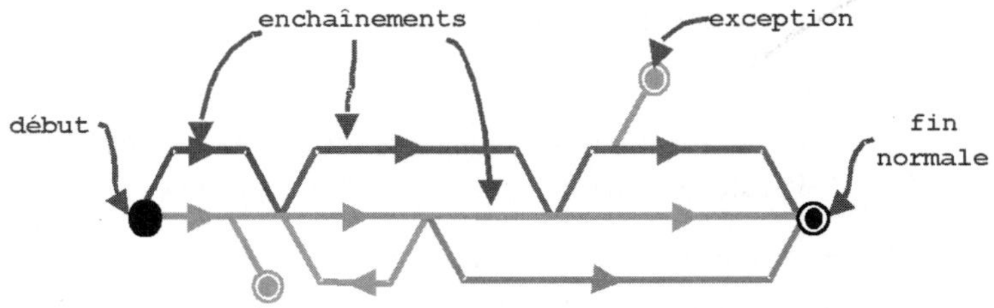

Figure 4-4. : Représentation des variantes d'un cas d'utilisation

Les scénarios sont aux cas d'utilisation ce que les objets sont aux classes : on peut considérer qu'un scénario est une instance particulière d'un cas d'utilisation. L'acteur principal d'un cas d'utilisation dispose donc de l'ensemble des enchaînements pour réaliser une certaine tâche métier. Les exceptions décrivent les interruptions possibles d'exécution empêchant l'acteur d'obtenir sa plus-value métier.

Conseil

CAS D'UTILISATION : UTILISEZ LE STYLE DE DESCRIPTION ADAPTÉ !

N'oubliez pas qu'un cas d'utilisation a pour fonction de décrire une utilisation du système par un acteur particulier. La façon dont vous allez procéder à cette description dépend de la raison qui vous conduit à l'effectuer. Vous la présenterez d'une certaine manière à votre client, parce que vous espérez la lui faire valider. Vous l'exposerez d'une autre manière à votre équipe d'analystes et de concepteurs, parce que vous essayez de leur donner suffisamment d'informations pour qu'ils puissent passer aux phases suivantes.

Ne pas faire

CAS D'UTILISATION : NE MÉLANGEZ PAS L'IHM ET LE FONCTIONNEL !

Une erreur fréquente concernant les cas d'utilisation consiste à les rendre dépendants d'un choix prématuré d'interface homme-machine. Il faudra entièrement les redocumenter à chaque évolution d'interface, alors qu'il s'agit en fait toujours du même cas d'utilisation fonctionnel. Encore une fois, l'usage des cas d'utilisation, dans le cadre de la branche fonctionnelle du processus 2TUP vise exclusivement la description du métier des acteurs.

Pour illustrer notre recommandation en faveur du développement des cas d'utilisation métier, nous préférons exprimer un enchaînement de la façon suivante :

- « Lors d'une première prise de commande, le réceptionniste doit enregistrer les caractéristiques du nouveau client dans le système » ;

à l'inverse de :

- « Le réceptionniste doit saisir le nom du client sur 8 caractères maximum, appuyer sur ENTER, puis saisir le prénom sur 8 caractères maximum et appuyer sur ENTER » ;

ou bien de :

- « Le réceptionniste enregistre au moyen du dispositif de reconnaissance vocale le nom du client, son prénom, son adresse, son code postal ».

La règle consiste à ne pas alourdir la description des séquences logiques d'interactions entre les acteurs et le système de considérations techniques d'IHM, et de manière plus générale de considérations qui concernent la mise en application du métier sous forme informatique. Cela n'empêche pas d'annexer à la description du cas d'utilisation une proposition d'IHM si le client le souhaite, ou mieux, un descriptif des besoins d'IHM. Cette dernière proposition permet de ne pas figer trop rapidement l'IHM, ce qui risquerait de multiplier les styles et de nuire à l'ergonomie d'ensemble. On développera en revanche une consolidation de l'application, en fonction des besoins d'IHM, en procédant à une analyse de la valeur sur les besoins réels du métier et en faisant intervenir un spécialiste des IHM pour développer une maquette globale des écrans.

Conseil

CAS D'UTILISATION : COMMENT STRUCTURER LES FICHES DE CAS D'UTILISATION ?

La fiche de description textuelle d'un cas d'utilisation n'est pas normalisée par UML. Nous préconisons pour notre part la structuration suivante :

➢ **Sommaire d'identification (obligatoire),**

- inclut titre, but, résumé, dates, version, responsable, acteurs...

➢ **Description des enchaînements (obligatoire),**

- décrit les enchaînements nominaux, les enchaînements alternatifs, les enchaînements d'exception, mais aussi les préconditions, et les post-conditions.

➢ **Besoins d'IHM (optionnel),**

- ajoute éventuellement les contraintes d'interface homme-machine : ce qu'il est nécessaire de montrer, en conjonction avec les opérations que l'utilisateur peut déclencher…

➢ **Contraintes non-fonctionnelles (optionnel).**

- ajoute éventuellement les informations suivantes : fréquence, volumétrie, disponibilité, fiabilité, intégrité, confidentialité, performances, concurrence, etc. Ces informations peuvent servir à mieux évaluer les contraintes techniques, et pourront améliorer, par consolidation, la capture des besoins opérée en parallèle par l'architecte technique (voir chapitre 5).

ÉTUDE DE CAS : CAS D'UTILISATION « PLANIFIER UNE MISSION »

Sommaire d'identification :

Titre : **Planifier une mission**

But : planifier une mission d'une agence à partir de la connaissance du plan de transport, des ressources disponibles et des commandes à assurer quotidiennement.

Résumé : création d'une nouvelle mission d'enlèvement, de livraison ou de traction à partir des commandes confirmées. Modification ou annulation de mission.

Acteurs : Répartiteur (principal), *Chauffeur (secondaire).*

Date de création : 02/02/02 **Date de mise à jour** : 24/07/02

Version : 2.1 **Responsable** : Pascal Roques

Description des enchaînements :

Préconditions :

1. Le répartiteur est authentifié.
2. Il existe au moins une commande confirmée à planifier.
3. Au moins un chauffeur et un véhicule sont disponibles.
4. Les parcours prédéfinis sont disponibles (plan de transport).

Enchaînements nominaux :

Ce cas d'utilisation commence lorsque le répartiteur demande au système de créer une nouvelle mission.

Enchaînement (a) Créer une mission en construction

Le répartiteur fournit un nom d'identification et établit obligatoirement la nature (enlèvement, livraison ou traction) de la mission qu'il veut créer.

S'il s'agit d'une mission de traction, le répartiteur doit indiquer une agence principale de destination.

Enchaînement (b) Affecter les commandes

Le répartiteur affecte les commandes à une mission. Le système évalue au fur et à mesure des affectations le tonnage et la durée estimés de la mission.

Enchaînement (c) Affecter les ressources

Le répartiteur affecte un véhicule et un chauffeur à la mission, en fonction du tonnage évalué.

Si la mission dépasse la capacité du véhicule alors il faut exécuter
[Exception 1 : dépassementTonnage].

Si le chauffeur n'a pas les qualifications requises pour conduire le véhicule alors il faut exécuter
[Exception 2 : chauffeurNonQualifié].

Si le tonnage de réserve de l'agence est entamé alors il faut exécuter
[Exception 3 : tonnageReserveEntamé].

Enchaînement (d) Définir le trajet

Le répartiteur propose l'ordre des étapes à suivre. Pour une traction, il suffit de choisir un parcours parmi ceux prévus dans le plan de transport. Pour une livraison ou un enlèvement, le répartiteur peut avoir à choisir plusieurs parcours pour rejoindre tous les sites étapes de la mission.

Enchaînement (e) Valider une mission en construction

Le répartiteur valide une mission en construction : il doit alors préciser l'heure de départ prévue. Le système édite alors les bordereaux de mission. Ces bordereaux contiennent une fiche de description et de réception par commande ainsi qu'une feuille de route décrivant les étapes et les horaires estimés.

Enchaînements alternatifs :

Enchaînement (f) Modifier une mission en construction

Le répartiteur désaffecte une commande, ou affecte à nouveau le véhicule et le chauffeur d'une mission en construction. Le répartiteur modifie également à son gré l'ordre des étapes proposé pour la mission.

Enchaînement (g) Modifier une mission validée

Le répartiteur peut encore modifier une mission au minimum 1 heure avant son départ. Toute modification d'une mission validée entraînant son invalidation, il doit donc ensuite la valider à nouveau en précisant une heure de départ.

Enchaînement (h) Annuler une mission

Le répartiteur annule une mission non encore validée ou une mission validée au minimum 1 heure avant son départ.

Ce cas d'utilisation se termine lorsque le répartiteur a :

- amené la mission jusqu'à son départ,
- ou bien annulé la mission.

Exceptions :

[Exception 1 : dépassementTonnage] ou **[Exception 2 : chauffeurNonQualifié]** : la mission est marquée en anomalie tant que le répartiteur n'a pas corrigé l'erreur. Il ne peut plus valider une telle mission.

[Exception 3 : tonnageReserveEntamé] : un message d'erreur reste affiché sur l'écran du répartiteur, tant que le tonnage de réserve n'est plus assuré.

Postconditions :

1. Le véhicule affecté à une mission validée possède la capacité de tonnage nécessaire.
2. Le chauffeur affecté à une mission validée possède la qualification nécessaire.
3. Les commandes d'une mission validée sont considérées comme programmées du point de vue du réceptionniste.

Besoins d'IHM :

❍ Pour lister les commandes concernant l'agence

Afin d'établir la planification de ses missions, le répartiteur doit pouvoir répertorier les commandes que son agence doit assurer.

Il doit pouvoir filtrer ou ordonner cette liste suivant :

- le type de commande (enlèvement, traction ou livraison),
- le poids,
- le site desservi,
- l'affectation à une mission ou non,
- la tarification urgent/non urgent.

Chaque ligne de la liste représente une commande et regroupe l'ensemble des informations de filtre.

Une couleur différente doit permettre de distinguer les commandes affectées de celles qui ne le sont pas.

Le répartiteur peut affecter les commandes aux missions depuis cette liste.

❍ Pour lister les véhicules et les chauffeurs disponibles à l'agence

Le répartiteur doit pouvoir répertorier les véhicules et les chauffeurs dont il dispose dans l'agence. Il peut filtrer ou ordonner ces deux listes par tonnage pour les véhicules, par qualification pour les chauffeurs.

Le répartiteur peut affecter les ressources aux missions depuis ces deux listes.

❍ Pour lister les missions définies dans l'agence

Le répartiteur doit pouvoir répertorier les missions déjà définies pour l'agence. Il peut filtrer ou ordonner cette liste suivant :

- l'état de validation,
- la nature (enlèvement, livraison, traction),
- les sites desservis,
- le tonnage déjà affecté.

Une couleur différente doit permettre de distinguer les missions validées de celles qui ne le sont pas.

❍ Pour consulter ou modifier une mission

Le répartiteur dispose d'une fiche par mission. Plusieurs fiches peuvent être ouvertes simultanément. Cette fiche récapitule :

- la nature de la mission,
- le tonnage déjà affecté,
- l'heure de départ si la mission est validée,
- les ressources affectées à la mission,
- la liste ordonnée des étapes avec les commandes concernées et l'horaire de passage estimé.

Depuis cette fiche, le répartiteur peut modifier les ressources et les commandes affectées, permuter l'ordre des étapes, saisir les estimations de parcours manquantes, et valider la mission.

Contraintes non fonctionnelles :

Contrainte	Descriptif
Temps de réponse	L'interface du répartiteur doit réagir en l'espace de deux secondes au maximum.
Concurrence	Les validations de mission doivent être notifiées par un message d'avertissement aux autres lecteurs potentiels de la mission.
Fréquence	Non applicable.
Volumétrie	Une mission représente en moyenne 0,5 Ko de données. Le nombre moyen estimé de missions par mois est de 46 000, et leur durée de rétention doit être de 6 mois.
Disponibilité	Le système est accessible aux répartiteurs 6 jours sur 7, aux heures d'ouverture des agences.

Intégrité	Non applicable dans la mesure où les missions d'une agence ne sont accessibles qu'au seul répartiteur en modification.
Confidentialité	Les répartiteurs sont identifiés par le système en fonction de leur nom, de leur mot de passe et du rôle qu'ils détiennent dans l'agence.
Intégration des applications	Lors de la validation d'une mission, toutes les commandes affectées passent automatiquement à l'état « shipped » dans le CRM SIEBEL. Le numéro de mission est transmis comme référence du shipping.

Conseil

COMPLÉTEZ LES DESCRIPTIONS TEXTUELLES AVEC DES DIAGRAMMES DYNAMIQUES SIMPLES !

Pour documenter les cas d'utilisation, la description textuelle est indispensable, car elle seule permet de communiquer facilement et précisément avec les utilisateurs. Elle est également l'occasion de s'entendre sur la terminologie employée, ainsi que d'identifier le contexte d'exécution de l'un ou de l'autre des enchaînements. En revanche, le texte présente des désavantages puisqu'il est difficile de montrer comment les enchaînements se succèdent ; en outre la maintenance des évolutions s'avère souvent périlleuse.

Il est donc recommandé de compléter la description textuelle par un ou plusieurs diagrammes dynamiques, qui apporteront un niveau supérieur de formalisation. À vous de décider en fonction de votre contexte si vous montrez ces diagrammes au futur utilisateur, ou si vous les utilisez uniquement comme support d'analyse pour lui poser des questions supplémentaires, et ainsi mieux valider votre texte.

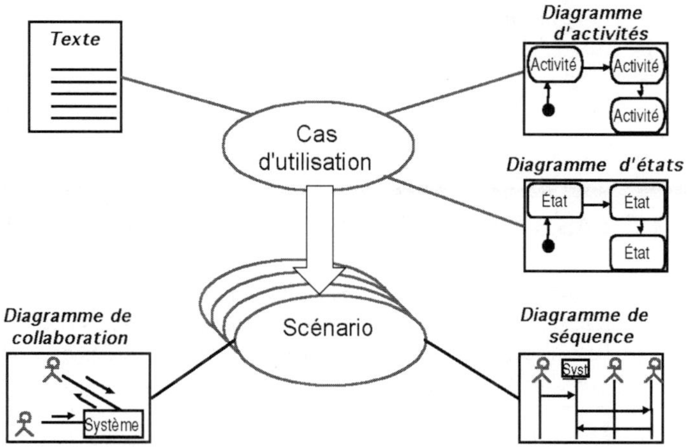

Figure 4-5. : Types de diagrammes dynamiques utilisables pour documenter les cas d'utilisation

Les critères de choix entre les différents types de diagrammes dynamiques utilisables sont énumérés de façon plus détaillée ci-après :

Pour documenter les cas d'utilisation :

- Le *diagramme d'activités* est celui que nous recommandons particulièrement, car il permet de consolider les enchaînements de la fiche textuelle, comme nous l'avions représenté informellement sur la figure 4-4 . Ce diagramme est également très utile en cas d'activités parallèles. De plus, les utilisateurs le comprennent aisément, car il ressemble à un organigramme traditionnel. Il permet enfin d'identifier d'un seul coup d'œil la famille des scénarios d'un cas d'utilisation qui décrivent toutes les réactions du système. Il suffit en effet de dessiner les différents chemins du diagramme d'activités qui passent par toutes les transitions entre activités.
- Le *diagramme d'états* se prête mieux à la modélisation d'un déroulement événementiel. Il est plus complexe à comprendre pour les utilisateurs du monde de la gestion.

Pour illustrer des scénarios particuliers :

- Le *diagramme de séquence* est une bonne illustration. Il est facilement compris par les utilisateurs. De plus, il servira de base aux diagrammes de séquence dont nous parlerons au chapitre 8, et qui mettront en jeu des objets du système.
- Le *diagramme de collaboration* est une autre illustration possible. Il est cependant ici moins utile que le précédent pour les utilisateurs, car il rend la séquence moins claire, sans apporter de véritable plus-value au diagramme de séquence.

ÉTUDE DE CAS : CAS D'UTILISATION « PLANIFIER UNE MISSION »

Au cas d'utilisation décrit précédemment, nous allons ajouter un diagramme d'activités qui va préciser l'enchaînement des actions à entreprendre, avec les branchements conditionnels et les boucles possibles. Le cas d'utilisation est exprimé du point de vue de l'utilisateur ; par conséquent les activités correspondent à celles effectuées par l'utilisateur avec le système. Il faut donc interpréter l'activité « estimer parcours » non comme une activité interne du système, mais comme une demande directement déclenchée par l'utilisateur et suivie de son attente de la réponse.

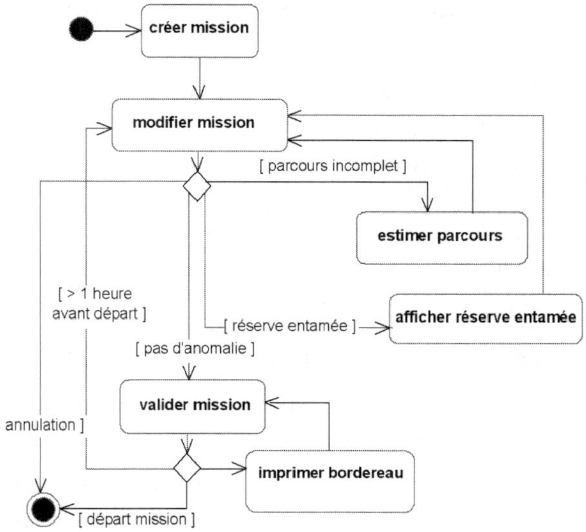

Figure 4-6. : Diagramme d'activités du cas « Planifier une mission »

Nous pouvons également ajouter un diagramme de séquence montrant le scénario nominal de création d'une nouvelle mission. Notez le positionnement de l'acteur principal à gauche du système (vu comme une boîte noire) et de l'acteur secondaire à droite.

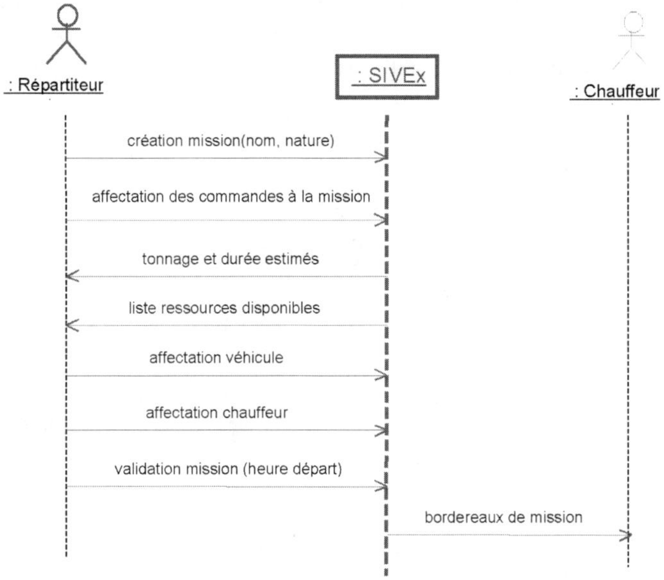

Figure 4-7 : Diagramme de séquence du scénario nominal du cas « Planifier une mission »

Organiser les cas d'utilisation

On peut organiser les cas d'utilisation de deux façons différentes et complémentaires :

- en ajoutant des relations d'inclusion, d'extension, et de généralisation entre les cas d'utilisation ;
- en les regroupant en packages, afin de définir des blocs fonctionnels de plus haut niveau.

Étude

LES RELATIONS POSSIBLES ENTRE CAS D'UTILISATION

UML 1.4 définit trois types de relations standardisées entre cas d'utilisation, détaillées ci-après :

- une relation d'inclusion, formalisée par un mot-clé <<include>>,
- une relation d'extension, formalisée par un mot-clé <<extend>>,
- une relation de généralisation/spécialisation.

Définition

LA RELATION <<INCLUDE>> ENTRE CAS D'UTILISATION

Relation d'inclusion : le cas de base en incorpore explicitement un autre, à un endroit spécifié dans ses enchaînements. Le cas d'utilisation inclus n'est jamais exécuté seul, mais seulement en tant que partie d'un cas de base plus vaste.

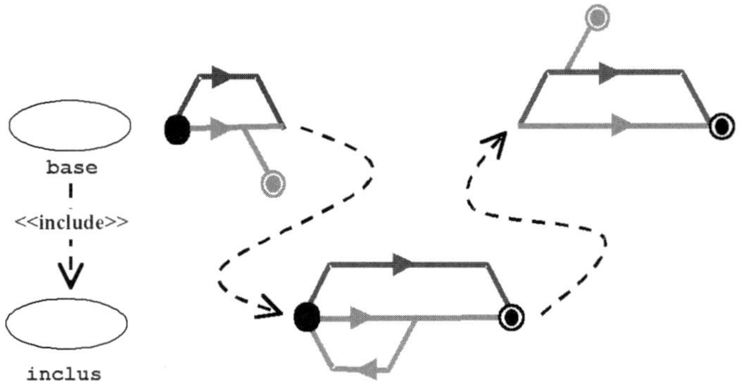

Remarquez que dans une relation « include », le cas d'utilisation de base utilise systématiquement les enchaînements provenant du cas inclus. On utilise fréquemment cette relation pour éviter de décrire plusieurs fois le même enchaînement, en factorisant le comportement commun dans un cas d'utilisation à part.

Ne pas faire

INCLUSION : PAS DE DÉCOMPOSITION FONCTIONNELLE !

Une habitude malheureusement assez répandue consiste à utiliser la relation d'inclusion pour décomposer un cas d'utilisation en « sous-cas d'utilisation », retombant dans le travers de la décomposition fonctionnelle évoqué précédemment.

ÉTUDE DE CAS : INCLUSION DU CAS D'UTILISATION « S'AUTHENTIFIER »

Si l'on examine en détail les descriptions textuelles des cas d'utilisation du système SIVEx, on s'aperçoit rapidement que dans toutes les préconditions, on a spécifié que l'acteur principal du cas d'utilisation doit s'être authentifié.

En fait, le processus d'authentification implique un flot d'événements entre l'acteur et le système : saisie d'un login, puis d'un mot de passe, avec les différents cas d'erreur possibles. Cet enchaînement fait partie de la capture des besoins, puisqu'il est visible de l'utilisateur final ; néanmoins il n'est pas de même niveau que les cas d'utilisation que nous avons déjà identifiés. Il correspond tout à fait à la notion de cas d'utilisation inclus, ne s'exécutant jamais seul, mais seulement lorsqu'il est appelé par un cas d'utilisation plus large.

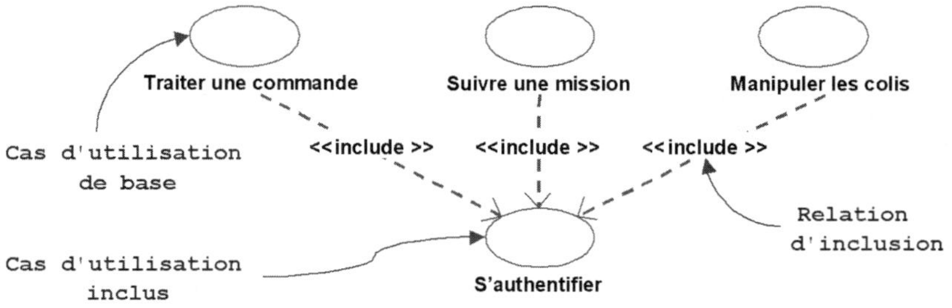

Figure 4-9. : Relation <<include>> entre cas d'utilisation

Définition

LA RELATION « EXTEND » ENTRE CAS D'UTILISATION

Relation d'extension : le cas de base en incorpore implicitement un autre, à un endroit spécifié indirectement dans celui qui étend. Le cas de base peut fonctionner tout seul, mais il peut également être complété par un autre, sous certaines conditions, et uniquement à certains points particuliers de son flot d'événements appelés points d'extension.

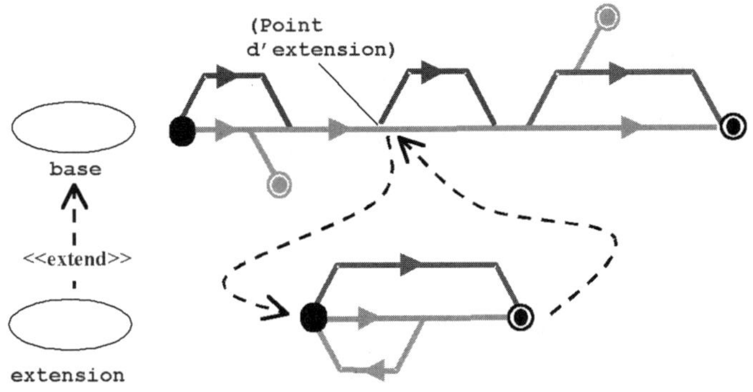

Notez que dans une relation « extend », le cas d'utilisation de base recourt optionnellement aux enchaînements provenant du cas d'extension. On utilise principalement cette relation pour séparer le comportement *optionnel* (les variantes) du comportement obligatoire.

ÉTUDE DE CAS : EXTENSION DU CAS « TRAITER UNE COMMANDE »

Dans le cas d'utilisation « Traiter une commande », un des enchaînements principaux consiste à créer une nouvelle commande. Or, si le client est inconnu du système SIVEx le réceptionniste va devoir interrompre son processus de création de commande pour tenter auparavant de créer un nouveau client. Si ce processus se déroule sans encombre, il pourra alors continuer sa création de commande. Le processus de création de client, pour sa part, fait partie intégrante du cas d'utilisation « Gérer les infos clients ». Il est donc intéressant de préciser cette relation d'extension entre les deux cas d'utilisation.

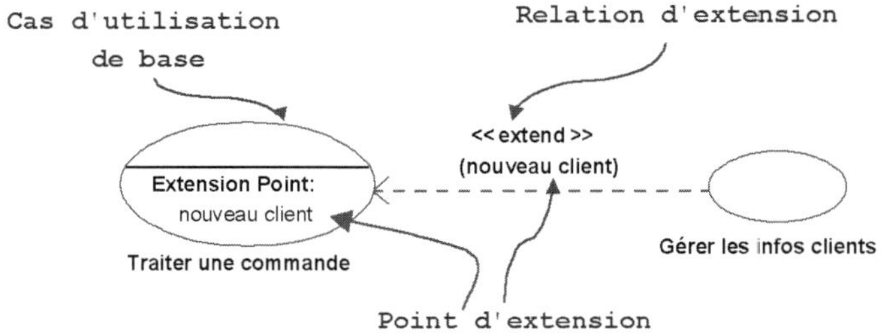

Figure 4-10. : Relation <<extend>> entre cas d'utilisation

Définition

LA RELATION DE GÉNÉRALISATION ENTRE CAS D'UTILISATION

Les cas d'utilisation peuvent être hiérarchisés par généralisation/ spécialisation. Les cas d'utilisation descendants héritent de la sémantique de leur parent. Ils peuvent comprendre des interactions spécifiques supplémentaires, ou modifier les interactions héritées.

ÉTUDE DE CAS : SPÉCIALISATION DU CAS « PLANIFIER UNE MISSION »

Si nous reprenons la description textuelle du cas d'utilisation « Planifier une mission », nous pouvons sans conteste identifier de légères variations dans les enchaînements, suivant le type de la mission traitée (enlèvement, traction, livraison).

Par exemple, dans l'enchaînement (a), un comportement supplémentaire pour les missions de traction est précisé : « S'il s'agit d'une mission de traction, le répartiteur doit indiquer une agence principale de destination ». De même, l'enchaînement (e) conduit à l'édition de bordereaux de mission différents en fonction de la nature de la mission.

Nous pouvons donc éventuellement identifier des cas d'utilisation spécialisés suivant le type de mission, avec, en l'occurrence, un cas d'utilisation général abstrait (il ne s'instancie pas directement, mais uniquement par le biais de l'un de ses cas spécialisés).

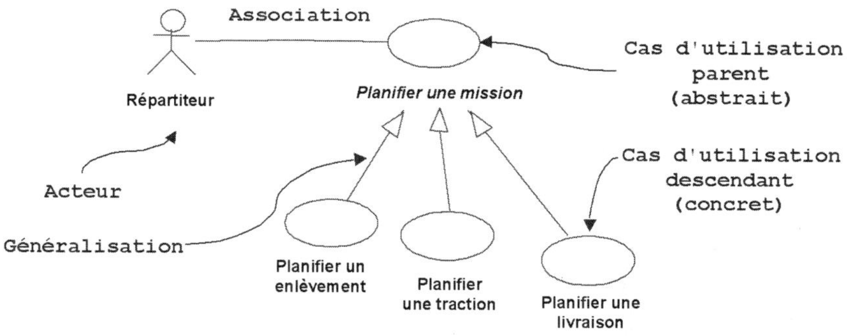

Figure 4-11. : Relation de généralisation entre cas d'utilisation

Conseil

VOUS POUVEZ AUSSI GÉNÉRALISER LES ACTEURS !

Si un ensemble d'acteurs communiquent de la même façon avec certains cas d'utilisations, on peut créer un acteur généralisé (souvent *abstrait*), qui permettra de factoriser ce rôle commun. Les acteurs spécialisés héritent alors des associations de l'acteur ancêtre.

ÉTUDE DE CAS : ACTEUR GÉNÉRALISÉ « UTILISATEUR »

Revenons sur le processus d'authentification identifié plus haut. Il est inclus dans tous les autres, et implique le même type de flot d'événements entre chaque acteur et le système. Pour le représenter sur un diagramme de cas d'utilisation, le plus efficace consiste à créer un acteur abstrait « Utilisateur », associé au cas d'utilisation « S'authentifier », qui généralise tous les acteurs de SIVEx, sauf bien entendu le véhicule.

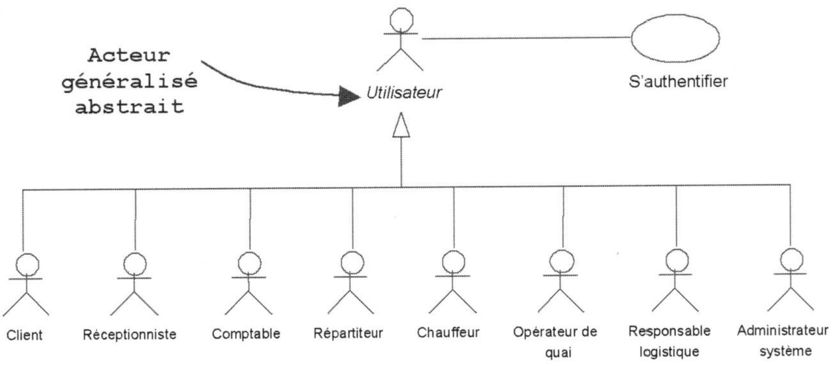

Figure 4-12. : Acteur généralisé « Utilisateur »

Pour définir la stratégie de regroupement des cas d'utilisation pour un projet, il convient de recourir à la liste suivante de critères :

- par domaine d'expertise métier : le plus intuitif et souvent le plus efficace. Il facilite la spécialisation des analystes et permet d'organiser la disponibilité des différents experts ;
- par acteur : simple à mettre en œuvre uniquement si chaque cas d'utilisation est relié à un et un seul acteur, sinon il s'apparente souvent au critère précédent ;
- par lot de livraison : dans le cadre d'un développement itératif et incrémental, il est intéressant de regrouper dans un même package les cas d'utilisation qui seront livrés ensemble au client. Du coup, la structuration peut être très différente de celle obtenue en appliquant le premier critère.

Le mécanisme générique de regroupement d'éléments en UML s'appelle le *package*. Nous allons y recourir dans cette activité, afin de structurer notre ensemble de cas d'utilisation.

Définition

QU'EST-CE QU'UN PACKAGE ?

Un package UML représente un espace de nommage qui peut contenir :

- des éléments d'un modèle,
- des diagrammes qui représentent les éléments du modèle,
- d'autres packages.

Les éléments contenus dans un package :

- doivent représenter un ensemble fortement cohérent,
- sont généralement de même nature et de même niveau sémantique.

Nous allons appliquer ces principes aux cas d'utilisation définis pour SIVEx.

ÉTUDE DE CAS : STRUCTURATION DES CAS D'UTILISATION

Le critère de regroupement retenu pour le système SIVEx est le premier cité, soit le domaine d'expertise métier. Il correspond également à un découpage par ensemble d'acteurs fortement reliés. Si nous reprenons le tableau préliminaire, en affectant chaque cas d'utilisation à un package, nous obtenons ce qui suit :

Cas d'utilisation	Acteurs	Package
Traiter une commande	Réceptionniste	Gestion clientèle
	Client	
Gérer les infos clients	Réceptionniste	
Consulter les en-cours	Client	
	Réceptionniste	
Planifier une mission	Répartiteur	Gestion missions
	Chauffeur	
Suivre une mission	Chauffeur	
	Répartiteur	
	Véhicule	
Gérer la facturation	Comptable	Comptabilité
Suivre les règlements	Comptable	
Réaliser l'inventaire	Opérateur de quai	Traitement colis
Manipuler les colis	Opérateur de quai	
Définir le plan de transport	Responsable logistique	Logistique
Gérer les ressources	Responsable logistique	
Gérer les profils	Administrateur	Services support

Tableau 4-4 : Liste des cas d'utilisation et de leurs acteurs par package

Chaque package de cas d'utilisation occasionne la création d'un diagramme. Voici les deux plus intéressants :

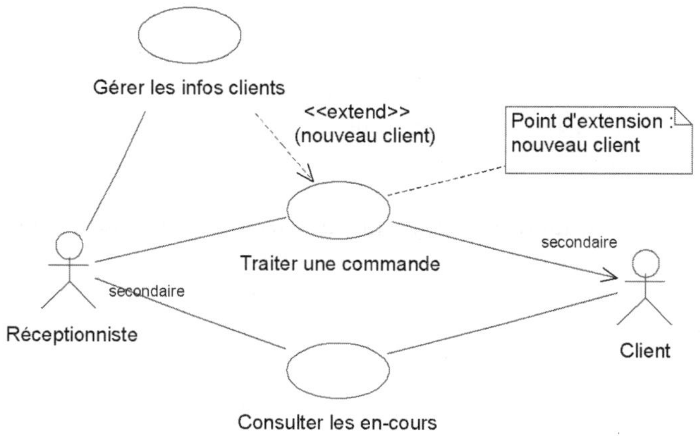

Figure 4-13. : Diagramme de cas d'utilisation du package « Gestion clientèle »

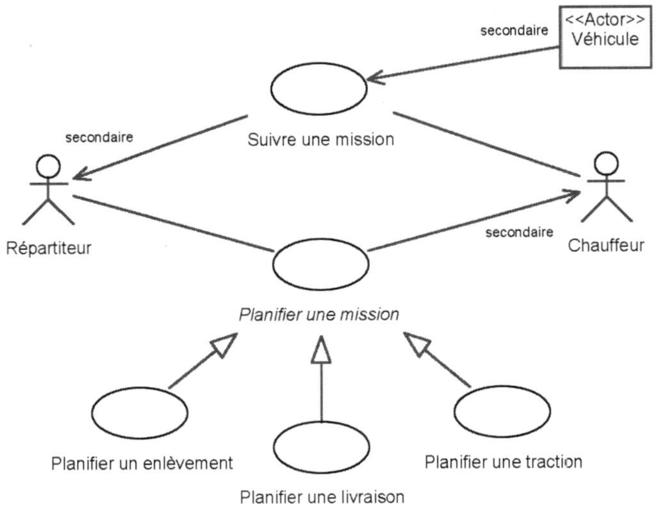

Figure 4-14. : Diagramme de cas d'utilisation du package « Gestion missions »

Décrire les cas d'utilisation en identifiant les flux entre applications

La description des cas d'utilisation doit être l'occasion d'identifier les flux de type EAI qui servent à la synchronisation entre les différentes applications participant au système. Une première technique consiste à ajouter une contrainte non fonctionnelle nommée « intégration des applications » pour décrire les échanges entre applications lors du déroulement du cas d'utilisation ; vous avez pu en avoir un aperçu précédemment, lors de la description du cas d'utilisation « Planifier une mission ».

Cependant, l'identification des flux de synchronisation est souvent le sujet d'une analyse attentionnée dans la mesure où l'on aborde ici des aspects d'urbanisme qui, au cœur du système d'information, touchent un domaine que doivent absolument valider les experts métier. En conséquence, la description des processus métier implique de montrer la répartition des activités entre les applications. En fonction du type de projet, cette description peut être utilisée soit au moment de la modélisation métier, soit comme nous allons l'illustrer, sur le diagramme d'activités d'un cas d'utilisation.

ÉTUDE DE CAS : CAS D'UTILISATION « GÉRER LES INFOS CLIENTS » - IDENTIFICATION DES FLUX EAI

Une pratique d'urbanisme courante consiste à utiliser une application comme référentiel des objets métier. Typiquement dans notre exemple, l'ERP SAP R/3 sert de référentiel des clients de l'entreprise, tandis que le CRM SIEBEL contient la référence des commandes. Bien entendu, ces deux applications ont besoin d'échanger leurs données car SIEBEL doit contenir les objets clients suivant son propre format pour fonctionner correctement et inversement pour les objets commandes.

Conformément aux propositions du profil « UML for EAI » de l'OMG, le diagramme d'activités ci-dessous peut être utilisé pour identifier puis étudier les échanges nécessaires. Ce diagramme décrit une partie du cas d'utilisation « Gérer les infos clients ».

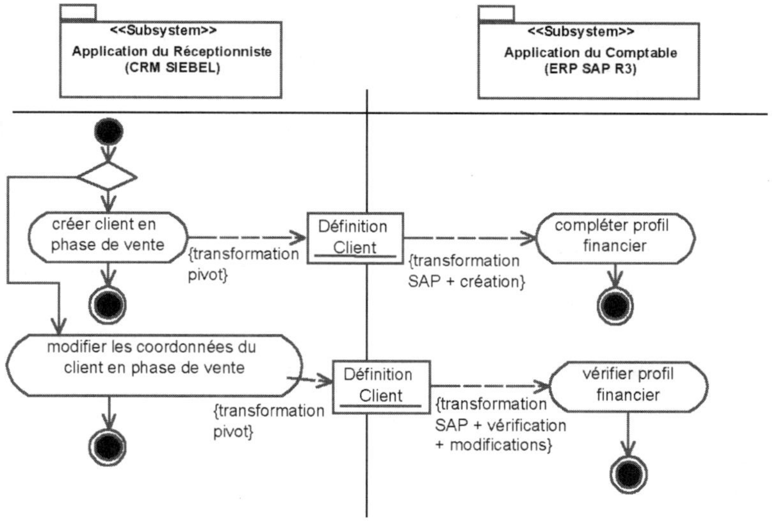

Figure 4-15. : Diagramme d'activités « Créer ou modifier un client en phase de vente »

Remarquez que les échanges s'expriment sous la forme de flux d'objets et que les contraintes servent à identifier les actions à réaliser dans le processus d'intégration. Nous voyons ainsi qu'il faut transformer la définition du client SIEBEL dans un format intermédiaire, dit pivot, puis transformer à nouveau ce format pour faciliter sa création dans SAP.

Identifier les classes candidates

Comme nous l'avons déjà mentionné, la définition des cas d'utilisation ne doit pas être une fin en soi !

La technique mise au point par Ivar Jacobson [Jacobson 92] comporte deux objectifs principaux :

- dialoguer avec le client sur son expression préliminaire de besoins grâce à une description fonctionnelle qu'il comprend facilement,
- préparer la modélisation orientée objet en aidant à trouver les classes principales du futur modèle statique d'analyse.

Les paragraphes précédents de ce chapitre traitent du premier objectif. Nous allons maintenant aborder le second. Le travail que l'analyste va désormais effectuer complète d'ailleurs le précédent, car en mettant à jour les principales abstractions du système sous forme d'objets et de classes, l'analyste continue son dialogue avec le client. Il essaie ainsi d'obtenir rapidement un consensus sur les définitions des concepts clés.

Les premières classes candidates identifiées dans cette phase doivent être des concepts connus des utilisateurs du système, ce qu'on appelle couramment (et abusivement, puisque ce sont des classes) des objets métier. Exemples pour l'étude de cas : *Mission*, *Commande*, *Client*, *Agence*, *Colis*, etc.

L'analyste ajoutera dans un second temps des concepts « applicatifs », liés à l'informatisation. Exemples pour l'étude de cas : *Etiquette à code-barre*, *Profil utilisateur*, etc.

Cherchez les noms communs importants dans les descriptions textuelles des cas d'utilisation. Vérifiez les propriétés « objet » de chaque concept (identité, propriétés, comportement), puis définissez ses responsabilités.

Définition

QU'EST-CE QU'UNE RESPONSABILITÉ ?

Une responsabilité est une sorte de contrat, ou d'obligation, pour une classe. Elle se place à un niveau d'abstraction plus élevé que les attributs ou les opérations. En fait, on peut dire que les attributs, les opérations, et les associations représentent les propriétés élémentaires qui contribueront à remplir les responsabilités de la classe.

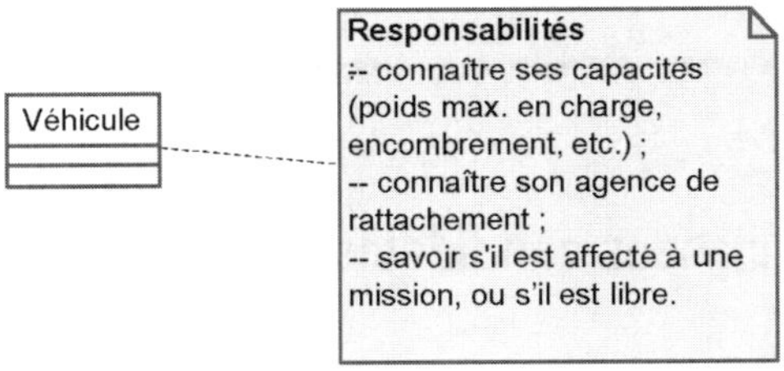

Figure 4-16. : Responsabilités de la classe Véhicule

En pratique, une classe doit avoir au moins une responsabilité, mais surtout un nombre très limité. Si elle comporte plus de cinq responsabilités, elle doit être subdivisée en plusieurs classes.

Graphiquement, les responsabilités peuvent être dessinées dans un compartiment séparé, au dessous des compartiments des attributs et des opérations. Dans la pratique, il s'agit de phrases courtes répertoriées dans une note graphique attachée à la classe.

Dans l'exemple précédent, il est probable que la première responsabilité se traduira par des attributs, et les suivantes par des associations.

On formalise ensuite ces concepts métier sous forme de classes et d'associations rassemblées dans un diagramme statique pour chaque cas d'utilisation. Ces diagrammes préliminaires, que nous appelons « diagramme de classes participantes », n'ont pas d'objectif d'exhaustivité. Ils servent uniquement à démarrer la découverte des classes du modèle d'analyse pour la partie de l'application délimitée par un cas d'utilisation. La réunion de tous les diagrammes, après élimination des classes et associations redondantes, doit représenter le squelette du modèle statique d'analyse.

ÉTUDE DE CAS : DIAGRAMME DES CLASSES PARTICIPANTES DU CAS D'UTILISATION « PLANIFIER UNE MISSION »

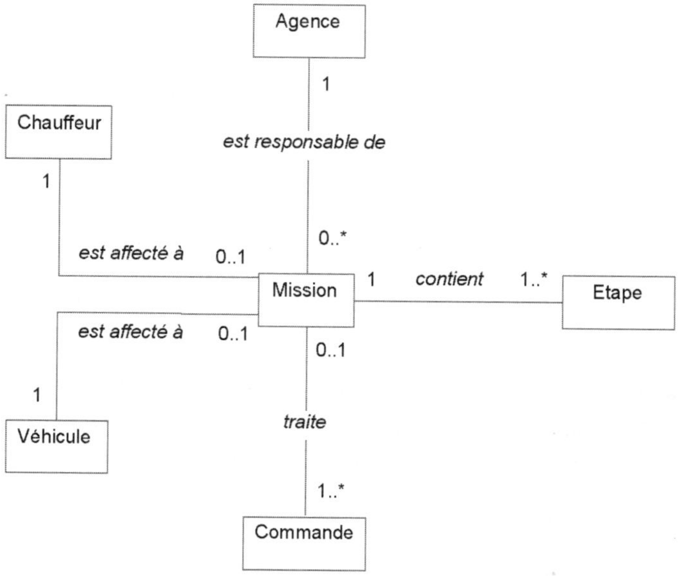

Figure 4-17. : Diagramme des classes participantes de « Planifier une mission »

Si l'on exploite la description textuelle du cas d'utilisation donnée plus haut, on peut ajouter en particulier :

- le type de mission : enlèvement, livraison, ou traction. Une association doit être ajoutée pour les missions de traction qui ont une agence de destination ;
- les bordereaux pour les missions validées : une feuille de route et une fiche par commande ;
- une mission est composée de différentes étapes. Une étape est planifiée pour chaque commande.

Il serait illusoire de penser figer les multiplicités des associations à ce moment-là. Des questions vont certainement se reposer régulièrement au fur et à mesure de l'avancement de l'analyse : 0 ou 1 ?, 1 ou plus ? C'est normal !

Remarque : nous avons volontairement limité l'utilisation des constructions du diagramme de classes, afin de ne pas anticiper sur les concepts qui seront abordés aux chapitres suivants.

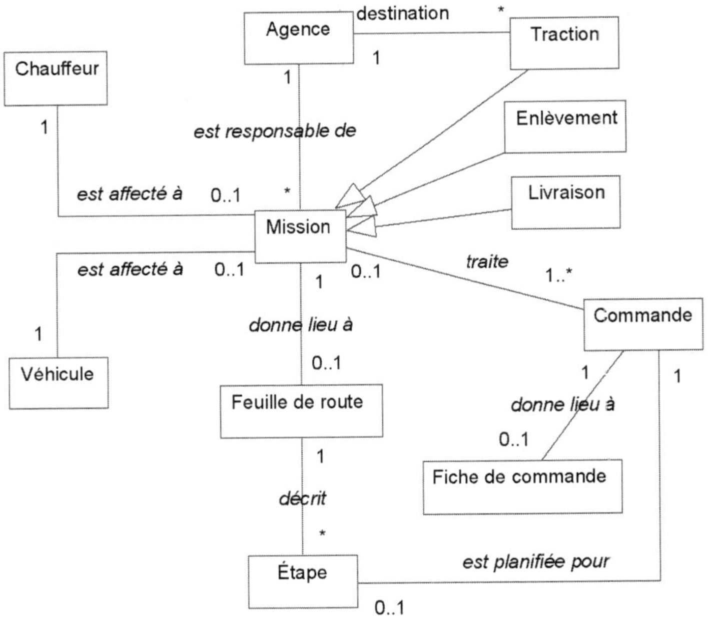

Figure 4-18. : Diagramme des classes participantes complété de « Planifier une mission »

ÉTUDE DE CAS : DIAGRAMME DES CLASSES PARTICIPANTES DU CAS D'UTILISATION « TRAITER UNE COMMANDE »

D'après la description initiale des besoins, on identifie les classes et associations suivantes :

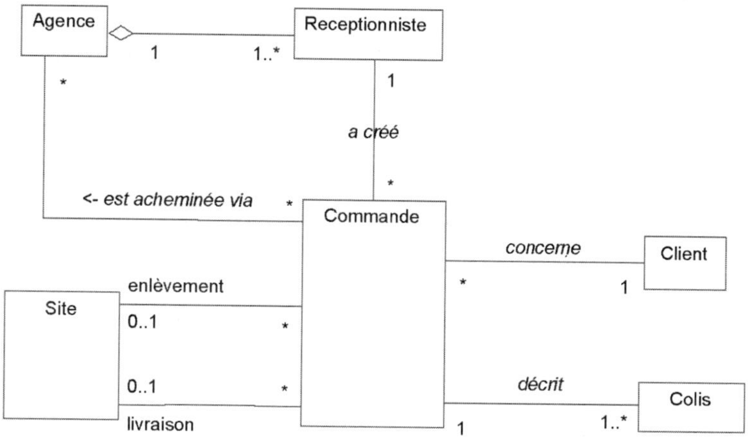

Figure 4-19. : Diagramme des classes participantes de « Traiter une commande »

Valider et consolider

La révision des cas d'utilisation doit absolument inclure une phase de présentation aux futurs utilisateurs et poser les questions clés ci-après :

- Les frontières du système sont-elles bien définies ?
- Les acteurs sont-ils tous pris en compte (au moins une fois) ?
- Chaque cas d'utilisation a-t-il un processus de déclenchement (par un acteur) ?
- Le niveau d'abstraction des cas d'utilisation est-il homogène ?
- Toutes les fonctionnalités du système sont-elles traitées ?

Conseil

IL FAUT ASSURER LA TRAÇABILITÉ DES CAS D'UTILISATION AVEC L'EXPRESSION DES BESOINS !

Concrètement, on réalisera une matrice de traçabilité entre cas d'utilisation et éléments de cahier des charges. Cette matrice pourra être détaillée pour faire apparaître les différents enchaînements de chaque cas d'utilisation.

		Exigence 1	Exigence 2	Exigence 3	Exigence 4	Exigence 5
Use case A	scénario 1					
	scénario 2		X		X	X
	scénario 3		X		X	X
Use case B	scénario 1					
	scénario 2		X		X	
	scénario 3		X		X	
	scénario 4					
Use case C	scénario 1					
	scénario 2		X		X	

Cela permettra, dans la suite de l'analyse, d'établir le suivi des classes avec le cahier des charges, par le biais des cas d'utilisation ; il sera même possible de retrouver les opérations impliquées. L'aide d'un outil est alors précieuse. La figure suivante montre les informations que Rational/Rose sait fournir.

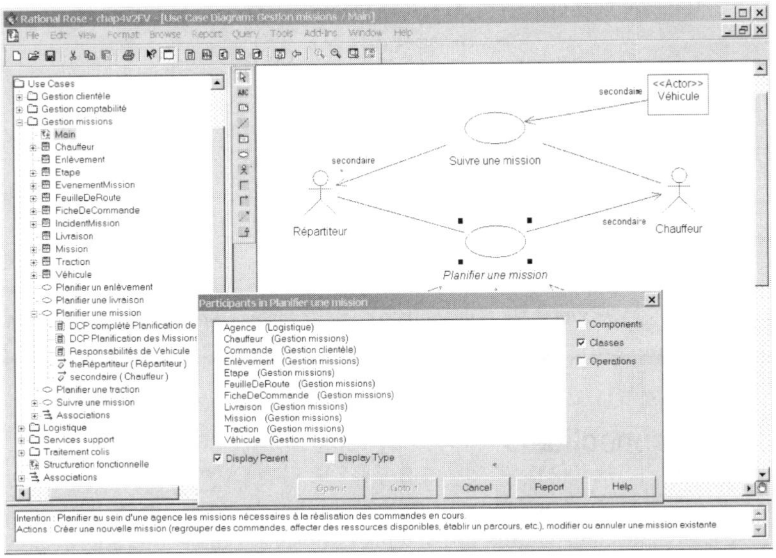

Figure 4-20. : Rational/Rose : « Report - Show Participants in UC »

Cette traçabilité entre besoins de haut niveau et opérations permet d'améliorer notablement la capacité de maintenance et d'évolution du code, tout au long de la vie de l'application.

Conseil

SERVEZ-VOUS DES CAS D'UTILISATION POUR DÉFINIR VOS ITÉRATIONS !

Dans le cadre d'un développement itératif et incrémental, il est très utile de recourir au découpage en cas d'utilisation pour définir les itérations. À cet effet, il convient en premier lieu d'identifier les cas d'utilisation les plus critiques en termes de gestion des risques. Ces cas d'utilisation devront être traités prioritairement afin de lever au plus tôt les risques majeurs. Il sera également demandé au client d'affecter une priorité fonctionnelle à chaque cas d'utilisation, afin de livrer d'abord les cas d'utilisation les plus demandés. Ces deux critères pouvant être contradictoires, la décision du découpage en itérations incombe au chef de projet, qui doit le faire valider par le client.

Il faut aussi prendre en compte les éventuelles relations entre cas d'utilisation :

- développer plutôt les cas factorisés (<<include>>) avant ceux qui les utilisent ;
- développer plutôt les cas qui étendent (<<extend>>) après les cas de base.

ÉTUDE DE CAS : DÉFINITION DES ITÉRATIONS

Cas d'utilisation	Risque	Priorité	Itération
Traiter une commande	Moyen	Moyenne	5
Gérer les infos clients	Bas	Moyenne	6
Consulter les en-cours	Haut	Moyenne	3
Gérer la facturation	Bas	Basse	8
Suivre les règlements	Bas	Basse	8
Planifier une mission	Haut	Haute	2
Suivre une mission	Moyen	Haute	4
Réaliser l'inventaire	Bas	Moyenne	7
Manipuler les colis	Bas	Moyenne	7
Définir le plan de transport	Haut	Haute	1
Gérer les ressources	Moyen	Haute	3
Gérer les profils	Bas	Moyenne	9
S'authentifier	Bas	Moyenne	9

Tableau 4-5 : Définition des itérations par classement des cas d'utilisation.

À chaque cas d'utilisation de SIVEx, nous avons affecté :

- un risque (haut, moyen, bas),
- une priorité fonctionnelle (haute, moyenne, basse).

En fonction de ces informations et des dépendances entre cas d'utilisation, nous donnons un exemple de découpage du projet en itérations. Cette planification est évidemment donnée à titre illustratif, le processus 2TUP étant fondamentalement adaptatif et non pas prédictif.

Phases de réalisation de l'analyse des besoins fonctionnels

L'analyse des besoins fonctionnels a pour objectifs principaux de :

- compléter le recueil initial des besoins effectué pendant l'étude préliminaire : nous avons expliqué comment utiliser à cet effet le concept central de cas d'utilisation proposé par UML ;

- préparer l'analyse orientée objet : pour chaque cas d'utilisation, nous avons vu comment identifier les classes candidates du modèle statique d'analyse.

La démarche mise en œuvre dans ce chapitre est synthétisée par la figure suivante :

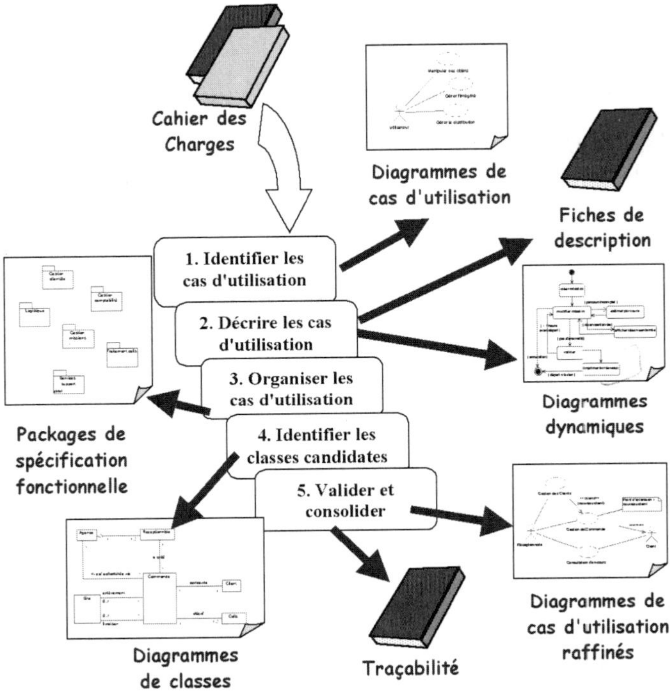

Figure 4-21. : Démarche de capture des besoins fonctionnels

Sur le site Web (www.editions-eyrolles.com)

Pour consulter le modèle UML contenant les cas d'utilisation et les diagrammes associés, ouvrez le fichier *chap4.mdl* (au format Rational/Rose).

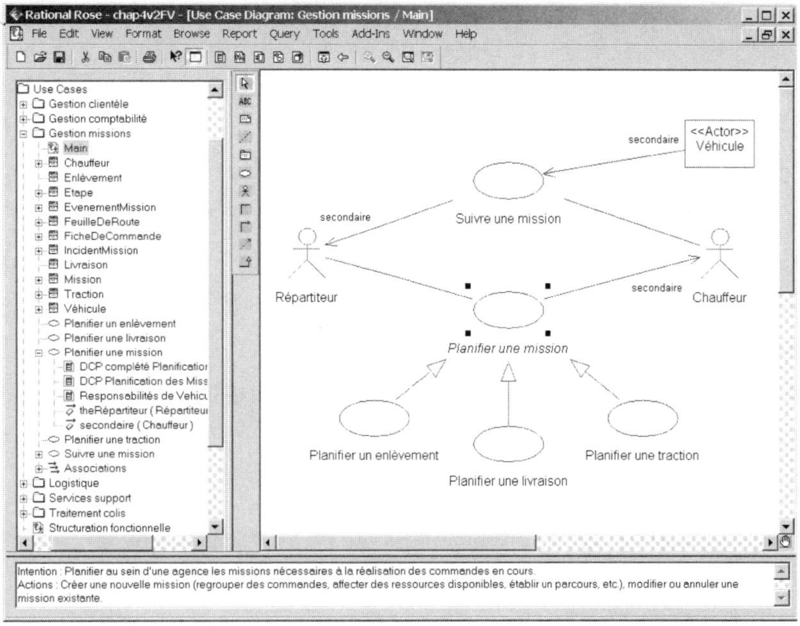

Chapitre 5 Capture des besoins techniques

Objectifs du chapitre

Ce chapitre traite du rôle d'UML lors de l'étape de capture des besoins techniques. Cette activité est généralement peu formalisée, soit par manque d'une notation et d'un processus approprié, soit parce que les architectes techniques recourent rarement à une approche formelle. Nous allons précisément étudier comment le concept de cas d'utilisation peut être étendu pour répondre à ce besoin, et de quelle manière le processus en Y répond particulièrement bien à la spécification technique d'un système client/serveur tel que SIVEx.

Dans ce chapitre, nous allons aborder :

- la construction d'un modèle d'analyse technique avec UML,
- les avantages d'une organisation en couches logicielles,
- l'emploi des cas d'utilisation pour décrire les comportements techniques du système,
- la description des cas d'utilisation techniques.

Quand intervient la capture des besoins techniques ?

La capture des besoins techniques couvre, par complémentarité avec celle des besoins fonctionnels, toutes les contraintes qui ne traitent ni de la description du métier des utilisateurs, ni de la description applicative. Le modèle de spécification logicielle concerne donc les contraintes techniques telles que nous avons pu les évoquer au chapitre 4. La spécification technique est une activité de la branche droite du Y ; elle est primordiale pour la conception d'architecture.

Cette étape a lieu lorsque les architectes ont obtenu suffisamment d'informations sur les prérequis techniques. Ils doivent a priori connaître au moins le matériel, à savoir les machines et réseaux, les progiciels à intégrer, et les outils retenus pour le développement. En cours d'élaboration, viendront s'ajouter les contraintes non fonctionnelles identifiées dans les cas d'utilisation de la branche gauche. Le niveau d'abstraction à atteindre est l'analyse technique. Le modèle s'y exprime suivant les deux points de vue que sont la spécification logicielle et la structure du matériel à exploiter. Cette étape se termine lorsque le niveau de description des cas d'utilisation techniques a permis l'identification des problèmes à résoudre. À ce moment-là pourra débuter l'étape de conception générique, qui consiste à construire une solution d'architecture technique.

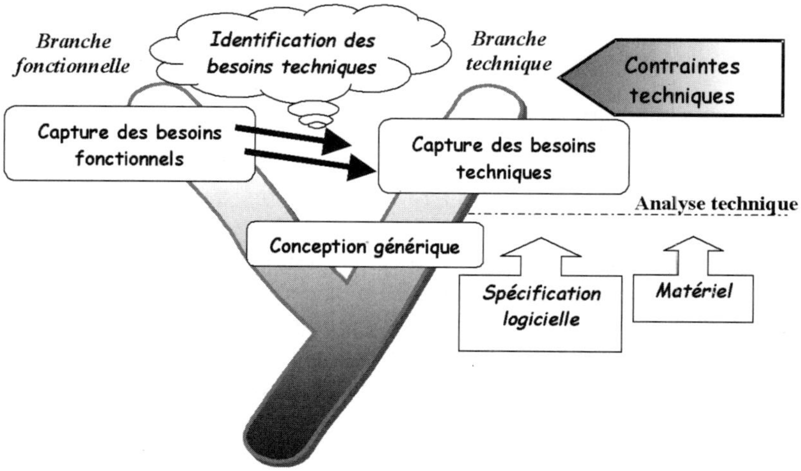

Figure 5-1. : Situation de la capture des besoins techniques dans 2TUP

Éléments mis en jeu

- Diagramme de déploiement, nœuds et connexions du réseau, architecture à 3 niveaux,
- Diagramme de composants, composants d'exploitation, architecture 3-tiers,
- Diagramme de cas d'utilisation, cas d'utilisation technique, description d'un cas d'utilisation technique, organisation en couches logicielles, architecture en 5 couches,
- Spécification logicielle détaillée.

Spécification technique du point de vue matériel

Les prérequis techniques ont été exprimés dans l'étude préliminaire, lors de l'expression des besoins opérationnels et de celle des choix stratégiques de développement au chapitre 3. Ces choix impliquent des contraintes relatives à la configuration du réseau matériel. Elles sont de nature géographique, organisationnelle, et technique. Elles concernent les performances d'accès aux données, la sécurité du système, l'interopérabilité, l'intégration des applications, la volumétrie et le mode d'utilisation du système.

Définition

STYLE D'ARCHITECTURE EN NIVEAUX

Le style d'architecture en niveaux spécifie le nombre de niveaux géographiques et organisationnels où vont se situer les environnements d'exécution du système [Orfali 94].

- L'architecture à deux niveaux met en œuvre un environnement de travail de niveau départemental et local. Un tel système répond généralement à la demande d'un métier particulier dans l'entreprise. Par exemple, le département des ressources humaines dispose d'un système informatique indépendant et localisé au sein de la société.
- L'architecture à trois niveaux met en œuvre le système informatique d'une entreprise. Nous y trouvons les niveaux suivants : central, départemental et local. Une telle architecture couvre les différents métiers de l'entreprise. L'étude de cas SIVEx en constitue un exemple.
- La contrainte géographique conditionne également l'architecture en niveaux. Le système de ressources humaines, réparti sur plusieurs agences ou départements, devient de fait un système à trois niveaux. La conjonction des contraintes géographique et organisationnelle conduit donc à des systèmes complexes dotés d'une architecture multiniveau.

Les contraintes techniques amènent également à diversifier le nombre et le type des machines :

- soit pour des raisons de performances : c'est le cas d'un montage en cluster,
- soit pour des raisons de sécurité : c'est le cas de l'ajout de ponts, de routeurs ou d'un serveur dédié au Web (typiquement dans la mise en œuvre d'une zone démilitarisée DMZ),
- soit pour des raisons d'interopérabilité : lorsque les logiciels sont conçus sur des plates-formes différentes,
- soit pour des raisons de disponibilité : on privilégiera les postes de travail utilisés 24h/24, aux terminaux utilisés pour des requêtes très ponctuelles.

Conseil

STRUCTUREZ VOS SPÉCIFICATIONS D'EXPLOITATION TECHNIQUE AUTOUR DU MODÈLE DE CONFIGURATION MATÉRIELLE

Les spécifications qui concernent l'exploitation technique d'un réseau ont toutes une relation directe soit avec une connexion, soit avec une machine particulière du modèle de configuration matérielle. Du fait de leur existence, les machines imposent des contraintes de performances ou d'intégration matérielle. La nature des connexions permet également de spécifier des contraintes liées au besoin de communication et de bande passante. L'intégration de l'application dans le système d'information existant impose de nouvelles contraintes liées aux machines dédiées à une fonction particulière du système informatique.

Nous vous conseillons donc d'intégrer vos spécifications dans le dictionnaire du modèle de configuration matérielle.

ÉTUDE DE CAS : LA CONFIGURATION MATÉRIELLE DE SIVEX

La configuration géographique du système SIVEx impose le développement d'une solution client/serveur à trois niveaux : un niveau central pour les informations partagées entre agences et consolidées pour le siège, un niveau départemental pour chaque agence et un niveau local pour les applications à déployer sur les postes de travail. La configuration matérielle est schématisée par un diagramme de déploiement UML à la figure 5-2.

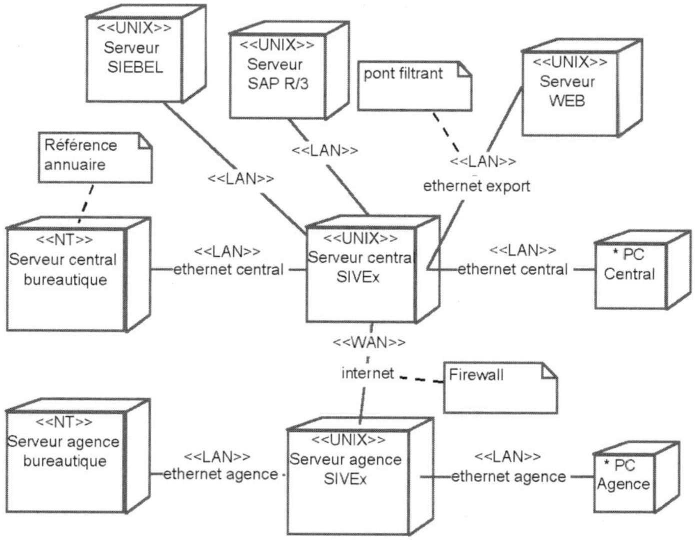

Figure 5-2. : Configuration matérielle du système SIVEx

Le point de vue matériel met en évidence les contraintes d'exploitation technique suivantes :

- pour fonctionner avec les progiciels SAP R3 et SIEBEL, SIVEx doit nécessairement intégrer une technologie d'EAI ;
- la communication WAN prise en charge par Internet est subordonnée à l'usage de *firewalls*, ce qui limite potentiellement le jeu de protocoles de communication possibles entre clients et serveurs ;
- l'export des informations sur Internet impose d'isoler le serveur Web du réseau *ethernet* central ;
- l'annuaire centralisé de référence doit correspondre à celui qui existe sur le serveur de bureautique central.

Spécification d'architecture et influence sur le modèle de déploiement

L'expression des prérequis techniques implique également le choix d'un style d'architecture client/serveur. Ce choix conditionne la façon dont seront organisés et déployés les composants d'exploitation du système.

Définition

COMPOSANT D'EXPLOITATION

Un composant d'exploitation est une partie du système logiciel qui doit être connue, installée, déclarée et manipulée par les exploitants du système. Un composant d'exploitation doit être interchangeable entre différentes versions et peut être arrêté ou démarré séparément. Il assume des fonctions bien identifiées dans le système, de sorte qu'en cas de dysfonctionnement, le composant incriminé est facilement repérable.

Définition

STYLE D'ARCHITECTURE EN TIERS

Le style d'architecture en tiers (*tier* signifie « partie » en anglais) spécifie l'organisation des composants d'exploitation mis en œuvre pour réaliser le système. Chaque partie indique une responsabilité technique à laquelle souscrivent les différents composants d'exploitation d'un système.

On distingue donc plusieurs types de composants en fonction de la responsabilité technique qu'ils jouent dans le système. Un système client/serveur fait référence à au moins deux types de composants, qui sont les systèmes de base de données en serveur, et les applications qui en exploitent les données en client.

Le style d'architecture 2-tiers correspond à la configuration la plus simple d'un système client/serveur. Dans ce cas, il incombe aux clients de gérer l'interface utilisateur et les processus d'exploitation. Les serveurs ont pour responsabilité de traiter le stockage des données. Ce type d'architecture est parfaitement bien adapté aux systèmes départementaux, dans la mesure où les concepts et les processus manipulés n'existent qu'une seule fois au sein d'un département de l'entreprise.

Dans le cadre des architectures d'entreprise, certains concepts et processus sont communs à plusieurs domaines d'activité. Cette caractéristique implique une synchronisation souvent complexe des données entre différents départements de l'entreprise. Le concept d'objet métier consiste à centraliser cette gestion afin d'en maîtriser la complexité. L'objet métier est à la fois un modèle d'analyse qui colle à la réalité du problème de l'entreprise, mais également un modèle de composant d'exploitation qui s'insère dans le déploiement du système d'entreprise [Eeles 98]. L'intégration des objets métier sous la forme de composants métier fait passer l'architecture client/serveur du 2-tiers au 3-tiers, car elle implique un nouveau type de composants d'exploitation qui s'insère entre les clients et les serveurs de données.

Définition

COMPOSANT MÉTIER

Un composant métier est un composant d'exploitation dont la fonction est de distribuer les services d'un ou de plusieurs objets métier de l'entreprise. L'intégration de composants métier implique le recours à un style d'architecture 3-tiers.

Le style d'architecture 3-tiers facilite la réutilisation au sein d'un système, puisque les composants métier correspondent à des concepts communs à différents métiers de l'entreprise. Dans le cas de SIVEx, les classes Commande et Mission sont de bons composants métiers candidats, puisqu'ils concourent tous deux au métier du répartiteur, du chauffeur, du réceptionniste, voire même du comptable.

Comme le style d'architecture 3-tiers définit un moyen logiciel intermédiaire entre les applications clientes et les serveurs de base de données, il fournit au système les moyens techniques qui lui permettent de garantir des temps de réponse constants, quel que soit le nombre d'utilisateurs connectés.

ÉTUDE DE CAS : SPÉCIFICATION DU STYLE D'ARCHITECTURE 3-TIERS

La spécification d'une architecture à composants métier 3-tiers implique des contraintes sur le modèle d'exploitation. Une solution client/serveur 3-tiers entraîne en effet la répartition des composants d'exploitation suivant les responsabilités :

- le stockage des données sera réparti entre plusieurs instances de bases de données en central ou en agence. On a par ailleurs retenu un moteur de base de données relationnel ;

- la distribution des services métier est réalisée sur plusieurs composants métier dont le déploiement est à préciser. La technologie Java-RMI est arrêtée pour sa réalisation ;
- la présentation et la gestion des applications correspondent à différents composants d'exploitation répartis en central ou en agence. Ces applications seront développées en Java et déployées sur les postes clients. Le serveur Web est une application particulière qui a pour rôle de rendre accessible la situation des commandes aux différents clients de SIVEx. Elle sera réalisée avec la technologie Java-applet ;
- l'intégration des données et des processus complète l'architecture afin de permettre l'utilisation des progiciels du commerce et de faciliter leur cohabitation avec des développements spécifiques. La réalisation de cette fonction technique s'appuie sur un outil EAI composé de serveurs de messages d'échanges (*Message hub* ou *broker*) et de connecteurs.

On ne peut formaliser à ce niveau qu'une typologie de déploiement, où seuls les différents types de composants d'exploitation du système SIVEx sont apparents. Ce modèle précise les dépendances entre types de composants et permet de définir les stéréotypes qui seront employés pour la suite du projet. L'astérisque signifie que plusieurs instances de composants d'exploitation peuvent exister pour chacun des types.

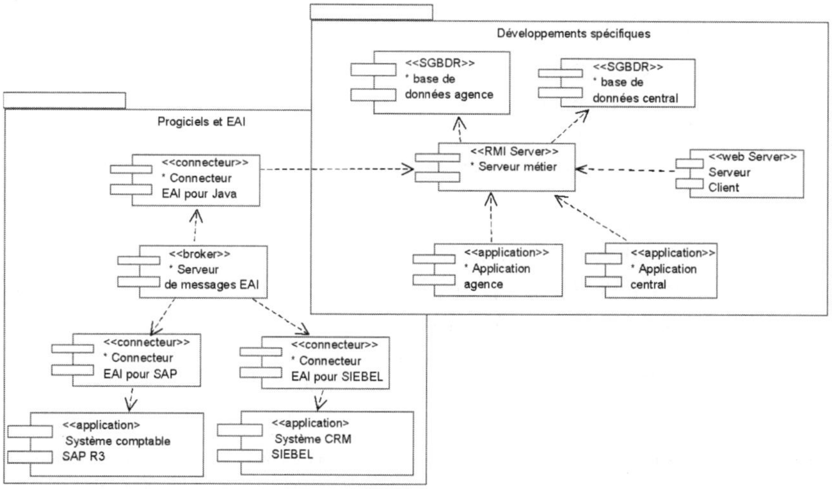

Figure 5-3 : Spécification d'organisation du modèle de déploiement SIVEx

Élaboration du modèle de spécification logicielle

Une fois que les spécifications techniques et d'architecture sont exprimées, on s'intéresse aux fonctionnalités propres du système technique en procédant à une spécification logicielle. Dans ce cas, on utilise les cas d'utilisation de manière différente que pour la spécification fonctionnelle. C'est pourquoi nous avons introduit le concept d'exploitant et de cas d'utilisation technique.

Définition

EXPLOITANT

L'exploitant est un acteur au sens d'UML, si ce n'est qu'il ne bénéficie que des fonctionnalités techniques du système.

Tout système informatique possède au minimum un exploitant qui est « l'utilisateur du système ». Il s'agit ici de l'utilisateur dans son sens le plus général, indépendamment des fonctions ou du métier qu'il réalise au travers de l'application. Dans ce cadre, tout utilisateur se connecte au système ou consulte l'aide en ligne. Ce sont les fonctionnalités purement techniques dont il bénéficie en tant qu'exploitant.

Définition

CAS D'UTILISATION TECHNIQUE

Un cas d'utilisation technique est destiné à l'exploitant. C'est une séquence d'actions produisant une valeur ajoutée opérationnelle ou purement technique.

Les cas d'utilisation techniques sont absolument distincts des cas d'utilisation de la branche gauche : ils ne produisent aucune valeur ajoutée fonctionnelle. La branche droite recouvre en effet tous les services techniques dont un utilisateur bénéficie, parfois même sans s'en rendre compte.

Un modèle de spécification logicielle est généralement construit en deux itérations. Le modèle initial consiste à recenser les besoins des différents exploitants du système et à en extraire les cas d'utilisation techniques. Lors de la deuxième itération, le modèle de spécification est réorganisé en couches de responsabilités techniques de manière à affiner les exigences. Cette dernière technique sera approfondie ultérieurement dans le chapitre.

ÉTUDE DE CAS : IDENTIFICATION DES CAS D'UTILISATION TECHNIQUES

Les exploitants du système SIVEX sont :

- l'utilisateur, qui utilise une des applications du système SIVEx. La majorité des acteurs de la branche fonctionnelle sont donc des utilisateurs dans la dimension technique,
- l'ingénieur d'exploitation, qui est chargé de déployer et de dépanner le système.

Les cas d'utilisation techniques de SIVEx sont d'abord identifiés en considérant l'attente opérationnelle de chaque exploitant :

- l'utilisateur va travailler avec des entités sous la forme d'objets, ce qui implique la mise en œuvre des mécanismes de persistance et de gestion de cycle de vie des objets ;
- certains utilisateurs vont bénéficier d'applications du commerce afin d'accélérer le déploiement de SIVEx. Les objets qu'ils utilisent implicitement au travers de ces progiciels doivent

être synchronisés avec ceux qui sont enregistrés dans les bases de données SIVEx. En conséquence, un mécanisme d'EAI doit être mis en œuvre pour permettre aux différents utilisateurs de partager les mêmes données quelle que soit l'application qu'ils utilisent ;

- plusieurs utilisateurs peuvent travailler en parallèle. L'intégrité est le mécanisme qui empêche la mise à jour simultanée d'une même entité par deux utilisateurs différents ;
- chaque utilisateur bénéficie également d'une gestion des charges au niveau du serveur. Ainsi, les temps de réponse du système ne s'en trouvent pas dégradés en fonction du nombre d'utilisateurs connectés ;
- l'utilisateur doit se connecter et être reconnu du système pour pouvoir y travailler. L'authentification est le mécanisme qui protège le système des intrusions externes ;
- chaque utilisateur doit disposer d'une aide contextuelle qui l'aide à exploiter le système de la manière la plus efficace ;
- le système doit être exploitable ; à ce titre, il faut qu'il soit en mesure de générer des traces et des alertes qui vont faciliter sa maintenance au sein du système informatique global de l'entreprise. C'est cette analyse technique du problème qui permet d'introduire l'ingénieur d'exploitation comme autre exploitant du système ;
- l'ingénieur d'exploitation ainsi que l'utilisateur sont soumis à des règles de sécurité. Dans un système client/serveur ces aspects recouvrent l'authentification, l'habilitation, le cryptage, la non-répudiation et l'audit.

L'ensemble des cas d'utilisation cités ici ne sont pas spécifiques à SIVEx. Leur position en branche droite en fait des problèmes récurrents aux systèmes client/serveur. Ces contraintes d'utilisation techniques donnent lieu à un premier modèle de spécification logicielle représenté par un diagramme de cas d'utilisation.

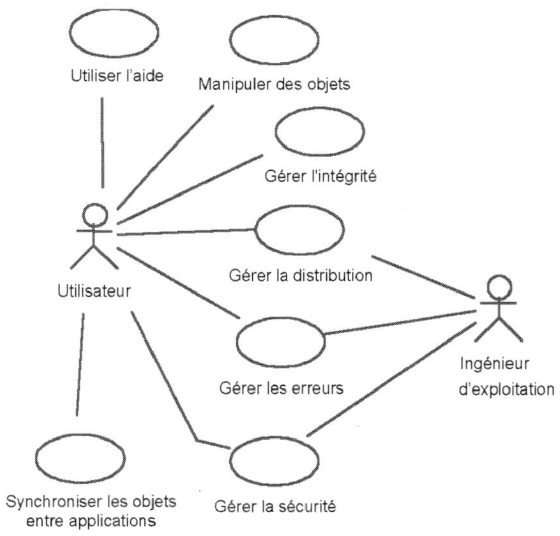

Figure 5-4. : Modèle de spécification logicielle de SIVEx

Dans le modèle initial de spécification logicielle, chaque cas d'utilisation est sommairement détaillé suivant la même technique que celle décrite au chapitre 4 comme l'illustre l'exemple 5-1. Les informations du modèle de spécification fonctionnelle servent à justifier les besoins qui vont être exprimés dans le cas d'utilisation technique.

Cas d'utilisation : manipuler des objets

Intention	l'utilisateur désire agir sur le cycle de vie d'un ou plusieurs objets.
Actions	créer, modifier, supprimer un objet ou un graphe d'objets.
Identification du besoin	gestion des commandes.
Exemple	le réceptionniste gère le cycle de vie d'une commande qu'il crée, modifie ou supprime. Il manipule également en une seule fois l'ensemble des colis décrits par la commande.

Tableau 5-1 : Définition initiale d'un cas d'utilisation technique

Organisation du modèle de spécification logicielle

À l'usage, le modèle de spécification logicielle obtenu est cependant trop sommaire pour permettre une spécification technique détaillée. Tous les cas d'utilisation tels que « manipuler des objets » concernent différentes responsabilités de traitement qui vont de l'interface utilisateur à la base de données. Dans ce contexte, il est difficile de pouvoir préciser de manière détaillée les comportements techniques attendus, si l'on n'organise pas la spécification suivant les différentes responsabilités de traitement.

Définition

COUCHE LOGICIELLE

Une couche logicielle représente un ensemble de spécifications ou de réalisations qui respectivement expriment ou mettent en œuvre un ensemble de responsabilités techniques et homogènes pour un système logiciel.

Les couches s'empilent en niveaux pour couvrir des transformations logicielles successives, de sorte que la couche d'un niveau ne puisse utiliser que les services des couches des niveaux inférieurs.

Le recours aux couches logicielles va nous permettre d'affiner la spécification technique en divisant le problème en sous-parties spécialisées. Notre point de départ consiste à considérer le rôle et la description des cinq couches logicielles illustrées par la figure 5-5. Cette organisation correspond au style d'architecture en couches préconisé pour le développement d'une solution client/serveur [Rumbaugh 91].

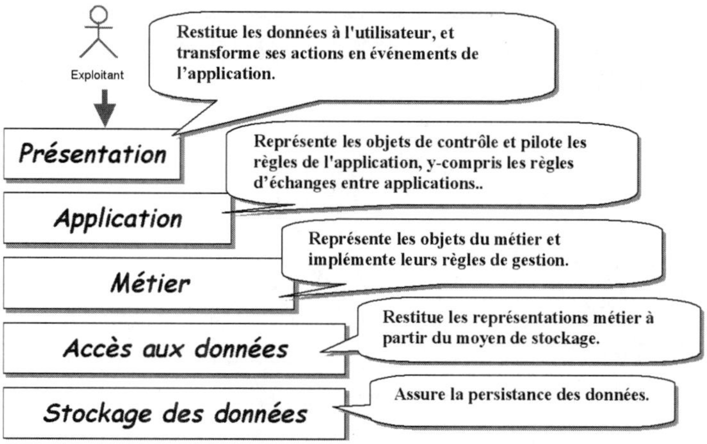

Figure 5-5. : Style d'architecture en 5 couches

Dans le modèle UML, les couches logicielles correspondent à des packages. Pour préciser leur spécificité, nous avons introduit le stéréotype « layer ». Ces packages contiennent des cas d'utilisation techniques qui ne sont plus forcément pilotés par un des exploitants du système. À chaque fonction observable pour l'exploitant, correspond en effet une cascade de responsabilités techniques qui se déploient sur les différentes couches logicielles. Chaque couche produisant des services pour les niveaux supérieurs contient en conséquence des cas d'utilisation pilotés par les couches exploitantes.

Conseil

COMPLÉTEZ LES COUCHES PAR DES PARTITIONS

Le style d'architecture en 5 couches est une recommandation qui doit être appliquée au contexte du système en développement. À un même niveau, il est cependant possible de répartir les responsabilités techniques en partitions. Une partition correspond à plusieurs packages indépendants, mais au même niveau de responsabilités.

Une partition apparaît lorsqu'une même couche est concernée par différentes technologies ou lorsque le système communique avec d'autres systèmes par des mécanismes spécifiques.

ÉTUDE DE CAS : ORGANISATION EN COUCHES DU MODÈLE DE SPÉCIFICATION

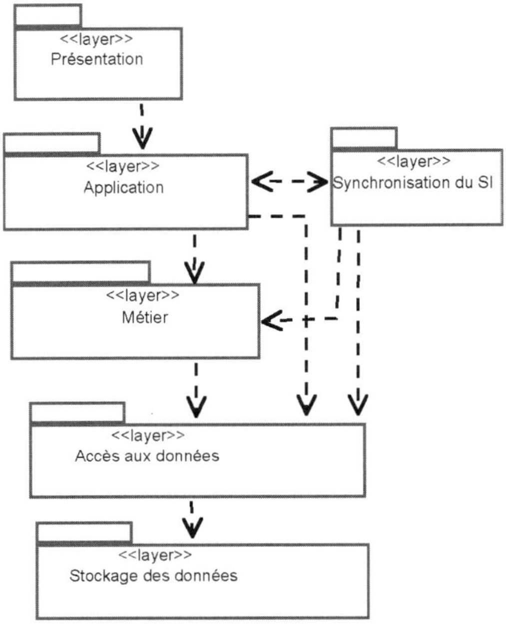

Figure 5-6. : Organisation du modèle de spécification logicielle

Le style d'architecture en 5 couches structure le modèle de spécification logicielle. Les couches s'organisent suivant les dépendances qui s'établissent entre elles. Pour gérer la problématique des interfaces avec les systèmes ERP, CRM et plus largement avec les autres composantes du système d'information, l'architecte technique a ajouté une partition au niveau de l'application qui permet de synchroniser le système SIVEx avec le reste du système d'informat ons de l'entreprise.

Développement des couches logicielles

Dans le cadre de la responsabilité affectée à chaque couche, une identification poussée des cas d'utilisation techniques permet de poser de manière plus précise des problèmes à traiter. D'une part, les cas d'utilisation techniques peuvent se spécialiser suivant les couches sur lesquelles ils vont s'exécuter ; d'autre part, de nouveaux cas d'utilisation peuvent apparaître pour répondre à la particularité d'une des couches.

Le cas de SIVEx offre une illustration de ces différents cas : « Manipuler des objets » va donner lieu à plusieurs cas d'utilisation qui vont s'enchaîner depuis la couche de présentation jusqu'à la couche d'accès aux données. Par ailleurs, pour manipuler des objets, il est nécessaire de gérer des transactions avec la base de données relationnelle. Il s'agit donc d'un nouveau cas d'utilisation spécifique pour la couche de stockage des données.

On utilise des relations de dépendances entre cas d'utilisation pour formaliser les échanges des couches clientes aux couches fournisseuses. Parce qu'elles traduisent une délégation d'un cas d'utilisation vers l'autre, nous avons introduit le stéréotype « delegate ».

ÉTUDE DE CAS : DÉVELOPPEMENT DE LA COUCHE « ACCÈS AUX DONNÉES »

Les cas d'utilisation d'une couche logicielle s'identifient par rapport aux services attendus par les couches exploitantes. Dans ce cadre, chaque dépendance « delegate » représente une relation de client à fournisseur entre couches.

Pour obtenir une spécification technique détaillée du système, l'architecte technique a choisi de recourir aux délégations suivantes :

- rechercher un objet au niveau de la présentation nécessite de s'appuyer directement sur l'exploitation du schéma de données d'une classe au niveau de la couche d'accès aux données ;
- exécuter un service au niveau de la couche métier repose sur l'exploitation de requêtes spécifiques au niveau de la couche d'accès aux données, qui utilise systématiquement la gestion des transactions.

Notez bien qu'il s'agit ici d'un découpage qui permet à l'architecte de spécifier ses besoins techniques avant de les concevoir. Ce n'est donc en rien l'amorce d'une conception qui serait ici purement fonctionnelle. Par ailleurs, d'autres découpages permettent d'obtenir une qualité de spécification équivalente.

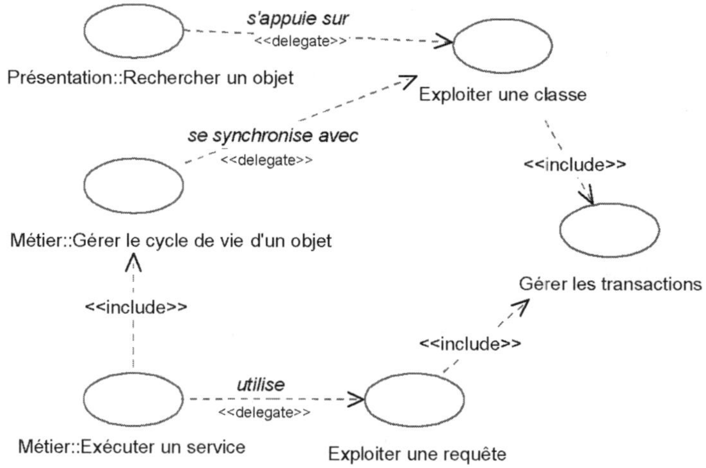

Figure 5-7. : Structure de la couche d'accès aux données

Définition des concepts techniques

Rappelez-vous qu'un bon modèle est un modèle qui colle à la réalité. Le domaine technique possède également sa réalité qui correspond d'une part à l'ensemble des outils mis en œuvre et d'autre part à l'aptitude de l'exploitant à s'interfacer avec le système, manipuler des objets, partager et stocker l'information.

Chaque couche comporte un vocabulaire spécifique correspondant à la description du point de vue technique qu'elle représente. Le tableau ci-après fournit un aperçu des différents concepts utilisés au niveau de chacune des couches. La définition des termes employés sera précisée dans les explications ultérieures.

Couche logicielle	Représentation	Concept manipulé
Présentation	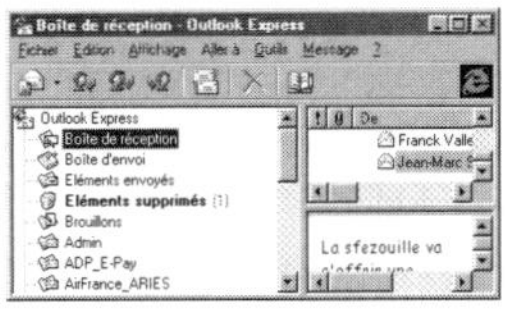	Panneau Menu Bouton d'action ....
Application	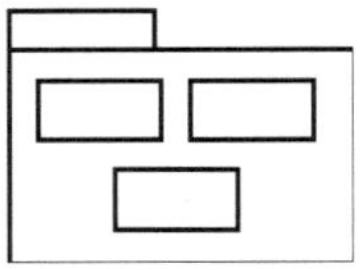	Modèle Commande de l'application Liste d'objets ...
Synchronisation du SI	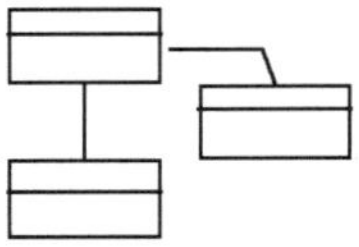	Formats pivots Transformations Transcodage Références croisées ...
Métier	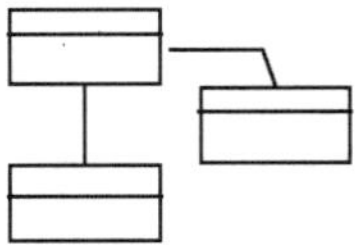	Objet métier Objet composite Libellé caractéristique ...
Accès aux données	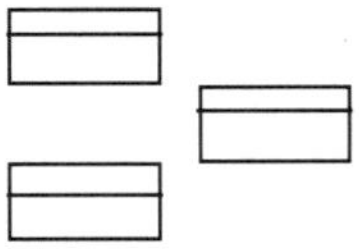	Métaclasse T-uplet ...
Stockage des données	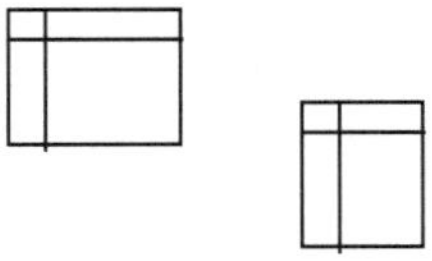	Table Clé étrangère ...

Tableau 5-2 : Exemple de concepts manipulés suivant les couches

Dans ce contexte, il paraît évident que chaque couche recourt à des concepts distincts pour lesquels il convient de spécifier une terminologie précise au sein d'un dictionnaire des termes techniques.

Conseil

ÉTABLISSEZ UN DICTIONNAIRE DE TERMES TECHNIQUES

Lorsque plusieurs architectes participent à la spécification technique, il existe un risque important d'incohérence entre les termes techniques, alors qu'une terminologie précise est indispensable à l'élaboration d'une architecture technique. Il est donc impossible de développer une spécification logicielle détaillée, sans recourir à la définition des termes techniques qu'un projet doit utiliser.

En ce qui concerne la gestion des commandes dans SIVEx, nous trouverons en principe :

- au niveau de la couche présentation : un panneau de présentation des commandes déjà prises dans une agence, un panneau de liste de commandes, un panneau d'édition d'une commande, des panneaux de détail pour les descriptions de colis, les adresses, les sites, les conditions tarifaires, etc ;
- au niveau de la couche application : un objet composite construit sur les classes d'analyse Commande, Colis et Site nécessaire à l'édition complète d'une commande et de ses liens, une liste de commandes classées par agences de distribution et sites, des libellés caractéristiques qui permettent de sélectionner de manière univoque un objet dans une liste ;
- au niveau de la synchronisation du SI : des échanges entre applications réalisés sur la base de formats pivots, des transformations aux formats attendus par les applications, des transformations de codes qui demandent généralement la mise en œuvre de tables de correspondance et des références croisées qui permettent d'assurer l'unicité des objets référencés par des clés différentes dans chacun des progiciels concernés ;
- au niveau métier : un objet métier distribuant la commande et ses colis, un objet métier permettant d'accéder aux sites, un objet métier permettant d'accéder aux agences ;
- au niveau de l'accès aux données : une classe technique qui gère l'accès aux données pour chaque classe d'analyse Commande, Colis, Agence, Site, etc. Puisque cette classe représente les données d'une classe d'analyse, nous l'avons qualifiée de métaclasse. Une classe t-uplet représente l'ensemble des valeurs d'une ligne de résultats en réponse à une requête de sélection de données ;
- au niveau du stockage des données : des tables pour stocker les données de chaque classe et des clés étrangères pour y accéder.

Nous voyons ainsi comment les classes d'analyse vont se multiplier en différentes entités suivant les couches de conception. Si l'on considère de plus le besoin de regrouper les classes d'analyse Commande, Colis, Agence et Site dans un même panneau de présentation, on comprend mieux dans quelle mesure les besoins spécifiques à une couche nécessitent de manipuler des composites ne correspondant pas forcément aux seules classes du modèle d'analyse.

On est donc loin de la vision naïve qui consiste à croire qu'une classe d'analyse produit systématiquement une classe de conception à périmètre identique dans chacune des couches. C'est même rarement le cas tant les besoins de présentation, de distribution et de stockage agrègent souvent les classes en paquets rendus insécables pour des raisons de performance. Chaque couche doit donc gérer séparément des concepts qui vont servir à décrire les cas d'utilisation techniques, dans la mesure où le périmètre de responsabilités est forcément différent d'une couche à l'autre.

Description d'un cas d'utilisation technique

La description d'un cas d'utilisation technique est analogue à celle des cas d'utilisation de la spécification fonctionnelle. Dans ce cadre, on utilise un premier niveau de description, composé d'une fiche textuelle et d'un diagramme d'activités. Un second niveau de description objet complète éventuellement la spécification. On utilise alors un diagramme de classes et un diagramme d'interactions.

Les concepts utilisés pour décrire les cas d'utilisation appartiennent à la couche logicielle considérée et font l'objet d'une définition dans le dictionnaire des termes techniques. À titre d'illustration, sachez que l'on distingue le concept « Objet » suivant son appartenance à la couche « *Accès aux données* » ou à la couche « Métier ».

ÉTUDE DE CAS : DESCRIPTION D'UN CAS D'UTILISATION TECHNIQUE

Voici la description détaillée du cas d'utilisation « Accès aux données::Exploiter une classe ». Par analogie avec ce qui est présenté au chapitre 4, on retrouve ici les rubriques de pré- et post-conditions ainsi que la description des enchaînements.

Couche logicielle : Accès aux données

Titre du cas d'utilisation : Exploiter une classe

But : Le métier nécessite de charger, de répertorier et de sauvegarder une ou plusieurs instances d'une même classe.

Résumé : Répertorier plusieurs instances, charger ou sauvegarder une instance.

Exploitants et/ou couches exploitantes :

- la couche application lors d'une recherche d'objets ;
- la couche métier lors de l'exploitation des données de plusieurs instances particulières.

Tableau 5-3 : En-tête du cas d'utilisation technique « Accès aux données::Exploiter une classe »

Préconditions :

Néant.

Enchaînements :

Ce cas d'utilisation survient lorsque la couche de présentation souhaite rechercher ou présenter les données représentatives d'une liste d'objets, ou lorsque la couche métier désire synchroniser les objets avec leur système de persistance en SGBDR.

Enchaînement (a) renseigner le critère

Lorsque l'action de chargement, de suppression ou de modification concerne plusieurs instances, les demandes s'accompagnent d'un critère qui est exploité par la métaclasse pour produire la requête nécessaire.

Chaque critère s'accompagne lui même d'un t-uplet précisant les valeurs de référence ou de seuil à utiliser pour la requête.

Enchaînement (b) charger des objets

La couche métier demande le chargement d'instances à la métaclasse correspondante suivant un critère spécifié.

Enchaînement (c) supprimer des objets

La couche métier demande la suppression d'instances à la métaclasse correspondante suivant un critère obligatoirement spécifié.

Enchaînement (d) modifier des objets

La couche métier demande la modification d'instances à la métaclasse correspondante suivant un critère impérativement spécifié. Cet ordre s'accompagne obligatoirement d'un t-uplet fixant les valeurs d'entrée de la modification demandée.

Si le critère porte sur un identifiant nul, la demande sera interprétée comme une création ; l'identifiant du nouvel objet sera retourné. Dans tous les autres cas, il s'agira d'une mise à jour.

Enchaînement (e) charger une liste de libellés caractéristiques

La couche de présentation demande une liste de données permettant à l'utilisateur d'identifier un objet unique pour chaque item présenté. Chaque groupe de données est accompagné de l'identifiant de l'objet correspondant. Ce mécanisme permet à la couche présentation de synchroniser les sélections de l'utilisateur avec la couche métier.

Si le volume d'informations en retour dépasse le seuil de limitation réseau (par exemple 1 Ko en cas de ligne X25), le nombre de données réduites renvoyées est limité. Un indicateur de limitation est également retourné. La couche de présentation peut alors demander à recevoir la suite de la liste.

Enchaînement (f) produire et exploiter la requête

La métaclasse a pour rôle de produire et d'exploiter la requête nécessaire avec le cas d'utilisation « Gérer les transactions ». Dans tous les cas, un code d'erreur est retourné en cas d'échec de synchronisation avec le SGBDR. Dans le cas d'un chargement, les données sont renvoyées sous la forme d'une liste de t-uplets.

Exceptions :

Néant.

Post-conditions :

Les seuils de limitation réseau ne sont pas dépassés pour les requêtes qui concernent la couche de présentation.

Tableau 5-4 : Corps du cas d'utilisation technique « Accès aux données::Exploiter une classe »

Au même titre que ce qui a été réalisé pour les cas d'utilisation de la branche gauche, un diagramme d'activités, un diagramme de classes et un diagramme de collaboration peuvent être développés pour récapituler les spécifications du cas d'utilisation.

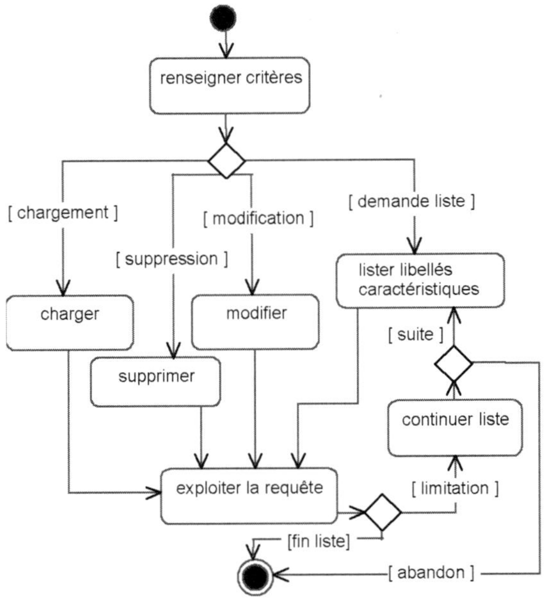

Figure 5-8. : Activités du cas d'utilisation technique « Accès aux données::Exploiter une classe »

Le diagramme des classes participantes aide à la définition des concepts techniques utilisés pour décrire le cas d'utilisation technique. Nous vous rappellons que chaque classe doit être définie dans le dictionnaire des termes techniques.

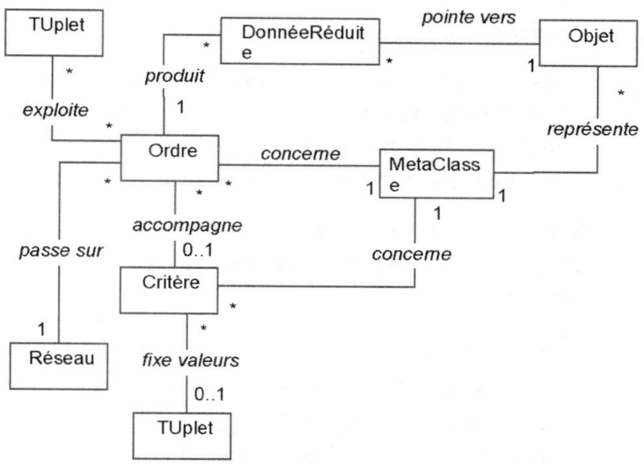

Figure 5-9. : Classes du cas d'utilisation technique « Accès aux données::Exploiter une classe »

Un diagramme de collaboration concourt à comprendre la place et la responsabilité des concepts les uns par rapport aux autres dans le cas d'utilisation technique.

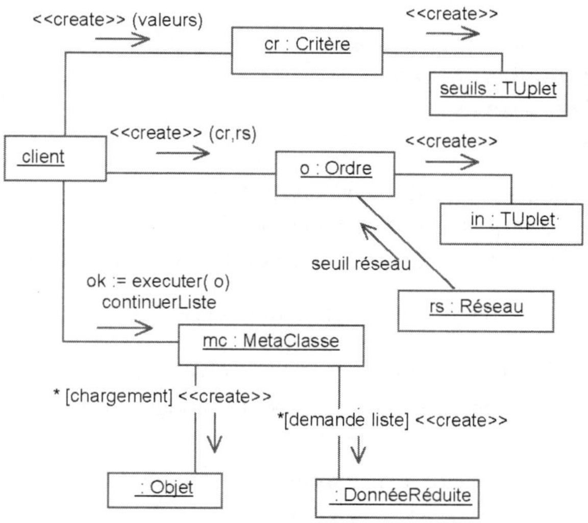

Figure 5-10. : Collaboration du cas d'utilisation technique « Accès aux données::Exploiter une classe »

Ne pas faire

NE CODEZ PAS AVANT DE CONCEVOIR

Il résulte de la description d'un cas d'utilisation technique un modèle naïf, qui ne fait que refléter l'idée de l'architecte lorsqu'il spécifie les problèmes techniques. Les diagrammes UML développés ne sont donc qu'une façon d'exprimer un problème, ils ne constituent pas une solution.

Si nous implémentions les classes telles qu'elles sont identifiées dans les cas d'utilisation techniques, nous passerions à côté d'un véritable travail de conception :

- il n'y aurait pas de recherche de composants existants à réutiliser ;
- aucune recherche d'optimisation ne serait réalisée ;
- les concepts seraient mélangés et on obtiendrait des classes concentrant trop de responsabilités, c'est-à-dire un code objet lourd à maintenir. Ce serait le syndrome des classes obèses.

Par ailleurs, le modèle de spécification technique non encore bien défini reste nettement plus facile à corriger qu'un modèle de conception.

Phases de réalisation en capture des besoins techniques

La capture des besoins techniques est une étape de prise en compte des contraintes techniques et logicielles. Elle doit être suffisamment détaillée pour permettre d'aborder la conception générique du système.

Le processus de construction mis en œuvre dans l'étape est le suivant :

1. Capture des spécifications techniques liées à la configuration matérielle :
- identifier les contraintes techniques liées aux machines, aux connexions et aux déploiements existants ;
- produire le diagramme de configuration matérielle ;
- identifier les contraintes d'organisation spécifiées par les choix d'architecture.

2. Capture initiale des spécifications logicielles :
- identifier les besoins logiciels du point de vue des exploitants ;
- élaborer la description sommaire des cas d'utilisation techniques.

3. Spécification logicielle détaillée :
- identifier un découpage en couches logicielles ;
- identifier les cas d'utilisation techniques pour chaque couche ;
- élaborer la description détaillée des cas d'utilisation techniques.

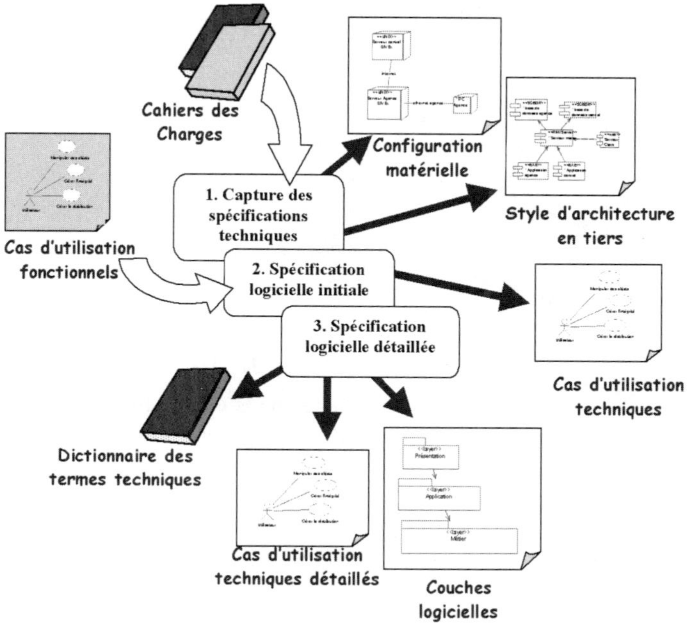

Figure 5-11. : Construction de l'étape de capture des besoins techniques

Sur le site Web (www.editions-eyrolles.com)

Pour consulter un exemple d'organisation du modèle de spécification technique de SIVEx, ouvrez le fichier *ch5.mdl,* au format Rational/Rose.

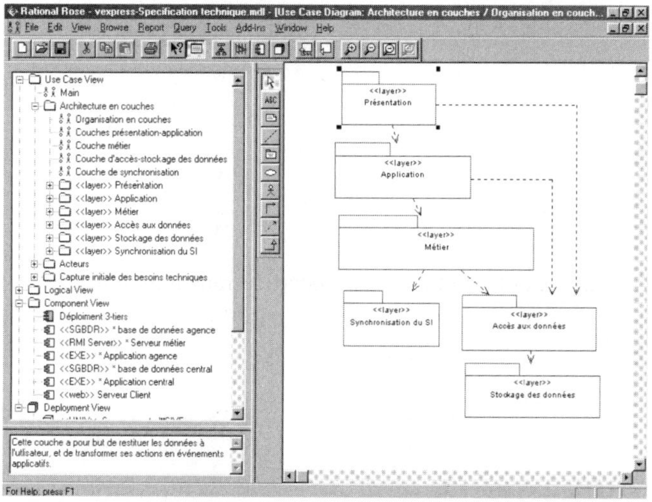

Figure 5-12. : Capture des besoins techniques avec Rational Rose

Chapitre 6

Découpage en catégories

Objectifs du chapitre

Ce chapitre traite du démarrage de l'analyse objet du système à réaliser.

Nous verrons en particulier comment utiliser la notion de package pour définir des catégories de classes d'analyse et découper le modèle UML en blocs logiques les plus indépendants possibles.

Cette structuration logique sera ensuite affinée durant toute l'étape d'analyse, mais néanmoins restera pour le chef de projet un outil essentiel qui lui permettra d'organiser son processus de développement.

Quand intervient le découpage en catégories ?

Le découpage en catégories constitue la première activité de l'étape d'analyse. Il se situe sur la branche gauche du cycle en Y et succède à la capture des besoins fonctionnels.

En fin d'analyse des besoins, nous obtenons un découpage fonctionnel exprimé à travers les cas d'utilisation organisés dans le modèle de spécification fonctionnelle.

Pour passer à l'analyse, nous allons changer radicalement l'organisation du modèle et nous fonder sur les principes de l'approche orientée objet, notamment sur celui d'encapsulation. À cet effet, nous allons passer d'une structuration fonctionnelle *via* les cas d'utilisation et les packages de cas d'utilisation, à une structuration objet *via* les classes et les catégories.

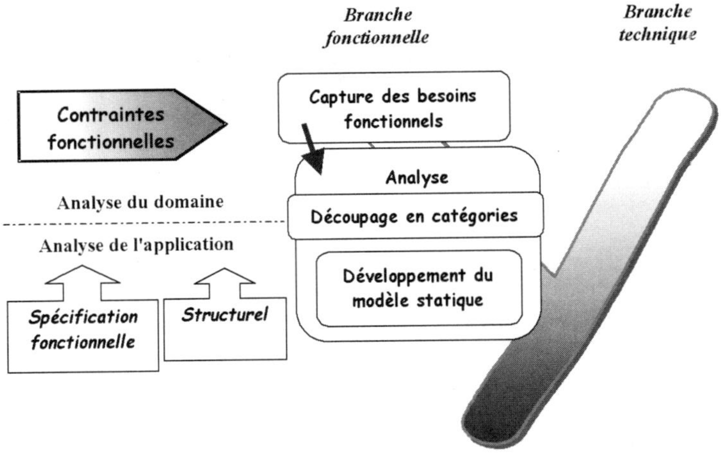

Figure 6-1. : Situation du découpage en catégories dans 2TUP

Éléments mis en jeu

- Catégorie, package,
- Dépendance, importation, visibilité,
- Généralisation, association, navigabilité,
- Diagramme de classes par catégorie,
- Structuration logique.

Notion de catégorie

La classe représente une entité de structuration trop petite dès lors qu'on s'attaque à un projet réel. Au-delà d'une douzaine de classes, il est utile de regrouper les classes fortement couplées en unités plus grandes. Le couplage s'exprime à la fois structurellement par des associations, des agrégations, des compositions ou des généralisations, mais aussi dynamiquement par les interactions qui se produisent entre les instances des classes. Bien sûr, plus le nombre de classes devient important, et plus cette structuration s'avère indispensable. G. Booch [Booch 96] a introduit le concept de *catégorie* pour nommer ce regroupement de classes qui constitue la brique de construction du modèle structurel d'analyse.

Définition

QU'EST-CE QU'UNE CATÉGORIE ?

Une *catégorie* consiste en un regroupement logique de classes à forte cohérence interne et faible couplage externe.

Le terme *catégorie* n'appartient pas en standard au langage UML qui comporte en revanche le concept plus général de package. Pour notre part, nous avons conservé ce terme, afin de différencier les catégories qui structurent un modèle construit sur des classes, du concept plus générique de package. Nous représentons graphiquement les *catégories* comme des stéréotypes de packages.

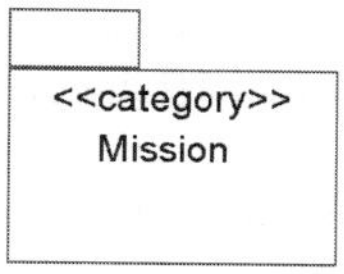

Figure 6-2. : Représentation graphique d'une catégorie

Découpage en catégories

Le découpage fonctionnel induit par les cas d'utilisation permet de trouver les classes fondamentales du projet par le biais des *diagrammes de classes participantes*. Il faut cependant considérer que l'on a seulement identifié des classes *candidates* pour l'analyse, et non les concepts métier stables de l'entreprise. En effet, les diagrammes de classes participantes capturent le vocabulaire employé dans les cas d'utilisation, mais chaque terme n'a pas encore fait l'objet d'une définition élaborée au vu du problème de l'entreprise.

Par conséquent, ces premiers diagrammes de classes doivent être réaménagés pour qu'il soit possible de poursuivre l'analyse, car on rencontre systématiquement les cas suivants :

- la même classe candidate participe à plusieurs cas d'utilisation différents, car certains concepts manipulés par les utilisateurs sont représentatifs du métier de l'entreprise ;
- des classes candidates de noms différents ont les mêmes responsabilités et participent aux mêmes collaborations, surtout si l'étude des cas d'utilisation a été menée par différents analystes. Ainsi, il existe parfois plusieurs termes pour un même concept.

Ces désavantages tiennent au fait que les concepts sont dilués dans les fonctions et ne représentent pas la problématique que doit résoudre le logiciel. À l'inverse, une approche objet offre à l'analyste la possibilité de consolider la définition des concepts, en termes de représentation à la fois structurelle et comportementale, puis de réutiliser ces définitions. Le découpage initial fonctionnel doit donc être remis en cause si l'on veut profiter des bénéfices de l'approche objet ; le découpage en catégories devient alors la base du modèle structurel d'analyse.

Si l'on entre dans le détail, on s'aperçoit que les objectifs du découpage en catégories sont multiples et souvent cruciaux pour la réussite du projet. En phase d'analyse, on peut répertorier les objectifs suivants :

- organiser les équipes d'analystes, puisqu'elles vont pouvoir travailler sur des ensembles cohérents et faiblement couplés. La cohérence implique le regroupement par compétence métier, et la diminution du couplage introduit la possibilité d'un travail en parallèle sur différents modules ;
- maîtriser la complexité par la structuration, puisque l'on va pouvoir isoler les mécanismes de détail dans les catégories et faire ressortir les collaborations d'ensemble au niveau de l'organisation du modèle structurel. La catégorie constitue donc une unité fondamentale de décomposition, qui servira les étapes ultérieures de l'analyse : conception, gestion de configuration, estimation de projets et test ;
- assurer l'évolutivité et la facilité de maintenance, et favoriser la réutilisation, en séparant notamment les parties *applicatives,* qui varient avec chaque projet et qui sont sujettes aux changements, des parties *métier* généralement plus stables et meilleures candidates à la réutilisation.

Le découpage en catégories doit être réalisé le plus tôt possible dans la phase d'analyse, en particulier pour pouvoir organiser les équipes. Ce découpage initial doit se fonder sur l'ensemble des classes candidates identifiées durant la phase précédente (voir chapitre 4), mais également sur deux principes fondamentaux : *cohérence* et *indépendance.*

Le premier principe consiste à regrouper les classes sémantiquement proches. Pour cela, il faut chercher la cohérence avec les critères suivants :

- finalité : les classes doivent rendre des services de même nature aux utilisateurs ;

  Exemple SIVEx : *Mission* et *Etape.*
- évolution : on isole ainsi les classes réellement stables de celles qui vont vraisemblablement évoluer au cours du projet, ou même par la suite. On distingue notamment les classes *métier* des classes *applicatives* ;

  Exemple SIVEx : *Facture* et *TransmissionComptable* (décrivant un composite d'objets transmis vers le module CO de SAP).
- cycle de vie des objets : permet de distinguer, et donc de gérer différemment, les classes dont les objets ont des durées de vie très différentes.

  Exemple SIVEx : *Client* et *Commande.*

Le deuxième principe consiste à renforcer ce découpage initial en s'efforçant de minimiser les dépendances entre catégories. Ce second sujet sera détaillé plus tard dans le chapitre.

ÉTUDE DE CAS : PREMIER DÉCOUPAGE EN CATÉGORIES DE SIVEX

Une première répartition des classes découvertes au chapitre 4 est illustrée à la figure 6-3. Elle offre une vue globale des catégories et de leurs classes propres.

Concrètement, chaque classe candidate a été affectée à une seule catégorie, conformément aux critères énoncés précédemment. Cela ne constitue bien sûr qu'une première itération de l'organisation du modèle structurel, qui devra être retravaillé une fois les diagrammes de classes de chaque catégorie affinés. En effet, de nouvelles classes vont probablement être introduites ; certaines pourront être déplacées afin de minimiser les dépendances entre catégories.

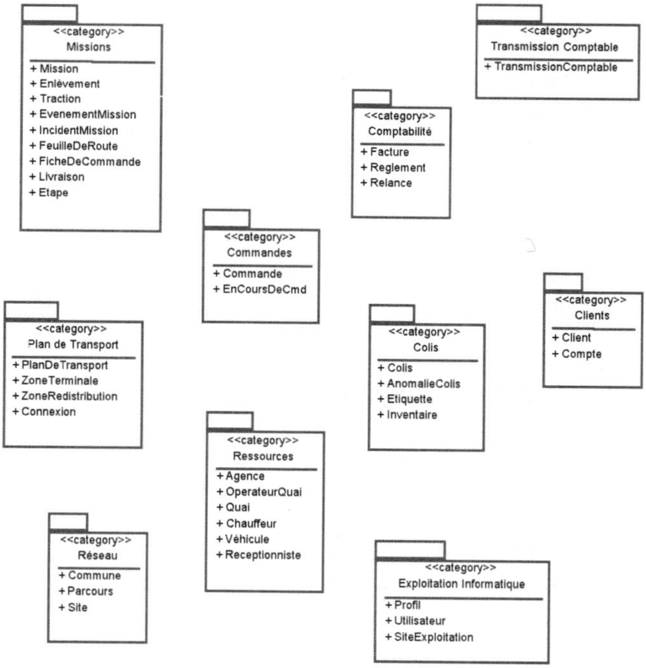

Figure 6-3. : Premier découpage en catégories de SIVEx

Voici les raisons de ce premier découpage :

- les catégories *Réseau* et *Plan de Transport* ont été séparées selon le critère d'évolution (*Réseau* est potentiellement réutilisable, voire achetable dans le commerce...) ;
- la catégorie Exploitation Informatique a été isolée car elle correspond à un service technique classique dans toute application informatique (et donc potentiellement réutilisable), mais pas à un service métier ;

- les catégories *Comptabilité* et *Transmission Comptable* sont distinctes en fonction des critères de finalité et de cycle de vie. On retrouve également la distinction entre classe métier : Facture, et classe applicative : TransmissionComptable ;
- les catégories *Commandes* et *Clients* ont été séparées selon le critère de cycle de vie, et aussi d'évolution. On espère en effet une grande réutilisabilité pour la catégorie *Clients*.

Conseil

UNE CATÉGORIE D'ANALYSE CONTIENT MOINS DE 10 CLASSES !

Une catégorie ne doit être ni trop grosse ni trop maigre !

- Trop grosse : elle aura beaucoup de responsabilités différentes et ne pourra pas être maîtrisée par une équipe de taille raisonnable.
- Trop maigre : elle risque de ne pas avoir assez de responsabilités et de dépendre alors de nombreuses autres petites catégories. La dilution des responsabilités entraîne généralement une multiplication des couplages.

G. Booch recommandait déjà dans [Booch 96] de décomposer un système en catégories contenant une moyenne d'une douzaine de classes. Or, si nous faisons la moyenne des catégories de SIVEx, nous obtenons seulement 4 classes pour ce découpage préliminaire. D'où vient ce décalage ? N'oublions pas qu'il s'agit de classes candidates, issues d'une première itération d'analyse. Or, les catégories dont parle Booch sont des catégories de conception : elles ont subi de nombreuses itérations et incluent, en supplément, beaucoup de concepts techniques comme l'IHM ou l'accès aux données, qui apportent nettement plus de classes (voir chapitres 9 à 11).

Dépendances entre catégories

Au chapitre 4, nous avons indiqué qu'un package (et donc une *catégorie*) constitue un espace de nommage, et qu'il peut contenir des éléments UML, des diagrammes, voire d'autres packages. Cette relation de contenance est une relation de composition au sens UML. Cela signifie d'une part que tout élément UML est déclaré et possédé par un seul package. D'autre part, si le package est supprimé du modèle, tout élément inclus est également détruit.

Étude

CATÉGORIES ET IMPORTATION

Outre posséder des éléments, un package peut également importer des éléments visibles d'un autre package. Cela signifie que le deuxième package a explicitement déclaré que certains de ses éléments peuvent être utilisés par d'autres packages. UML définit en standard trois niveaux de visibilité :

Étude

- `public` (+) : l'élément est utilisable par tout package relié par une dépendance ;
- `protected` (#) : l'élément est utilisable par tout package descendant (nous n'avons pas encore utilisé en analyse cette notion de généralisation de package, elle sera présentée en conception générique au chapitre 9) ;
- `private` (-) : l'élément n'est utilisable que par son package parent.

En analyse, nous préfixerons simplement les classes visibles par le symbole « + ».

La relation d'importation est représentée en UML par une dépendance stéréotypée <<`import`>> du package client vers le package fournisseur.

Nous allons illustrer ces différentes notions sur le schéma suivant, qui montre quelques associations concernant la classe *Mission* et des classes d'autres catégories.

ÉTUDE DE CAS : ASSOCIATIONS DE LA CLASSE *MISSION*

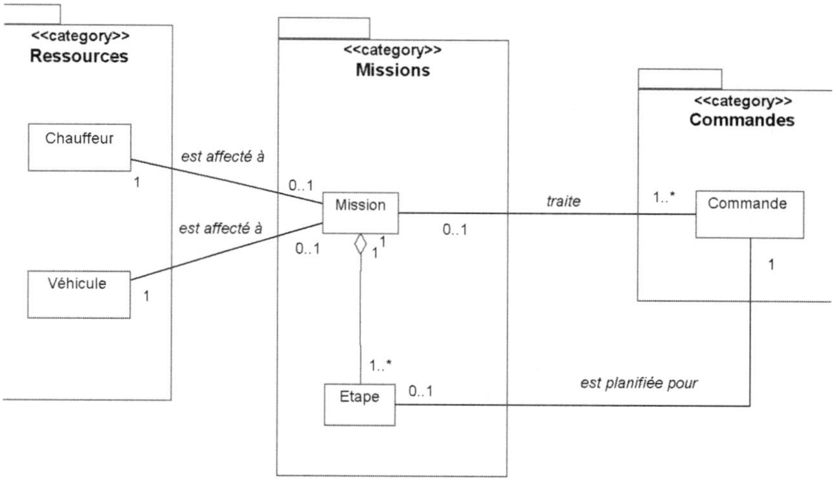

Figure 6-4. : Quelques associations concernant la classe Mission

Les classes *Mission* et *Etape*, qui appartiennent à la même catégorie, ont accès l'une à l'autre au moyen de l'agrégation. En revanche, les classes *Mission* et *Commande* ne peuvent accéder l'une à l'autre, car leurs catégories respectives forment une cloison étanche entre elles. Pour que *Mission* puisse accéder à *Commande*, il suffit cependant que la catégorie *Missions* importe la catégorie *Commandes*. Du même coup, la classe *Etape* accédera aussi à *Commande*. Pareillement, pour que *Mission* puisse accéder à *Chauffeur* et *Vehicule*, il faut que la catégorie *Missions* importe la catégorie *Ressources*. Les relations entre les catégories correspondantes sont décrites à la figure ci-après.

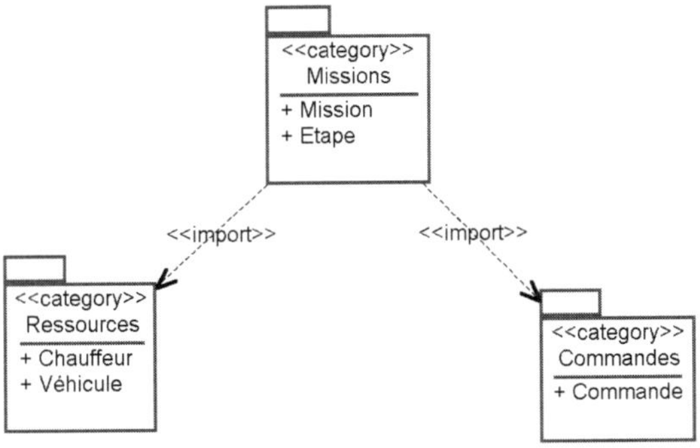

Figure 6-5. : Exemple d'importations entre catégories

Notons que l'importation est une relation unidirectionnelle, qui offre un accès aux éléments du package fournisseur pour les éléments du package client. Donc, même si la catégorie *Missions* importe la catégorie *Ressources*, les classes *Chauffeur et Véhicule* n'ont toujours pas accès à la classe *Mission*. Cette différence vient du fait que l'association est par défaut une relation bidirectionnelle entre classes. Nous allons maintenant détailler ce point.

Étude

INFLUENCE DES RELATIONS ENTRE CLASSES SUR LES DÉPENDANCES ENTRE CATÉGORIES

D'une manière générale, rappelons que si le langage UML définit quatre types de relations (*dépendance*, *association*, *généralisation* et *réalisation)*, nous n'utilisons en phase d'analyse que l'association et la généralisation entre classes. Si l'on y regarde de plus près, trois de ces quatre relations sont orientées ; seule l'association est par défaut bidirectionnelle.

Lors du découpage en catégories, nous allons essayer de limiter au minimum le nombre de relations qui traversent les catégories. En effet, dès qu'une généralisation entre classes sort d'une catégorie, une dépendance de même sens entre les catégories parentes s'impose. Mais c'est encore pire pour les associations, puisque par défaut, elles vont dans les deux sens, et imposent donc une importation mutuelle des deux catégories parentes.

Dans l'exemple ci-dessous, C1 dépend de C2, mais C2 ne dépend pas de C1. En effet, si A spécialise B, et donc en dépend, la réciproque n'est pas vraie. En revanche, C3 dépend de C4, et C4 dépend également de C3, car l'association entre les classes C et D est bidirectionnelle.

Étude

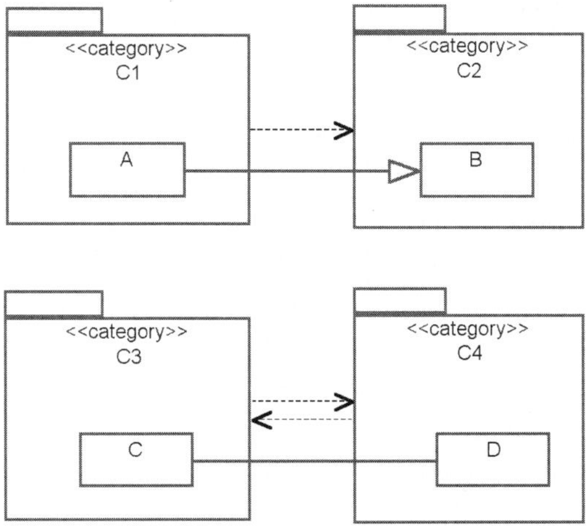

Figure 6-6. : Généralisation et association entre classes et dépendance entre packages

Le style d'architecture visé dans un projet est l'orientation *composant*, car nous en connaissons les bénéfices en termes de facilité de modularité, de maintenance, d'évolution et de réutilisation. C'est ce style qui influence ici le modèle structurel d'analyse, car il demande de minimiser les dépendances entre catégories. Le but est de pouvoir définir, dès ce stade, des composants d'analyse qui capitalisent les concepts métier d'une entreprise et sont réutilisables pour l'analyse d'autres projets. Dans un second temps, l'organisation du modèle structurel pourra persister dans le modèle logique de conception, et faciliter l'identification des composants distribués (voir chapitre 10).

Pour comprendre en quoi le couplage influence la qualité du développement, et ce dès l'étape d'analyse, nous comparons les deux situations du schéma suivant. Supposons que l'on vous propose de devenir chef de projet sur P1 ou P2. Si vous choisissez P2, c'est que vous aimez vraiment la difficulté ! En effet, eu égard aux dépendances entre catégories, le chef du projet P1 pourra raisonnablement s'organiser de la façon suivante :

- concentrer d'abord les forces sur l'analyse de C1 ;
- dès que l'analyse de C1 sera terminée, une partie des troupes basculera sur l'analyse de C2 et une autre partie sur celle de C3, qui pourront alors se dérouler en parallèle.

Son collègue malchanceux du projet P2 sait simplement qu'il aura un très gros travail de consolidation et de communication à effectuer entre ses équipes...

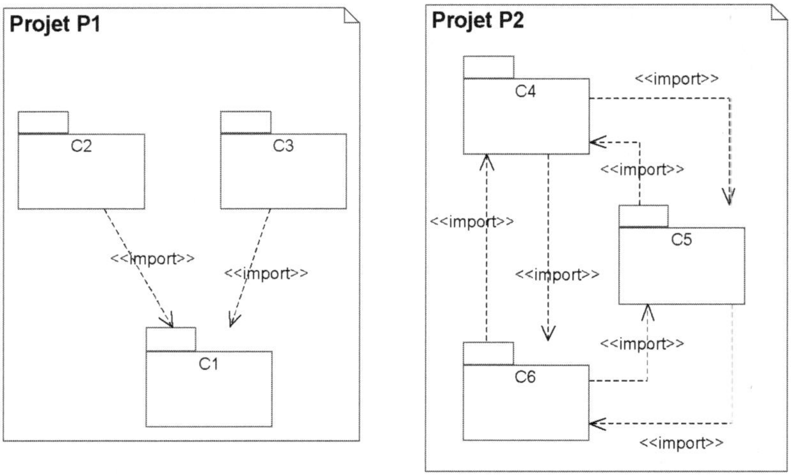

Figure 6-7. : Deux exemples de dépendances entre catégories

L'analyste doit être conscient qu'il existe plusieurs découpages possibles. Il se fonde sur les grands principes que nous avons énoncés précédemment. Une fois son choix effectué, il est prescriptif au niveau des dépendances entre catégories. En effet, il doit fixer des objectifs d'organisation et, éventuellement, de réutilisation.

Le concepteur, en revanche, considère le modèle d'analyse comme un ensemble d'exigences fonctionnelles à réaliser. Il ne pourra conserver les dépendances que si ses choix de conception sont compatibles avec l'organisation préconisée par l'analyste. Dans tous les cas, il devra finalement décrire les dépendances réelles du modèle de conception.

Étude

LES DÉPENDANCES ENTRE CATÉGORIES PEUVENT GUIDER LE CHOIX DE NAVIGABILITÉ DES ASSOCIATIONS !

Une association entre deux classes A et B permet par défaut de naviguer dans les deux sens entre des objets de la classe A et des objets de la classe B. Cependant, il peut être utile de limiter cette navigation à une seule des deux directions. C'est le cas pour les associations qui sortent des catégories, sans quoi, nous récupérons systématiquement une paire de dépendances. UML nous permet de représenter explicitement cette navigabilité en ajoutant sur l'association une flèche indiquant le seul sens possible.

Même si la navigabilité est le plus souvent liée à un choix de conception, et à des considérations d'efficacité, on peut l'utiliser avec discernement dès l'analyse, pour isoler les concepts appartenant à des catégories différentes. L'exemple suivant va illustrer notre propos : la catégorie *Réseau* a été isolée précisément parce qu'elle contient des classes hautement réutilisables. Si l'on veut qu'elle ne dépende pas des autres catégories, les classes *Parcours* et *Commune* ne doivent en aucun cas avoir une quelconque connaissance des classes *Connexion* et *ZoneTerminale*. En UML, cela se traduit par la flèche de navigabilité sur les deux associations qui vont de la catégorie *Plan de Transport* à la catégorie *Réseau*.

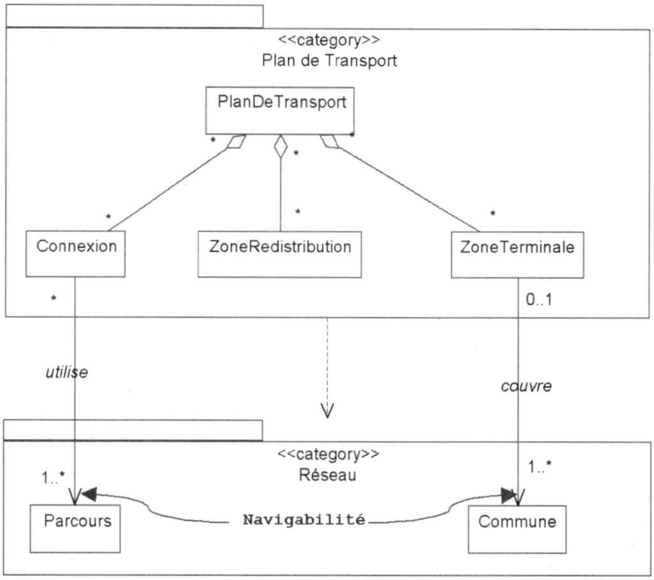

Figure 6-8. : Exemple de navigabilité d'association

Plus généralement, les dépendances souhaitées entre catégories déterminent les décisions relatives au sens des relations entre classes : associations, mais aussi généralisations, et par la suite en conception : dépendances et réalisations.

ÉTUDE DE CAS : DIAGRAMME DE CLASSES PRÉLIMINAIRE DE LA CATÉGORIE *MISSIONS*

Si nous prenons comme exemple la catégorie *Missions*, le diagramme de classes préliminaire va comprendre :

- les classes appartenant en propre à la catégorie, c'est-à-dire celles qui apparaissaient déjà à la figure 6-3 :

Figure 6-9. : Classes propres à la catégorie Missions

- les classes des autres catégories reliées aux précédentes. Dans le diagramme de classes, une indication particulière stipule qu'elles n'appartiennent pas à la catégorie courante. Elles figurent dans ce cas sous leur nom complet, par exemple : « Ressources::Agence » ; certains outils CASE ajoutent une mention de type « from PackageXXX », éventuellement renforcée par l'utilisation d'une couleur différente.

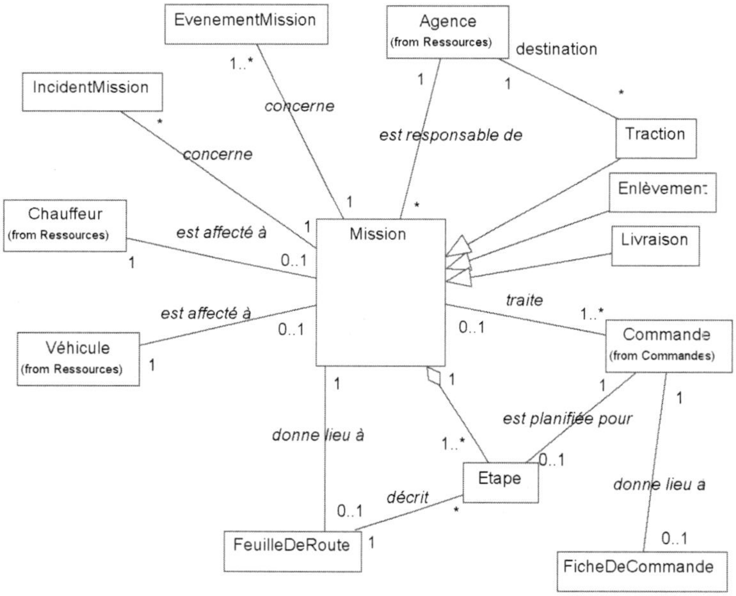

Figure 6-10. : Diagramme de classes préliminaire de la catégorie « Missions »

Le diagramme précédent montre qu'il existe des associations qui sortent de la catégorie *Missions*, et qui concernent également les catégories *Ressources* et *Commandes*. Or, l'analyste a fait le choix suivant de dépendances entre ces catégories :

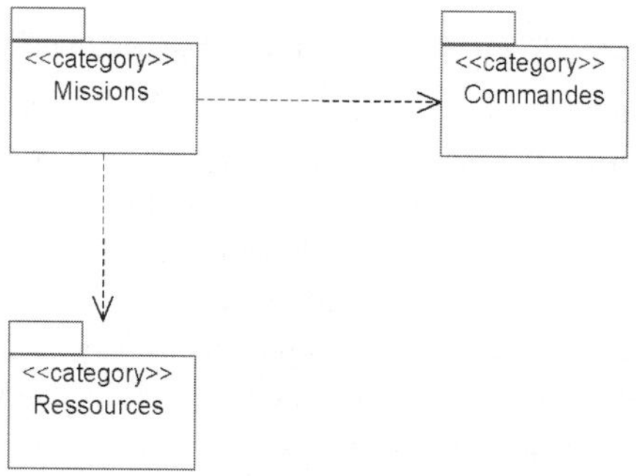

Figure 6-11. : Objectifs de dépendance de la catégorie Missions

Nous devons donc limiter la navigabilité de ces associations pour nous conformer au choix de dépendances entre catégories. Par exemple :

- chaque objet *Mission* doit connaître les ressources qui lui ont été affectées, ainsi que son *Agence* responsable, mais non l'inverse ;
- chaque objet *Mission* doit connaître les *Commandes* qu'il traite, mais non l'inverse.

Le diagramme de classes de la catégorie *Missions* devient alors :

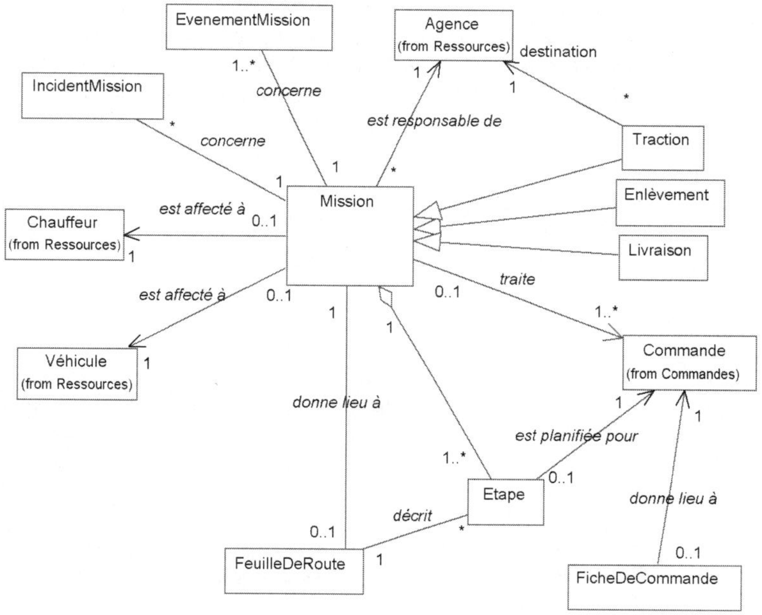

Figure 6-12. : Diagramme de classes de la catégorie Missions avec les navigabilités

Étude

LES DÉPENDANCES ENTRE CATÉGORIES NE SONT PAS TRANSITIVES !

On entend par relation transitive, la propriété de propagation d'une relation de type « est supérieur à » : ainsi si A > B et B > C, on peut en déduire que A > C. La relation « est une sous-classe de » est un exemple de relation transitive entre classes. Les dépendances entre catégories ne sont pas transitives. Par exemple, *Missions* importe *Commandes*, et *Commandes* importe *Clients*. Cela ne signifie pourtant pas que *Missions* a un accès direct à *Clients*. Cette non-transitivité des dépendances entre catégories est précieuse puisqu'elle permet d'éviter une propagation anarchique des modifications dans toute l'application. À chaque niveau, les catégories forment une sorte de rempart contre les modifications, permettant ainsi aux systèmes d'être plus évolutifs et maintenables.

ÉTUDE DE CAS : AUTRES DIAGRAMMES DE CLASSES PRÉLIMINAIRES

Pour illustrer plus avant les principes de ce chapitre, nous indiquons ci-après quelques diagrammes de classes préliminaires des catégories de SIVEx (la totalité se trouvant sur le site Web *www.editions-eyrolles.com*). Sur les schémas, les classes importées sont en blanc tandis que la classe considérée comme centrale pour la catégorie apparaît en foncé.

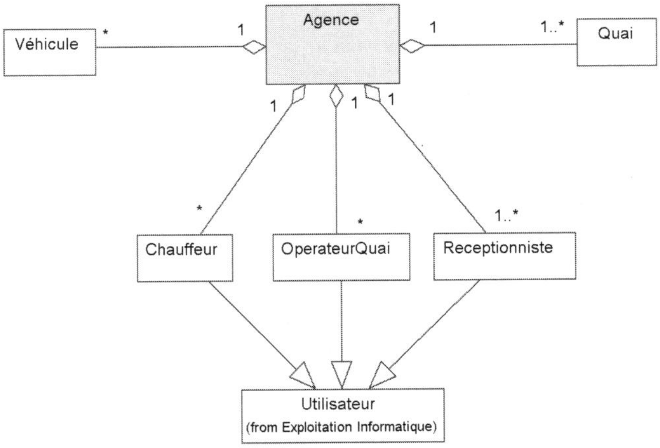

Figure 6-13. : Diagramme de classes préliminaire de la catégorie Ressources

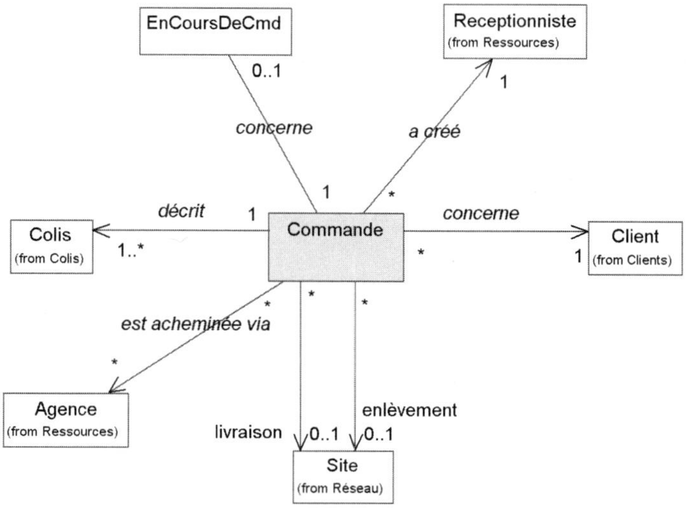

Figure 6-14. : Diagramme de classes préliminaire de la catégorie Commandes

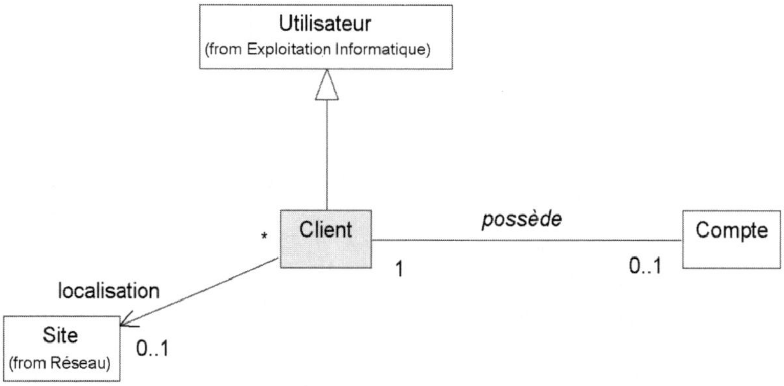

Figure 6-15. : Diagramme de classes préliminaire de la catégorie Clients

Le dernier schéma de la série représente ainsi l'état préliminaire des dépendances souhaitées entre les catégories au début de la phase d'analyse.

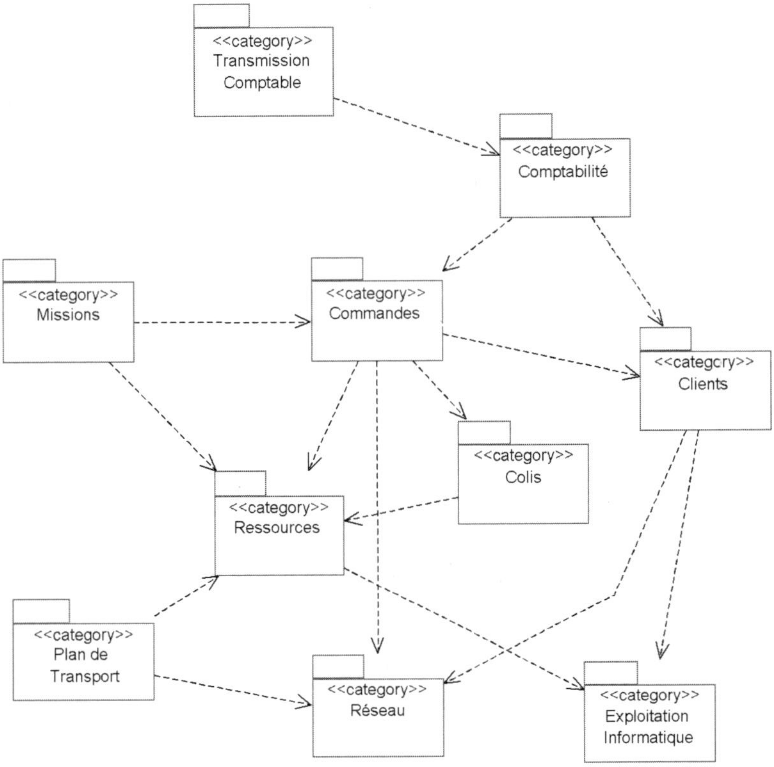

Figure 6-16. : Modèle structurel d'analyse

Phases de réalisation du modèle structurel d'analyse

En résumé, le découpage en catégories constitue la première activité de l'étape d'analyse. C'est à ce moment-là qu'on reporte la définition des classes candidates provenant du modèle de spécification fonctionnelle au modèle structurel contenant les classes et les catégories de l'analyse. Une *catégorie* consiste en un regroupement logique de classes à forte cohérence interne et faible couplage externe. Nous la représentons par un stéréotype de package.

En analyse, pour identifier les bonnes catégories, il faut se fonder sur deux principes fondamentaux : cohérence et indépendance. Un bon découpage permet d'être plus efficace pour organiser les équipes, maîtriser la complexité, assurer l'évolutivité et favoriser la réutilisation. En d'autres termes, le découpage conditionne l'application du style d'architecture orienté composant. La recherche de limitation des dépendances entre catégories impose également des contraintes aux relations entre classes.

La démarche mise en œuvre dans ce chapitre est synthétisée par la figure suivante :

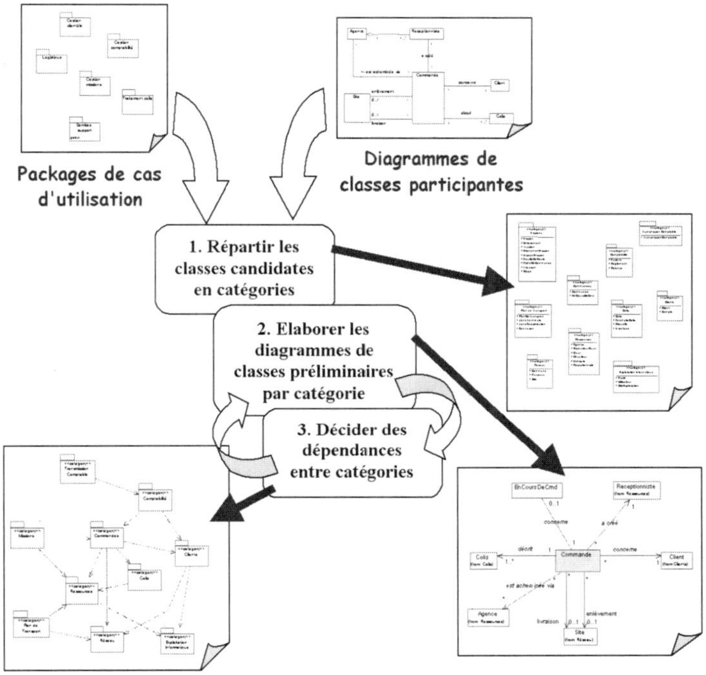

Figure 6-17. : Démarche d'élaboration du modèle structurel

Sur le site Web (www.editions-eyrolles.com)

Pour consulter le modèle UML contenant la structuration des catégories d'analyse, ouvrez le fichier *chap6.mdl* (au format Rational/Rose).

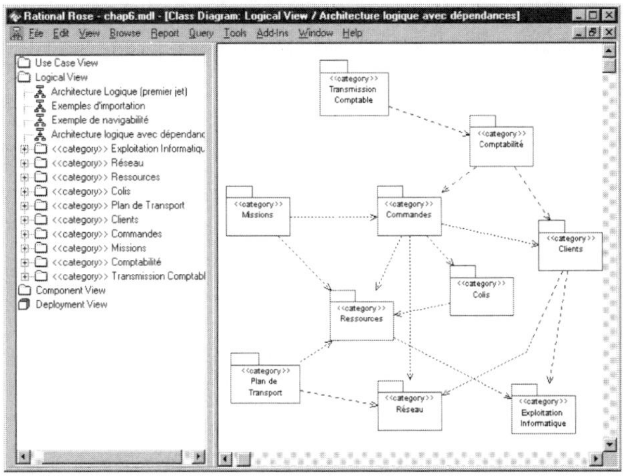

Chapitre 7

Développement du modèle statique

Objectifs du chapitre

Ce chapitre va nous permettre d'illustrer les principales constructions du diagramme de classes UML durant l'étape d'analyse.

Le diagramme de classes a toujours été le diagramme le plus important dans toutes les méthodes orientées objet. C'est également celui qui contient la plus grande gamme de notations et de variantes. UML a réussi à unifier le vocabulaire et les concepts sans perdre la richesse et les apports des différentes méthodes existantes.

Quand intervient le développement du modèle statique ?

Le développement du modèle statique constitue la deuxième activité de l'étape d'analyse. Elle se situe sur la branche gauche du cycle en Y et succède au découpage en catégories. Les diagrammes de classes établis sommairement dans les DCP (diagrammes de classes participantes du chapitre 4), puis réorganisés lors du découpage en catégories (chapitre 6), vont être détaillés, complétés, et optimisés.

Il s'agit d'une activité itérative, fortement couplée avec la modélisation dynamique, décrite au chapitre suivant. Pour les besoins du livre, nous avons présenté ces deux activités de façon séquentielle, mais dans la réalité elles sont effectuées quasiment en parallèle.

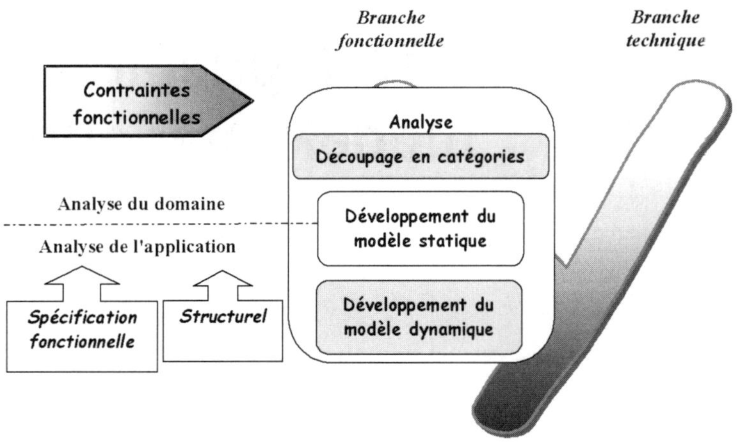

Figure 7-1. : Situation du développement du modèle statique dans le 2TUP

Éléments mis en jeu

- Classe, responsabilité,
- Association, multiplicité, agrégation, composition,
- Attribut, attribut dérivé, attribut de classe,
- Classe d'association, qualificatif,
- Opération, opération de classe,
- Classification, généralisation, spécialisation,
- Classe abstraite, principe de substitution, généralisation multiple,
- Contrainte.

Affiner les classes

Les classes identifiées lors de l'étude des cas d'utilisation (chapitre 4), puis réparties dans les catégories (chapitre 6), sont simplement des classes candidates pour l'analyse objet. Il convient désormais de les examiner de manière détaillée, d'en éliminer certaines, ou au contraire d'en ajouter d'autres. Cette activité de validation est itérative ; l'affinement des associations, ainsi que l'ajout des attributs et des opérations, vont nous fournir de précieuses informations.

On peut cependant dès à présent répertorier quelques principes généraux pour éliminer les classes qui n'en sont pas :

- classes redondantes : elles représentent le même concept ;

Exemple SIVEx : si plusieurs analystes avaient travaillé en parallèle, on aurait pu trouver les classes redondantes *Vehicule* et *Camion*, *EnCoursDeCmd* et *SuiviCommande*, *IncidentMission* et *Alarme*, etc.

- classes vagues : elles ne correspondent pas à des concepts que l'on peut exprimer par des classes. Ainsi, des termes tels que « organisation des réseaux » ou « configuration des étapes » sont trop généraux et ne sont pas suffisamment précis pour justifier la création d'une classe ;
- classes à la place d'attribut : elles expriment des concepts quantifiables ;

  Exemple SIVEx : pas de classe *Poids*, ce n'est qu'un attribut de *Colis*.

- classes à la place d'un rôle : elles expriment un rôle dans une association particulière ;

  Exemple SIVEx : dans la catégorie *Ressources*, la notion d'agence principale est représentée par un rôle d'association entre les classes *ZoneRedistribution* et *Agence*, et non par une classe à part entière.

- classes représentant des acteurs : souvent utiles, mais uniquement lorsque le système gère des informations sur l'acteur ;

  Exemple SIVEx : dans la catégorie *Ressources*, on ne trouve pas la classe *Repartiteur*, contrairement aux autres acteurs. En effet, elle semble inutile, alors qu'*OperateurQuai* est utilisée dans *Colis*, *Receptionniste* dans *Commandes*, et *Chauffeur* dans *Missions*.

- classes de conception : elles introduisent trop tôt des choix de réalisation. Ainsi, le concept « fichier client » n'a pas de sens dans le métier, bien qu'intégré au jargon des utilisateurs ;
- classes représentant des groupes d'objets : elles sont inutiles, car implicites dans les multiplicités des associations, et font souvent référence à des choix de conception.

  Exemple SIVEx : on ne trouve pas dans le modèle d'analyse de classe *ListeCommandes* ou *ListeColis*. Ces groupes d'objets sont implicites dans les associations entre *Mission* et *Commande*, et entre *Commande* et *Colis*.

De la même façon, on peut indiquer quelques principes afin d'optimiser le modèle structurel. Cela conduit tantôt à ajouter des classes manquantes, tantôt à subdiviser une classe existante en plusieurs :

- une classe ne doit pas avoir trop de responsabilités, il en résultera sinon un nombre élevé d'associations, d'attributs ou d'opérations. Il est donc préférable de la découper en ensembles plus petits et homogènes en termes de responsabilités et de cycles de vie ;
- ne pas confondre objet physique et objet logique : autrement dit une entité et sa description.

Ces deux principes sont illustrés dans l'étude de cas ci-après.

ÉTUDE DE CAS : SÉPARATION DE RESPONSABILITÉS

Dans la catégorie *Commandes*, nous avons isolé une classe *EnCoursDeCmd* à laquelle la classe *Commande* délègue le suivi réel des dates d'enlèvement et de livraison, ainsi que des dates de départ et d'arrivée dans les agences. Nous sommes amenés de la même façon à séparer le *SuiviMission* de la *Mission*, pour traiter tous les aspects liés au suivi en temps réel des événements.

Nous avons identifié au chapitre 4 (voir la figure 4-16) l'association décrit entre *Commande* et *Colis*. En fait, une commande contient initialement la description de chacun des colis prévus, puis au cours d'une mission, chaque colis réel est identifié et rattaché à une commande. Il faut donc distinguer deux classes différentes : *DescriptionColis* et *Colis*, qui ne comportent ni les mêmes responsabilités, ni les mêmes états.

Notez également que les multiplicités des associations ont été affinées, pour que les cas dégradés, tels que la possibilité d'égarer des colis, soient pris en compte.

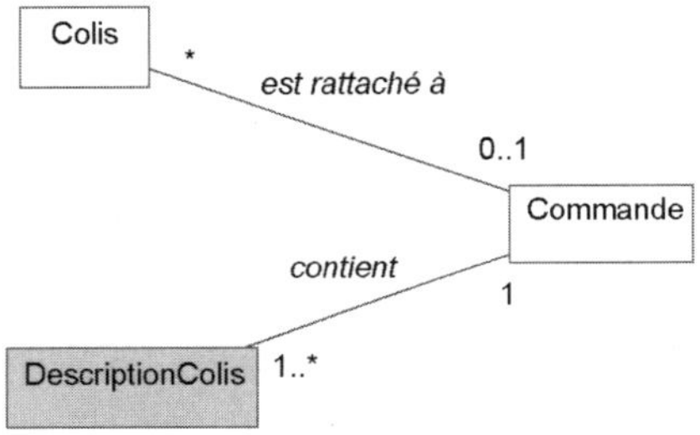

Figure 7-2. : Modification de la relation entre Commande et Colis

Affiner les associations

À l'instar des classes, les associations identifiées jusqu'à présent ne forment qu'une ébauche de structure statique. Il convient à présent de les valider, les préciser, en éliminer, et en ajouter. Là encore, il s'agit d'une activité itérative, qui sera complétée grâce à l'identification des attributs.

N'oublions pas qu'en analyse, les associations représentent des relations conceptuelles entre les classes. On peut également dire qu'elles impliquent des responsabilités en termes de *navigation*. La navigation dans un modèle statique représente la capacité à obtenir des informations en parcourant les associations entre les classes. L'exemple de la figure 7-2 indique que l'on peut demander à une *Commande* quelles sont les *DescriptionColis* qui lui sont rattachées et réciproquement à toute *DescriptionColis* à quelle *Commande* elle est rattachée. On peut donc considérer les associations comme porteuses d'une partie fondamentale de la structure statique des classes, en ce sens qu'il est de la nature d'une *Commande* d'être reliée à des *DescriptionColis*.

En revanche, ces responsabilités ne préjugent pas de la structure des classes en conception. C'est en effet durant l'étape de conception détaillée (voir chapitre 11), qu'on effectue les choix d'implémentation du modèle structurel, avec des objectifs d'optimisation et de modularité.

Voici deux principes généraux qui permettent d'éliminer les associations incorrectes ou inutiles :

- associations non structurelles : elles expriment des relations dynamiques, c'est-à-dire des liens instantanés entre objets. Les liens structurels se caractérisent par une certaine durée et une certaine stabilité ;
- associations redondantes : elles peuvent être retrouvées par navigation grâce aux associations existantes.

ÉTUDE DE CAS : ASSOCIATIONS À ÉLIMINER

Il n'incombe pas à une *Commande* de savoir quel *Repartiteur* est en train de la sélectionner pour l'affecter à une *Mission*. Il s'agit d'une relation purement dynamique entre un acteur *Repartiteur* et un objet *Commande*. L'association ne doit donc pas figurer dans le modèle statique, mais être exprimée par une construction dynamique, comme l'envoi de messages.

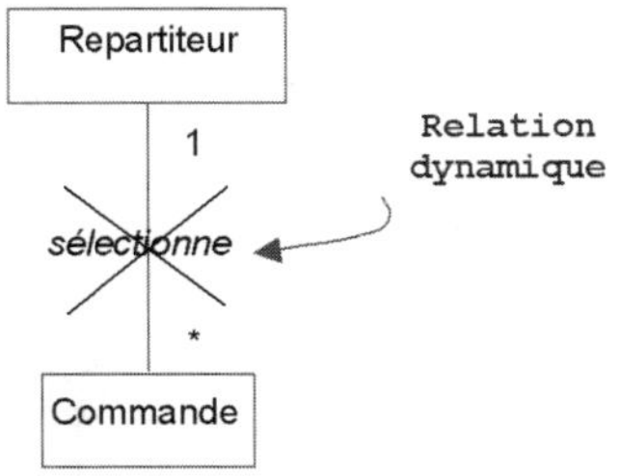

Figure 7-3. : Association erronée entre Commande et Repartiteur

Un *EnCoursDeCmd* concerne une *Commande*, une *Commande* concerne un *Client*. Il serait inutile d'ajouter une association entre *EnCoursDeCmd* et *Client* pour préciser qu'un *EnCoursDeCmd* concerne un et un seul *Client*. En effet, implicitement, un parcours enchaînant plusieurs associations combine les multiplicités successives, en multipliant respectivement entre elles les bornes minimales et les bornes maximales. En voici un exemple :

- de *EnCoursDeCmd* à *Client* en passant par *Commande*, la multiplicité s'obtient par : (1..1) x (1..1) = 1..1 ;
- dans l'autre sens, de *Client* à *EnCoursDeCmd* en passant par *Commande*, la multiplicité s'obtient par : (0..*) x (0..1) = 0..*.

L'association *concerne* est donc totalement redondante avec les deux autres associations et peut être supprimée sans conséquence.

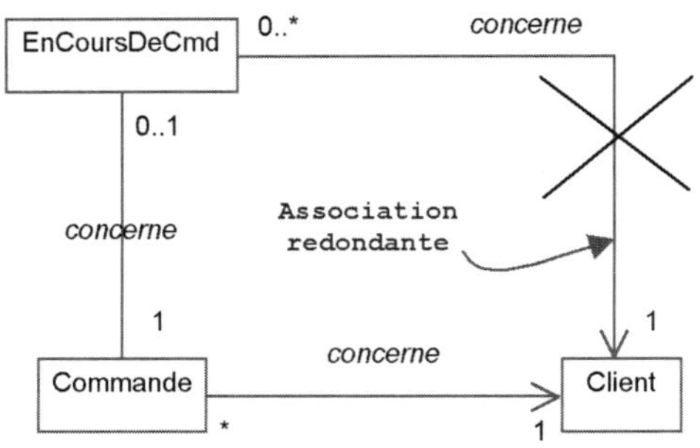

Figure 7-4. : Association redondante entre EnCoursDeCmd et Client

Étude

INFLUENCES DES MULTIPLICITÉS SUR LES ASSOCIATIONS

La multiplicité exprimée sur les associations doit être vraie à tous les moments du cycle de vie des instances. Elle induit donc des contraintes sur le processus d'instanciation des classes. Dans l'exemple de la figure 7-4, on ne peut pas instancier *d'EnCoursDeCmd* sans lui assigner une instance de *Commande*. En revanche, pour instancier une *Commande*, il n'est évidemment pas obligatoire de lui associer dès le départ un *EnCoursDeCmd*... La différence entre « 0..1 » et « 1 » est par conséquent plus forte qu'il n'y paraît.

De même, la sémantique des classes associées et de l'association elle-même peut subtilement influencer les multiplicités. Une illustration en est donnée par les trois exemples suivants, tous corrects, mais ayant des significations différentes.

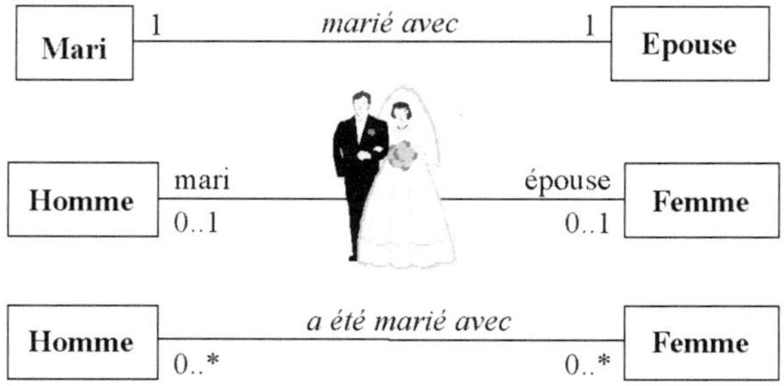

Figure 7-5. : Exemples de multiplicités différentes pour des associations voisines

Un *Mari* est forcément marié à une et une seule *Epouse*, dans le contexte de la loi française actuelle. En revanche, si les concepts plus généraux d'*Homme* et de *Femme* nous intéressent indépendamment des liens du mariage, l'association devient optionnelle ; *Mari* et *Epouse* deviennent alors des rôles. Vous remarquerez au passage combien la différence entre classe et rôle est ténue, dans la mesure où elle dépend fortement du contexte du problème. Si enfin, on veut conserver l'historique des liens de mariage, la multiplicité devient non bornée.

Affiner les associations consiste également à utiliser deux notions complémentaires fournies par UML : l'agrégation et la composition.

Une association entre deux classes représente par défaut une relation structurelle symétrique entre entités de même importance. Mais UML fournit deux notions qui permettent d'affiner la définition conceptuelle d'une association. Il s'agit de l'agrégation et de la composition qui ajoutent à l'association le sens d'une relation d'éléments à ensemble.

Si l'une des classes joue le rôle d'ensemble composé d'instances de l'autre classe, utilisez l'agrégation. Une agrégation n'est plus sémantiquement symétrique, puisqu'elle privilégie l'une des deux classes en l'élevant au rang de conteneur. L'agrégation garde cependant les propriétés d'une association et n'influe ni sur l'expression des multiplicités, ni sur la navigabilité, ni sur le cycle de vie des instances reliées. Par conséquent, il est possible de partager l'agrégation : une partie peut appartenir simultanément à plusieurs agrégats.

La composition est en revanche une variante d'agrégation qui influe sur la structure des instances qu'elle relie. Avec une composition, nous introduisons ainsi les deux caractéristiques suivantes :

- la composition n'est pas partageable : un objet ne peut appartenir qu'à un seul composite à la fois ;
- le cycle de vie des parties est fortement lié à celui du composite : la destruction du composite entraîne en particulier la destruction de ses parties.

ÉTUDE DE CAS : AGRÉGATION ET COMPOSITION

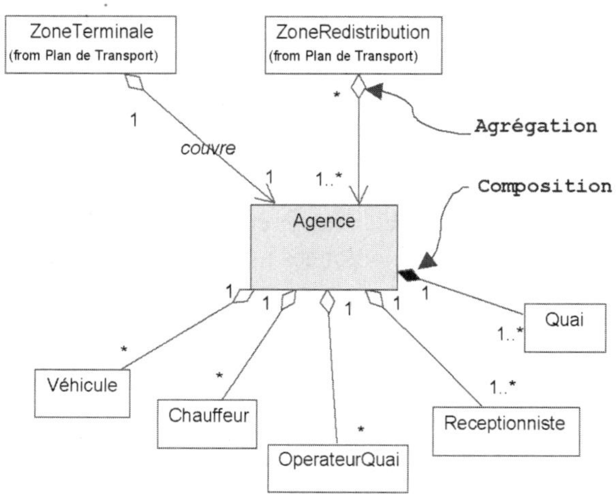

Figure 7-6. : Exemples d'agrégation et de composition autour de la classe Agence

Dans cet exemple, toutes les associations ont la sémantique de l'agrégation. Mais vérifient-elles en plus les critères de la composition ? Le premier critère (non partageable) est bien vérifié par toutes les agrégations sauf celle entre *ZoneRedistribution* et *Agence*. En revanche, seule l'agrégation entre *Agence* et *Quai* correspond au critère d'imbrication du cycle de vie entre composite et composants. Par exemple, la suppression d'une *Agence* n'entraîne pas celle de ses véhicules et chauffeurs, qui vont être réaffectés à une autre agence.

Si l'on reprend l'exemple de la figure 7-2, on peut également distinguer une composition et une agrégation, en fonction du critère qui consiste à lier les cycles de vie des parties à leur ensemble : la suppression d'une commande implique celle de ses descriptions de colis.

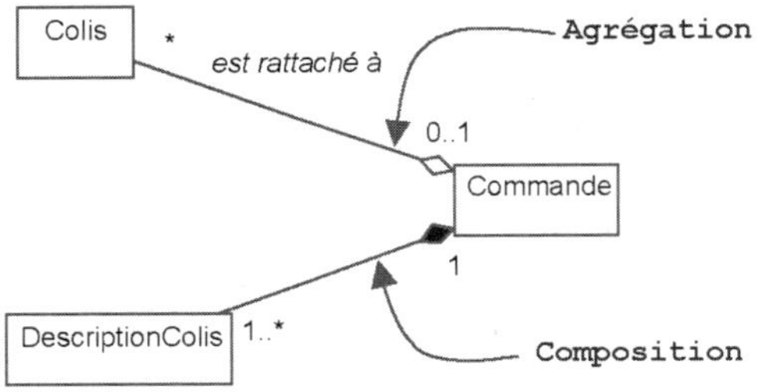

Figure 7-7. : Exemples d'agrégation et de composition dans la catégorie Commandes

---

Affiner les associations, c'est aussi identifier leurs règles de gestion. UML propose un certain nombre de *propriétés* standard applicables aux associations :

- on peut spécifier que les objets à une extrémité de l'association doivent être ordonnés avec la propriété `{ordered}`;
- on peut également préciser qu'un lien ne peut plus être modifié ni détruit avec la propriété `{frozen}`. Dans le même esprit, la propriété `{addOnly}` signifie que de nouveaux liens peuvent être ajoutés depuis un objet de l'autre côté de l'association, mais non supprimés.

Il est à noter que la propriété `{ordered}` n'induit pas la façon dont les objets vont être ordonnés : numéro, ordre alphabétique, etc. Il s'agit en général d'un choix de conception.

ÉTUDE DE CAS : PROPRIÉTÉS DES ASSOCIATIONS DES CATÉGORIES *MISSIONS* ET *COMPTABILITÉ*

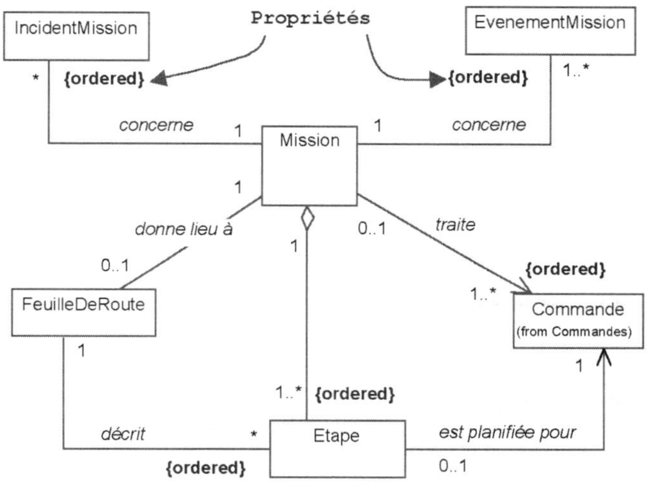

Figure 7-8. : Associations ordonnées dans la catégorie Missions

Les associations entre *IncidentMission*, *EvenementMission* et *Mission* ne sont pas seulement ordonnées. En effet, les liens ne pouvant plus être modifiés ni détruits du côté *Mission*, ils s'ajoutent obligatoirement de l'autre côté.

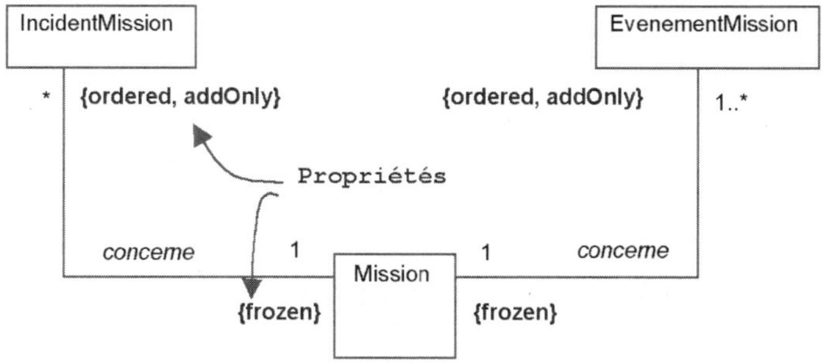

Figure 7-9. : Autres propriétés des associations de la catégorie Missions

Dans la catégorie *Comptabilité*, une réflexion plus poussée sur les multiplicités, les propriétés et la navigabilité permet d'éliminer une association redondante et supprime de la sorte la dépendance entre les catégories *Comptabilité* et *Clients*.

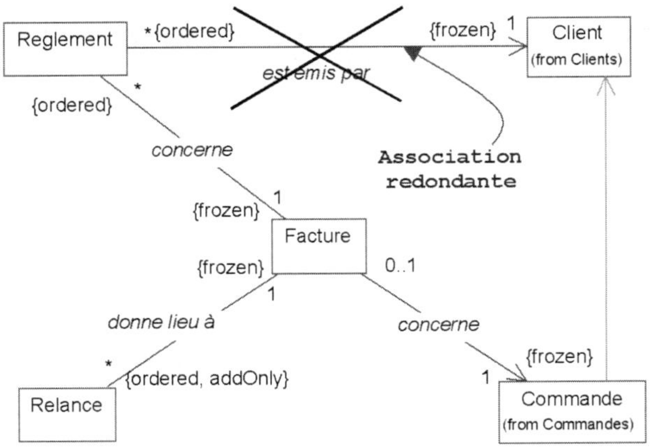

Figure 7-10. : Propriétés des associations de la catégorie Comptabilité

Ajouter les attributs

Un *attribut* est une propriété nommée d'une classe qui décrit un domaine de valeurs possibles partagé par tous les objets de la classe. À tout instant, chaque objet d'une classe porte une valeur spécifique pour chaque attribut de sa classe. Dans un modèle d'analyse, vous conserverez uniquement comme attributs les propriétés simples des classes que le système doit mémoriser et utiliser.

Exemples SIVEx :

- un *Vehicule* a un n° d'immatriculation et un kilométrage ;
- un *Chauffeur* et un *Client* ont un nom ;
- une *Commande* a une référence, un coût estimé et un type de service ;
- un *Colis* a un poids.

Étude

DIFFÉRENCE ENTRE CLASSE ET ATTRIBUT

En analyse, un concept est une entité utilisée par l'expert du domaine dans le cadre de son métier ou de l'application. Tout concept doit être modélisé par une classe car il est implicitement porteur de propriétés, assume des responsabilités fonctionnelles dans le système et parcourt éventuellement des états différents.

L'attribut n'est qu'une des propriétés d'une classe se caractérisant par une quantité mesurable, comme le poids du *Colis*, ou la possibilité d'être valorisé par une ou plusieurs données, par exemple le nom d'un *Client*.

Étude

Notez encore qu'un attribut peut être valorisé par une structure de données ou bien qu'il peut être multiple au sein d'une classe. Contrairement à ce que nous rencontrons souvent dans les projets, ces caractéristiques ne transforment pas pour autant un attribut en classe. Dans l'exemple ci-dessous, l'analyste comprend qu'un *Point* n'est pas manipulé par l'utilisateur et que l'on peut valoriser un *Point* par la donnée de deux coordonnées dans son modèle. Il transforme donc la classe *Point* en attribut multiple dans les différentes classes géométriques. Remarquez comment le diagramme s'en trouve allégé.

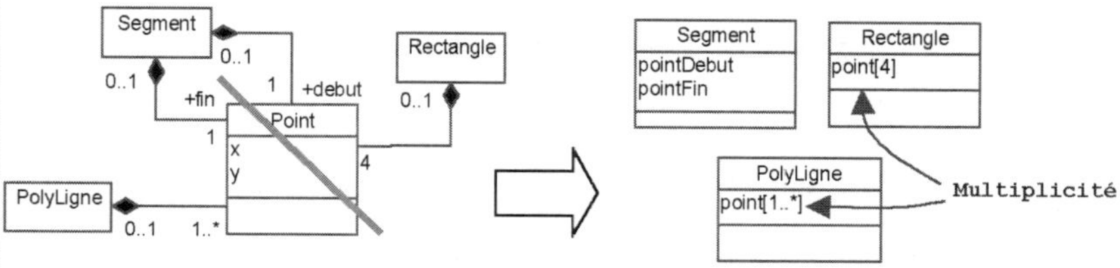

Figure 7-11. : Attribut ou classe ?

Nous allons illustrer la différence entre attribut et classe sur l'étude de cas, ainsi que trois erreurs fréquentes de modélisation liées au concept d'attribut.

ÉTUDE DE CAS : ATTRIBUTS ERRONÉS OU REDONDANTS

Le *Compte* d'un *Client* n'est pas un simple nombre, c'est un concept à part entière comportant lui-même plusieurs attributs ; il peut être bloqué ou débloqué, ce qui implique des états et des responsabilités.

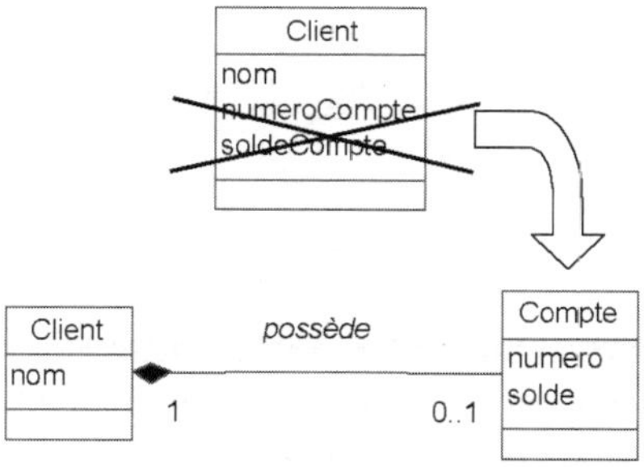

Figure 7-12. : Exemple d'attribut abusif

Un autre défaut fréquent consiste à décrire correctement l'association entre les deux classes, mais à ajouter tout de même un attribut redondant dans l'une des classes. Par exemple, la classe *Commande* n'a pas besoin d'un attribut *nomClient*, puisque chaque *Commande* concerne un *Client* qui a déjà un nom.

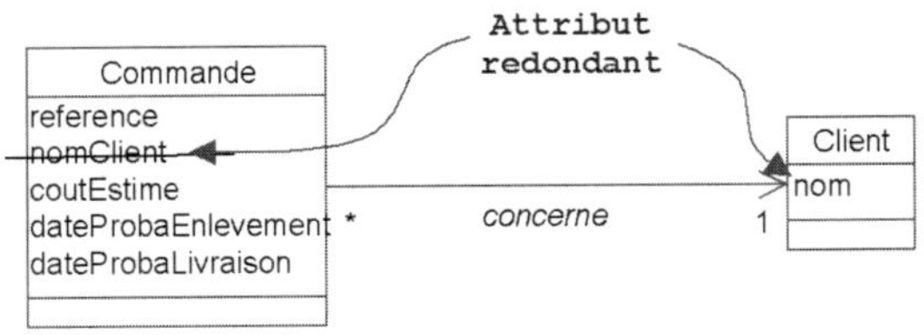

Figure 7-13. : Attribut redondant avec une association

Le cas suivant est un peu plus complexe, car la correspondance n'est pas directe. Cependant, là encore, l'attribut est inutile en analyse, car il peut être déduit de la navigation de l'association. Le nombre de colis d'une *Commande* s'obtient simplement en comptant le nombre d'objets *DescriptionColis* liés à l'objet *Commande* correspondant.

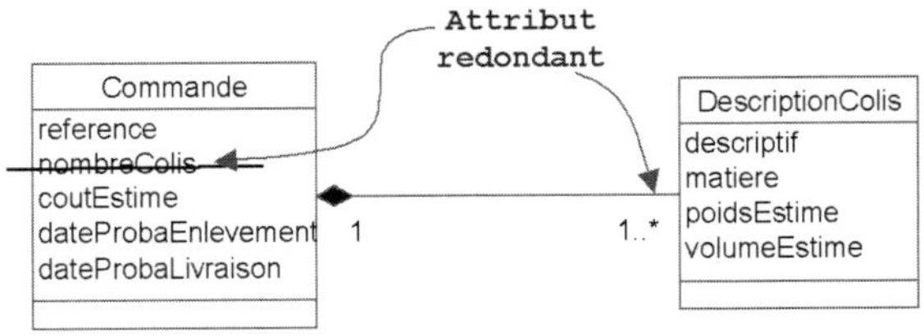

Figure 7-14. : Attribut inutile car implicite d'après l'association

Le cas contraire peut également arriver : une des classes candidates s'avère représenter un « type simple », et non un concept du domaine. C'est le cas dans la catégorie Réseau, où la classe *Commune* est superflue. En effet, elle ne sert qu'à stocker une structure de données représentant la position d'un *Site*. Comme dans l'exemple de la figure 7-11, on peut simplifier le modèle en la transformant en attribut. Notez aussi la multiplicité et la navigabilité de l'association : le fait que *Commune* ne soit pas tenue de connaître ses *Sites* est un argument qui joue en faveur de sa suppression.

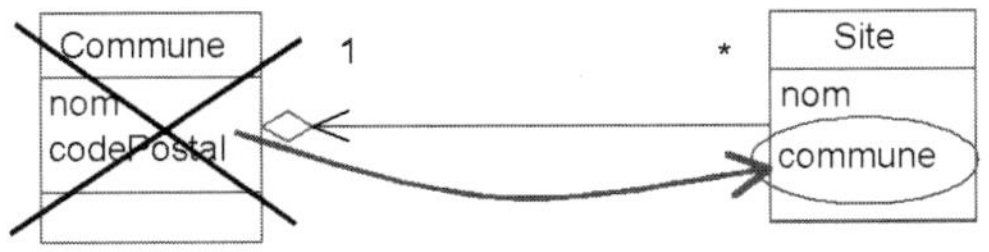

Figure 7-15. : Remplacement d'une classe candidate par un attribut

---

Étude

DÉNOMINATION DES ASSOCIATIONS PAR LES RÔLES

La différence subtile entre les concepts d'attribut et de classe se retrouve également dans la notion de *rôle* d'une extrémité d'association.

Étude

Revenons sur les deux façons possibles de nommer les associations. La première consiste à utiliser un *groupe verbal*, afin que l'association puisse être lue comme une phrase. C'est ainsi que procédaient les méthodes traditionnelles de modélisation de données. Cette méthode présente un inconvénient : le sens de lecture du verbe n'est pas forcément le sens naturel (de gauche à droite ou de haut en bas) après plusieurs remaniements de diagramme. Cependant, en analyse, c'est souvent la technique la plus simple à mettre en œuvre.

La deuxième consiste à nommer le rôle que joue chacune des classes dans son association avec l'autre. Ce rôle représente une sorte d'attribut complexe de la classe distante, il est donc décrit par un *substantif.* L'inconvénient de la méthode précédente est ainsi résolu, puisque les noms de rôles restent bien « accrochés » à leur extrémité d'association, même si on les déplace graphiquement. De plus, le substantif a de grandes chances d'être utilisé lors de la génération de code (voir le chapitre 11 sur la conception détaillée).

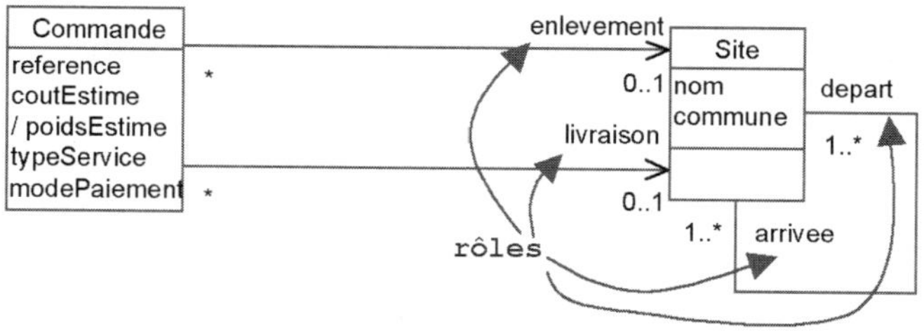

Figure 7-16. : Exemples de rôles d'association

Il est à noter que les noms de rôles sont obligatoires pour les associations qui bouclent sur une classe, comme celle de la classe *Site* sur la figure précédente

Toutefois, il faut rester pragmatique : ne nommez les associations que si le nom apporte une information significative pour le lecteur. Inutile de préciser *est relié à*, *est associé à* ou de recopier le nom de la classe comme nom de rôle ! Certaines associations sont évidentes ; par ailleurs n'oubliez pas que l'agrégation et la composition signifient déjà quelque chose par elles-mêmes.

Conseil

DISTINGUEZ LES ATTRIBUTS DÉRIVÉS !

Un attribut *dérivé* est un attribut intéressant pour l'analyste, mais redondant, car sa valeur peut être déduite d'autres informations disponibles pour la classe concernée. UML permet à la fois de le citer en tant qu'attribut, d'indiquer au lecteur du modèle son caractère redondant grâce au « / » et enfin d'exprimer la contrainte associée.

ÉTUDE DE CAS : ATTRIBUTS DÉRIVÉS

Le cas le plus simple est celui d'un attribut dérivé d'un autre attribut de la même classe. Par exemple, l'âge d'un *Chauffeur* est dérivé de sa date de naissance.

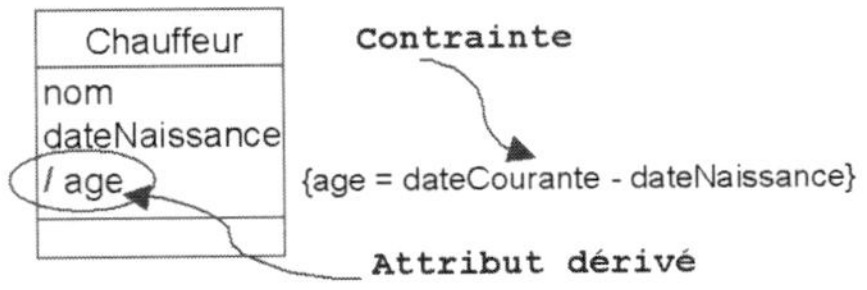

Figure 7-17. : Attribut dérivé et contrainte

En analyse, un attribut dérivé indique seulement une contrainte entre deux propriétés, un invariant, comme le montre l'exemple précédent. Il ne précise pas encore ce qui doit être calculé par rapport à ce qui doit être stocké : ce sera un choix de conception.

Un attribut dérivé peut aussi être déduit de façon plus complexe. Par exemple, le poids estimé d'une *Commande* est égal à la somme des poids estimés de ses descriptions de colis.

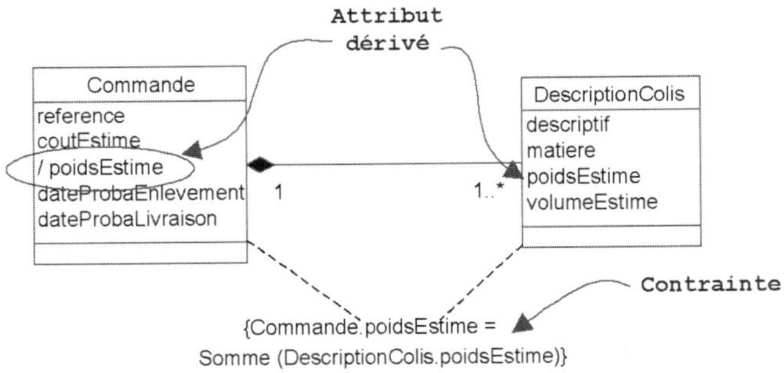

Figure 7-18. : Attribut dérivé moins trivial

Conseil

DISTINGUEZ LES ATTRIBUTS DE CLASSE !

Par défaut, un attribut a une portée d'instance : chaque objet de la classe possède sa propre valeur pour la propriété. Dans certains cas plus rares, l'attribut peut avoir une portée de classe : il existe alors une seule valeur commune de la propriété pour toutes les instances de la classe. On parle dans ce cas d'attribut *de classe*, et on le souligne pour le distinguer des attributs d'instance.

ÉTUDE DE CAS : ATTRIBUT DE CLASSE

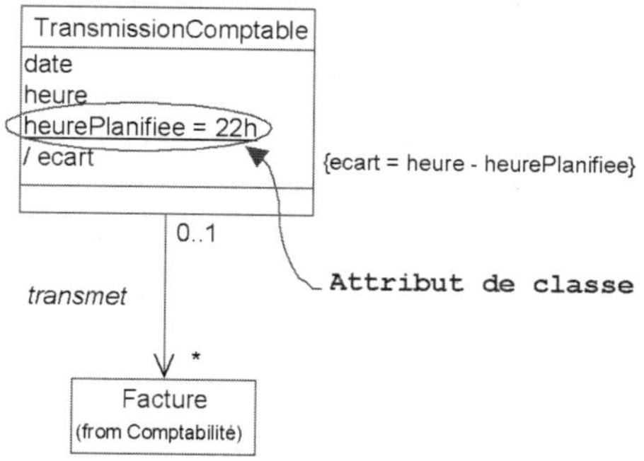

Figure 7-19. : Attribut de classe

Les factures sont transmises en fin de journée au module CO de SAP : la classe *Transmission-Comptable* comporte deux attributs principaux : une date et une heure de transmission effective. On souhaite suivre les écarts de transmission réelle par rapport à l'heure planifiée, soit 22 h tous les soirs. Il suffit pour cela d'ajouter un attribut de classe *heurePlanifiee*, dont la valeur est identique pour tous les objets de la classe, et un attribut dérivé *ecart*.

Ne pas faire

N'UTILISEZ PAS LA NOTATION COMPLÈTE DE L'ATTRIBUT EN ANALYSE !

Dans les diagrammes précédents, nous avons simplement indiqué le nom des attributs. C'est généralement suffisant pour le lecteur d'un modèle d'analyse. Il sait parfaitement ce qu'est une date, un *poidsEstime*, ou un *coutEstime*.

La syntaxe complète d'un attribut en UML est évidemment plus complexe :

```
[visibilité] nom [multiplicité] [: type] [= val_init]
[{propriété}]
```

Les déclarations optionnelles (entre « [ ] ») sont utiles en conception ; certaines sont même nécessaires. En revanche, en analyse, nous vous conseillons de ne les employer qu'avec parcimonie, le risque étant de faire prématurément des choix de conception injustifiés. En analyse, il faut rarement anticiper le type, la valeur initiale, ou la visibilité. Les seules déclarations intéressantes sont les suivantes :

- la multiplicité permet de simplifier certains diagrammes, en exprimant de façon condensée des structures de données, comme nous l'avons vu à la figure 7-11 ;
- la valeur initiale est utile pour les attributs de classe (comme dans l'exemple de la *TransmissionComptable* : heurePlanifiee = 22h) ;

Ne pas faire

- la propriété `{frozen}` permet d'indiquer un attribut dont la valeur ne peut plus changer une fois que l'objet a été créé.

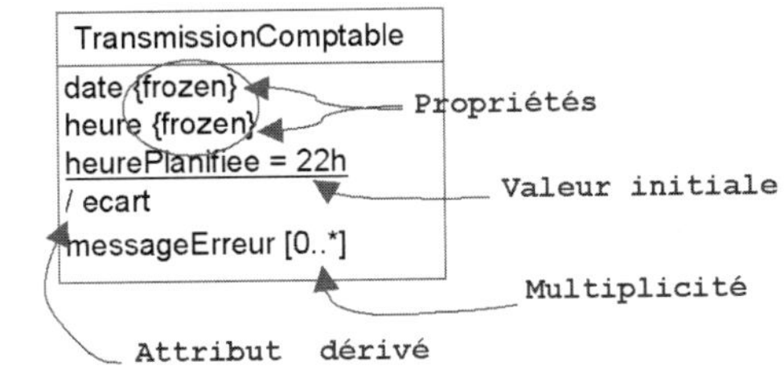

Figure 7-20. : Utilisation avancée de la syntaxe de l'attribut en analyse

Nous venons de voir comment affiner les classes, affiner les associations et ajouter les attributs. Il arrive que l'on ait besoin d'effectuer les trois activités à la fois : ajouter une classe pour décrire des attributs portés par une association.

En effet, une association entre deux classes peut elle-même comporter des attributs. L'exemple type est celui de la relation « employeur/employé » entre *Société* et *Personne*. Où placer les propriétés de salaire, ancienneté, etc., si les multiplicités sont « 0..* » des deux côtés de l'association ? Il faut valoriser ces attributs pour chaque couple d'instances (Société-Personne), et pas simplement pour un objet.

La solution en UML consiste à modéliser cette association comme une classe *Emploi* qui contient les propriétés de l'association. Il existe alors une instance d'*Emploi* pour chaque lien entre objets des deux classes. La classe *Emploi* est appelée *classe d'association* ; il s'agit d'un élément de modélisation UML qui est à la fois une classe et une association. Elle peut donc à son tour établir des relations avec d'autres classes, comme *Emploi* avec *ConventionCollective*.

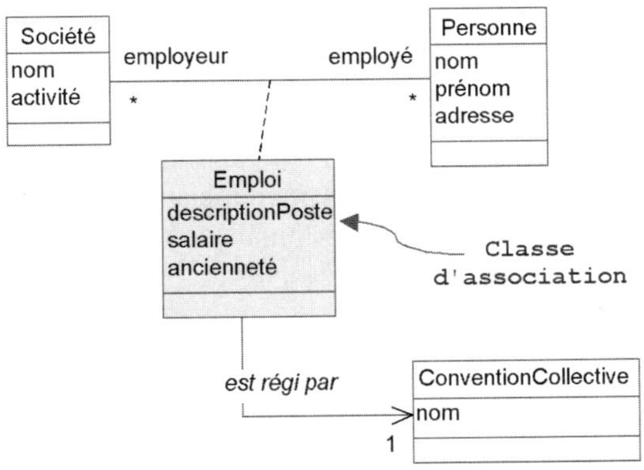

Figure 7-21. : Exemple de classe d'association

La figure suivante présente une instanciation possible du diagramme précédent, dans lequel les objets E1 et E2 portent des valeurs différentes pour certains attributs. Nous ne les avons pas indiqués pour des raisons évidentes de confidentialité :-).

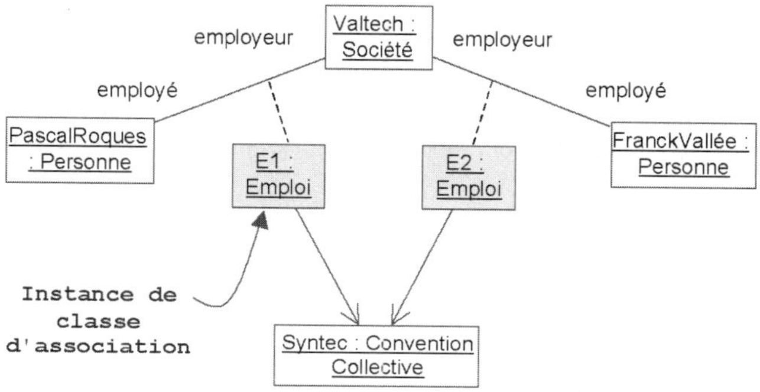

Figure 7-22. : Exemples d'objets d'association

ÉTUDE DE CAS : CLASSE D'ASSOCIATION *PARCOURS*

Dans la catégorie *Réseau*, chaque *Parcours* décrit en réalité une relation entre deux *Sites* (il en va de même pour les *Connexions* entre *Agences*). Le modèle se trouve amélioré si l'on transforme *Parcours* et *Connexion* en classes d'associations.

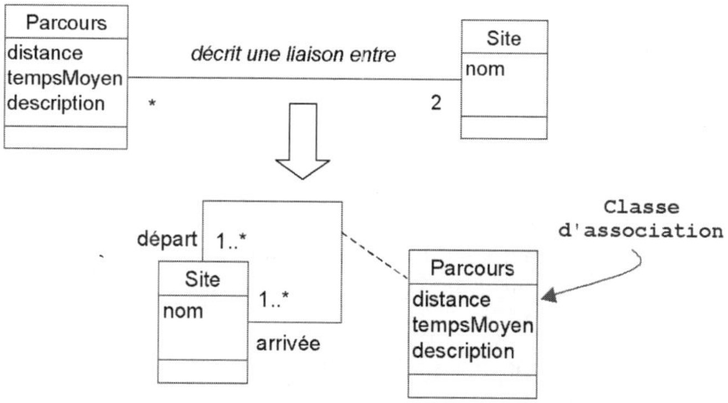

Figure 7-23. : Exemple de classe d'association dans SIVEx

Notez que l'existence d'un objet *Parcours* est obligatoirement subordonnée au lien entre deux objets *Site*. Cette relation de dominance entre *Site* et *Parcours* est plus clairement exprimée par la deuxième solution : celle où *Parcours* devient une classe d'association.

Une association ne peut comprendre des propriétés qu'en se transformant en classe d'association. En conséquence, le nom de la classe d'association est également celui de l'association. Vous pouvez néanmoins nommer également les rôles portés par les extrémités de cette association, comme à la figure 7-23.

Il peut arriver que vous vouliez décrire les mêmes propriétés pour plusieurs associations. Dans ce cas, vous ne pouvez pas réutiliser une classe d'association en l'attachant à d'autres associations, puisqu'elle est l'association elle-même. Une solution peut consister à définir une super-classe dont hériteront les différentes classes d'association, comme illustré à la figure ci-après.

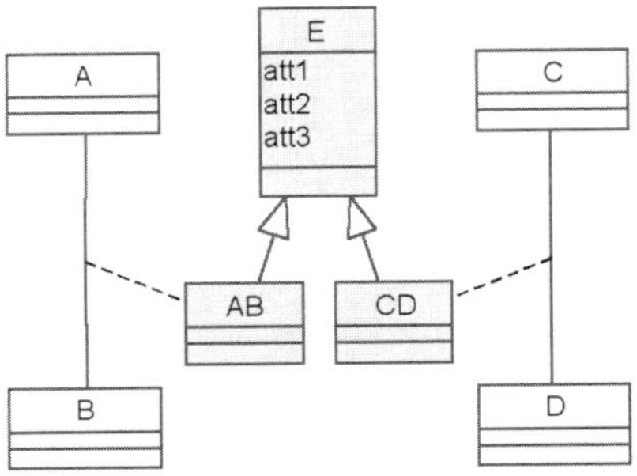

Figure 7-24. : Super-classe d'association

Parfois, un ou plusieurs attributs initialement affectés à une classe ne servent qu'à préciser la désignation d'objets par le biais d'une association.

Définition

QU'EST-CE QU'UN QUALIFICATIF ?

Un *qualificatif* est un attribut d'association dont les valeurs partitionnent la liste des objets reliés par le biais d'une association. En d'autres termes, la connaissance d'un objet et d'une valeur de qualificatif permet de retrouver un ou plusieurs objets liés à l'autre bout de l'association concernée.

Le qualificatif affine donc l'accès à une instance par navigation sur une association. Il ne s'applique évidemment qu'à une multiplicité supérieure à « 1 » puisqu'on ne peut partitionner une liste composée d'un seul élément.

La définition du qualificatif n'est pas aisée à saisir sans exemple, nous en développons ci-après différentes utilisations.

Reprenons par exemple la relation « employé–employeur » de la figure 7-21. Où placer l'attribut *matricule* ? À première vue, il s'agit d'une propriété de la classe *Personne*. Mais en fait, une personne possède un matricule pour chacun de ses employeurs. Il s'agit donc plutôt d'un attribut de l'association, que nous pouvons placer dans la classe *Emploi*. Poussons l'analyse encore un peu plus loin : à quoi sert l'attribut *matricule* sinon à référencer un employé au sein de son employeur ? Il s'agit d'un identifiant relatif, dont la valeur permet d'accéder à une instance particulière de *Personne*, pour une *Société* donnée. C'est exactement la notion de qualificatif en UML. Il se représente graphiquement comme indiqué à la figure ci-après, qui récapitule les étapes de la transformation d'un attribut en attribut d'association, puis en qualificatif, avec la réduction de multiplicité qui s'ensuit.

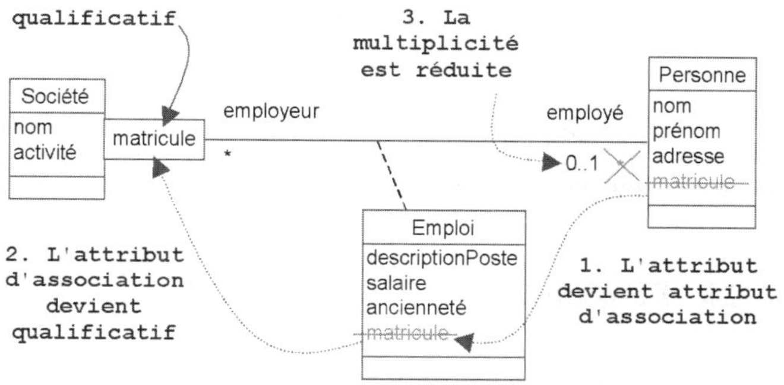

Figure 7-25 : Exemple de qualificatif remplaçant un attribut

Un objet *Société* doté d'une valeur particulière du qualificatif *matricule* a accès à un objet *Personne* au plus, car la multiplicité a été réduite à « 0..1 ». Il peut y avoir des numéros de matricule inutilisés, d'où la limite inférieure à 0.

ÉTUDE DE CAS : QUALIFICATIFS

Une *Agence* contient des *Quais* et chaque *Quai* y est référencé par un numéro. Ce numéro représente un identifiant relatif à une *Agence* particulière, et non un identifiant absolu du *Quai*. Dans un sens, numéro n'est pas seulement un attribut de l'association, puisqu'il permet d'identifier de façon unique un *Quai* par rapport à une *Agence*.

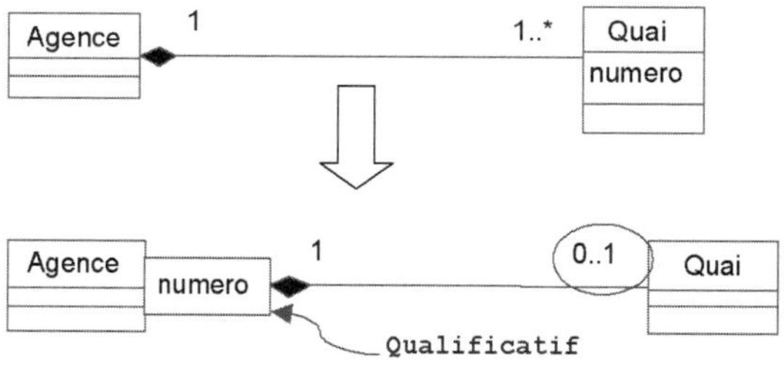

Figure 7-26. : Exemple de qualificatif dans la catégorie Ressources

Notez bien la modification de la multiplicité de l'autre côté du qualificatif. Pour une instance d'*Agence* et une valeur de numero, il existe au plus un *Quai*.

Attention cependant, car même si c'est le cas le plus fréquent, un qualificatif ne réduit pas systématiquement la multiplicité de « 0..* » à « 1 » (ou « 0..1 »). Supposons que chaque *Agence* possède plusieurs parcs de véhicules. Si l'on utilise le numéro de parc comme qualificatif, la multiplicité du côté de la classe *Vehicule* reste « 0..* ».

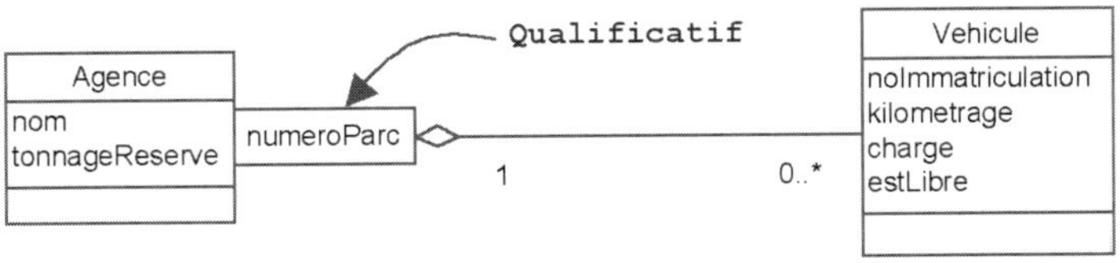

Figure 7-27. : Exemple de qualificatif ne réduisant pas la multiplicité

Ajouter les opérations

Une *opération* représente un service, traitement qui peut être demandé à n'importe quel objet de la classe. Une opération est l'abstraction de ce que vous pouvez réaliser sur un objet, et elle est partagée par tous les objets de la classe.

Souvent, invoquer une opération sur un objet modifie son état ou les valeurs de certains attributs, ou encore l'existence de certains liens avec d'autres objets.

En analyse, il est possible d'identifier certaines opérations par analyse textuelle du cahier des charges et des fiches de description des cas d'utilisation. Il faut chercher des verbes d'action, comme « envoyer », « valider », les verbes d'état comme « appartient à » ou « concerne », se traduisant plutôt par des associations.

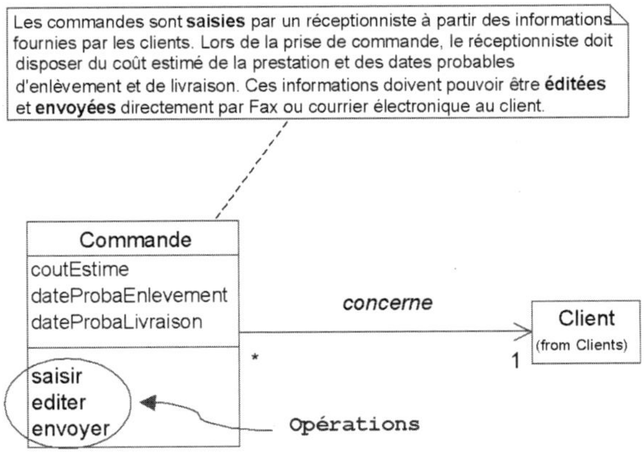

Figure 7-28. : Exemples d'opérations identifiées par analyse textuelle

Soyez toutefois vigilants dans la mesure où toutes les opérations identifiées de cette façon ne sont pas pertinentes. Certains verbes ne traduisent pas des opérations métier, mais plutôt des traitements de l'IHM comme les opérations *saisir* et *editer* de l'exemple précédent, qui ne seront pas conservées. D'autres verbes représentent des opérations implicites en analyse, qui ne seront donc pas indiquées sur le diagramme de classes.

Au prochain chapitre, nous verrons que la meilleure façon d'identifier les opérations consiste à étudier la dynamique de l'application : les interactions entre les objets et les états des classes en fournissent la matière première.

Ne pas faire

NE RÉPERTORIEZ PAS LES OPÉRATIONS IMPLICITES EN ANALYSE !

Pour ne pas surcharger les diagrammes d'analyse, il est inutile de recenser certaines opérations implicites pour toutes les classes, comme :

- la création et la destruction d'instances : constructeur et destructeur en programmation objet ;
- la manipulation des attributs, à savoir lecture et modification : accesseurs en programmation objet ;
- la création et la destruction de liens, implicites d'après les associations, avec leurs multiplicités et leurs propriétés éventuelles ;
- les parcours et les recherches sur les associations.

De même, les opérations « non métier » liées en particulier à l'IHM ou au stockage physique seront ajoutées ultérieurement. Il n'est donc pas étonnant qu'une classe d'analyse ait rarement plus de quatre ou cinq opérations. Toutes les autres opérations, implicites ou non métier, viendront s'ajouter en conception.

Ne pas faire

N'UTILISEZ PAS LA NOTATION COMPLÈTE

Comme pour les attributs, le nom des opérations est suffisant pour le lecteur d'un modèle d'analyse. Il comprend ce que signifient *envoyer*, *bloquer*, *valider*. Au mieux, il se référera au modèle dynamique pour saisir le contexte dans lequel l'opération est effectuée (voir chapitre 8).

La syntaxe complète d'une opération en UML est évidemment plus complexe :

```
[visibilité] nom [(liste_param)] [: type_retour] [{propriété}]
```

Mais il est clair qu'en analyse, le nom de l'opération et un commentaire textuel suffisent. Toutes les autres informations ne seront utiles qu'en conception.

Comme pour les attributs, une opération a une portée d'instance par défaut : elle s'applique à un objet de la classe. Certaines opérations ont une portée de classe, on parle alors d'opération de classe. Les deux exemples les plus courants d'opérations de classe sont :

- les opérations qui permettent de créer de nouvelles instances ;
- les opérations qui manipulent les attributs de classe.

Or, d'après ce que nous avons dit précédemment, ces types d'opérations sont implicites en analyse. On peut donc en conclure que les opérations de classe sont très rarement utiles en phase d'analyse, en tout cas nettement moins que les attributs de classe.

ÉTUDE DE CAS : OPÉRATIONS DES CLASSES DE LA CATÉGORIE *CLIENTS*

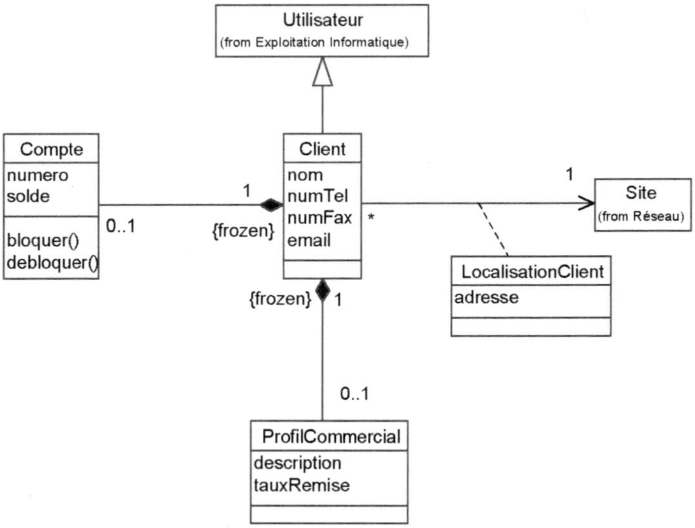

Figure 7-29. : Opérations des classes de la catégorie Clients

Notez les deux seules opérations vraiment « métier » de la classe *Compte*. Toutes les autres seraient des opérations implicites de manipulation d'attributs.

Optimiser avec la généralisation

À ce stade, il s'agit de découvrir les classes possédant des caractéristiques communes : attributs, associations, opérations. Les propriétés communes seront rassemblées dans une super-classe, et les propriétés spécifiques resteront dans les sous-classes.

ÉTUDE DE CAS : GÉNÉRALISATION DE LA CLASSE *EVENEMENT MISSION*

Reprenons l'exemple du suivi de mission (figure 7-8). Si nous ajoutons les attributs et les opérations et que nous extrayons la classe *SuiviMission* de la classe *Mission* existante (pour bien séparer les responsabilités), nous obtenons le diagramme suivant :

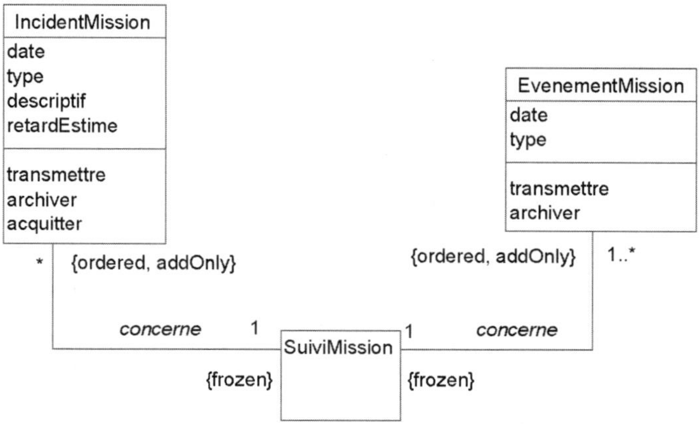

Figure 7-30. : IncidentMission et EvenementMission

Il est clair que nous pouvons simplifier ce schéma en considérant *IncidentMission* comme une sous-classe d'*EvenementMission*. En effet, toutes les propriétés d'*EvenementMission* se retrouvent dans *IncidentMission*, et sémantiquement un *IncidentMission* est bien une sorte d'*EvenementMission*. On obtient alors :

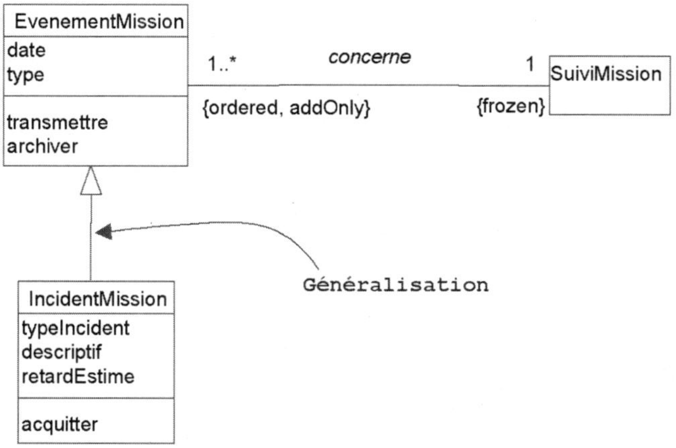

Figure 7-31. : EvenementMission comme généralisation d'IncidentMission

On peut même affiner plus avant en distinguant deux types d'incidents : les incidents de trajet (panne du véhicule, etc.) et les incidents d'étape (client absent, livraison refusée, etc.).

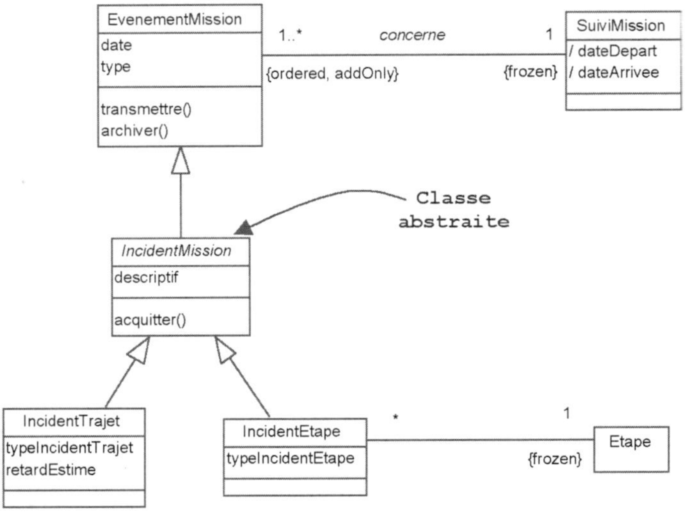

Figure 7-32. : Arbre de généralisation d'EvenementMission

Dans le diagramme précédent, vous remarquez que la classe *IncidentMission* est en italique. En UML, cela signifie que cette classe est abstraite, c'est-à-dire qu'on ne peut pas l'instancier directement. Autrement dit, pour instancier la super-classe abstraite *IncidentMission*, il faut obligatoirement instancier une de ses sous-classes, qui sont pour leur part concrètes.

Une super-classe n'est pas forcément abstraite. Ainsi, la classe *EvenementMission* ne l est pas, car il peut en exister des instances directes. Sa sous-classe *IncidentMission* est en revanche abstraite, ce qui montre que la super-classe d'une classe abstraite peut être concrète !

Nous avons dit qu'IncidentMission peut être considérée comme une sous-classe d'*EvenementMission*, puisque toutes les propriétés d'*EvenementMission* valent également pour *IncidentMission*, et qu'elle a des propriétés spécifiques supplémentaires.

Une autre façon de l'exprimer consiste à utiliser le principe de substitution de Liskov. Partout où nous parlons d'*EvenementMission* (la super-classe), nous devons pouvoir lui substituer n'importe laquelle de ses sous-classes, sans que cela cause le moindre problème. Si nous écrivons la phrase : « Un *EvenementMission* concerne une et une seule *Mission*, il est daté et peut être archivé », nous pouvons remplacer *EvenementMission* par *IncidentMission*, *IncidentTrajet*, ou *IncidentEtape*, et la phrase doit rester vraie.

Ne pas faire

N'ABUSEZ PAS DE LA GÉNÉRALISATION/SPÉCIALISATION !

On s'aperçoit parfois, après avoir ajouté les attributs et les opérations, que certaines sous-classes ont été distinguées à tort. En effet, elles ont les mêmes propriétés et les mêmes comportements et peuvent être facilement fusionnées.

ÉTUDE DE CAS : AFFINEMENT DE GÉNÉRALISATIONS

Prenons les différentes sous-classes d'*Utilisateur*, que nous retrouvons dans plusieurs catégories. Si *Chauffeur* et *Client* ont bien des attributs et des associations propres, on peut se passer de *Receptionniste* et *OperateurQuai*.

C'est le cas également pour les sous-classes *MissionEnlevement* et *MissionLivraison*, qui ne présentent aucune différence fondamentale. Il est donc souhaitable de les fusionner en une seule classe *MissionDeTournee*, en ajoutant simplement un attribut nature pour pouvoir les distinguer. Nous conservons en revanche l'autre sous-classe *MissionTraction*, car elle possède une association supplémentaire (avec *Agence*), ainsi que des règles de gestion différentes.

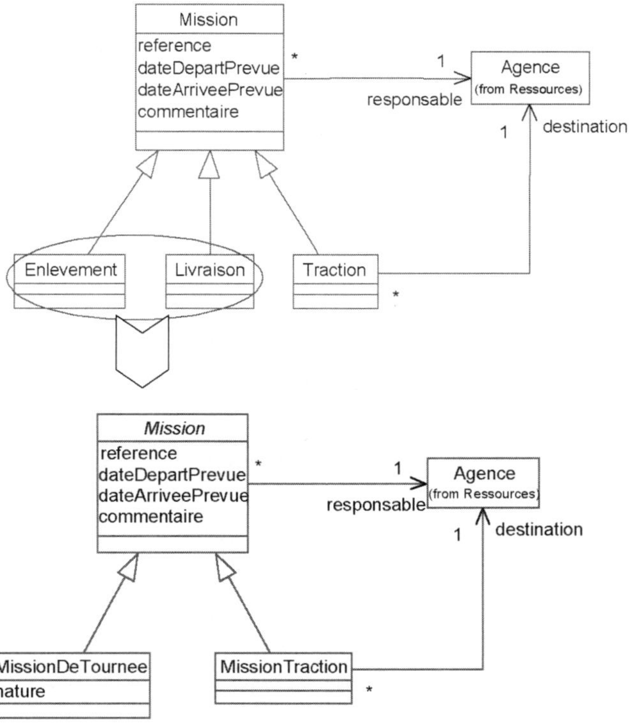

Figure 7-33. : Simplification de l'arbre de généralisation de Mission

Notez que la classe *Mission* est maintenant considérée comme une classe abstraite.

Pour la catégorie *Ressources*, nous avons séparé le modèle statique sur deux diagrammes de classes :

- un diagramme général sur les agences,
- puis le détail concernant les véhicules et les chauffeurs.

Nous n'avons pas encore envisagé le fait qu'une ressource d'une agence peut être provisoirement mise à disposition d'une autre agence. Il en résulte des associations supplémentaires partant d'Agence, et arrivant à *Vehicule* et *Chauffeur*. Pour factoriser toutes ces associations identiques, nous avons introduit une super-classe abstraite *Ressource*.

Notez également les classes d'association *LocalisationAgence* et *MiseADisposition*. La notion de *Site* est trop imprécise pour suffire à localiser une *Agence*, il faut donc ajouter une notion d'adresse. De même, les dates de mise à disposition des ressources d'une agence à une autre sont typiquement valorisées pour chaque couple (*Agence*, *Ressource*).

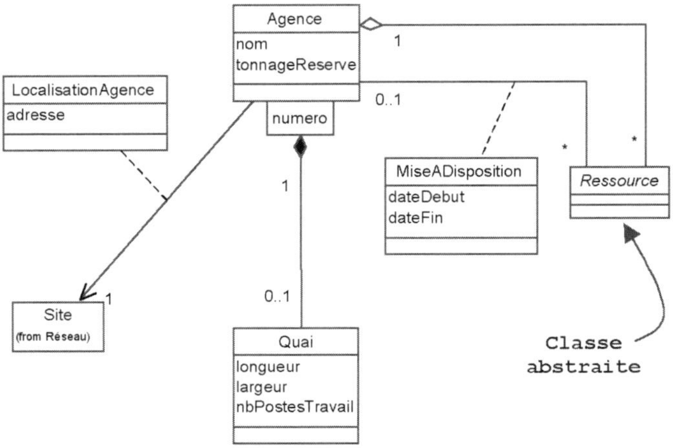

Figure 7-34. : Ressources : diagramme général de l'agence

La figure suivante présente le détail concernant les chauffeurs et les véhicules. On peut remarquer l'héritage multiple de la classe *Chauffeur*. En effet, tout chauffeur est un Utilisateur, mais aussi une *Ressource*. Dès lors que le principe de substitution est respecté, il n'y a pas de raison d'éviter la généralisation multiple en analyse.

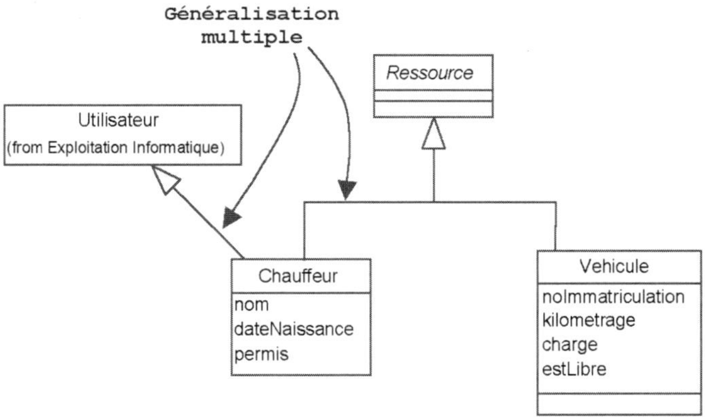

Figure 7-35. : Généralisation multiple de la classe Chauffeur

Encore un petit effort !

Le modèle statique doit rendre compte au final de toutes les règles structurelles. Il sera certes complété par le modèle dynamique, mais doit être exhaustif pour tout ce qui concerne les relations statiques et le contenu des classes.

Il faut également s'assurer de son homogénéité, de sa cohérence, et de sa modularité. À cet effet, il est nécessaire de vérifier si les responsabilités attribuées aux classes sont cohérentes, homogènes et pas trop nombreuses. Il arrive fréquemment que l'on puisse améliorer encore le modèle en introduisant des classes supplémentaires appelées métaclasses, comme nous allons l'illustrer avec l'étude de cas.

ÉTUDE DE CAS : AJOUT DE LA MÉTACLASSE *TYPE VEHICULE*

Reprenons la liste des responsabilités de la classe Vehicule (cf. chapitre 4). Nous pouvons la compléter par la gestion du numéro d'immatriculation et du kilométrage, ainsi que la notion de qualification des chauffeurs suivant le type de véhicule. La traduction de chacune de ces responsabilités, sous forme d'attributs ou d'associations, est détaillée dans le schéma suivant :

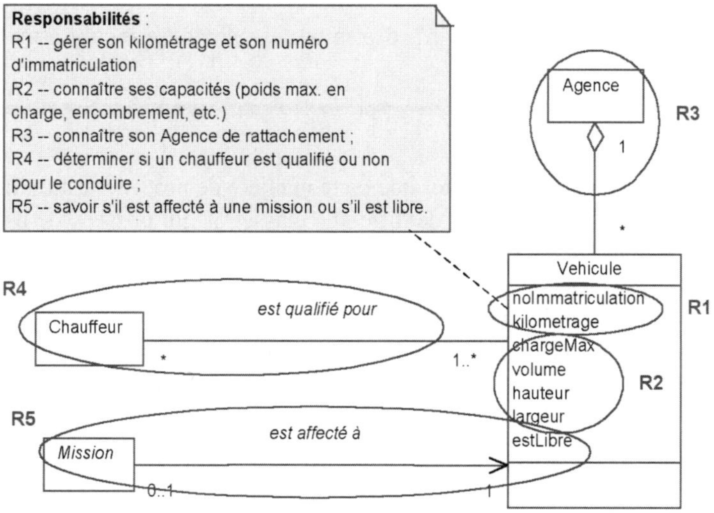

Figure 7-36. : Traduction des responsabilités de la classe Vehicule

Si l'on regarde plus attentivement, on s'aperçoit que les responsabilités R2 et R4 ne dépendent pas de chaque instance de Vehicule. En effet, les capacités d'un véhicule dépendent exclusivement de son type. De même, un chauffeur est qualifié pour un type de véhicule, et non pour un véhicule particulier. La bonne solution de modélisation consiste à isoler cette notion de type de celle de véhicule, afin de mieux répartir les responsabilités. À cet effet, nous allons créer une nouvelle classe, appelée TypeVehicule, et modifier la répartition des attributs et associations de la façon suivante :

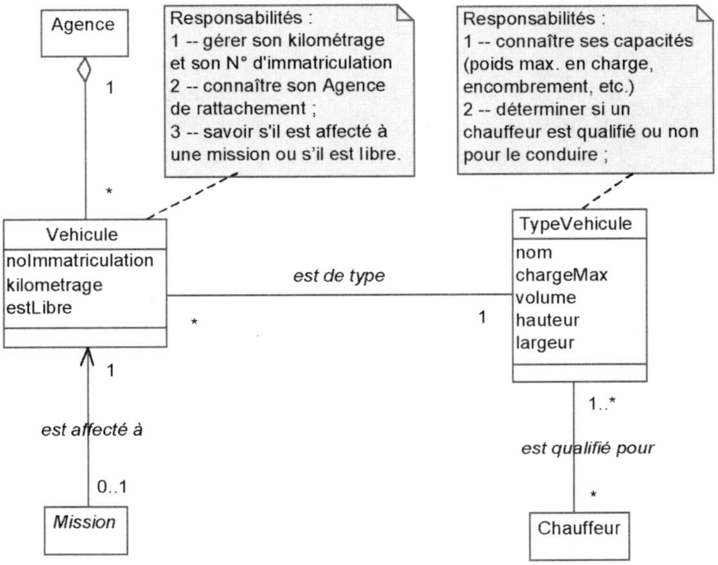

Figure 7-37. : Séparation des responsabilités en ajoutant TypeVehicule

---

Vous pouvez noter que cette manière de procéder est réutilisable quel que soit le contexte. On identifie une classe *XX* qui possède de nombreuses responsabilités. Certaines ne sont pas propres à chaque instance. On ajoute alors la classe *TypeXX* ou *ModeleXX* et on répartit les attributs et associations sur les deux classes. On termine en reliant *XX* et *TypeXX* par une association « * - 1 », souvent unidirectionnelle vers *TypeXX*. La classe *TypeXX* est qualifiée de métaclasse, car elle contient des informations qui décrivent la classe *XX*.

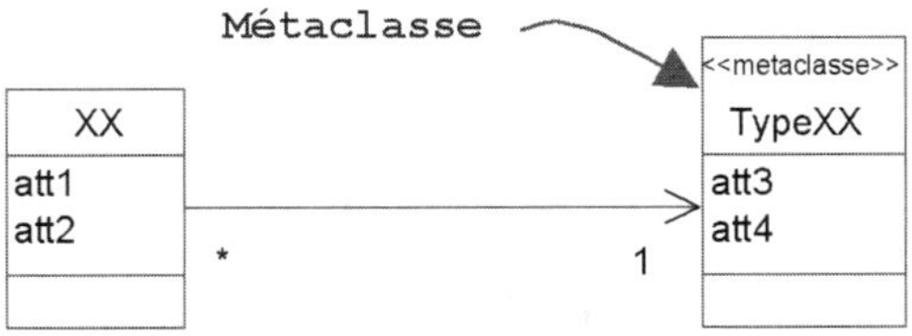

Figure 7-38. : Schéma générique réutilisable

On nomme classiquement *délégation* la technique consistant pour un objet à déléguer une partie de ses responsabilités à un autre objet lié. Dernier avantage de cette solution : elle permet de lier de nombreuses instances de *XX* à la même instance de *TypeXX*, au lieu de répéter les valeurs communes des attributs *att3* et *att4*.

Conseil

AJOUTEZ DES CONTRAINTES !

Nous avons précédemment évoqué des propriétés prédéfinies en UML concernant les attributs et les associations, comme `{frozen}`. Il est parfois utile d'exprimer des contraintes plus sophistiquées entre plusieurs éléments de modélisation. C'est le cas pour les attributs dérivés ; cela peut également concerner les associations. On peut ainsi indiquer des contraintes d'inclusion ou d'exclusion entre associations, des contraintes de navigation ou des contraintes de dérivation.

Attention cependant, on peut, si on abuse des contraintes, être tenté de combler des lacunes de modélisation par ce biais.

ÉTUDE DE CAS : AJOUT DE CONTRAINTES SUR LES ATTRIBUTS ET LES ASSOCIATIONS

Voici un exemple de contrainte d'inclusion entre associations :

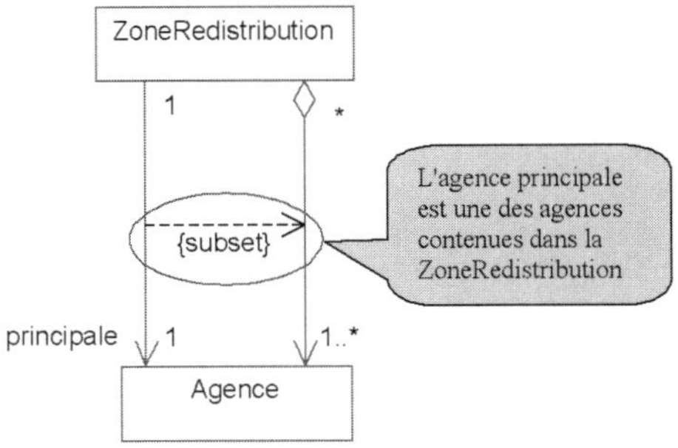

Figure 7-39. : Exemple de contrainte d'inclusion entre associations

Nous avons déjà signalé un certain nombre de contraintes sur les attributs, telles que celles qui expriment la dérivation des attributs dérivés, comme indiqué aux figures 7-17, 7-18, et 7-19.

Le schéma suivant traduit un autre exemple de contrainte entre attributs.

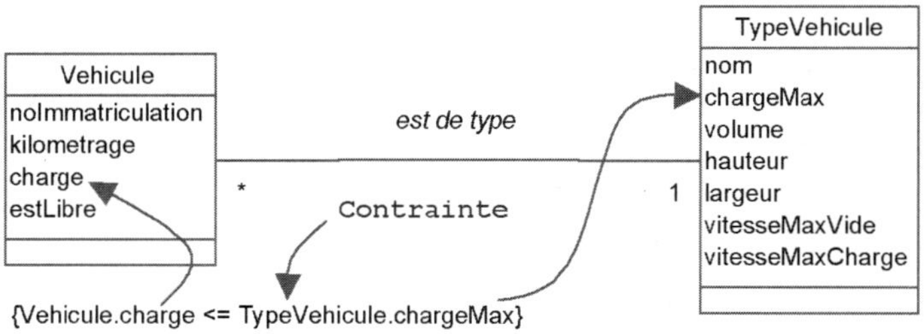

Figure 7-40. : Exemple de contrainte entre attributs

Remarquez la notation pointée qui est utilisée dans la contrainte de la figure précédente. En fait, elle fait partie d'une syntaxe plus étendue appelée OCL et proposée par UML. Le langage OCL (Object Constraint Language) fait en effet partie prenante d'UML et permet d'exprimer des contraintes sous forme d'expressions booléennes qui doivent être vérifiées par le modèle. Mais son utilisation n'est absolument pas imposée, et suivant l'objectif du modèle, vous pouvez exprimer vos contraintes en texte libre, ou plus formellement en OCL.

OCL est un langage à expressions, sans effet de bord sur le système modélisé. Sans entrer dans les détails, l'exemple suivant montre l'utilisation du langage OCL. La contrainte que nous voulons exprimer formellement est la suivante : un colis est dans l'état nominal s'il n'a pas donné lieu à la moindre anomalie.

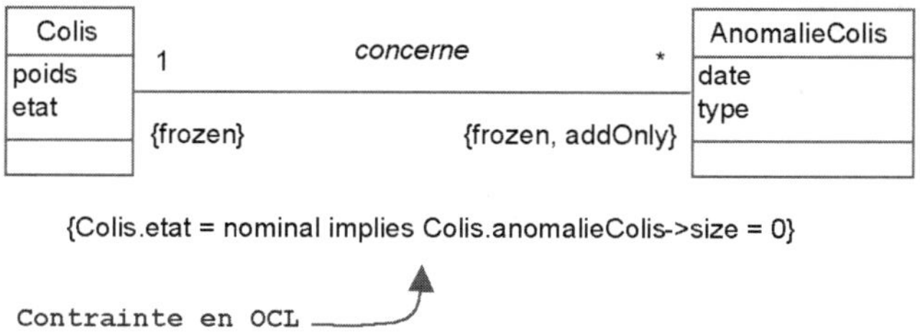

Figure 7-41. : Exemple de contrainte exprimée en OCL

OCL définit plusieurs types de collections d'objets, ainsi que de nombreuses opérations de manipulation de ces collections. Set est un ensemble au sens mathématique. L'expression `Colis.anomalieColis` retourne l'ensemble des objets AnomalieColis liés à l'objet Colis concerné. L'opération prédéfinie size permet de tester si l'ensemble est vide.

Pour une présentation approfondie d'OCL, le lecteur se reportera à [Warmer 99].

Phases de réalisation du modèle statique d'analyse

Le développement du modèle statique constitue la deuxième étape de la phase d'analyse. Les diagrammes de classes préliminaires obtenus lors du découpage en catégories sont détaillés, complétés et optimisés.

Il faut d'abord valider les classes et les associations candidates. Ce travail d'affinement est itératif : il ne faut pas hésiter à modifier, ajouter ou même supprimer des classes et des associations, en se fondant sur la définition de leurs responsabilités. Sur les associations retenues, on précise les multiplicités, les propriétés, les contraintes, et l'on distingue les agrégations et les compositions. On ajoute ensuite les attributs, en distinguant les attributs dérivés et les attributs de classe. Cela conduit fréquemment à identifier des classes d'association, et des qualificatifs. Une première recherche d'opérations peut alors être effectuée ; elle sera complétée lors de l'analyse dynamique. On optimise ensuite les diagrammes de classes en introduisant des super-classes par généralisation, tout en respectant le principe de substitution.

La démarche mise en œuvre dans ce chapitre est synthétisée par la figure suivante :

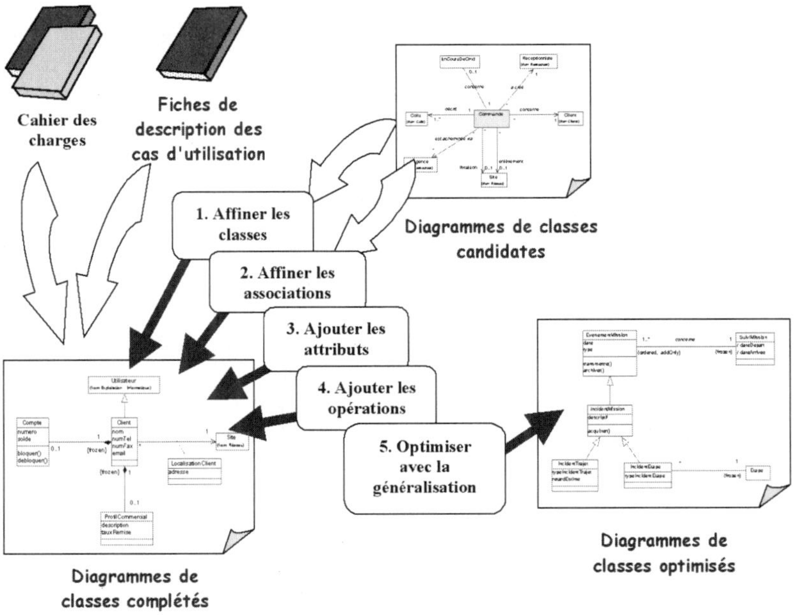

Figure 7-42. : Démarche d'élaboration du modèle statique

Sur le site Web (www.editions-eyrolles.com)

Pour consulter le modèle UML contenant les diagrammes de classes par catégorie, ouvrez le fichier *chap7.mdl* (au format Rational/Rose).

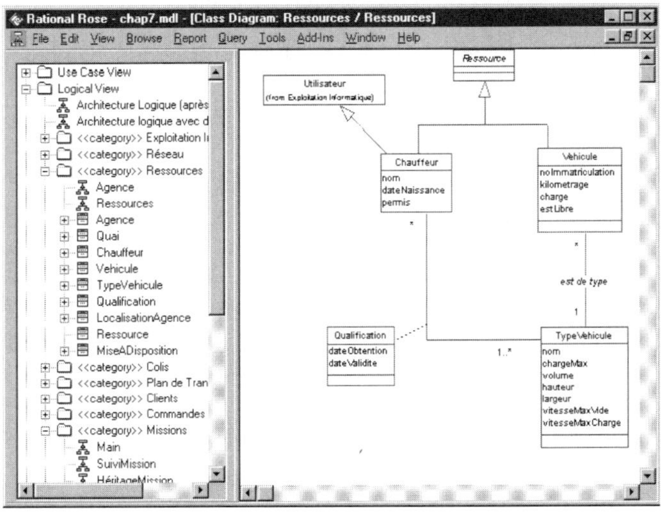

Chapitre 8 Développement du modèle dynamique

Objectifs du chapitre

Ce chapitre va nous permettre d'illustrer l'utilisation des concepts dynamiques d'UML et des diagrammes associés en phase d'analyse.

Nous verrons tout d'abord comment décrire des scénarios mettant en jeu un ensemble d'objets échangeant des messages. Ces interactions peuvent être décrites au moyen de deux types de diagrammes : le diagramme de séquence, qui met l'accent sur la chronologie des messages et le diagramme de collaboration, qui souligne les relations structurelles des objets en interaction.

Nous détaillerons ensuite la façon de décrire le cycle de vie d'un objet d'une classe particulière, au fil de ses interactions et de son évolution propre. Le diagramme d'états permet en effet une description précise et exhaustive des états d'un objet et des transitions causées par l'arrivée d'événements, y compris les réponses de l'objet. Nous verrons donc comment utiliser efficacement les nombreux concepts des diagrammes d'états, ou *statecharts*.

Quand intervient le développement du modèle dynamique ?

Le développement du modèle dynamique constitue la troisième activité de l'étape d'analyse. Elle se situe sur la branche gauche du cycle en Y. Il s'agit d'une activité itérative, fortement couplée avec l'activité de modélisation statique, décrite au chapitre précédent. Pour les besoins du livre, nous avons été obligés de les présenter de façon séquentielle, mais dans la réalité elles sont effectuées quasiment en parallèle. Le développement du modèle dynamique précède l'étape de conception préliminaire.

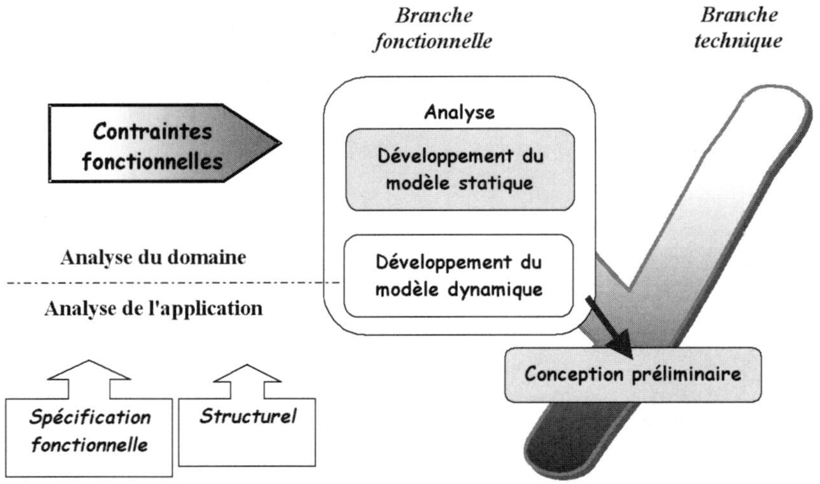

Figure 8-1. : Situation du développement du modèle dynamique dans 2TUP

Éléments mis en jeu

- Scénarios, diagrammes de séquence et de collaboration,
- Message, événement, signal, appel d'opération,
- État et activité,
- Transition, condition, action,
- Transitions propres et internes, actions d'entrée et de sortie,
- États composites, sous-états séquentiels, sous-états parallèles.

Identifier les scénarios

Nous avons vu au chapitre 4 qu'un cas d'utilisation décrit un ensemble de scénarios. Lors de l'étape de détermination des besoins fonctionnels, un scénario représente une séquence d'interactions entre le système et ses acteurs. Le système est alors considéré comme une boîte noire. Maintenant que nous avons développé le modèle statique d'analyse, nous allons remplacer le système par une collaboration d'objets dans chaque scénario.

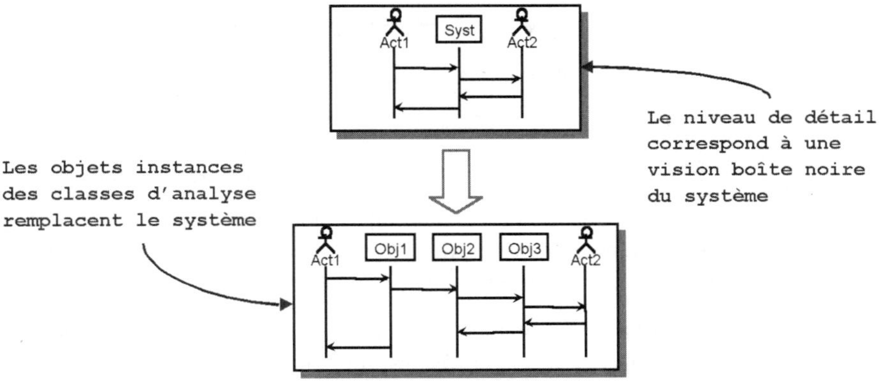

Figure 8-2. : Changement de niveau des scénarios

Un scénario décrit une exécution particulière d'un cas d'utilisation du début à la fin. Il correspond à une sélection d'enchaînements du cas d'utilisation.

On peut distinguer plusieurs types de scénarios :

- nominaux : ils réalisent les postconditions du cas d'utilisation, d'une façon naturelle et fréquente ;
- alternatifs : ils remplissent les postconditions du cas d'utilisation, mais en empruntant des voies détournées ou rares ;
- aux limites : ils réalisent les postconditions du cas d'utilisation, mais modifient le système de telle sorte que la prochaine exécution du cas d'utilisation provoquera une erreur ;
- d'erreur : ne réalisent pas les postconditions du cas d'utilisation.

Ne pas faire

NE CHERCHEZ PAS L'EXHAUSTIVITÉ DES SCÉNARIOS !

Un scénario correspond à l'exécution d'un ou de plusieurs enchaînements, joignant le début du cas d'utilisation à une fin normale ou non. Il est clair que la combinatoire des enchaînements fait exploser le nombre de scénarios potentiels ! Nous ne pourrons donc pas tous les décrire. Il faudra faire des choix, essayer de trouver le meilleur rapport « qualité/prix », c'est-à-dire l'ensemble minimal de scénarios permettant de couvrir toutes les actions/réactions du système. Cela revient à définir une famille de scénarios qui empruntent au moins une fois toutes les branches d'exécution du cas d'utilisation. Conformément à ce que nous vous avons expliqué au chapitre 4, le diagramme d'activités qui restitue ces chemins fournit un outil très efficace pour trouver les scénarios suffisants.

Ne pas faire

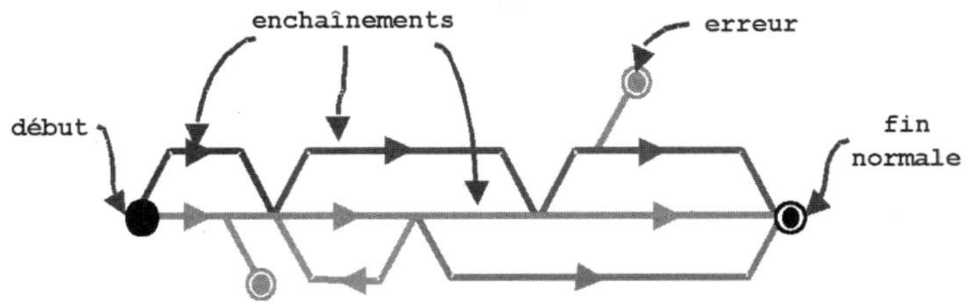

Figure 8-3. : Représentation des variantes d'un cas d'utilisation

Nous pouvons nous fixer comme objectif de couvrir toutes les exécutions importantes et réalistes du cas d'utilisation, et de faire intervenir chaque enchaînement au moins dans un scénario.

Il s'agit d'un problème analogue à celui du testeur qui doit définir des jeux de test nécessaires et suffisants, tout en sachant que l'exhaustivité n'est pas possible.

ÉTUDE DE CAS : SCÉNARIOS DE « PLANIFICATION DES MISSIONS »

Parmi tous les scénarios possibles pour le cas d'utilisation « Planification des Missions » (PM), nous avons choisi les suivants :

- scénarios nominaux :
  - PM_N1 : création d'une mission de traction validée,
  - PM_N2 : annulation d'une mission d'enlèvement en attente ;
- scénarios alternatifs :
  - PM_A1 : modification d'une mission de livraison par ajout d'une commande,
  - PM_A2 : création d'une mission d'enlèvement avec estimation incomplète ;
- scénarios aux limites :
  - PM_L1 : affectation du dernier véhicule et du dernier chauffeur de l'agence ;
- scénarios d'exception :
  - PM_E1 : non-validation de la création de mission pour cause de dépassement de tonnage,
  - PM_E2 : non-validation de la création de mission pour cause de chauffeur non qualifié,
  - PM_E3 : non-validation de la création de mission pour cause de tonnage de réserve entamé,
  - PM_E4 : essai d'annulation d'une mission moins d'une heure avant son départ.

Formaliser les scénarios

En analyse, un scénario représente un ensemble ordonné de messages échangés par des objets. On parle ici d'objet au sens large : instance de classe d'analyse ou instance d'acteur.

Le concept de message a été introduit au chapitre 3 pour le modèle de contexte dynamique. Nous allons y revenir en détail maintenant.

Étude

DIFFÉRENCE ENTRE MESSAGE, SIGNAL ET APPEL D'OPÉRATION

Un *message* représente la spécification d'une communication unidirectionnelle entre objets qui transporte de l'information avec l'intention de déclencher une réaction chez le récepteur. Il peut comprendre des paramètres qui transfèrent des valeurs de l'émetteur au récepteur. On distingue deux grandes catégories de messages :

- le *signal* : une communication asynchrone explicite et nommée entre deux objets,
- *l'appel* : l'invocation synchrone d'une opération, avec un mécanisme pour rendre ensuite la main à l'émetteur.

Au niveau logique, l'envoi d'un signal et l'appel d'une opération sont similaires. Ils impliquent tous deux une communication qui transmet de l'information par valeur d'un émetteur à un récepteur pour le faire réagir. La différence fondamentale entre les deux réside dans l'asynchronisme du signal, qui est également unidirectionnel. L'appel d'opération, au contraire, est une communication synchrone pendant laquelle le flot de contrôle passe temporairement de l'appelant à l'appelé. L'appelant perd le flot de contrôle pendant l'exécution de l'opération et le récupère à la fin de celle-ci. On peut considérer l'appel d'opération comme un signal avec un paramètre de retour implicite vers l'appelant. En analyse, nous vous conseillons d'utiliser le concept de signal, qui a une sémantique plus simple et plus générale que l'appel d'opération.

Les séquences de messages entre objets peuvent être représentées en UML dans deux sortes de diagrammes complémentaires :

- le diagramme de séquence, qui met l'accent sur la chronologie des messages ;
- le diagramme de collaboration, qui souligne les relations structurelles entre les objets qui échangent les messages.

Étude

DIAGRAMME DE SÉQUENCE OU DE COLLABORATION ?

Le diagramme de séquence et le diagramme de collaboration contiennent en fait la même information ; ils sont sémantiquement équivalents. Vous pouvez donc partir d'une des deux formes et la convertir en l'autre sans perte d'information.

Étude

Il convient alors de se poser la question suivante : quelle est la meilleure représentation visuelle pour ce que je souhaite montrer au lecteur ?

- Si je veux mettre l'accent sur l'aspect chronologique des communications entre objets, j'ai intérêt à choisir le diagramme de séquence.
- Si je veux faire ressortir les relations structurelles des objets qui interagissent, il est préférable que j'opte pour le diagramme de collaboration.

D'une manière générale, la plupart des auteurs considèrent qu'en analyse, le diagramme de séquence est plus apte à représenter un scénario dans le contexte d'un cas d'utilisation, et qu'en conception, le diagramme de collaboration se prête mieux à la représentation des itérations et des branchements complexes, ainsi que des flots de contrôle parallèles.

On peut également l'exprimer de la façon suivante :

- Quand il y a peu d'objets mais beaucoup d'échanges entre eux, préférer le diagramme de séquence.
- Quand il y a beaucoup d'objets qui interagissent, adopter le diagramme de collaboration.

Néanmoins, le choix est personnel et dépend aussi notablement des capacités de l'outil de modélisation utilisé. Certains outils du marché (comme Rose et Together) proposent d'ailleurs de générer automatiquement une forme à partir de l'autre, laissant complètement libre le modélisateur.

Pour illustrer les différences et la complémentarité des deux types de diagrammes d'interactions, nous allons utiliser plusieurs scénarios du cas d'utilisation « Planification des missions ».

ÉTUDE DE CAS : DIAGRAMMES DE SÉQUENCE ET DE COLLABORATION DU CAS « PLANIFICATION DES MISSIONS »

Prenons le scénario PM_N1 : « Création d'une mission de traction validée ». Nous voulons formaliser la séquence de messages suivante :

- le répartiteur donne un nom d'identification et établit la nature de la mission qu'il veut créer. Comme c'est une mission de traction, il doit indiquer une agence principale de destination ;
- le répartiteur affecte les commandes à la nouvelle mission. Le système évalue au fur et à mesure des affectations le tonnage estimé de la mission ;
- le répartiteur affecte un véhicule et un chauffeur à la mission, en fonction du tonnage évalué ;
- le répartiteur valide la mission ; il doit alors préciser l'heure de départ prévue. Le système produit pour sa part une feuille de route.

Pour décrire ce scénario, nous allons faire intervenir les instances suivantes :

- un acteur *Repartiteur*,
- une mission créée au cours du scénario : <u>*nouvelleMT:MissionTraction*</u>,

- un multi-objet représentant l'ensemble des instances de *Commande* qui vont être affectées à la nouvelle mission,
- un objet *Vehicule* et un objet *Chauffeur*,
- une feuille de route créée en fin de scénario.

Le diagramme de séquence formalisant le scénario PM_N1 est présenté à la figure 8-4.

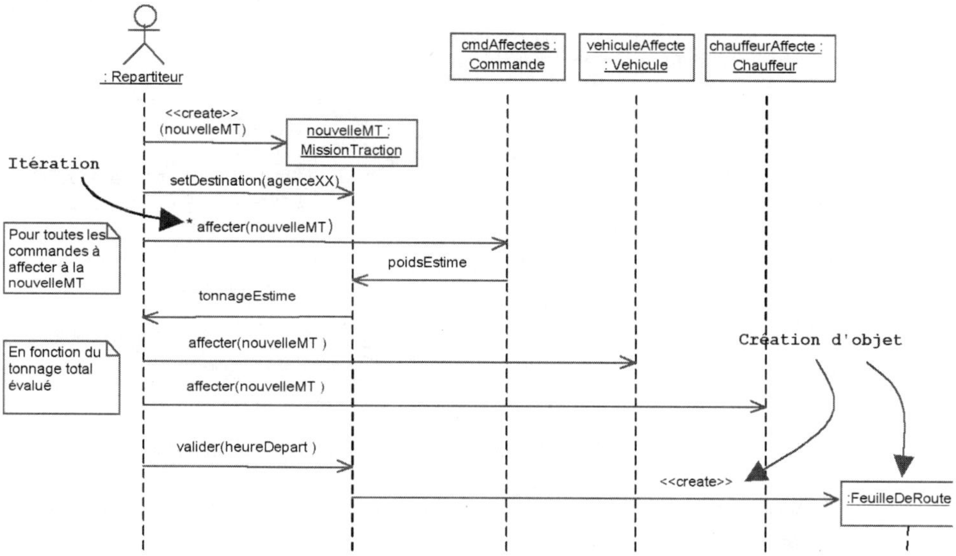

Figure 8-4. : Diagramme de séquence du scénario PM_N1

Outre les notations de base que nous supposons connues, nous avons utilisé sur ce premier diagramme des notations avancées telles que :

- le stéréotype prédéfini de message `<<create>>` ;
- la création d'un objet *nouvelleMT* au cours du scénario, figurée par le rectangle de l'objet aligné en face de la flèche du message de création, et non en haut du diagramme, comme d'habitude ;
- l'itération, indiquée par l'astérisque : * *affecter* (*nouvelleMT*).
- Les notes sont également très utiles pour préciser visuellement le contexte d'utilisation d'un message, ou d'un groupe de messages. Notre recommandation consiste à les regrouper systématiquement dans la marge gauche du diagramme.

Autre manière de formaliser le scénario : élaborer un diagramme de collaboration. Là encore, nous supposons les notations de base connues.

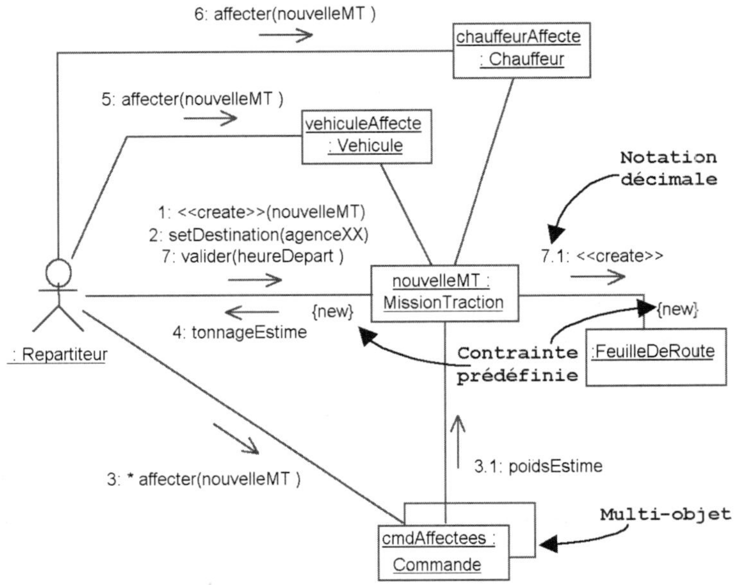

Figure 8-5. : Diagramme de collaboration du scénario PM_N1

Nous avons été amenés à introduire trois notations avancées, qui n'étaient pas sur le diagramme de séquence correspondant :

- le multi-objet permet d'indiquer graphiquement que le message `*affecter(nouvelleMT)` est envoyé à un ensemble d'objets, et non à un seul ;
- la contrainte prédéfinie `{new}` précise que l'objet est créé pendant l'exécution de l'interaction englobante et continue d'exister à la fin. Cette notation a la même signification que le rectangle de l'objet en face de la flèche du message de création sur le diagramme de séquence ;
- la numérotation décimale des messages permet d'indiquer l'imbrication des appels : au lieu de numéroter en séquence (1, 2, 3 ...), on voit sur l'exemple que *7: valider(heureDepart)* est suivi de *7.1: <<create>>*, pour indiquer que la création est déclenchée par la validation.

Prenons maintenant le scénario PM_N2 : « Annulation d'une mission d'enlèvement en attente ». Nous voulons formaliser la séquence de messages suivante :

- le répartiteur donne un nom d'identification et établit la nature de la mission qu'il veut créer, en l'occurrence enlèvement ;
- le répartiteur affecte une première commande à la mission. Le système évalue au fur et à mesure des affectations le tonnage estimé de la mission. Il propose également l'ordre des étapes à suivre ;
- le répartiteur décide d'annuler la mission. Le système doit alors défaire les actions précédentes.

Le diagramme de séquence formalisant le scénario PM_N2 est schématisé à la figure 8-6.

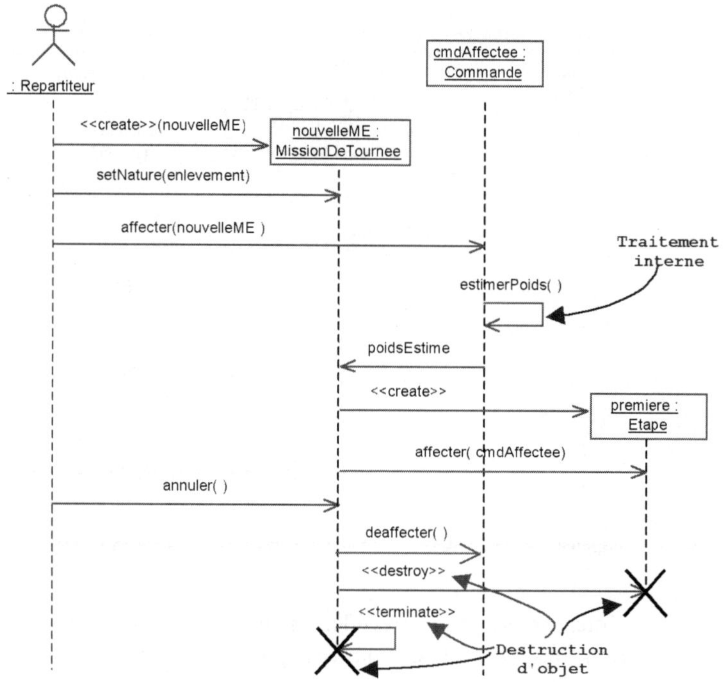

Figure 8-6. : Diagramme de séquence du scénario PM_N2

Remarquez l'utilisation de notations complémentaires sur ce diagramme de séquence :

- la flèche qui pointe vers un objet, comme *estimerPoids* sur la *Commande*, permet de représenter un traitement interne à l'objet. Même si tel n'est pas le but du diagramme d'interactions, cette indication explique plus finement le scénario, et sert surtout à préparer un éventuel diagramme d'états de la classe concernée ;
- la croix noire terminant une ligne de vie indique que l'objet est détruit pendant le scénario. Elle permet de distinguer visuellement les objets qui continuent à vivre à la fin du scénario de ceux qui ne lui survivent pas ;
- le stéréotype de message `<<destroy>>` est le pendant de `<<create>>`, alors que `<<terminate>>` indique l'autodestruction.

La figure 8-7 représente le diagramme de collaboration correspondant. Là encore, la notation décimale permet d'indiquer l'imbrication des messages. La contrainte prédéfinie `{transient}` spécifie que l'objet est détruit au cours du scénario.

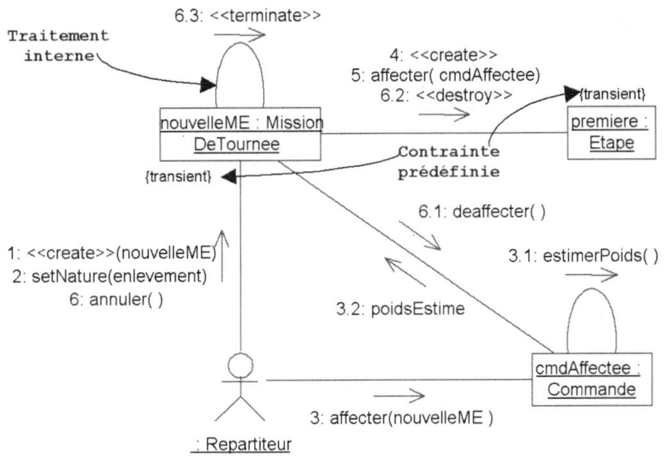

Figure 8-7. : Diagramme de collaboration du scénario PM_N2

Nous avons évoqué précédemment le problème incontournable de la prolifération des scénarios. Pour ne pas multiplier les diagrammes, nous vous conseillons de :

- regrouper plusieurs scénarios sur un même diagramme s'ils constituent des variantes très proches. C'est notamment le cas pour les scénarios d'exception qui se greffent généralement sur les diagrammes de séquence représentant les cas nominaux. Utilisez des notes textuelles en marge des diagrammes pour indiquer les branchements, ou la notation standard `[cond]` si la condition est simple. En revanche, si les variantes sont trop différentes, ne les regroupez pas car cela nuirait fortement à la lisibilité ;
- modéliser un enchaînement plutôt qu'un scénario complet si cet enchaînement est complexe et commun à plusieurs scénarios. Là encore, des notes textuelles permettront de jouer le rôle de renvoi vers d'autres diagrammes (certains outils, comme Rose et Together, proposent d'ailleurs de créer des « hyperliens » entre diagrammes). Notez que l'idée de branchements entre scénarios est tout à fait comparable aux relations `<<include>>` et `<<extend>>` entre cas d'utilisations (voir chapitre 4). Il est d'ailleurs courant que la factorisation d'enchaînements conduise à affiner les cas d'utilisation en extrayant des cas inclus ou d'extension.

Il est clair que les techniques précédentes s'appliquent parfaitement au diagramme de séquence, mais peuvent facilement s'adapter au diagramme de collaboration. On peut par exemple utiliser un message ou une note pour faire référence au renvoi à un autre diagramme de collaboration.

ÉTUDE DE CAS : EXCEPTIONS DANS LE SCÉNARIO PM_N1

Nous allons compléter le diagramme de séquence du scénario PM_N1 en indiquant deux exceptions possibles : le dépassement de tonnage et le chauffeur non qualifié.

Remarquez l'utilisation de notes pour repérer l'occurrence des exceptions au cours du scénario, ainsi que la condition de poursuite de l'enchaînement nominal. Le déclenchement des exceptions est exprimé au moyen de conditions simples. Vous noterez que le diagramme ainsi complété reste parfaitement lisible, tout en contenant plus d'informations. La lisibilité est bien le critère principal pour ce type de diagramme en analyse. Nous vous conseillons d'adopter la règle pragmatique suivante : un diagramme de séquence ou de collaboration doit tenir sur une page A4, tout en restant lisible.

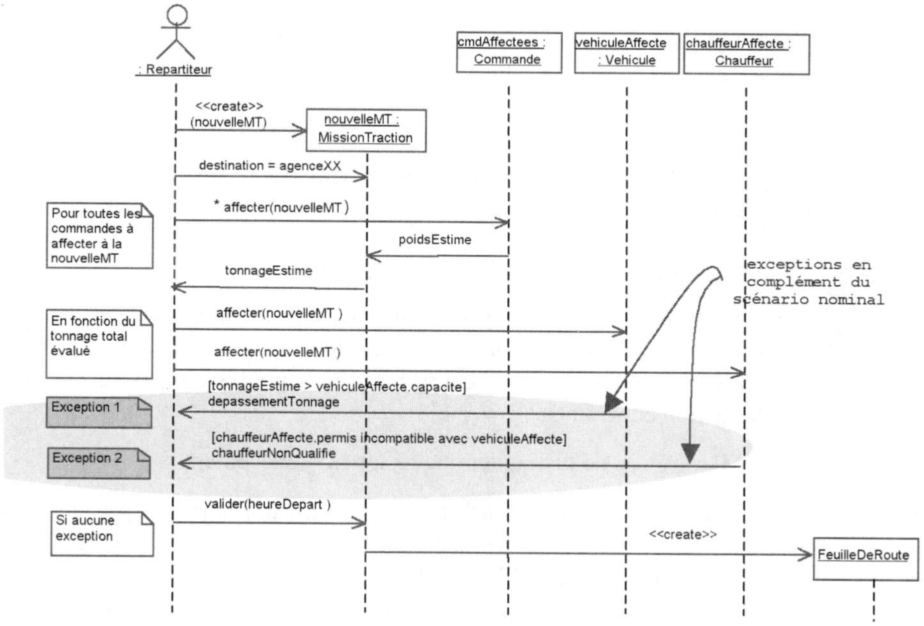

Figure 8-8. : Diagramme de séquence combinant les scénarios PM_N1, PM_E1 et PM_E2

Construire les diagrammes d'états

Maintenant que les scénarios ont été formalisés, la connaissance de l'ensemble des interactions entre objets permet de se représenter les règles de gestion dynamique du système. Il faut cependant se focaliser sur les classes aux comportements les plus riches de manière à développer précisément certaines de ces règles dynamiques. On recourt à cet effet au concept de *machine à états finis*, qui consiste à s'intéresser au cycle de vie d'un objet générique d'une classe particulière au fil de ses interactions avec le reste du monde, dans tous les cas possibles. Cette vue locale d'un objet, décrivant comment il réagit à des événements en fonction de son état courant et passe dans un nouvel état, est représentée graphiquement sous forme d'un *diagramme d'états*.

Définition

QU'EST-CE QU'UN ÉTAT ?

Un *état* représente une situation durant la vie d'un objet pendant laquelle :

- il satisfait une certaine condition ;
- il exécute une certaine activité ;
- ou bien il attend un certain événement.

Un objet passe par une succession d'états durant son existence. Un état a une durée finie, variable selon la vie de l'objet, en particulier en fonction des événements qui lui arrivent.

La notion d'événement mérite également d'être abordée de manière plus détaillée.

Étude

LES QUATRE TYPES D'ÉVÉNEMENTS EN UML

En UML, un événement spécifie qu'il s'est passé quelque chose de significatif, localisé dans le temps et dans l'espace. Dans le contexte des machines à états finis, il représente l'occurrence d'un stimulus qui peut déclencher une transition entre états.

UML propose de distinguer quatre sortes d'événements :

- la *réception d'un signal* envoyé par un autre objet, ou par un acteur. Le concept d'exception, présent dans les langages C++ et Java, est un bon exemple de signal. L'envoi d'un signal est en général asynchrone ;
- l'*appel d'une opération* (*call event*) sur l'objet récepteur. L'événement d'appel est en général synchrone ;
- le *passage du temps (time event)*, qui se modélise en utilisant le mot-clé `after` suivi d'une expression représentant une durée, décomptée à partir de l'entrée dans l'état courant ;
- un *changement* dans la satisfaction d'une condition (*change event*). On utilise alors le mot-clé `when`, suivi d'une expression booléenne. L'événement de changement se produit lorsque la condition passe à vrai.

Revenons maintenant aux machines à états. Une machine à états spécifie les séquences d'états qu'un objet peut parcourir durant sa vie en réponse aux événements qui lui adviennent, ainsi que les réactions correspondantes. Toutes les classes du modèle statique ne requièrent pas nécessairement une machine à états, représentée par un diagramme d'états. Il s'agit donc de trouver celles qui ont un comportement dynamique complexe nécessitant une description poussée. Cela correspond à l'un des deux cas suivants :

- les objets de la classe peuvent-ils réagir différemment à l'occurrence du même événement ? Chaque type de réaction caractérise un état particulier ;
- la classe doit-elle organiser certaines opérations dans un ordre précis ? Dans ce cas, des états séquentiels permettent de préciser la chronologie forcée des événements d'activation.

Ne pas faire

PAS DE DIAGRAMME D'ÉTATS À MOINS DE TROIS ÉTATS !

Ne perdez pas de temps à dessiner des diagrammes d'états contenant seulement deux états (de type « on/off »...), et encore moins un seul ! Dans ce cas, la dynamique de la classe est simple et peut être appréhendée directement.

Si vous suivez ce conseil, vous vous apercevrez que seules 10 à 20% des classes ont besoin d'une description détaillée sous forme de diagramme d'états.

Comment trouver les états d'une classe ? Pour faire un parallèle, on peut dire qu'il est aussi difficile de trouver les bons états dans le modèle dynamique que les bonnes classes dans le modèle statique !

Il n'y a donc pas de recette miracle, cependant trois démarches complémentaires peuvent être mises en œuvre :

- la recherche intuitive repose sur l'expertise métier. Certains états fondamentaux font partie du vocabulaire des experts du domaine et sont identifiables a priori ;
- l'étude des attributs et des associations de la classe peut donner des indications précieuses : cherchez des valeurs seuils d'attributs qui modifient la dynamique, ou des comportements qui sont induits par l'existence ou l'absence de certains liens ;
- une démarche systématique peut également être utilisée : classe par classe, cherchez le diagramme d'interaction le plus représentatif du comportement des instances de cette classe, associez un état à chaque intervalle entre événements émis ou reçus par une instance et placez les transitions. Reproduisez ensuite cette démarche avec tous les scénarios faisant intervenir des instances de la classe, afin d'ajouter de nouvelles transitions ou de nouveaux états. La difficulté principale consiste à trouver ensuite les boucles dans le diagramme, afin de ne pas multiplier les états.

Comme toujours, nous vous conseillons un mélange astucieux des trois démarches.

Ensuite, pour élaborer le diagramme d'états, nous préconisons une approche incrémentale fondée sur les étapes suivantes :

- représentez d'abord la séquence d'états décrivant le comportement nominal d'un objet, de sa naissance à sa mort, avec les transitions associées ;
- ajoutez progressivement les transitions correspondant aux comportements alternatifs ;
- puis intégrez, de la même façon, celles concernant les comportements d'erreur ;
- complétez les actions sur les transitions et les activités dans les états ;
- structurez en sous-états, si le diagramme est devenu trop complexe.

ÉTUDE DE CAS : DIAGRAMME D'ÉTATS DE LA CLASSE *MISSION*

Nous allons illustrer cette approche incrémentale de construction du diagramme d'états en prenant l'exemple concret de la classe *Mission*. Pour cela, nous nous baserons sur les diagrammes d'interactions déjà réalisés, ainsi que sur l'étude des scénarios des cas « Planification des Missions » et « Suivi des Missions ».

Si l'on considère les diagrammes d'interactions du scénario nominal PM_N1, on peut déjà identifier deux états importants :

- *En attente* : de la création d'une instance de mission à sa validation, cet état inclut toutes les opérations d'affectation de commandes et de ressources ;
- *Validee* : dans le cas nominal, les affectations se sont bien passées et le répartiteur valide la mission, qui attend alors son départ effectif.

Pour terminer la séquence d'états représentant le comportement nominal d'une *Mission*, nous allons ajouter un état *En cours*, et un état *Terminee*. Nous obtenons alors un premier squelette de diagramme d'états, présenté sur la figure 8-9.

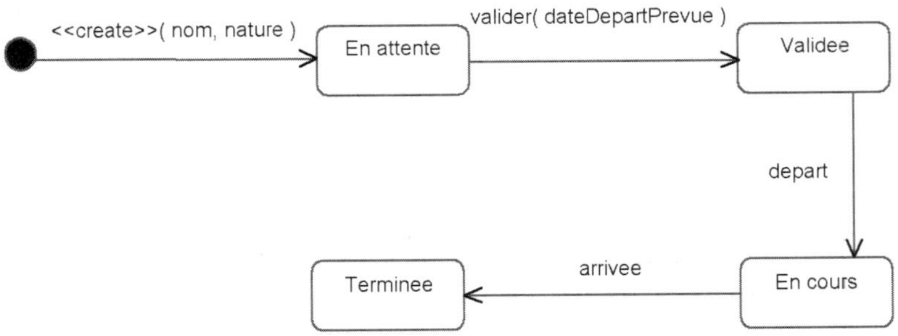

Figure 8-9. : Transitions nominales du diagramme d'états de la classe Mission

Ajoutons maintenant les transitions correspondant aux comportements alternatifs :

- la possibilité de modifier une mission en attente, ou déjà validée ;
- la possibilité d'annuler une mission validée, mais pas encore partie. Nous sommes ainsi amenés à introduire un état final.

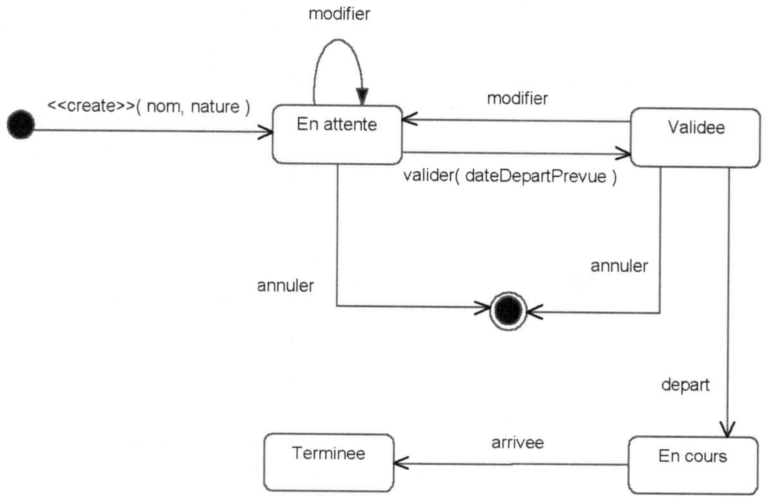

Figure 8-10. : Ajout des transitions alternatives sur le diagramme d'états de la classe Mission

Notez également l'utilisation de la transition propre, qui pointe vers l'état *En attente*.

En fait, on ne peut plus ni modifier ni annuler une mission moins d'une heure avant le départ prévu. Une première solution consiste à ajouter une condition de garde sur les transitions correspondantes, comme illustré à la figure 8-11.

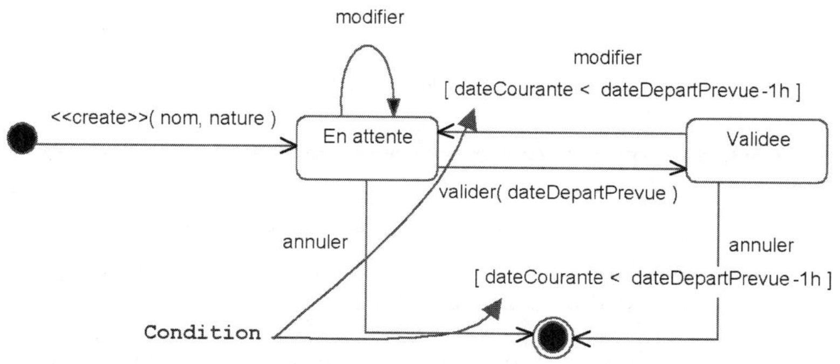

Figure 8-11. : Exemples de conditions sur le diagramme d'états de la classe Mission

Pour éviter de dupliquer la condition [*dateCourante < dateDepartPrevue -1h*], il est également possible de la remplacer par un état intermédiaire entre *Validee* et *En cours*, que nous appellerons *Non modifiable*. Mais quel événement déclencherait la transition entre *Validee* et *Non modifiable* ? Il ne s'agit pas d'un événement déclenché par la réception d'un message, mais d'un changement interne à l'objet lui-même. La notion de change *event* évoquée précédemment répond à ce besoin. La transition est donc déclenchée par l'occurrence de *when* (*dateCourante < dateDepartPrevue -1h*).

Si nous voulons exprimer le fait qu'au bout de 48 h une mission terminée est archivée et supprimée de la mémoire vive du système, quelle est la marche à suivre ? La notion de *time event* évoquée précédemment répond à ce besoin. La transition de passage dans l'état final est donc déclenchée par l'occurrence de `after` (48 h).

Le diagramme d'états de la classe *Mission* devient alors celui de la figure 8-12.

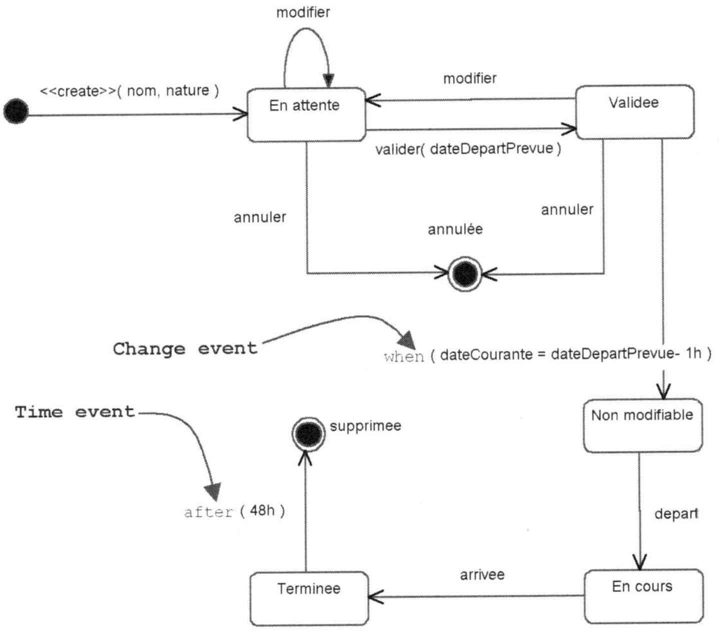

Figure 8-12. : Nouveaux ajouts sur le diagramme d'états de la classe Mission

---

Il est possible d'indiquer plusieurs états finaux avec des noms différents, afin d'augmenter la lisibilité du diagramme, ou simplement de distinguer des manières différentes de détruire un objet.

Pour l'instant, le diagramme d'états que nous avons dessiné représente bien la chronologie possible des événements qui peuvent affecter les objets de la classe *Mission,* avec les différents états correspondants. En revanche, il lui manque une partie importante : comment réagissent à leur tour ces objets lors des changements d'états ?

UML a prévu deux concepts fondamentaux pour décrire les réactions d'un objet, et plus généralement ses traitements et ses opérations :

- les *actions* sont associées aux transitions et sont considérées comme atomiques, c'est-à-dire ininterruptibles, ou encore instantanées par rapport à l'échelle de temps considérée. Elles peuvent représenter des appels d'opérations sur d'autres objets, ou sur l'objet lui-même, la création ou la destruction d'un autre objet, ainsi que l'envoi d'un signal à un autre objet ;

- les *activités*, au contraire, ont une certaine durée, sont interruptibles et sont donc associées aux états. On distingue les activités continues (qui ne s'arrêtent qu'à l'arrivée d'un événement faisant sortir l'objet de l'état courant) et les activités finies (qui s'arrêtent de toute façon par elles-mêmes au bout d'un certain temps, ou lorsqu'une certaine condition est remplie).

Les notions de durée et d'atomicité étant contextuelles et relatives, le travail du modélisateur consiste à choisir le bon concept au moment opportun.

Illustrons-le en ajoutant des actions et des activités sur le diagramme d'états de la classe *Mission*.

ÉTUDE DE CAS : AJOUT D'ACTIONS ET D'ACTIVITÉS POUR LA CLASSE MISSION

La définition d'une mission, à savoir l'affectation des commandes, d'un véhicule et d'un chauffeur, constitue une activité. En revanche, la création d'une *FeuilleDeRoute* ou d'un *SuiviMission*, l'envoi d'un signal au répartiteur ou l'archivage de la *Mission* peuvent être considérés comme de simples actions atomiques. Remarquez la notation particulière proposée par UML 1.4 pour l'envoi de signal, avec le mot-clé `send`.

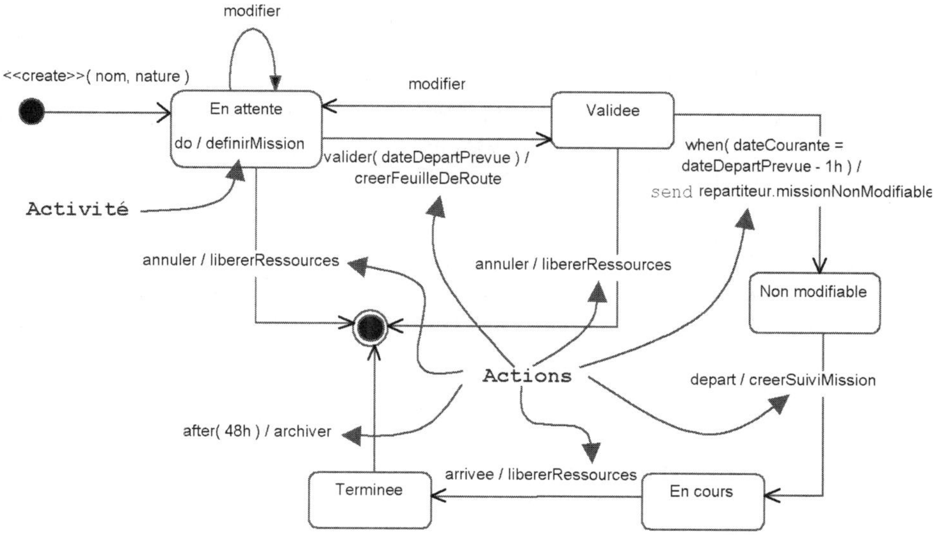

Figure 8-13. : Ajout d'actions et d'activités sur le diagramme d'états de la classe Mission

Si nous voulons factoriser l'action *libererRessources* qui se retrouve sur trois transitions, UML nous propose un raccourci sous la forme d'une action d'entrée déclenchée par le pseudoévénement `entry`. À la figure 8-14, nous avons simplifié le diagramme d'états de la classe Mission en supprimant provisoirement l'état *Terminee* ainsi que la transition déclenchée par l'événement temporel *after(48h)*. Par conséquent, les trois transitions qui conduisent à l'état final doivent porter l'action *libererRessources*. Celle-ci peut alors être factorisée en entrée de l'état final :

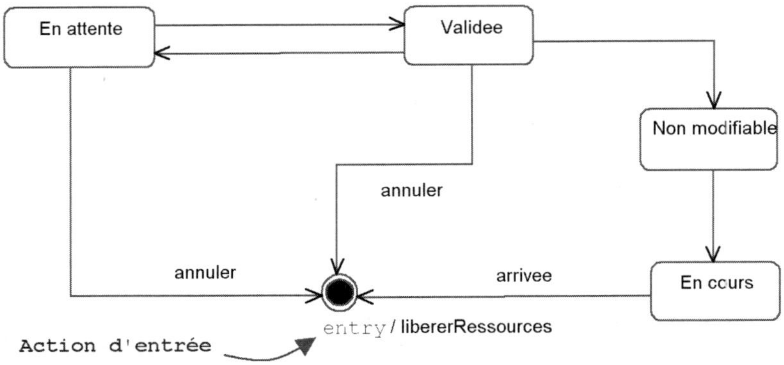

Figure 8-14. : Exemple d'action d'entrée sur un état final

La même notation existe bien sûr également en sortie d'un état : `exit`.

Revenons maintenant sur la notion importante d'activité. Quand un objet se trouve dans un état, soit il reste passif, et attend qu'un événement le fasse changer d'état, soit il exécute une activité durable jusqu'à ce qu'elle soit interrompue par un événement. Par exemple, dans l'état *En attente*, on peut considérer que l'objet *Mission* se définit progressivement, jusqu'à ce que le répartiteur décide de le valider. L'activité *definirMission* recouvre un traitement complexe consistant à enchaîner les affectations de commandes, celles de ressources et les créations d'étapes. Elle nous permet de rester à un niveau d'abstraction élevé avant d'entrer dans le détail. Si nécessaire, on peut ensuite préciser l'activité de plusieurs façons :

- remplacer le nom de l'activité par une séquence d'actions élémentaires, comme : *do / affecterCommandes*`;` *affecterRessources*`;` *definirEtapes*. Si les actions ne sont pas interruptibles, la séquence d'actions, elle, l'est.
- référencer un autre diagramme d'états montrant de façon détaillée l'intérieur du traitement encapsulé par l'activité.

La figure 8-15 illustre cette deuxième manière de décrire une activité de haut niveau. Vous remarquerez que les transitions entre états ne sont pas forcément déclenchées par des événements. Une transition déclenchée implicitement lorsqu'un état a terminé son activité finie est appelée *transition automatique*.

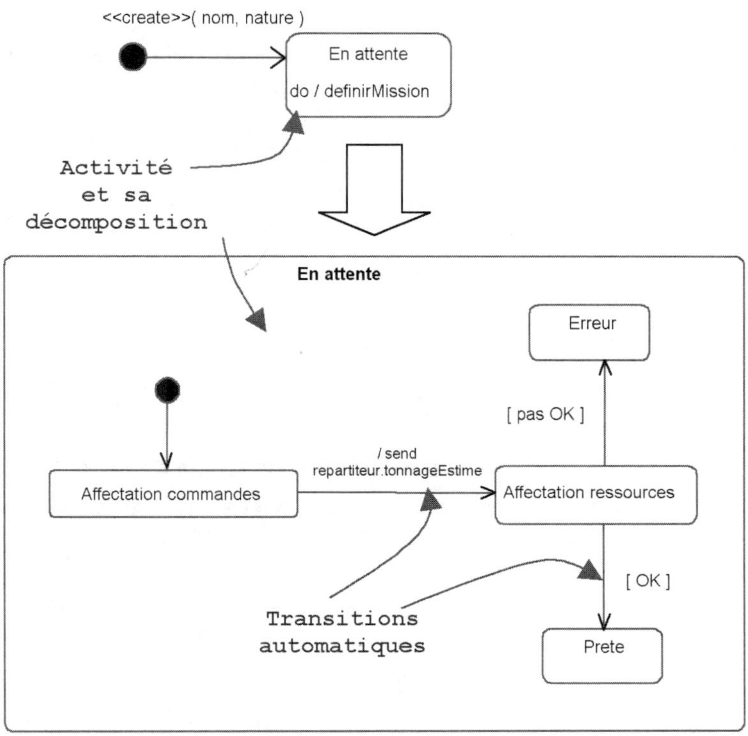

Figure 8-15. : Diagramme d'activités de l'opération definirMission

Le déroulement nominal de *definirMission* consiste en l'enchaînement des deux activités affectation commandes et affectation ressources, avec un résultat *OK* pour cette dernière. Notez qu'une transition automatique peut porter une condition de garde, ainsi qu'une action.

Comment savoir au niveau du diagramme d'états supérieur que la transition déclenchée par l'événement valider ne peut avoir lieu qu'à partir du sous-état *Prete* ? Là encore, UML 1.4 propose une notation particulière, appelée état-souche (`stub state`), qui peut être associée à un indicateur de décomposition cachée, comme indiqué à la figure 8-16 :

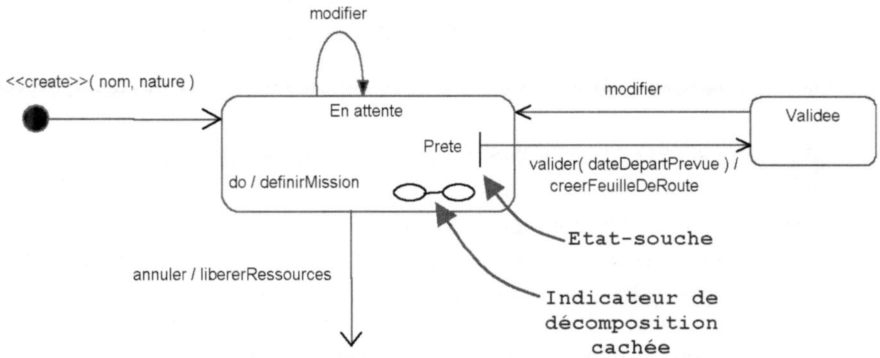

Figure 8-16. : Exemple d'utilisation d'un état-souche

L'événement *annuler* est possible à partir de n'importe quel sous-état de *En attente*.

Mais que se passe-t-il lors de l'occurrence de l'événement *modifier* ? D'abord, à l'instar d'*annuler*, l'événement *modifier* peut survenir à tout instant dans l'état *En attente*. Ensuite, puisqu'il s'agit d'une transition propre, l'objet retourne dans l'état *En attente*, mais comme celui-ci est détaillé par un autre diagramme, il se retrouve en fait dans le sous-état initial, à savoir *Affectation commandes*. Ce qui est bien sûr inutile : une modification d'affectation de ressources obligerait à repasser en affectation de commandes. Pour traiter un événement qui ne modifie pas l'état courant de l'objet, UML propose un concept particulier : la transition interne, notée à l'intérieur de l'état, comme à la figure 8-17.

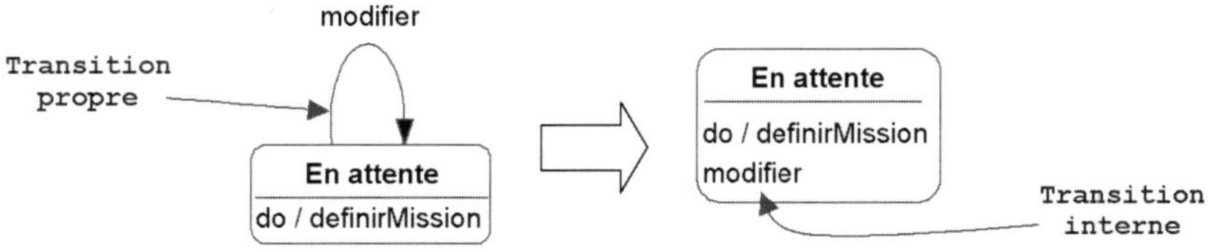

Figure 8-17. : Transition propre et transition interne

Une transition interne contient généralement une action, comme sur l'exemple suivant, qui nous permet de détailler les actions à entreprendre en cas d'affectation ou désaffectation d'une commande.

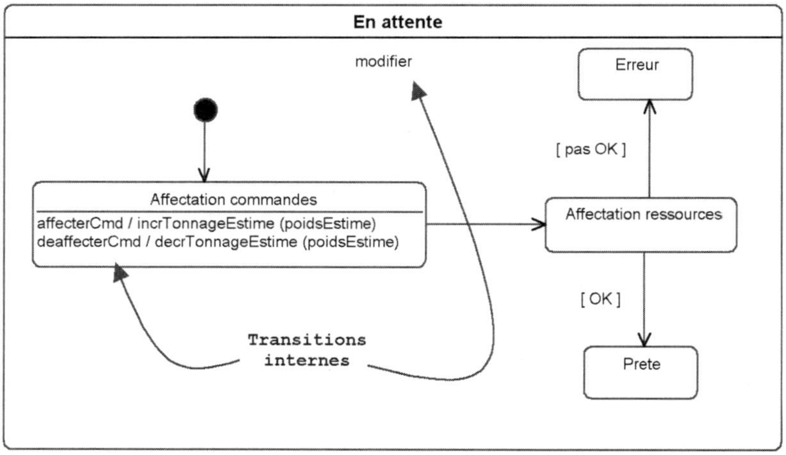

Figure 8-18. : Transitions internes avec action

Conseil

PRÉFÉREZ LES TRANSITIONS INTERNES AUX TRANSITIONS PROPRES !

Les transitions internes présentent une différence subtile avec les transitions propres. En effet, lors d'une transition propre, l'objet quitte son état courant, déclenchant une éventuelle action de sortie (`exit`), puis retourne dans ce même état, et engendre le cas échéant une action d'entrée (`entry`). De plus, l'activité à l'intérieur de l'état est interrompue, puis redémarrée. Au contraire, la transition interne n'a aucun effet de bord.

Conseil

Nous avons également évoqué le fait que la transition propre ramène systématiquement dans le sous-état initial si l'état auquel elle s'applique est affiné par un autre diagramme.

Le diagramme d'états consolidé de la classe *Mission* est maintenant suffisamment complexe pour qu'il devienne indispensable d'introduire la notion d'état composite.

Définition

QU'EST-CE QU'UN ÉTAT COMPOSITE ?

Un *état composite* est un état qui contient d'autres états, appelés sous-états ou états imbriqués. Ces derniers peuvent être :

- *séquentiels* (ou encore disjoints),
- ou *concurrents* (aussi appelés parallèles).

Les sous-états sont à leur tour susceptibles d'être décomposés.

ÉTUDE DE CAS : AJOUT DE SOUS-ÉTATS POUR LA CLASSE *MISSION*

Nous avons déjà vu des sous-états séquentiels avec la décomposition de l'activité *definirMission*. La notation particulière de l'état-souche (figure 8-18) permet de rester au niveau d'abstraction supérieur. Il est cependant tout à fait possible d'inclure le diagramme montrant les sous-états à l'intérieur de l'état englobant.

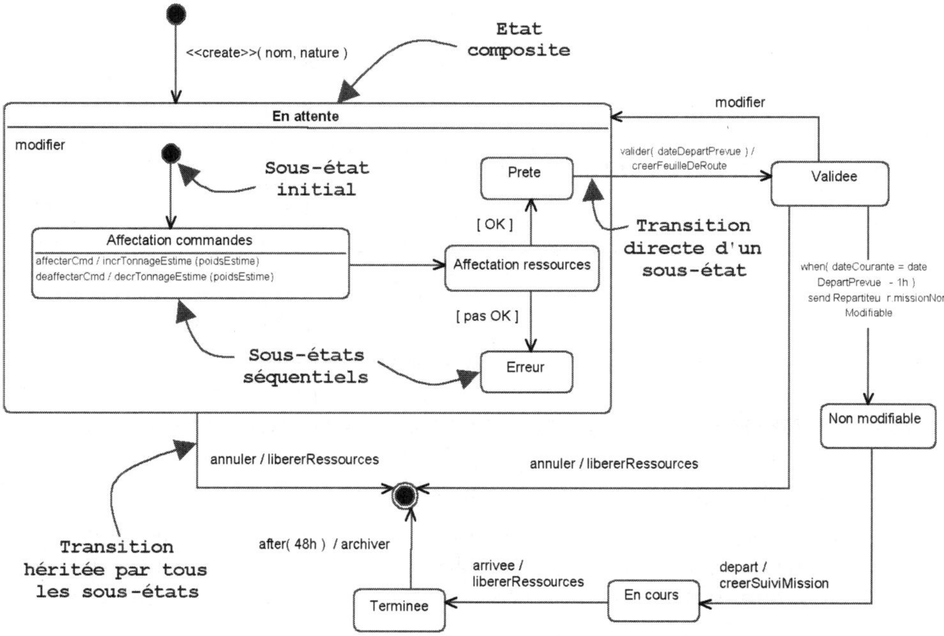

Figure 8-19. : Sous-états séquentiels

Le sous-état initial (*Affectation commandes*) indique quel sous-état séquentiel est atteint lors de l'entrée dans l'état englobant *En attente*. C'est le cas à la création, mais aussi lors d'une modification alors que la mission a déjà été validée. Notez ensuite la différence entre les deux transitions suivantes :

- celle qui est déclenchée par *annuler*, et qui part du contour de l'état englobant *En attente* : elle est héritée par chacun des sous-états ;
- celle induite par *valider*, et qui sort directement du sous-état *Prete*, en traversant le contour de l'état englobant : elle est spécifique au sous-état et non pas héritée.

Si nous voulions maintenant détailler l'affectation des ressources, nous pourrions décrire plus avant le processus mis en œuvre par le répartiteur :

- chercher un véhicule libre de tonnage suffisant,
- trouver un chauffeur qualifié pour ce véhicule.

Pour gagner du temps, il se peut que le répartiteur veuille effectuer ces deux recherches en parallèle, surtout s'il sait que la plupart de ses chauffeurs sont qualifiés pour tous les véhicules. UML permet de décrire deux activités parallèles à l'intérieur de l'état *Affectation ressources*, comme illustré à la figure 8-20.

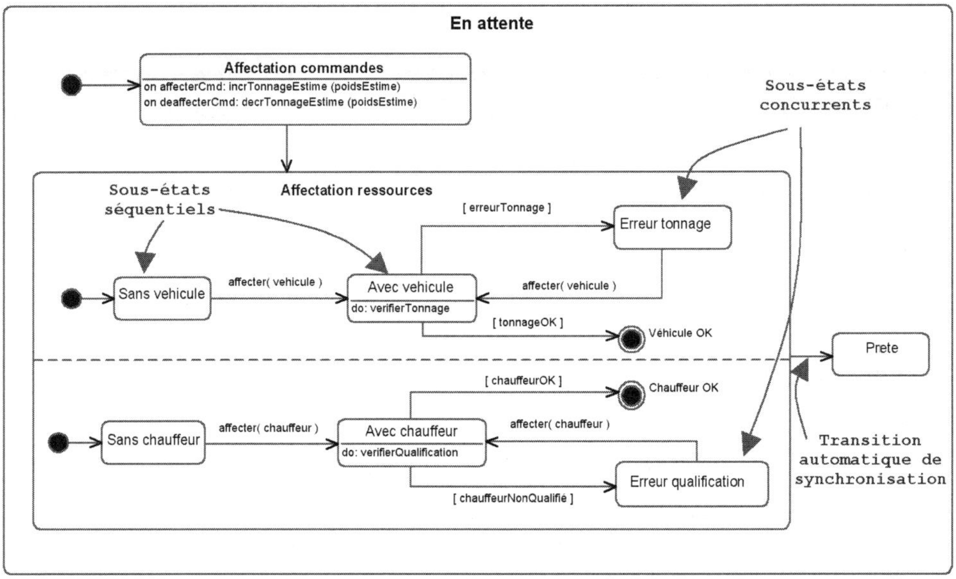

Figure 8-20. : Exemple de sous-états concurrents

Les traits pointillés indiquent la séparation en deux sous-automates concurrents.

Notez qu'il faut initialiser chacun des sous-automates : l'état initial est donc composé du couple (*Sans vehicule*, *Sans chauffeur*). Normalement, l'état final à l'intérieur d'un état composite permet de spécifier que l'exécution de l'activité de haut niveau est terminée. Quand il est atteint, une transition automatique partant de l'état englobant est automatiquement déclenchée. Dans le cas des sous-automates parallèles, c'est un peu plus compliqué : il faut que les deux activités soient terminées, dans n'importe quel ordre. Dans notre exemple, la transition qui part de l'état englobant *Affectation ressources* vers l'état *Prete* est dite de synchronisation, car elle ne sera déclenchée que lorsque les deux sous-automates seront chacun arrivés dans son état final.

Ne pas faire

NE VOUS CROYEZ PAS OBLIGÉ D'UTILISER TOUTES LES SUBTILITÉS DES DIAGRAMMES D'ÉTATS !

Comme vous avez pu le constater sur le petit exemple de la classe *Mission*, le formalisme du diagramme d'états UML (avec son dérivé le diagramme d'activités) est très puissant, mais aussi très complexe ! Et encore, nous n'avons pas évoqué :

- le pseudo-état *history*, dont l'activation renvoie au dernier sous-état actif d'un état composite ;
- le pseudo-état de jonction, qui permet d'enchaîner des segments de transitions ;
- le pseudo-état de synchronisation, qui synchronise explicitement des sous-automates parallèles ;
- les événements différés (`defer`) qui sont mémorisés pour être traités dans un état futur qui les acceptera.

Gardez à l'esprit que la plupart des diagrammes d'états peuvent être exprimés de façon satisfaisante avec les concepts de base : état, transition, condition, action, activité.

Toutes les astuces de notation sont séduisantes, mais nécessitent en contrepartie une expertise certaine de la part du lecteur, d'autant que les concepts avancés sont ceux qui ont subi la plus grande évolution depuis les débuts d'UML, et qui sont les moins bien pris en charge par les outils actuels...

Un dernier exemple : supposons que nous voulions exprimer le fait que le répartiteur n'engage l'activité de vérification de la qualification du chauffeur qu'après avoir choisi un véhicule, pour limiter les aller-retour inutiles. UML nous propose un nouveau concept avancé : l'état de synchronisation. Il s'agit d'un pseudo-état qui connecte deux sous-automates concurrents. Dans notre exemple, le déclenchement de la transition *affecter (vehicule)* est mémorisé par l'état de synchronisation jusqu'au déclenchement de la transition *affecter (chauffeur)* dans l'autre sous-automate. Si les conditions sur la jonction sont satisfaites avant que l'état de synchronisation ne soit actif, la jonction doit attendre jusqu'à ce que la transition du premier sous-automate l'active. Donc, le deuxième sous-automate ne peut passer dans l'état *Avec chauffeur* si le premier n'a pas atteint l'état *Avec vehicule*.

Néanmoins, la figure complexe 8-21 est-elle vraiment plus utile pour le lecteur qu'une simple phrase d'explication ?

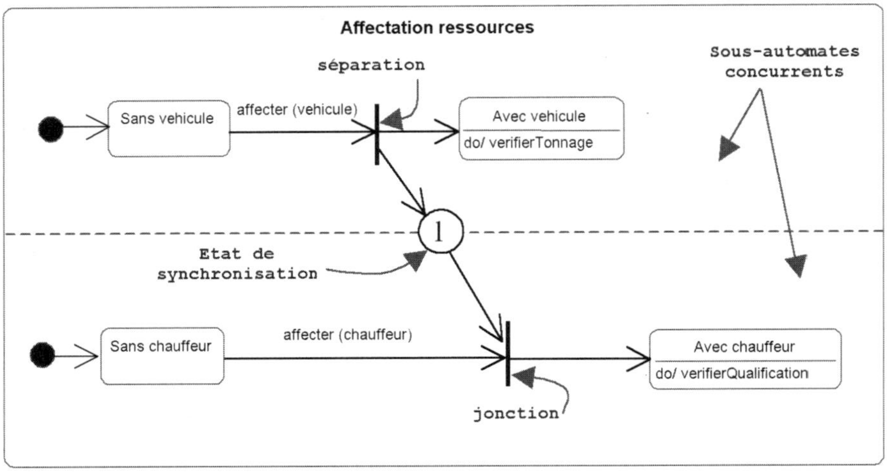

Figure 8-21. : État de synchronisation

Valider les diagrammes d'états avec les diagrammes d'interactions

Nous avons insisté précédemment sur la complémentarité entre :

- les diagrammes d'interaction (séquence et collaboration),
- et les diagrammes d'états.

Cette complémentarité est fondamentale ; il est important de confronter ces deux points de vue, dès que l'on dispose des diagrammes correspondants.

En effet, les diagrammes d'états apportent précision et exhaustivité, et permettent de valider et de compléter les diagrammes d'interactions. Ils peuvent également inciter à créer de nouveaux diagrammes d'interactions pour compléter ceux qui existent déjà. Il faut toutefois vérifier que les diagrammes d'états des classes impliquées dans les diagrammes d'interactions prennent bien en compte tous les scénarios décrits, et qui plus est de façon correcte.

Le schéma suivant représente les relations entre les deux types de diagrammes. Prenons un diagramme de séquence simple mettant en jeu deux objets : *a* de la classe *A* et *b* de la classe *B*. L'interaction entre ces deux objets consiste en l'enchaînement de deux événements :

- suite à la réception de l'événement *ev0*, *a* envoie *ev1* à *b* ;
- en retour, *b* envoie *ev2* à *a*.

Les diagrammes d'états des classes A et B doivent forcément être cohérents avec cette interaction, même s'ils intègrent de nombreux autres comportements.

Nous les avons représentés partiellement le long de la ligne de vie de chaque objet. Ainsi, l'objet *a* est dans l'état *EA0* avant de recevoir *ev0*, puis passe dans le nouvel état *EA1*, après avoir envoyé *ev1* à *b*. L'événement *ev1* doit être admissible à ce moment-là par l'automate de la classe B, qui va à son tour changer d'état après avoir répondu *ev2* à *a*. De nouveau, cela signifie que, dans l'état *EA1*, *a* doit être capable de traiter *ev2*. Nous voyons donc que l'on doit être capable de suivre toutes les interactions entre objets sur les diagrammes d'états des classes concernées ; ce sont des contraintes à vérifier.

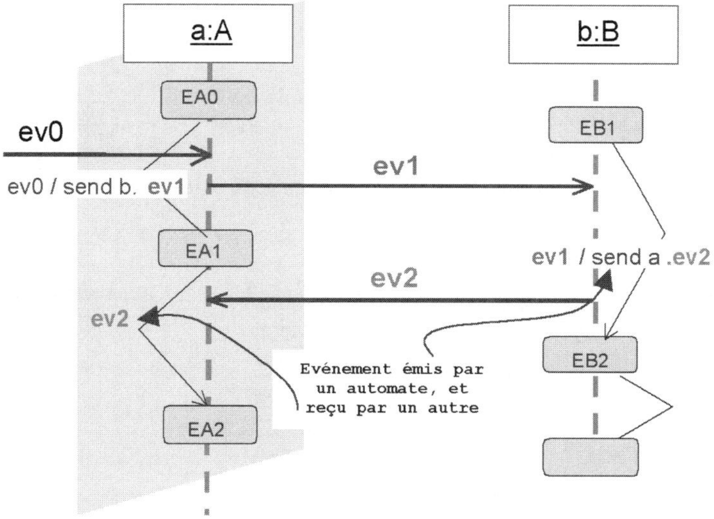

Figure 8-22. : Complémentarité entre diagrammes de séquence et d'états

Cette vision n'est pas uniquement conceptuelle, puisque UML 1.4 nous permet de montrer graphiquement les états sur les diagrammes de séquence, le long de la ligne de vie d'un objet. Une flèche peut même aboutir à un symbole d'état (par exemple *Validee* à la figure 8.24), indiquant que le message est responsable de la transition qui conduit à cet état. Dans le diagramme de collaboration, on peut également montrer le changement d'état d'un objet, en le représentant plusieurs fois avec une relation de dépendance stéréotypée `become`.

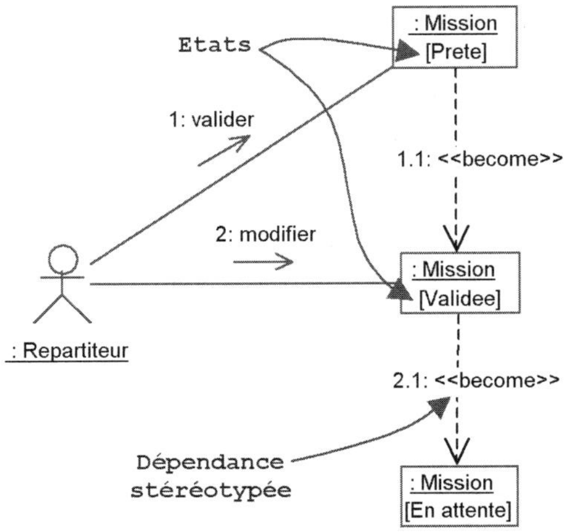

Figure 8-23. : Diagramme de collaboration montrant un changement d'état

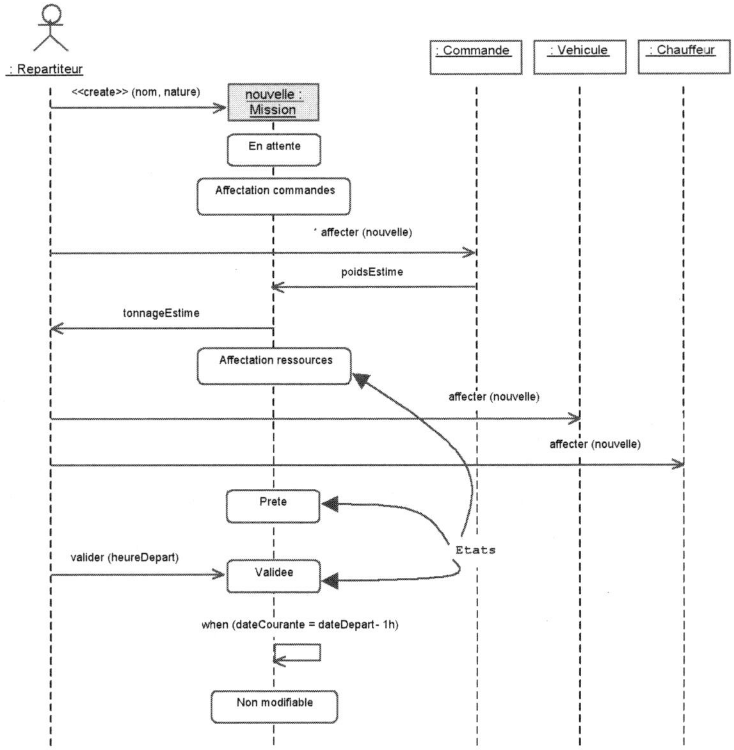

Figure 8-24. : Représentation des états sur le diagramme de séquence

Confronter les modèles statique et dynamique

Nous avons évoqué au fil des chapitres 4, 7 et 8, les relations diverses qui existent entre les principaux concepts du modèle statique (objet, classe, association, attribut et opération) et les principaux concepts dynamiques (message, événement, état, action et activité).

Les correspondances sont loin d'être triviales, car il s'agit bien de points de vue complémentaires, et non redondants. Essayons de synthétiser les plus importantes, sans prétendre à l'exhaustivité :

- un message peut être un appel d'opération sur un objet (le récepteur) par un autre objet (l'émetteur) ;
- un événement ou une action sur une transition peuvent correspondre à l'appel d'une opération ;
- une activité dans un état peut concerner l'exécution d'une opération complexe ou d'une succession d'opérations ;
- un diagramme d'interactions met en jeu des objets (ou des rôles) ;
- une opération peut être décrite par un diagramme d'interactions ou d'activités ;
- une condition de garde et un *change event* peuvent consulter des attributs ou des liens statiques ;
- une action sur une transition peut manipuler des attributs ou des liens statiques ;
- le paramètre d'un message peut être un attribut ou un objet entier.

ÉTUDE DE CAS : ILLUSTRATION DES CORRESPONDANCES ENTRE MODÈLES STATIQUE ET DYNAMIQUE SUR LA CLASSE *MISSION*

Commençons par les paramètres des messages. L'exemple suivant montre que :

- le paramètre *dateDepartPrevue* (que l'on retrouve aussi ailleurs dans une condition de garde) correspond à un attribut de la classe ;
- le paramètre nom du message de création correspond probablement à l'attribut *reference*. Il faut donc mettre à jour l'un des deux diagrammes pour harmoniser ;
- le paramètre nature du message de création correspond en fait à la combinaison de la spécialisation et de l'attribut *nature* de la sous-classe *MissionDeTournee*.

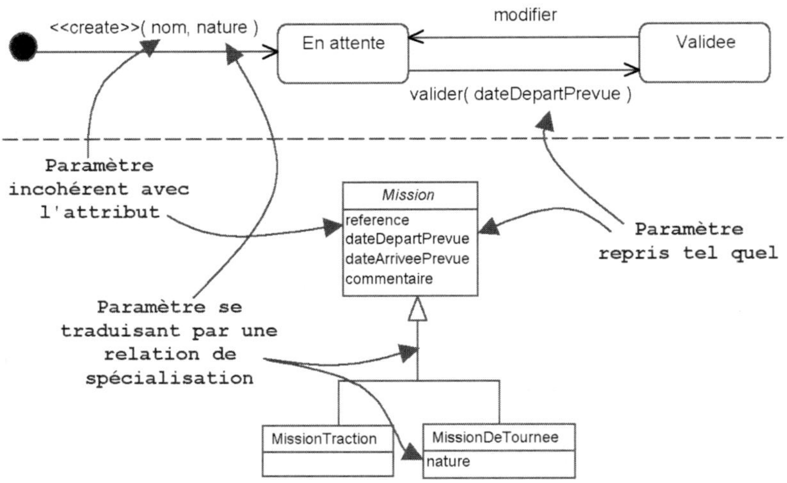

Figure 8-25. : Exemples de correspondances entre paramètres de messages et attributs

Un deuxième exemple va nous permettre d'observer d'autres correspondances :

- l'affectation *setDestination(agenceXX)* illustre le fait qu'une action sur une transition peut utiliser des attributs ou des liens. Ici, l'affectation ne met pas simplement à jour un attribut de l'objet, elle crée un lien avec un objet de la classe *Agence* qui prend le rôle de destination par rapport à l'objet concerné de la classe *Mission* ;
- le message *tonnageEstime* correspond au résultat d'un traitement réalisé par l'objet *Mission*. Il s'agit donc d'une responsabilité de la classe *Mission*, qui devrait se traduire ici à la fois par une opération de calcul et un attribut pour mémoriser le résultat ;
- le message *valider(dateDepartPrevue)* correspond directement à l'invocation de l'opération valider sur l'objet *Mission* concerné, avec comme paramètre un des attributs déjà répertoriés.

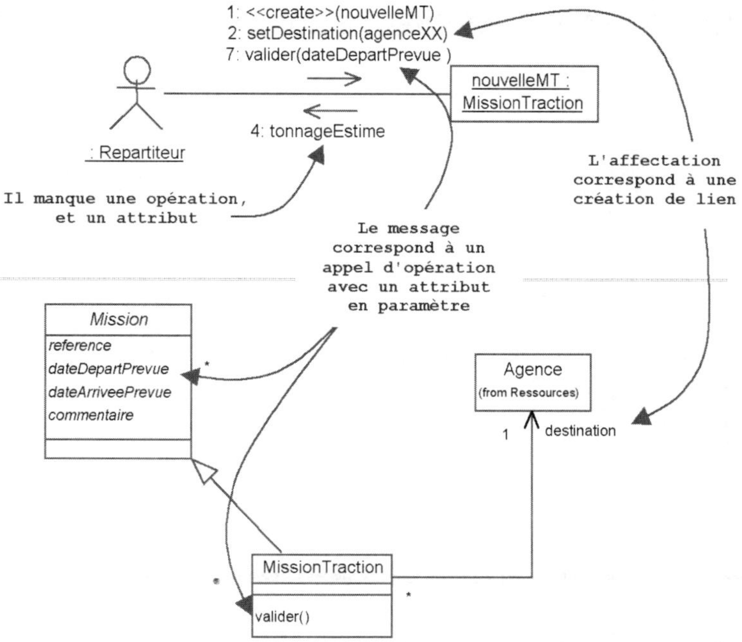

Figure 8-26. : Deuxième exemple de correspondances statique/dynamique

---

Conseil

COMPLÉTEZ LES DIAGRAMMES DE CLASSES AVEC LES ATTRIBUTS ET OPÉRATIONS IDENTIFIÉES GRÂCE À L'ANALYSE DYNAMIQUE !

Il ne faut pas oublier de mettre à jour les diagrammes de classes, afin de profiter de l'analyse réalisée avec les différents diagrammes dynamiques.

Vérifiez également la bonne affectation des opérations : peut-être faut-il les remonter s'il existe une super-classe.

ÉTUDE DE CAS : COMPLÉMENTS SUR LA CLASSE *MISSION*

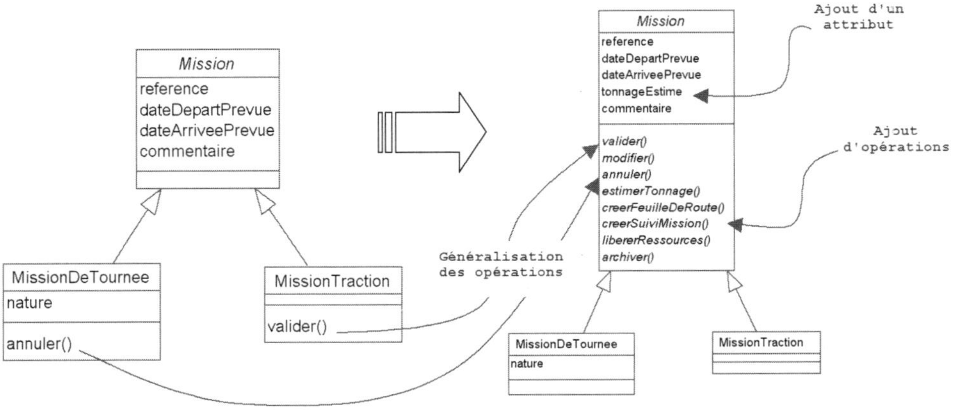

Figure 8-27. : Compléments sur la classe Mission

Étude

LES CLASSES AVEC ÉTAT (CLASS-IN-STATE)

UML 1.4 nous fournit la possibilité nouvelle de représenter l'état des objets d'une classe directement sur la vue statique. Nous allons recourir à la notation utilisée pour le diagramme de collaboration à la figure 8-23 pour faire apparaître la *classe avec état* dans le diagramme de classes. Elle se comporte comme une sous-classe de la classe elle-même. L'intérêt principal va consister à préciser les multiplicités de certaines associations, qui dépendent justement de l'état des objets liés.

Conseil

FONDEZ-VOUS SUR LE CONCEPT DE STABILITÉ POUR CHOISIR ENTRE STATIQUE ET DYNAMIQUE !

La notion de stabilité est très importante en modélisation : on représente par exemple les éléments les plus stables par des classes, et d'autres moins stables par des états ou des messages. On peut également dire que les associations décrivent des liens stables entre classes et les messages des relations dynamiques entre objets.

ÉTUDE DE CAS : UTILISATION DE LA CLASSE AVEC ÉTAT POUR *MISSION*

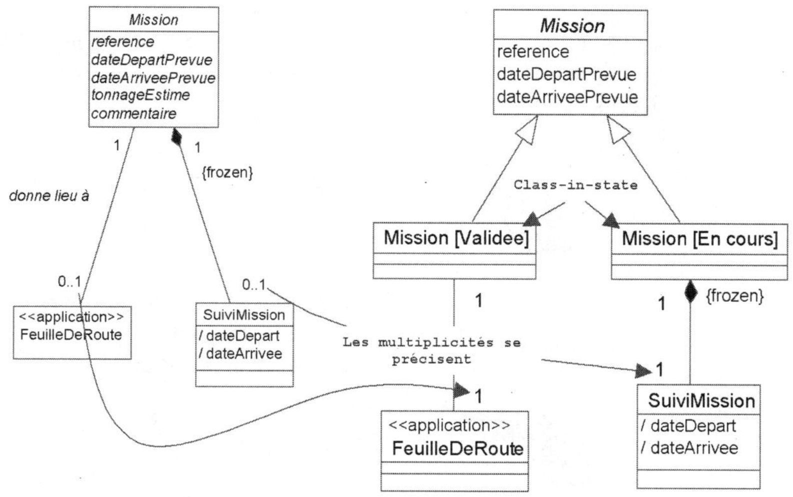

Figure 8-28. : Utilisation de la classe avec état

Phases de réalisation du modèle dynamique d'analyse

Deux techniques permettent de modéliser la dynamique d'un système avec UML.

La première consiste à décrire comment des instances des classes d'analyse communiquent entre elles pour produire un comportement global du système. On parle dans ce cas de collaboration entre objets, comprenant à la fois :

- une vue structurelle constituée des objets et des liens statiques entre ces objets,
- une vue dynamique appelée interaction, composée par les flots de messages entre objets circulant sur les liens statiques.

Les collaborations et les interactions sont décrites grâce aux diagrammes de séquence et aux diagrammes de collaboration.

Avec la deuxième, on s'intéresse au cycle de vie d'un objet d'une classe particulière au fil de ses interactions avec le reste du monde, dans tous les cas possibles. Cette vue locale d'un objet s'appelle une machine à états, décrivant comment l'objet réagit à des événements en fonction de son état courant et passe dans un nouvel état.

L'ensemble des cas d'utilisation découverts lors de la capture des besoins fonctionnels guide toutes les vues dynamiques, en structurant les scénarios décrits par des interactions.

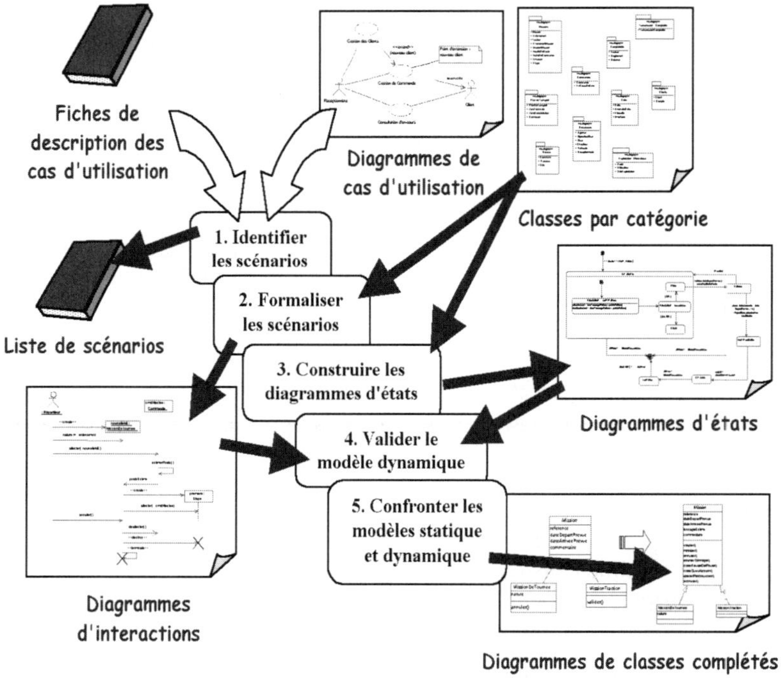

Figure 8-29. : Démarche d'élaboration du modèle dynamique

Comme nous l'avons dit au début de ce chapitre, les modèles statique et dynamique sont très fortement couplés et doivent se construire par itérations successives, chacun complétant l'autre.

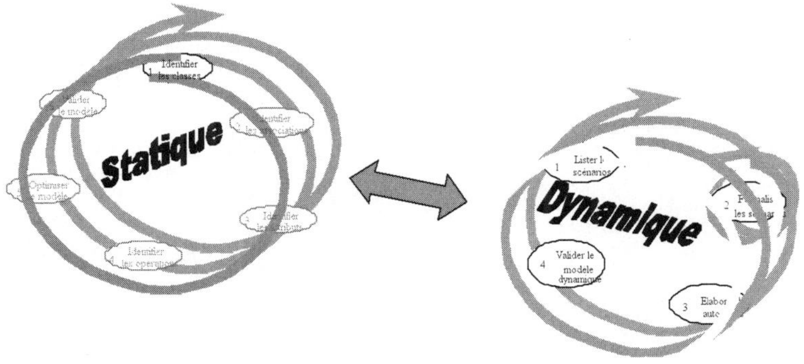

Figure 8-30. : Couplage entre les démarches des modèles statique et dynamique

Sur le site Web (www.editions-eyrolles.com)

Pour consulter le modèle UML contenant les diagrammes dynamiques de SIVEx, ouvrez le fichier *chap8.mdl* (au format Rational/Rose).

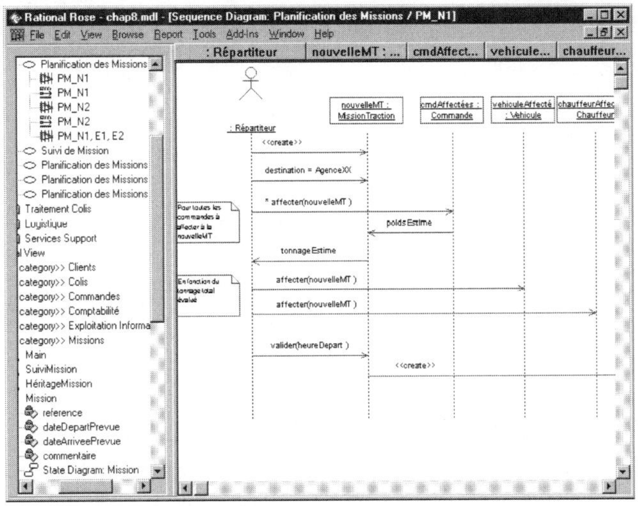

Chapitre 9

Conception générique

Objectifs du chapitre

Ce chapitre va vous permettre de voir UML en action lors de la conception. Rappelez-vous qu'UML permet de visualiser, de spécifier, de construire et de documenter. Ces quatre aspects vont être maintenant décrits pour l'activité de conception sur la branche droite du processus 2TUP.

Nous allons donc voir comment :

- élaborer l'étape de conception générique ;
- connaître les points de vue de modélisation utilisés pour cette étape ;
- utiliser UML lors de cette étape ;
- organiser le modèle logique en frameworks techniques ;
- utiliser les cas d'utilisation techniques pour démarrer la conception générique ;
- utiliser les design patterns d'architecture ;
- faire bon usage d'un générateur de code.

Quand intervient la conception générique ?

La conception générique consiste à développer la solution qui répond aux spécifications techniques que nous vous avons présentées au chapitre 5. Cette conception est qualifiée de générique car elle est entièrement indépendante des aspects fonctionnels spécifiés en branche gauche. La conception générique reste donc une activité de la branche droite.

La conception technique constitue le niveau d'abstraction à atteindre. Les points de vue développés sont les suivants :

- le point de vue logique, qui détaille les classes de la solution ;
- le point de vue d'exploitation, car les premiers composants d'exploitation du système sont conçus à ce niveau ;
- le point de vue de configuration logicielle, qui trace les classes et les versions nécessaires pour fabriquer le système.

La conception générique est terminée lorsque le niveau de détail des diagrammes donne une image suffisante des classes et des composants techniques à intégrer dans le système.

Le développement d'un prototype peut succéder à la conception générique de manière à en valider les principes par le codage et le test. Cette phase de prototypage est fortement conseillée, car la qualité d'une conception générique conditionne généralement celle du développement pour le reste du projet.

La conception préliminaire consiste ensuite à appliquer les concepts génériques aux fonctionnalités du système et à intégrer les composants techniques dans le système considéré dans la perspective de son exploitation.

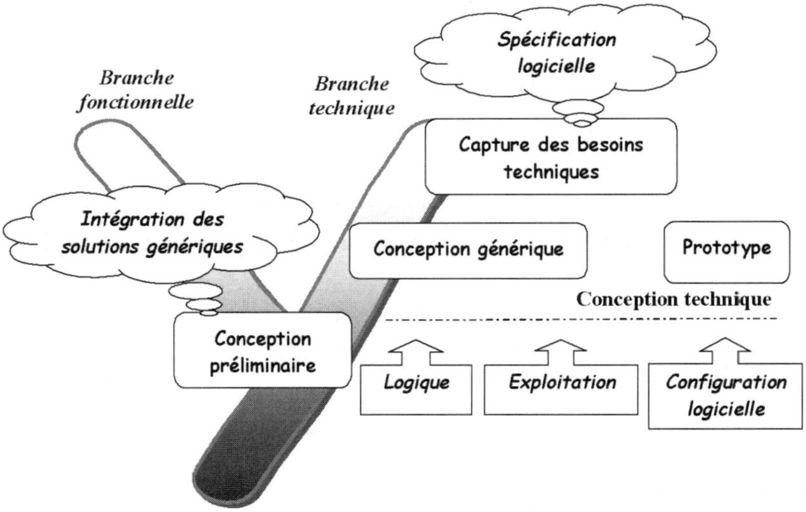

Figure 9-1. : Situation de la conception générique dans 2TUP

En définitive, la conception générique permet de formaliser, sous la forme de classes techniques réutilisables, les règles de conception pour l'ensemble d'un système à développer. Ces règles définissent l'intégrité de conception citée par Brooks [Brooks 90] comme condition de succès d'un projet.

On peut encore considérer que la conception générique développe le squelette technique d'un projet. Si ce squelette est robuste et bien conçu, il pourra soutenir toutes les évolutions fonctionnelles possibles. Si, au contraire, il est mal conçu et qu'il nécessite par la suite de nombreuses retouches, la reprise des erreurs aura des répercussions pouvant se révéler très coûteuses pour la suite du projet.

Conseil

UTILISEZ UML COMME LANGAGE ENTRE CONCEPTEURS

En préambule à ce premier chapitre de conception, nous vous suggérons d'utiliser UML comme langage de conception entre développeurs. En effet, les concepteurs spécifient d'abord les besoins techniques auxquels le système devra répondre, avant d'en développer la solution. UML se révèle un langage de communication efficace pour à la fois spécifier, esquisser et construire une conception.

UML n'entre pas systématiquement en action avec un outil de type CASE (Computer Aided Software Engineering). C'est parfois sur la nappe d'une table de restaurant, lors d'une négociation entre plusieurs concepteurs, que s'élaborent les meilleures solutions ! Aurions-nous pu imaginer un tel support de communication avec du pseudo-code ? C'est par son universalité et sa relative simplicité schématique qu'UML est devenu l'outil des architectes et des concepteurs qui construisent l'intégrité de conception d'un système. Si vous êtes sceptique, nous vous conseillons d'essayer dès maintenant. En tout état de cause, nous vous suggérons de vous entraîner à toute occasion pour acquérir la pratique de la conception objet avec UML.

Éléments mis en jeu

- Diagramme de classes, *frameworks* techniques abstraits et concrets, mécanisme,
- *design patterns*, réutilisation de composants techniques,
- diagramme de composants, composants d'exploitation, composants de configuration logicielle,
- générateurs de code et outils CASE.

Classes et frameworks techniques

L'intégrité de conception s'exprime sous la forme d'un ensemble de classes techniques que les concepteurs du projet vont par la suite réutiliser pour développer les différentes composantes fonctionnelles du système. À titre d'illustration, le mécanisme de contrôle des transactions peut être conçu par un ensemble de classes techniques réutilisées, quelle que soit l'application envisagée dans SIVEx. En d'autres termes, depuis l'application de saisie des commandes jusqu'à l'édition des plans de transport, les applications de SIVEx réutiliseront, grâce à la conception générique, les mêmes classes pour gérer leurs transactions.

On constate cependant qu'une classe technique fonctionne rarement seule, c'est pourquoi le concept-clé de la conception générique est le *framework* technique.

Définition

FRAMEWORK TECHNIQUE

Un *framework* est un réseau de classes qui collaborent à la réalisation d'une responsabilité qui dépasse celle de chacune des classes qui y participent [UML-UG 99]. Un *framework* technique ne concerne que les responsabilités de la branche droite du processus.

Définition

INTERFACE

Au sens UML, une interface est un ensemble d'opérations utilisé pour spécifier le service (ou contrat) d'une classe ou d'un composant [UML-UG 99].

Structurellement, une interface ressemble à une classe avec le mot-clé « interface », qui ne peut ni définir d'attributs, ni définir d'associations navigables vers d'autres classes. Par ailleurs, toutes les opérations d'une interface sont abstraites. Ce concept UML correspond assez directement au concept d'interface dans Java.

Un *framework* peut être abstrait ou concret. Dans le premier cas, il est constitué d'interfaces. La réutilisation du *framework* consiste alors à implémenter ces interfaces, à charge pour le développeur de comprendre et de respecter le domaine de responsabilité technique qui leur échoit. Un *framework* abstrait structure seulement le modèle de configuration logicielle. Il est composé de classes que l'on peut directement réutiliser dans un projet. Un *framework* concret détermine à la fois le modèle de configuration logicielle et le modèle d'exploitation. En réalité, un *framework* n'est pas forcément abstrait ou concret, il est plus souvent une combinaison d'interfaces à implémenter et de classes à réutiliser. Au niveau du modèle d'exploitation, il est livré sous la forme d'un package, d'un fichier JAR ou d'une bibliothèque. Dans le modèle d'exploitation, un *framework* peut donner lieu à des composants distribués ou à des librairies partagées.

Un *framework* représente généralement les mécanismes nécessaires à l'implémentation d'une couche logicielle. Le package Swing de Java, les classes MFC de Microsoft, ou plus récemment le composant *struts* du domaine *www.apache.org* constituent des exemples de *frameworks* qui réalisent la structure technique de la couche de présentation.

Élaboration du modèle logique de conception

Les classes, les interfaces et les *frameworks* techniques représentent les briques de construction d'un modèle logique de conception générique. Les diagrammes de classes en constituent la trame centrale ; autour de celle-ci viennent se greffer différents diagrammes dynamiques en complément de l'étude du fonctionnement de la structure.

La modélisation des classes de conception avec UML ne nécessite pas de reproduire exactement la structure du code qui doit être développé à terme. La conception est avant tout un travail de réflexion et de communication. Il s'agit donc de s'appuyer sur un ensemble de schémas suffisamment précis pour exploiter les possibilités techniques d'une solution et d'en explorer les avantages et inconvénients.

Définition

VALEUR ÉTIQUETÉE

Une valeur étiquetée est une extension des propriétés d'un élément d'UML qui permet d'apporter de nouvelles informations de spécification.

On utilise fréquemment les valeurs étiquetées pour alléger les diagrammes de leurs détails d'implémentation. À titre d'exemple, la valeur étiquetée *serialized* peut être utilisée pour signifier que la classe répond aux mécanismes de sérialisation Java.

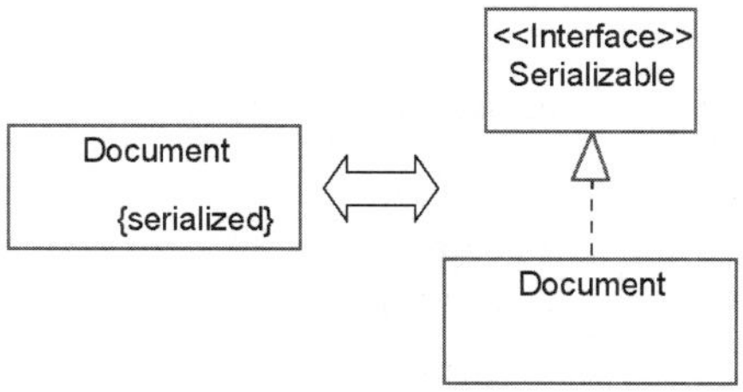

Figure 9-2. : Exemple d'utilisation d'une valeur étiquetée

Conseil

UTILISEZ LES VALEURS ÉTIQUETÉES POUR DOCUMENTER DES MÉCANISMES RÉCURRENTS

D'une part, l'utilisation des valeurs étiquetées allège et simplifie la définition des diagrammes de conception. D'autre part, vous donnerez plus de cohérence à votre conception, car chaque valeur étiquetée standardise, partage et factorise un même mécanisme de conception.

Tout mécanisme introduit doit faire l'objet d'une définition claire dans le modèle. Nous avons introduit un stéréotype de package « mechanism » pour y développer les diagrammes UML de documentation. Vous devrez notamment expliciter l'équivalence de chaque valeur étiquetée comme illustré à la figure 9-2.

ÉTUDE DE CAS : CONCEPTION D'UN *FRAMEWORK* DE JOURNALISATION

Illustrons maintenant la conception d'un *framework* technique avec UML. Nous prendrons pour cela un problème simple, à savoir l'audit des opérations effectuées sur les postes clients et serveurs. La spécification des besoins d'audit précise les contraintes suivantes :

- la mise en œuvre de journaux synchronisés entre les serveurs et les applications en activité ;
- la possibilité de surveiller les erreurs par récupération d'événements SNMP (Simple Network Management Protocol), utilisé ici pour la surveillance des pannes sur le réseau ;
- le respect de formats standard pour faciliter l'exploitation des systèmes de l'entreprise ;
- l'accès concurrent au même journal sur le serveur, qui ne doit pas ralentir les tâches appelantes.

Les schémas obtenus pour décrire les besoins en phase de spécification technique sont décrits à la figure 9-3 et 9-4. Comme nous vous l'avons signalé au chapitre précédent, ces schémas ne peuvent être repris en l'état pour la conception.

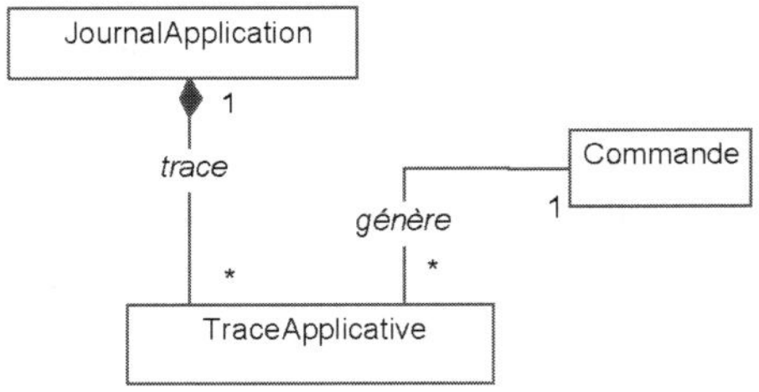

Figure 9-3. : Spécification des besoins d'audit au niveau de la couche de présentation

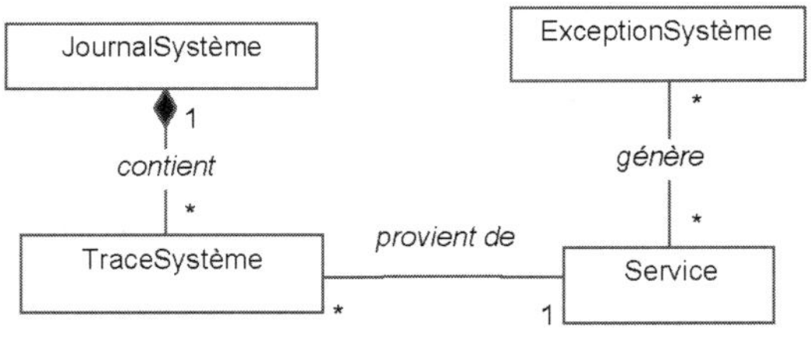

Figure 9-4. : Spécification des besoins d'audit au niveau de la couche métier

Les concepteurs désirent en l'occurrence disposer de la même interface, que l'appel soit sur le poste client ou sur le serveur. Par ailleurs, le fait d'accéder aux journaux de traces homogènes sur les différents serveurs nécessite de distribuer cette interface.

RMI (Remote Method Invocation) est un mécanisme de distribution de Java qui permet de déclencher à distance les opérations d'une classe. Il réalise des fonctionnalités techniques équivalentes à Corba ou à DCOM. Nous l'avons choisi pour la simplicité des mécanismes qu'il propose dans le cadre de cet exposé sur la conception avec UML. Les techniques de modélisation utilisées dans cet ouvrage restent néanmoins applicables quelle que soit la technologie de distribution employée.

Avec RMI, la déclaration d'une distribution passe par la définition d'interfaces dérivant de l'interface standard *Remote*. L'utilisation d'une valeur étiquetée {RMI} sur l'interface et d'une propriété {remote} sur les opérations distribuées permet d'abréger les mécanismes qui seront réellement mis en œuvre dans le code.

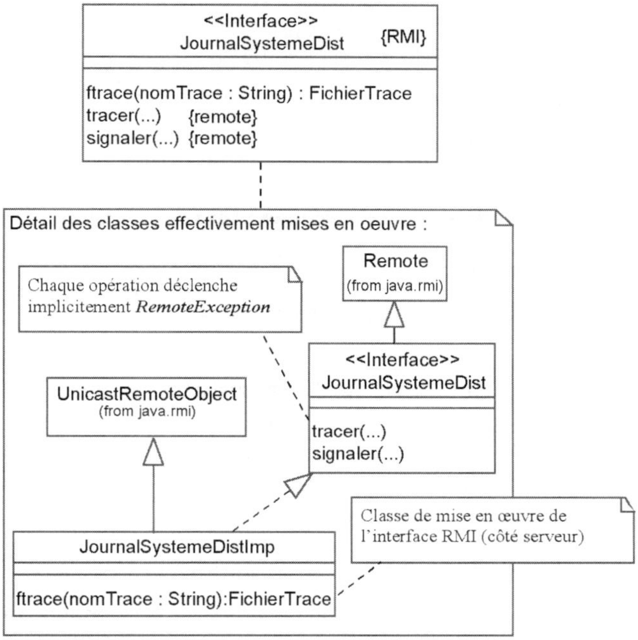

Figure 9-5. : Structure du mécanisme RMI

Pour être plus explicites, nous avons développé la trame du code Java que le diagramme de la figure 9-5 implique.

```
package   SIVEx.frameworks.journalisation.interface;
import       java.rmi.*;
public interface JournalSystemeDist extends Remote {
      void tracer( String nomTrace, String message) throws RemoteException;
      void signaler(String message) throws RemoteException;
}
```

```
package   SIVEx.frameworks.journalisation.serveur;
import       SIVEx.frameworks.journalisation.interface;
import       java.rmi.*;
public class JournalSystemeDistImp extends UnicastRemoteObject implements
JournalSystemeDist {
      void tracer( String nomTrace, String message) throws RemoteException {
```

```
        ...
    }
    void signaler(String message) throws RemoteException {
        ...
    }
    FichierTrace fTrace( String nomTrace) {
        ...
    }
}
```

Introduction aux design patterns

Les *design patterns* sont apparus dans les années 1990. Les travaux de la « bande des 4 [1]» [Gamma 95] en ont produit le document fondateur. Cet ouvrage ainsi que des publications ultérieures constituent depuis des catalogues de référence pour les concepteurs objet.

Définition

DESIGN PATTERN

Un *design pattern* est une solution de conception commune à un problème récurrent dans un contexte donné [UML-UG 99].

Dans les faits, les *design patterns* recensent les problématiques communément rencontrées lors des conceptions orientées objet. À titre d'exemple, on peut citer les problématiques suivantes :

- diminution du couplage, en vue de faciliter l'évolution du code,
- séparation des rôles,
- indépendances vis-à-vis des plates-formes matérielles et logicielles,
- réutilisation de code existant,
- facilité d'extension.

L'usage des *design patterns* apporte donc évolutivité, lisibilité et efficacité aux développements. C'est pourquoi leur emploi améliore sensiblement le respect des prescriptions d'architecture [Bushmann 96]. Par ailleurs, ils offrent un transfert de compétence rapide en conception orientée objet, dans la mesure où ils représentent pour les néophytes un catalogue des meilleures

1. Erich Gamma, Richard Helm, Ralph Johnson et John Vlissides, les quatre auteurs de [Gamma 95], souvent référencés en tant que GoF (Gang of Four).

pratiques à adopter. À titre d'illustration, mais aussi parce que nous allons en faire usage dans la conception de SIVEx, nous présentons deux *design patterns* fréquemment utilisés en conception objet.

Le design pattern « singleton »

Le « singleton » [Gamma 95] est l'une des techniques les plus utilisées en conception orientée objet. Il permet de référencer l'instance d'une classe devant être unique par construction. Certains objets techniques prennent en effet une responsabilité particulière dans la gestion logique d'une application. C'est par exemple le cas d'objets comme le « contrôleur des objets chargés en mémoire » ou le « superviseur des vues », qui sont les seuls et uniques représentants de leur classe. Ces objets sont le plus souvent publiquement accessibles. De tels cas de figure sont extrêmement fréquents en conception objet, et le singleton est requis pour les concevoir.

Le singleton repose sur l'utilisation d'une opération de classe, *getInstance() : Instance*, chargée de rapporter à l'appelant la référence de l'objet unique. De plus, le singleton se charge automatiquement de construire l'objet lors du premier appel. Le diagramme UML ci-dessous présente la forme générique d'une classe implémentant un singleton. Vous remarquerez l'usage de la notation UML pour un attribut et une opération de classe.

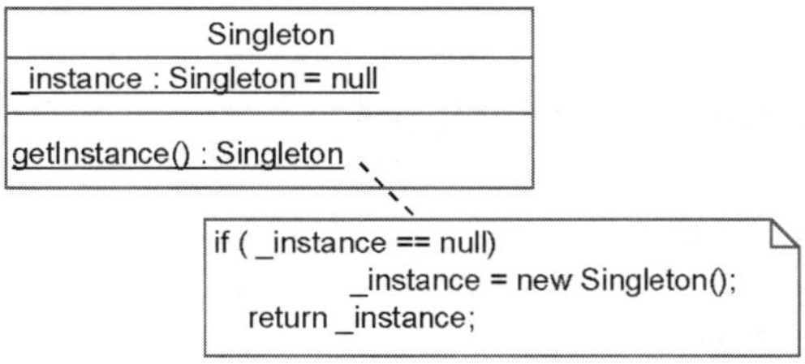

Figure 9-6. : Structure du design pattern singleton

Le singleton est utile au concepteur de SIVEx qui désire créer en local un seul et unique fichier de traces pour toute l'application. De plus, le singleton qui repose sur une méthode de fabrication implicite d'objet pour l'appelant, peut être étendu et fournir un moyen de contrôle sur la création d'instances. Dans l'exemple du *framework* de journalisation, un seul et même fichier de traces doit être créé par jour. Le concepteur peut donc enrichir la méthode de fabrication *getInstance()* pour ajouter un contrôle sur la date de création comme dans le code ci-après. Vous remarquerez que la classe standard *java.util.Calendar* utilise également un singleton pour renvoyer la date courante.

```
package   SIVEx.frameworks.journalisation.serveur;
import        java.util.*;
…
public class FichierTrace {
      private Date       _dateCreation;
      // réalisation de l'attribut de classe du singleton
      private static    FichierTrace          _instance;
      …
      // réalisation de l'opération de classe du singleton avec contrôles
      public static FichierTrace      getInstance() {
         // la classe Calendar utilise un singleton pour la date courante
         int         day = Calendar.getInstance().get( Calendar.DAY_OF_WEEK);
         if ( _instance == null || _dateCreation.getDay() != day ) {
            _instance = new FichierTrace();
         }
         return _instance;
      }
      // le constructeur est privé car le singleton doit être le seul
moyen
      // d'accéder à une instance de la classe.
      private FichierTrace() {
         …
      }
};
```

On a cependant préféré déléguer la capacité de créer de nouveaux fichiers de traces à une autre classe et utiliser de ce fait le *design pattern* « fabrication ».

Le design pattern « fabrication[2] »

Ce *design pattern* [Gamma 95] consiste à donner à une classe particulière, la *fabrique*, la responsabilité de fabriquer les objets d'une autre classe, à savoir les *produits*. La figure 9-7 montre la structure de la fabrication. Vous y remarquerez la représentation UML d'un *design pattern*.

2. Factory dans la version anglaise originale

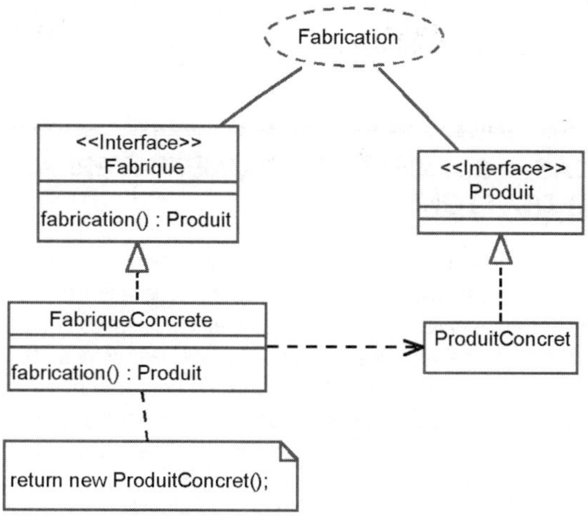

Figure 9-7. : Structure du design pattern fabrication

Au même titre que le singleton, la fabrication est une technique souvent utilisée en conception orientée objet. Nous avons pris à titre d'illustration la journalisation sur le poste client. La classe *Journal* a pour responsabilité de fabriquer les fichiers de traces, et prend ainsi le rôle de facteur. On obtient alors le modèle de la figure 9-8.

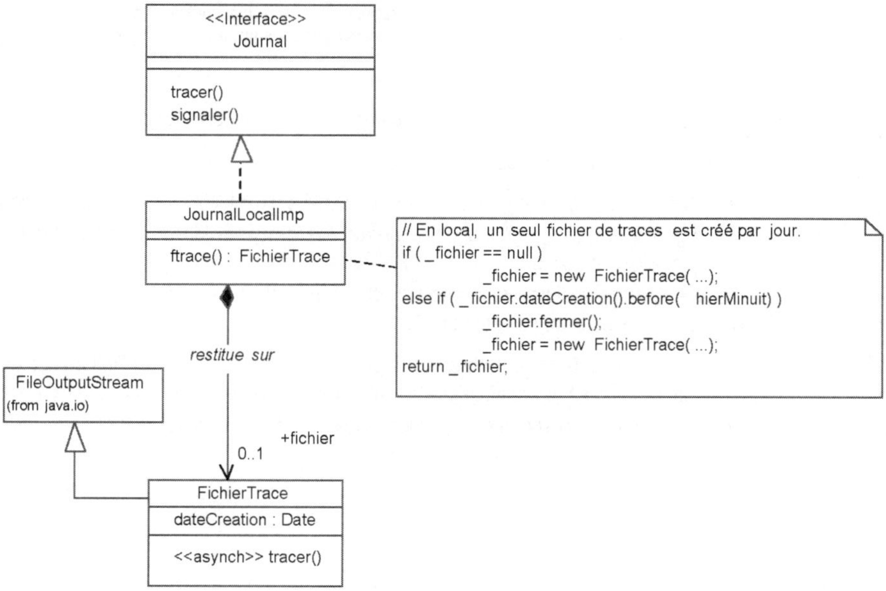

Figure 9-8. : Application d'une fabrication à la journalisation

Nous allons maintenant poursuivre la conception de la journalisation de SIVEx, en appliquant les *design patterns*.

ÉTUDE DE CAS : CONCEPTION D'UNE INTERFACE UNIQUE DE JOURNALISATION

L'un des rôles de la conception est de simplifier les interfaces de manière à offrir le mode opératoire le plus simple possible aux couches exploitantes d'un composant. Dans ce cadre, une interface de journalisation doit être strictement identique, que le service soit local ou distribué. Comme les mécanismes de distribution, en l'occurrence RMI, induisent des contraintes de définition étrangères à la problématique de journalisation, nous avons recouru au design pattern « adaptateur » [Gamma 95]. L'adaptateur consiste à transformer par délégation les points d'entrée d'un composant que l'on désire intégrer à l'interface voulue par le concepteur.

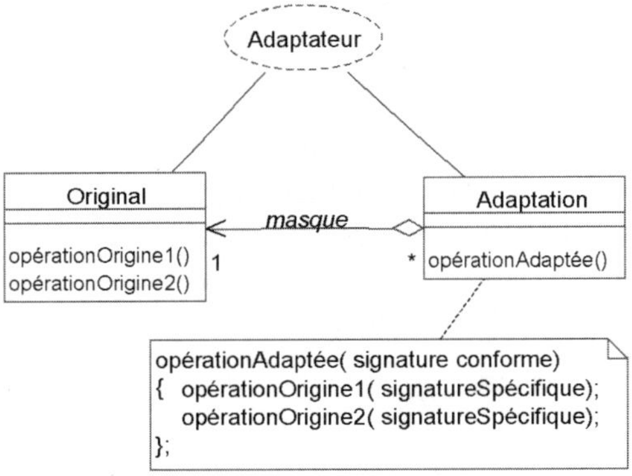

Figure 9-9. : Structure du design pattern Adaptateur

Dans cette optique, l'interface des journaux a été réduite à son strict nécessaire :

- tracer produit un message dans l'un des fichiers d'exploitation identifié par un nom de trace ;
- signaler produit à la fois une trace et un événement SNMP en vue d'alerter le système de surveillance réseau.

Deux singletons implémentent l'interface de journalisation. Ils assurent et synchronisent la cohérence des traces entre serveur et client :

- un journal système est chargé d'adapter l'interface de distribution RMI au contexte local. La classe JournalSysteme joue donc le rôle d'adaptateur.
- un journal local est chargé de produire les traces sur un fichier local.

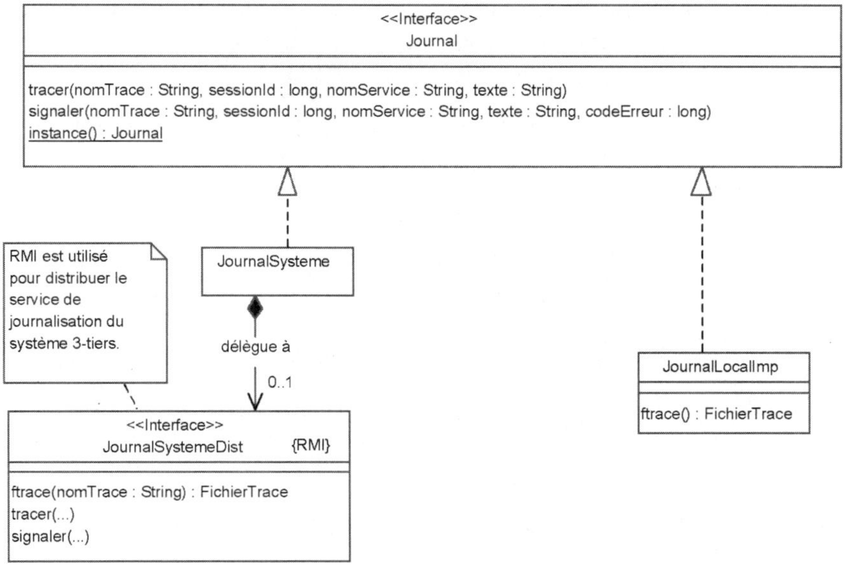

Figure 9-10. : Conception d'une interface unique et adaptation de l'interface distribuée

La distribution des services de journalisation offre une souplesse de répartition des traces. Les composants métier sont en effet clients du système de journalisation, au même titre que les applications. Cela permet d'obtenir une grande cohérence entre les traces produites par les différentes composantes du système et de développer un outil précis de diagnostic d'erreurs.

Construire de nouveaux design patterns

En fonction des besoins de conception ou des pratiques en usage parmi les développeurs, vous pouvez introduire vos propres *design patterns*.

Dans le cas de SIVEx, le serveur de journalisation doit maintenir un fichier par nom de trace. De la sorte, les traces sont réparties sur plusieurs fichiers différents ce qui facilite le travail de recherche d'erreurs mené par l'ingénieur d'exploitation. Le journal système est donc construit sur le modèle d'une fabrication pilotée à la fois par un label – en l'occurrence le nom de la trace – et par le maintien de références sur les instances déjà créées.

Faute de l'avoir rencontré dans les publications existantes, nous avons introduit une variante du *design pattern* fabrication, que nous avons dénommée « fabrication cataloguée ». Ce *design pattern* dont la structure est illustrée à la figure 9-11, définit un catalogue chargé de fabriquer un article lors d'une première demande de référence inexistante. Le catalogue conserve ensuite la référence de tous les articles fabriqués, pour que lors d'une nouvelle demande de référence, le même article déjà construit soit renvoyé.

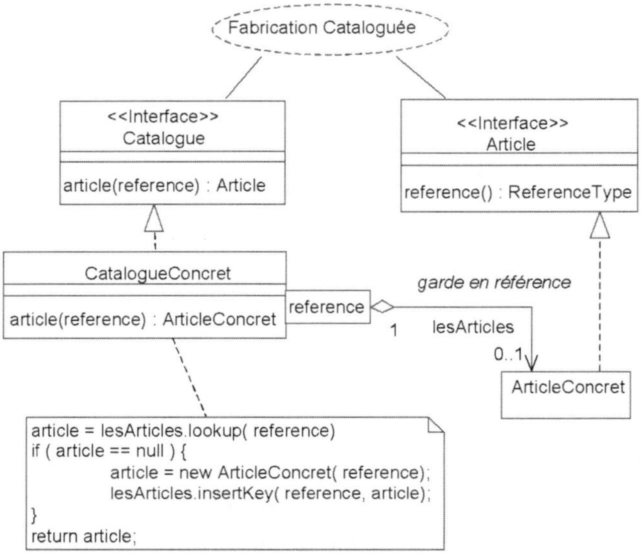

Figure 9-11. : Structure de la fabrication cataloguée

Conformément aux besoins de journalisation, le journal système sert de fabrication cataloguée aux fichiers référencés par un nom de trace. Les règles de construction d'une trace sont cependant un peu plus complexes, puisqu'un nouveau fichier de trace est créé lors d'une modification de date.

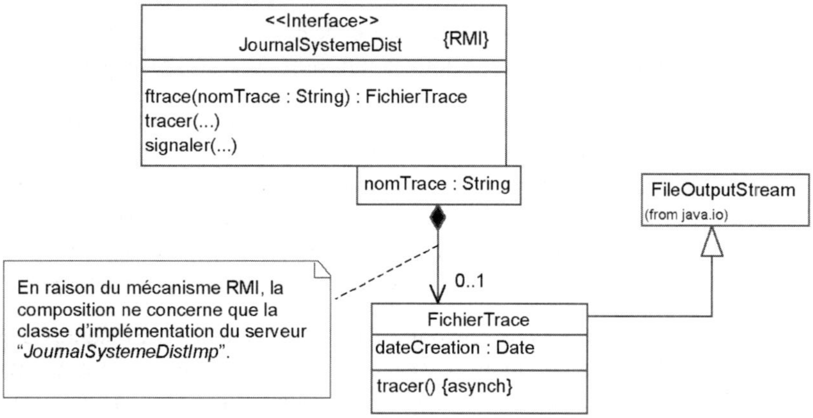

Figure 9-12. : Application d'une fabrication cataloguée au journal système

Conseil

INTÉGREZ LES *DESIGN PATTERNS* DANS LE MODÈLE DE CONCEPTION

Il est important de connaître et de documenter tous les *design patterns* que vous utilisez dans votre conception. À cet effet, nous avons introduit un stéréotype de package : *design pattern*.

Les *design patterns* du domaine public ont une référence bibliographique et seule leur structure statique a besoin d'être rappelée. Les *design patterns* que vous avez construits pour la conception doivent présenter tous les diagrammes statiques et dynamiques nécessaires à leur compréhension.

Conception dynamique d'un *framework*

La conception ne peut se contenter d'une simple étude du modèle structurel. Tout comme en analyse, il est nécessaire d'examiner la dynamique du modèle, en l'occurrence la façon dont les composantes du *framework* se synchronisent.

UML offre différentes approches pour exprimer la dynamique. Nous avons choisi d'utiliser :

- un diagramme d'interactions (diagramme de séquence ou de collaboration) lorsque le mécanisme étudié implique la synchronisation d'appels provenant de différentes classes ;
- un diagramme d'états lorsque le mécanisme étudié est sous la responsabilité d'une classe qui va occuper plusieurs états, avec des alternatives de transitions entre les états ;
- un diagramme d'activités lorsque le mécanisme concerné repose entièrement sur une méthode chargée d'en dérouler les étapes fonctionnelles.

À titre d'illustration, un diagramme de collaboration permet ici d'étudier comment le journal local et les journaux distribués vont se synchroniser.

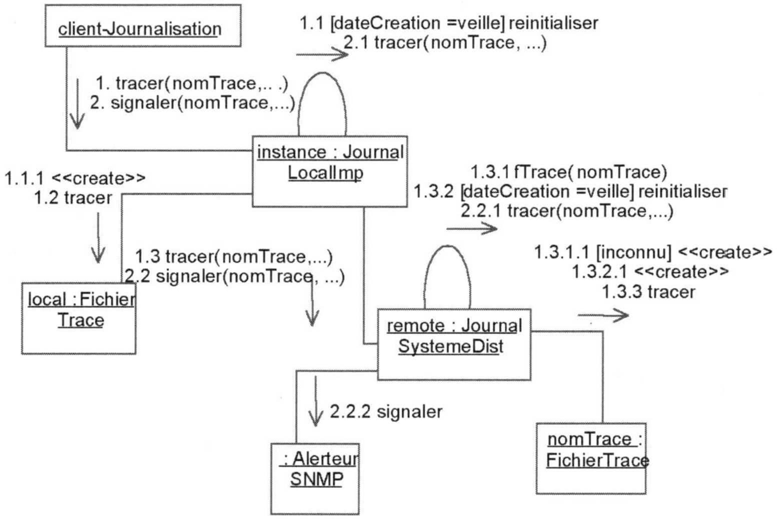

Figure 9-13. : Dynamique de synchronisation entre journaux

Nous avons utilisé la notation décimale (numérotation des messages) pour décrire précisément l'enchaînement des appels entre méthodes. Ainsi, la succession des appels du diagramme ci-dessus correspond au pseudo-code suivant.

```
JournalLocalImp::tracer(…) {
      if ( dateCreation.before( hierMinuit) ) then
         reinitialiser()      //1.1
      _fichier.tracer(…)      //1.2
      JournalSystemeDist::instance().tracer(…)      // 1.3
}
JournalLocalImp::reinitialiser() {
      _fichier = new FichierTrace(…)      // 1.1.1
}
JournalSystemeDist::tracer(…) {
      FichierTrace _trace = fTrace(…);      // 1.3.1
      if ( _trace.dateCreation.before( hierMinuit) ) then
         reinitialiser()      //1.3.2
   _trace.tracer(…)      // 1.3.3
}
```

ÉTUDE DE CAS : CONCEPTION D'UN MÉCANISME ASYNCHRONE

L'appel d'une opération du journal système correspond, comme on l'a vu, à un accès RMI sur le composant distribué chargé de maintenir les différents fichiers de traces. Malheureusement, RMI ne prend pas en charge les appels asynchrones. Ainsi, tout appel au composant distribué provoque une file d'attente qui peut ralentir l'exécution des procédures du poste client. Or, l'envoi d'une trace n'implique aucune donnée en retour au client ; l'exécution du code client a donc de fortes chances de se voir inutilement ralentie.

Pour remédier au problème, nous avons recours à un nouveau mécanisme d'asynchronisme, {asynch} qui s'applique aux opérations des classes mises en œuvre sur les serveurs. En l'occurrence, l'appel de l'opération *tracer* va déclencher la création d'une tâche *AsynchTracer*, déclarée comme classe imbriquée de la classe *FichierTrace*. La figure 9-14 schématise la structure associée au mécanisme d'asynchronisme. Vous remarquerez la notation que nous avons adoptée pour exprimer les classes imbriquées de Java.

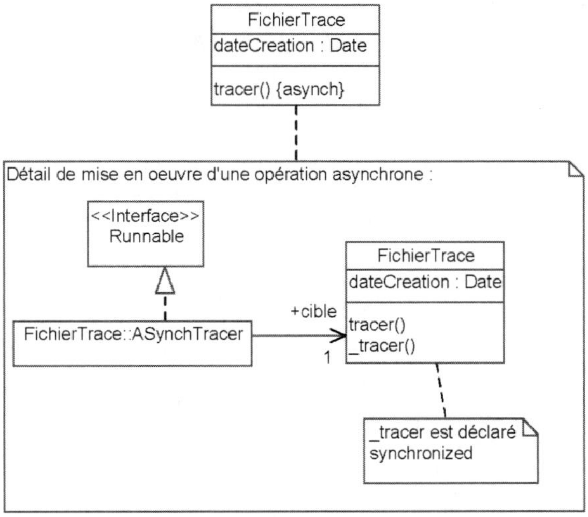

Figure 9-14. : Structure du mécanisme {asynch}

La classe imbriquée *FichierTrace::AsynchTracer* est une tâche Java déclenchée à l'appel de l'opération *tracer*. Cette dernière opération se termine dès que la tâche est lancée, de sorte qu'elle ne sera pas bloquée par l'attente d'une écriture sur le fichier et ne bloquera donc pas le client. En revanche, la tâche lancée attend le temps nécessaire pour écrire sur le fichier via l'opération *_tracer*. Le diagramme de collaboration à la figure 9-15 décrit cette dynamique et utilise une lettre en tête de notation des messages pour différencier les flots appartenant aux deux tâches.

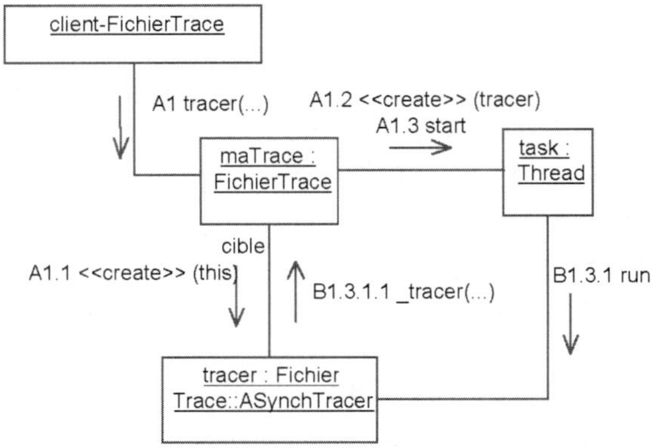

Figure 9-15. : Collaboration du mécanisme de synchronisation

En conséquence, voici les extraits de code correspondant au système décrit.

```
package     SIVEx.frameworks.journalisation.serveur;
...
public class FichierTrace {
      // classe imbriquée Java
      public class AsynchTracer implements Runnable {
         private FichierTrace      _cible;
         private String       _message;
         AsynchTracer( FichierTrace cible, String message) {
            _cible = cible;
            _message = message;
         }
         public void run() {
            _cible._tracer( _message);
         }
      }
      private Date        _dateCreation;
      public void tracer( String message) {
         AsynchTracer    tracer = new AsynchTracer( this, message);
         Thread     task = new Thread( tracer);
         Task.run(); // libère l'appelant, car retour sans attente.
      }
      public void _tracer( String message) {
         // traitement normal de l'accès au fichier via le catalogue…
         ...
      }
};
```

Organisation du modèle logique de conception technique

Nous allons maintenant revenir au processus 2TUP et examiner les points de vue sur lesquels s'appuie le modèle. Il existe en fait une analogie d'approche entre les branches fonctionnelle et technique, seuls les intervenants et la nature des objectifs changent.

Comparons en effet les deux approches :

- sur la branche gauche, l'analyste détermine les besoins en recourant au modèle de spécification fonctionnelle. Sur la branche droite, l'architecte technique détermine et structure également les besoins techniques suivant les couches du modèle de spécification logicielle ;
- sur la branche gauche, l'analyste détaille ensuite son problème en classes structurées suivant les catégories du modèle structurel qui, par nature, est

fort analogue au modèle logique. Sur la branche droite, l'architecte technique construit des *frameworks* techniques qu'il va organiser dans le modèle logique de conception technique.

Le modèle de conception technique est donc également organisé par packages de classes qui représentent les *frameworks* développés pour résoudre les problèmes purement techniques. Rappelons que c'est pour cette même raison que nous parlons de conception générique. Le modèle logique est donc organisé suivant les dépendances qui s'établissent entre *frameworks* techniques.

La figure 9-16 indique l'organisation retenue pour l'étude de cas SIVEx. Notez la façon dont cette organisation de *frameworks* techniques est influencée par les couches logicielles dans lesquelles nous avons exprimé les besoins. La persistance du découpage en couches est une conséquence du périmètre des responsabilités techniques affectées à chaque package. Par cohérence et homogénéité en effet, une responsabilité technique doit concerner une seule couche logicielle. Le modèle de conception technique ajoute cependant des services transverses aux couches. Le *framework* de journalisation est typiquement l'un de ces services utilisables depuis toutes les couches logicielles.

ÉTUDE DE CAS : ORGANISATION DES FRAMEWORKS TECHNIQUES

L'organisation du modèle logique reprend les couches logicielles. À chaque couche correspond un *framework* technique, en partie abstrait, qui définit des interfaces génériques de réalisation des responsabilités logicielles :

- le noyau présentation définit les classes, les interfaces et les mécanismes de base pour réaliser l'affichage d'objets ;
- le noyau applicatif définit ces mêmes éléments pour rafraîchir les vues, charger les modèles de fonctionnement et contrôler les commandes d'une application ;
- le *framework* EAI établit les transformations de données nécessaires à la synchronisation avec les progiciels de SIVEx et le reste du système d'information ;
- le noyau métier définit les éléments permettant d'identifier les objets métier et de définir leurs attributs caractéristiques ;
- le noyau d'accès aux données définit les mécanismes de chargement, de sauvegarde, de mise à jour et de recherche des objets persistants.

Les autres *frameworks* répondent à des services transverses et complètent la conception des couches logicielles. Les services correspondent aux problématiques de distribution, de sécurité, de journalisation et d'authentification.

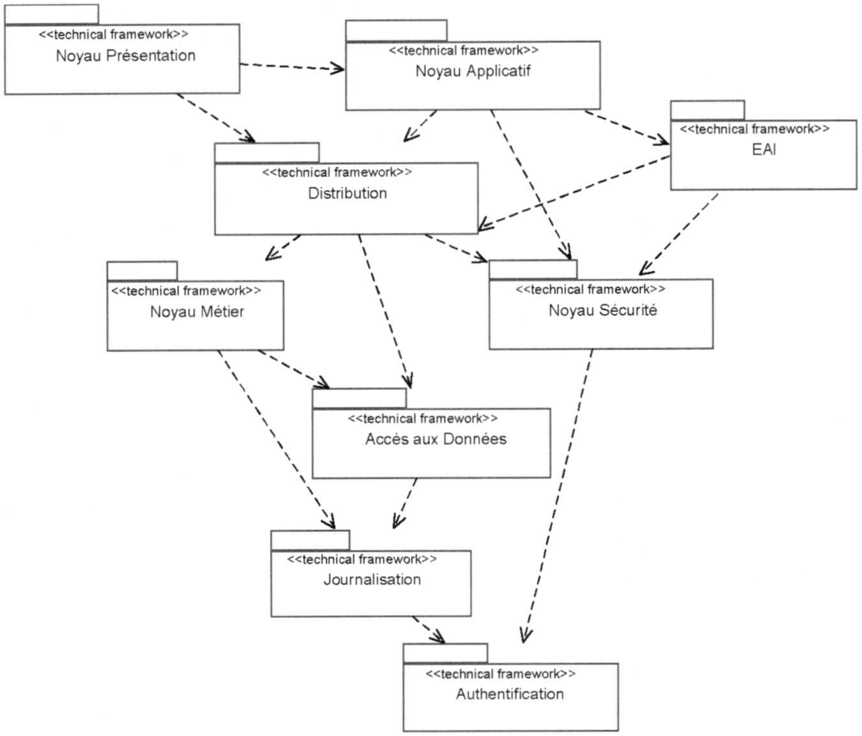

Figure 9-16. : Organisation du modèle logique de SIVEx

La définition des *frameworks* et des dépendances doit obligatoirement compléter ce diagramme d'organisation. En voici deux exemples :

- Noyau Sécurité : *framework* de pilotage les habilitations. Il correspond aux besoins transverses aux couches Application et Métier.

Ce *framework* dépend de l'authentification pour accéder aux informations relatives aux utilisateurs.

- Accès aux données : *framework* en partie abstrait gérant l'accès aux données et le stockage en base de données. Il couvre les besoins de la couche d'accès aux données.

Ce *framework* dépend de la jounalisation pour gérer un journal des requêtes d'accès à la base de données.

Les contraintes de réutilisation dans la conception générique

Au même titre que les contraintes d'optimisation, les contraintes de réutilisation interviennent lors de la conception. La réutilisation répond à plusieurs critères qui sont :

- l'avantage économique, correspondant au temps de développement qu'il aurait fallu consacrer à l'élaboration du composant ou à son équivalent dans le projet ;
- le gain en fiabilité : les composants du commerce sont réputés robustes. Lorsqu'il s'agit de composants maison, il faut parfois évaluer leur degré de confiance, ce qui requiert des efforts à prendre en compte ;
- les contraintes d'intégration : les documentations, les exemples et le découplage technique qui facilitent l'utilisation du composant doivent également être évalués.

Plagiant Molière, nous adopterons la maxime suivante :

Conseil

IL FAUT RÉUTILISER POUR CONCEVOIR ET CONCEVOIR POUR RÉUTILISER

Réutiliser pour concevoir s'entend pour ses avantages économiques. La seconde assertion se comprend mieux par l'expérience et mérite quelques explications.

En ajoutant effectivement l'exigence de réutilisation à notre conception, on impose :

- un minimum de documentation,
- une assurance de robustesse,
- le découplage nécessaire à l'extraction de composants et à leur capacité de test hors de tout contexte applicatif.

Ainsi, même si la réutilisation des parties de l'application en cours de développement n'est pas requise, l'envisager apporte implicitement des qualités de découplage, d'évolutivité, de compréhension et de robustesse du code. Autant de propriétés qui vont permettre la diminution notable des phases ultérieures de recette et de mise au point.

Concevoir pour réutiliser est d'autant plus pertinent que le développement de la branche droite est par nature réutilisable. Par son caractère générique, la solution est en effet indépendante de toute fonctionnalité. De ce fait, le cycle en Y a été conçu pour favoriser la réutilisation de l'architecture technique dans son ensemble.

Il est donc bien dans l'intention des concepteurs de SIVEx de réutiliser globalement les mêmes concepts techniques pour toutes les applications. De la gestion du quai jusqu'à la comptabilité, la journalisation, la sécurité, les mécanismes d'accès aux données et de distribution, les interfaces du noyau métier, du noyau applicatif et de la présentation seront identiques.

Remarquez enfin comment la cartographie des dépendances entre les *frameworks* techniques est importante pour la réutilisation. C'est cette cartographie qui permet de maîtriser le couplage entre composants et d'ordonner la réalisation des tests unitaires et d'intégration. C'est encore cette cartographie qui rend possible la subdivision du modèle de conception technique en sous-parties potentiellement réutilisables dans d'autres contextes que SIVEx. Un futur système de l'entreprise pourra par exemple réutiliser le *framework* d'authentification. En raison des principes de réutilisation de la conception, toute sous-partie doit donc être potentiellement réutilisable. Si l'accès aux données nous intéresse, l'organisation du modèle de conception technique nous indique qu'il faudra réutiliser également la journalisation et l'authentification, ou bien procéder à des adaptations.

Ne pas faire

RÉUTILISER SANS COORDINATION

Nous avons souvent rencontré des développeurs consciencieux qui, apportant le plus grand soin à l'organisation de leur code, sont désolés de ne pas voir leur code réutilisé. Inversement, des projet décidant de récupérer un ensemble logiciel réputé réutilisable, ont connu à leurs dépens un supplément de maintenance non prévu [Ezran 99].

Dans les deux cas, aucun effort n'a été apporté à la coordination entre les créateurs et les utilisateurs de la réutilisation. L'expérience acquise en développement objet montre en effet que la réutilisation du logiciel impose d'organiser et de faciliter la concertation [Jacobson 97]. Les facteurs essentiels de réussite sont donc à la fois :

- le respect des règles d'architecture par l'organisation soignée du modèle,
- une implication de la direction pour consentir aux dépenses d'empaquetage en composants,
- l'existence d'un comité d'assistance à la réutilisation, auprès des projets en cours.

Quand bien même ces critères ne sont pas respectés, la maxime « réutiliser pour concevoir et concevoir pour réutiliser » peut être appliquée en tant que règle d'amélioration de la conception. Vous aurez en effet donné à votre conception les qualités attendues par un architecte logiciel : facilité d'intégration, robustesse et capacité d'évolution.

Élaboration du modèle d'exploitation de la conception technique

Définition

COMPOSANT (DÉFINITION UML)

Dans UML, un composant est une partie physique et remplaçable du système qui réalise un ensemble d'interfaces [UML-UG 99].

Pour établir un modèle d'exploitation, nous avons besoin de distinguer deux niveaux de composant : les composants d'exploitation déjà représentés au chapitre 5, et les composants qui servent à la configuration logicielle. Nous ne retrouvons pas cette dichotomie parmi les stéréotypes prédéfinis d'UML :

- « executable » représente un exécutable capable de fonctionner sur une des machines du système physique. Cette caractéristique en fait un composant d'exploitation ;
- « library » correspond à une librairie statique ou dynamique. Seules les librairies dynamiques peuvent être assimilées à un composant d'exploitation dans la mesure où elles sont explicitement installées par l'ingénieur d'exploitation.

Les deux autres stéréotypes que nous avons retenus s'apparentent à la configuration logicielle :

- « file » représente un fichier de code. Dans le cadre d'un développement Java, la correspondance systématique entre une classe et un fichier fait que la représentation des fichiers de code n'apporte aucune information supplémentaire aux diagrammes de classes ;
- « table » correspond à une table définie pour une base de données. Nous savons également qu'il est rarement nécessaire d'en venir à ce niveau de détail pour l'exploitation.

En conception générique, le modèle d'exploitation montre l'organisation des composants correspondant aux différents *frameworks* techniques que l'on peut mettre en œuvre. Pour établir la vue des composants d'exploitation, nous avons défini les stéréotypes ci-après :

- « application » représente un exécutable directement accessible à un utilisateur. Un composant de ce type se déploie généralement sur un poste client.
- « RMI server » est un serveur RMI. Un tel composant distribué se déploie généralement mis en œuvre sur une machine de type serveur.
- « DB engine » constitue un moteur de base de données.
- « DB instance » correspond à une instance de la base de données, en principe un ensemble de tables et d'utilisateurs conçus dans un cadre fonctionnel précis.
- « EAI broker » correspond au serveur des messages de transmission des échanges entre les applications du SI.
- « EAI adapter » correspond aux terminaux récepteurs/émetteurs de ces messages qui réalisent le travail de mise à jour au sein des applications.

La vue des composants d'exploitation complète la conception générique. Ce point de vue permet d'identifier les premiers éléments du système logiciel et définit les règles de déploiement et d'intégration des différentes composantes de SIVEx. La vue d'exploitation précise par exemple l'ordre dans lequel l'exploitant doit initialiser les serveurs RMI en fonction des dépendances.

ÉTUDE DE CAS : MODÈLE D'EXPLOITATION DE LA CONCEPTION TECHNIQUE

Voici comment nous avons choisi d'organiser les composants génériques qui devront être intégrés au prototype de validation de la conception générique :

- pour des raisons de performances, la base de données du référentiel métier et le référentiel des informations d'intégrité sont séparés ;
- le composant d'accès aux données correspond à la partie générique du *framework* qui pilote la connexion à la base de données ;
- le composant de journalisation correspond à la partie distribuée du *framework* de synchronisation des traces ;
- le superviseur de la distribution est le chef d'orchestre des composants, il est notamment chargé de démarrer tous les autres composants distribués. La relation de démarrage constitue une dépendance particulière. C'est pourquoi nous avons introduit le stéréotype « start ».

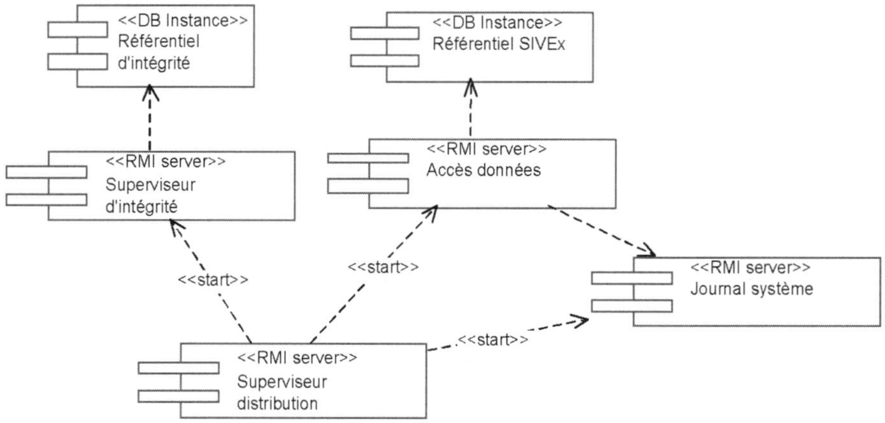

Figure 9-17. : Structure de la vue d'exploitation du modèle de conception technique

À cette vue viendront s'ajouter ultérieurement les composants RMI métier et EAI qui ne sont pas définis dans le cadre de la conception générique.

Élaboration du modèle de configuration logicielle de la conception technique

Définition

SOUS-SYSTÈME

En UML, un sous-système correspond à un regroupement d'éléments de modélisation dont le but est de fournir une même unité de comportement au sein du système [UML-UG 99].

Un sous-système est représenté par un package portant le mot-clé *subsystem*, qui ne regroupe pas forcément des composants comme ont pu le suggérer les versions précédentes d'UML, ou certains outils CASE. Une première ébauche de découpage en sous-systèmes nous est d'ailleurs fournie par l'organisation en *frameworks* techniques du modèle logique ou de manière plus macroscopique en associant un sous-système à chacun des deux progiciels choisis pour SIVEx.

Il est cependant intéressant de développer le point de vue de la configuration logicielle, afin d'identifier les sous-ensembles pouvant se fabriquer et s'utiliser indépendamment les uns des autres. Un sous-système se caractérise donc par un procédé de fabrication indépendant. Il s'agit par exemple du fichier *makefile* ou du fichier projet de votre plate-forme de développement. Le sous-système se caractérise en outre par un numéro de version qui fixe son état d'évolution au sein de la construction globale du système. Par l'usage que nous en faisons, le sous-système devient donc l'élément de structuration du modèle de configuration logicielle. Le découpage en sous-systèmes nous sert à identifier les dépendances de compilation pour RMI, les dépendances d'implantation des sources Java et les regroupements en fichiers JAR (Java ARchive qui stocke du source Java sous un format compressé).

La structure en sous-systèmes établit généralement une correspondance directe avec les composants d'exploitation qui représentent autant de cibles de fabrication, et avec tous les sous-ensembles de classes qui sont réutilisés par les différents composants.

ÉTUDE DE CAS : MODÈLE DE CONFIGURATION LOGICIELLE

Le modèle de configuration logicielle est développé au niveau de la conception technique. Les sous-systèmes identifiés sont les suivants :

- le sous-système « Schéma d'intégrité », qui correspond à la définition des tables permettant de fabriquer et de lancer en exploitation la base de données servant de « référentiel d'intégrité » ;
- le sous-système « Journalisation », qui concerne l'ensemble des packages Java et des composants RMI fournissant les services de journalisation ;
- le sous-système « Superviseur de distribution », qui établit comment fabriquer les composants RMI constituant les services de distribution, y compris les services d'intégrité. La dépendance vis-à-vis du sous-système de journalisation signifie qu'une évolution de ce dernier nécessite de procéder à une nouvelle fabrication ;
- le sous-système « Distribution métier », qui regroupe l'ensemble des composants RMI et des packages Java permettant de fabriquer un composant de distribution métier, y compris son mécanisme de persistance ;
- le sous-système « Environnement local », qui structure les packages Java permettant l'exploitation des services distribués de connexion et d'accès à l'intégrité. Il s'agit des éléments à intégrer dans le code des applications clientes.

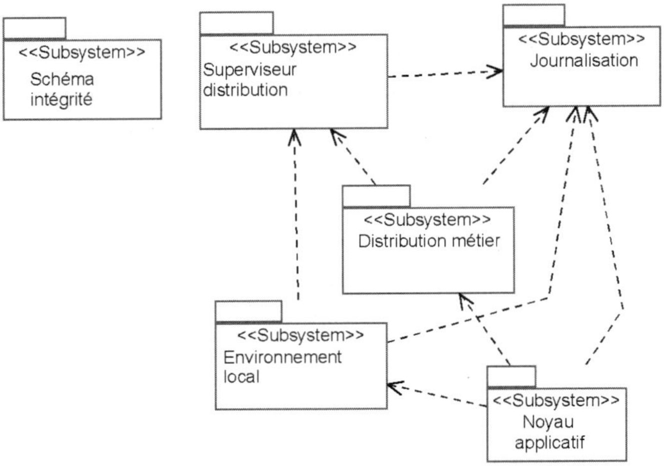

Figure 9-18. : Organisation du modèle de configuration logicielle

Pour compléter cette organisation, chaque sous-système doit préciser la structure des composants qu'il contient. À titre d'illustration, nous avons développé dans le diagramme ci-après le détail du sous-système de journalisation.

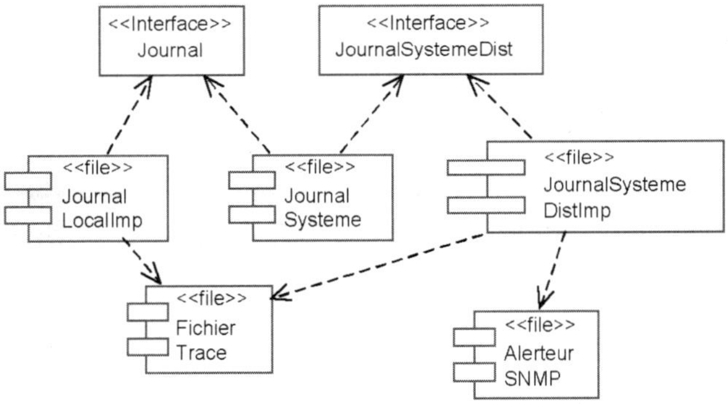

Figure 9-19. : Structure du sous-système « Journalisation »

Dans le cadre d'un développement Java, la fabrication d'un fichier peut dépendre de la définition d'une interface, comme le montre la figure 9-19. Par ailleurs, il y a correspondance directe entre les composants de configuration logicielle, en l'occurrence les fichiers, et les classes. Ainsi, la description détaillée du modèle de configuration logicielle apporte peu de plus-value.

Prise en compte de la génération de code

La conception générique consiste à développer le squelette technique d'un projet, garant de son intégrité conceptuelle future. Comme nous l'avons déjà mentionné, la conception générique se compose de *frameworks* techniques plus ou moins abstraits.

Le *framework* d'accès aux données est par exemple abstrait parce qu'il est essentiellement composé d'interfaces. Parmi ces interfaces, *IDataClasseBD* représente toute structure échangée avec la base de données. En conception détaillée, cette interface sera implémentée par rapport aux besoins fonctionnels des applications de SIVEx. Elle donnera lieu à des implémentations en partie calquées sur la structure des classes d'analyse. Le diagramme ci-après illustre notre exemple :

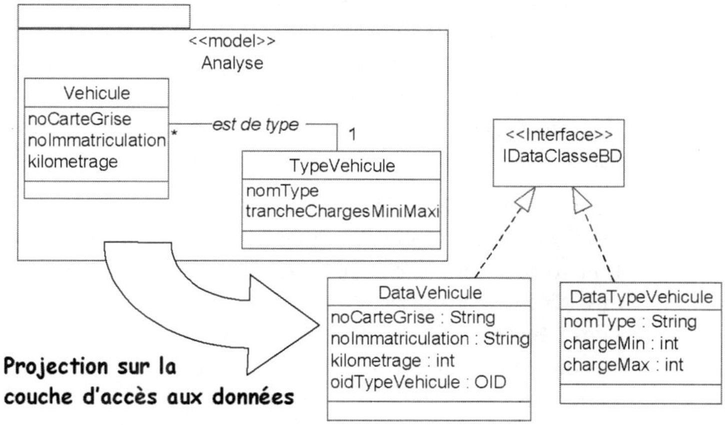

Figure 9-20. : Correspondance entre le modèle d'analyse et un framework technique

On peut donc constater que l'implémentation des *frameworks* abstraits se fonde sur des informations déjà disponibles dans le modèle d'analyse. Par ailleurs, la constitution manuelle du code Java s'avérerait particulièrement pénible, tant pour la création - car il s'agit d'une interprétation quasi-automatique d'informations déjà disponibles dans d'autres modèles - que pour la maintenance. En effet, toute modification du modèle doit entraîner la mise à niveau correspondante des différentes lignes de code.

L'implémentation des *frameworks* abstraits à partir des définitions fonctionnelles fait donc l'objet d'une écriture de code répétitive et fastidieuse à maintenir. Si la variabilité réside dans les informations que comportent les modèles UML, le générateur de code s'avère particulièrement efficace. Cette approche est aujourd'hui promue par l'OMG (*www.omg.org*) ; elle est référencée sous la dénomination MDA (Model Driven Architecture).

Comme nous allons le voir, il existe des contextes pour lesquels la génération de code complète très utilement la conception générique.

Étude

CE QU'ON PEUT ATTENDRE D'UN GÉNÉRATEUR DE CODE

Un générateur de code accompagne la plupart du temps l'outil CASE que vous utilisez pour éditer vos modèles UML. De ce point de vue, on peut déjà séparer les outils CASE en deux familles : ceux qui vous permettent de développer vos propres générateurs et ceux qui vous livrent des générateurs munis de capacités de paramétrage.

Si vous estimez que votre projet doit inclure de la génération de code, écartez immédiatement les outils qui ne vous donnent pas la possibilité d'obtenir votre propre générateur. Conformément à ce qui vous est expliqué au paragraphe précédent, le générateur de code complète votre conception, et non l'inverse. En conséquence, les générateurs fournis par défaut sont rarement utiles, car ils ne collent jamais parfaitement à la réalité de vos propres contraintes de conception.

Un générateur de code doit vous permettre d'accéder à toutes les informations du modèle UML et de produire des fichiers qui restituent cette information sous le format de votre choix. Avec un générateur, vous pouvez donc aussi bien créer un rapport texte qu'un fichier de code Java. Notez que certains générateurs peuvent se coupler avec les suites bureautiques et produire des documents de travail directement issus du modèle. Le recours aux générateurs est donc un excellent moyen pour synchroniser l'évolution d'un modèle avec le code et la documentation qu'il produit.

Nous avons retenu trois niveaux de complexité de génération :

1. Générer les squelettes : c'est le niveau le plus facile et le plus répandu pour lequel le générateur récupère les classes, leurs attributs, les opérations et les signatures. Le générateur produit alors un fichier Java pour chaque classe incluant des méthodes vides à compléter manuellement.
2. Générer les mécanismes systématiques : c'est le niveau le plus efficace pour compléter une conception générique. Les classes sont générées avec des méthodes spécifiques aux mécanismes du *framework* technique visé. La difficulté de ce niveau est le paramétrage spécifique que vous devez ajouter pour avoir un contrôle plus précis sur les différents cas de figure rencontrés.
3. Générer le corps des méthodes fonctionnelles : pour les opérations liées à un diagramme d'interactions ou les classes liées à un diagramme d'états, le générateur récupère en outre les informations du modèle dynamique afin de générer en Java les méthodes équivalentes à la description UML.

Dans tous les cas, le générateur doit être incrémental pour être opérationnel, ce qui signifie que toute nouvelle génération de code doit préserver le code que vous avez ajouté manuellement.

Un générateur de code doit donc répondre aux trois qualités suivantes :

- il doit permettre de coller à votre conception générique ;
- il doit être capable d'implémenter tout un *framework* abstrait à partir des informations déjà disponibles dans le modèle d'analyse ;
- il doit être incrémental.

Avec de telles spécifications, le générateur devient un projet dans le projet. Il demande de procéder à une analyse, à une conception, puis à un codage. Il implique donc un investissement de ressources. Un bon critère de rentabilité consiste à mesurer l'intérêt d'un générateur de code. À cet effet, vous multipliez le nombre de classes d'analyse par le nombre de *frameworks* concernés. Un intérêt de 150 à 200 *classe*framework* vous fournit alors une limite de décision. Au-delà nous vous conseillons fortement d'utiliser la génération de code.

ÉTUDE DE CAS : CALCUL DE L'OPPORTUNITÉ D'UN GÉNÉRATEUR DE CODE

Recensement des frameworks techniques de SIVEx impliqués par la génération de code :

- framework d'accès aux données,
- framework de distribution,
- framework du noyau client,
- outre les frameworks, on inclut les scripts des tables relationnelles.

Calcul de l'intérêt à la génération de code : 4 * 50 classes issues de l'analyse de SIVEx :

Intérêt à la génération = 200 classe*framework

Nous avons donc intérêt à développer un générateur pour compléter la conception générique.

Ne pas faire

NE PAS SOUS-ESTIMER LE COÛT D'UN GÉNÉRATEUR DE CODE

Le constat que nous avons pu faire sur les différents projets où nous sommes intervenus est le suivant : la génération de code est encore trop rarement exploitée, voire parfois abandonnée suite à l'évaluation des moyens offerts par les outils CASE. Nous avons cependant déjà pu expérimenter des générations de code rentables dans au moins trois contextes de développement différents.

Premier conseil : ne jamais sous-estimer le coût ou les risques accompagnant un outil de génération de code. Le développement d'un générateur est un projet dans le projet qui nécessite les mêmes critères de suivi : pilotage par les risques, développement par incréments et construction autour d'un modèle.

Le second conseil consiste à ne débuter l'analyse du générateur de code qu'une fois le modèle de conception technique stabilisé. Il est vain en effet d'anticiper ou d'évaluer des générateurs de code étrangers à votre conception.

Développement d'un prototype

Vous avez conçu tous les *frameworks* techniques qui vous permettront de répondre aux spécificités techniques de votre système. Vous avez éventuellement développé en sus les générateurs qui en facilitent l'implémentation.

Rappelons encore que l'architecture technique ainsi obtenue garantit l'intégrité conceptuelle de tous vos futurs développements. Vous contribuez ainsi non seulement à une bonne partie du travail de conception, mais apportez également les meilleurs savoir-faire à reproduire pour le reste du projet.

Conseil

DÉVELOPPEZ UN OU PLUSIEURS PROTOTYPES COMME PREUVE DE CONCEPT

Sachant qu'une conception évolue encore lors de son implémentation et que tout changement concernant la conception générique devient coûteux en phase d'implémentation, vous avez intérêt à développer dès maintenant un prototype d'architecture. Vous procéderez ainsi le plus rapidement possible aux mises au point qui s'imposeront à votre conception générique.

La question qui se pose ensuite est la suivante : « Que mettre dans un prototype ? ». Sachez que l'ensemble de vos prototypes doit répondre aux fonctionnalités techniques demandées par le système. Dans le cadre de SIVEx, le prototype doit au moins valider :

- le mécanisme CRUD des objets (Create, Retrieve, Update, Delete) depuis la présentation jusqu'à la base de données,
- les transformations d'objets entre les couches : passer d'un objet de présentation à un objet de distribution puis à un objet métier,
- les mécanismes d'authentification et d'habilitations,
- l'intégrité des données sur le serveur et sur le poste client,
- les synchronisations EAI entre applications,
- les mécanismes de présentation.

Le prototype peut donc viser fonctionnellement un simple éditeur des commandes et des clients de SIVEx en synchronisation avec SAP R3 et SIEBEL. Le prototype doit de plus disposer d'un mode de présentation multivue pour couvrir tous les aspects techniques. Enfin, le prototype valide et prépare les trois niveaux de tests requis à la recette technique du système :

- il inclut le test unitaire des composants techniques pris un à un ;
- il prépare les tests d'intégration dans le cadre de la préparation au développement du système complet ;
- il répond déjà aux spécifications techniques, et notamment au respect des temps de réponse et des exigences de montée en charge.

Le prototype valide et termine éventuellement l'étape de conception générique. Nous sommes maintenant arrivés au terme de ce chapitre et allons en récapituler les phases de réalisation.

Phases de réalisation en conception générique

La conception générique avec UML s'appuie sur le développement de *frameworks* répondant aux spécifications techniques. Aujourd'hui, la conception orientée objet consiste à recourir aux *design patterns* ainsi qu'à schématiser les mécanismes les plus utilisés. L'organisation en architecture technique puis en composants d'exploitation et logiciels doit ensuite répondre à des objectifs de réutilisation, de fabrication et de déploiement.

Le détail du processus suggéré en conception générique est le suivant :

1. Élaboration du modèle logique de conception technique : concevez les *frameworks* techniques :
   - schématisez à l'aide de diagrammes de classes et d'interactions les *design patterns* que vous utiliserez ;
   - représentez de la même façon les mécanismes de votre conception et identifiez-les avec des valeurs étiquetées ;
   - identifiez et schématisez avec UML les *frameworks* techniques : réutilisez pour concevoir et concevez pour réutiliser ;
   - organisez le modèle logique de conception technique.

2. Élaboration du modèle d'exploitation de conception technique : concevez les composants d'exploitation :
   - identifiez les composants d'exploitation correspondant aux *frameworks* techniques ;
   - organisez le modèle d'exploitation.

3. Élaboration du modèle de configuration logicielle de conception technique : concevez les composants de configuration logicielle :
   - identifiez les sous-systèmes de fabrication des composants d'exploitation, en fonction des classes et des *frameworks* techniques disponibles ;
   - organisez la configuration logicielle, en précisant les dépendances entre sous-systèmes ;
   - développez les composants de chaque sous-système si nécessaire.

4. Développez optionnellement un générateur de code (c'est un projet dans le projet) :
   - analysez à partir des résultats de la conception générique ;
   - concevez ;
   - implémentez ;
   - testez.

5. Développez un prototype :

- identifiez les objectifs du prototype ;
- implémentez la conception générique ;
- intégrez optionnellement le générateur de code ;
- testez ;
- mettez au point la conception générique et éventuellement le générateur de code.

La réutilisation doit rester un leitmotiv pour toute cette activité, même si elle n'est pas effectivement requise. Certains contextes justifient également de développer un générateur de code pour faciliter l'implémentation des *frameworks* abstraits.

Il est fortement recommandé de mettre en œuvre un ou plusieurs prototypes pour valider les décisions prises lors de cette phase essentielle pour le reste du projet.

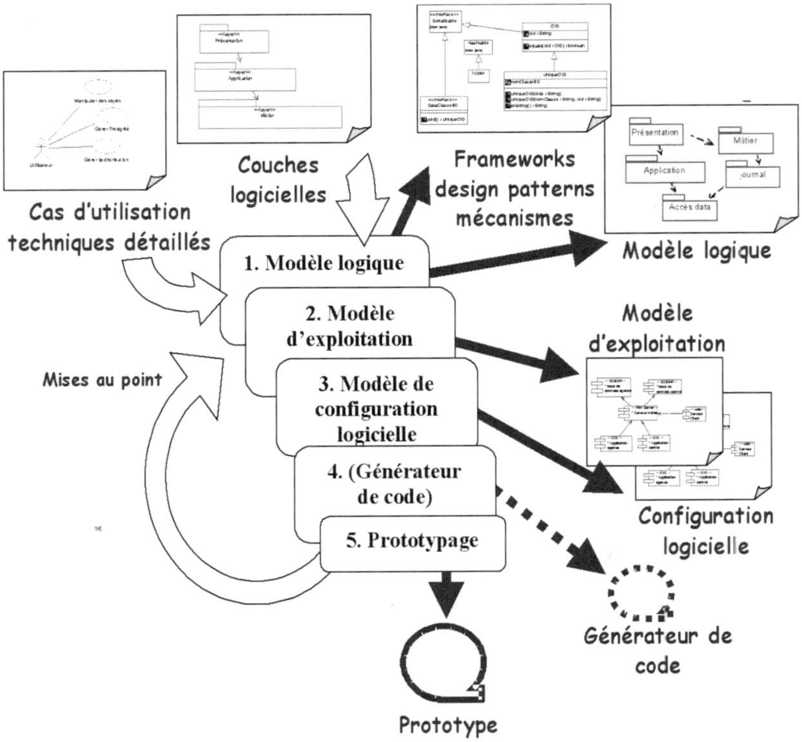

Figure 9-21. : Construction de l'étape de conception générique

Sur le site Web (www.editions-eyrolles.com)

Vous trouverez sur le site Web des éditions Eyrolles un exemple d'organisation du modèle de conception générique de SIVEx dans le fichier *ch9.mdl*, au format Rational/Rose. Vous y verrez les *frameworks* génériques de l'étude de cas. Dans les chapitres ultérieurs de conception, nous reviendrons plus en détail sur les mécanismes objets qui ont servi à concevoir :

- le couplage entre une application et sa présentation,
- le modèle de distribution avec RMI des objets issus de l'analyse,
- le modèle de persistance des objets avec une base de données relationnelle.

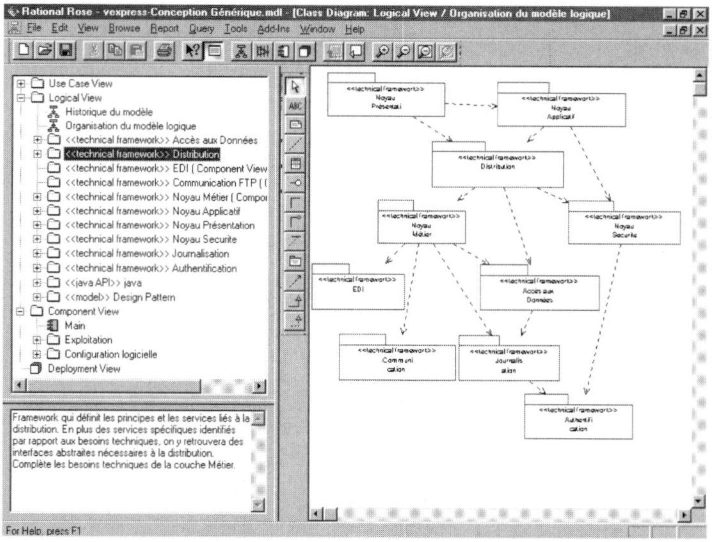

Figure 9-22. : Conception générique avec Rational Rose

Chapitre 10 Conception préliminaire

Objectifs du chapitre

Nous allons maintenant étudier le rôle d'UML lors de l'étape de conception préliminaire. Les diagrammes UML servent ici plus particulièrement à construire et à documenter la façon dont le développement de la solution doit être organisé.

Nous allons voir comment :

- élaborer la conception préliminaire avec UML ;
- développer les vues préconisées pour cette étape ;
- organiser un développement objet et d'intégration EAI avec UML ;
- construire les composants d'une architecture 3-tiers ;
- identifier et construire les applications d'un système d'entreprise ;
- identifier et construire un composant métier.

Quand intervient la conception préliminaire ?

La conception préliminaire est certainement l'étape la plus délicate du processus 2TUP car elle en représente le cœur. C'est en effet à cette occasion que s'effectue la fusion des études fonctionnelles et techniques. En conséquence, plusieurs activités doivent coexister. Il convient de :

- passer de l'analyse objet à la conception,
- intégrer les fonctions métier et applicatives du système dans l'architecture technique,
- adapter la conception générique aux spécifications fournies par l'analyse.

La conception préliminaire est avant tout affaire d'organisation ; elle s'appuie sur les points de vue de spécification fonctionnelle et structurelle de l'analyse, mais également sur les *frameworks* de la conception technique. Elle se termine lorsque la conception est organisée suivant :

- son déploiement cible,
- son modèle d'exploitation,
- son modèle logique.

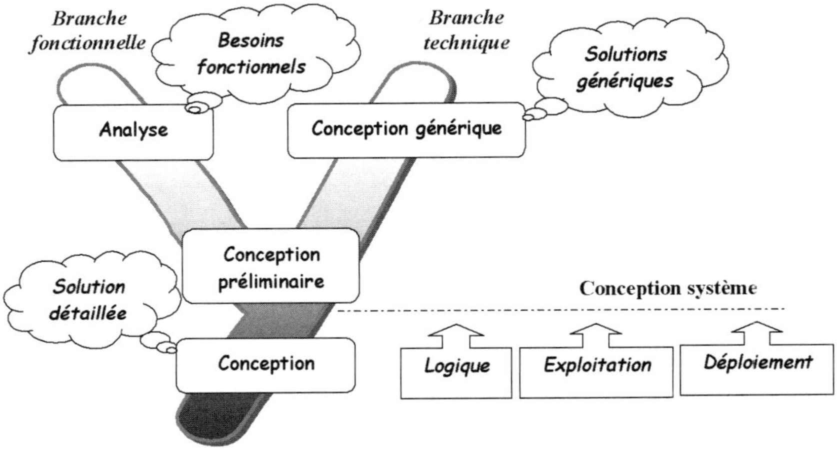

Figure 10-1. : Situation de la conception préliminaire dans 2TUP

Le processus global de conception est un processus à information croissante dont l'étape de conception préliminaire est la phase d'organisation. Le processus de conception combine différents points de vue de modélisation qui, à partir du résultat que l'on souhaite obtenir, remontent jusqu'aux détails de fabrication en langage objet.

- Le premier niveau de conception d'un système est son déploiement car c'est généralement l'organisation des environnements de travail sur un réseau qui est la plus immédiatement définie. Le diagramme de déploiement UML suffit ici à documenter ce niveau.
- À partir du déploiement, on est capable de définir les composants qui seront administrés par l'exploitant du système. On conçoit ici le modèle d'exploitation en intégrant les résultats de la conception générique. Les développeurs doivent également définir les interfaces qui constituent le lien entre les composants, et énumérer les interfaces utilisateur qui correspondent aux besoins exprimés par l'analyse.
- La fabrication des composants d'exploitation recourt à différents outils, en l'occurrence Java, SQL et un atelier de fabrication d'écrans. La conception s'effectue ici avec des diagrammes de classes UML et les classes doivent

être organisées suivant des catégories de conception. La conception préliminaire s'arrête à la définition de cette organisation et c'est en conception détaillée que l'on développe précisément le contenu de chaque catégorie. À ce niveau, le développeur doit encore définir les interfaces des catégories et apporter plus de précisions aux interfaces utilisateur. L'ensemble de ces interfaces assurent le passage de l'analyse à la conception.

- L'organisation des classes de conception, ainsi que la connaissance des composants d'exploitation à développer, permettent en final d'organiser la configuration logicielle en sous-systèmes.

Les liens avec l'analyse consistent à élaborer les interfaces à partir des cas d'utilisation, et à intégrer les classes d'analyse dans le modèle logique de conception. Ceux avec la conception générique résident dans l'insertion des éléments du modèle déjà conçus, suivant les points de vue logique et d'exploitation. À l'image du cône qui vous a été présenté pour illustrer le développement incrémental, le schéma ci-dessous résume le processus envisagé pour la conception.

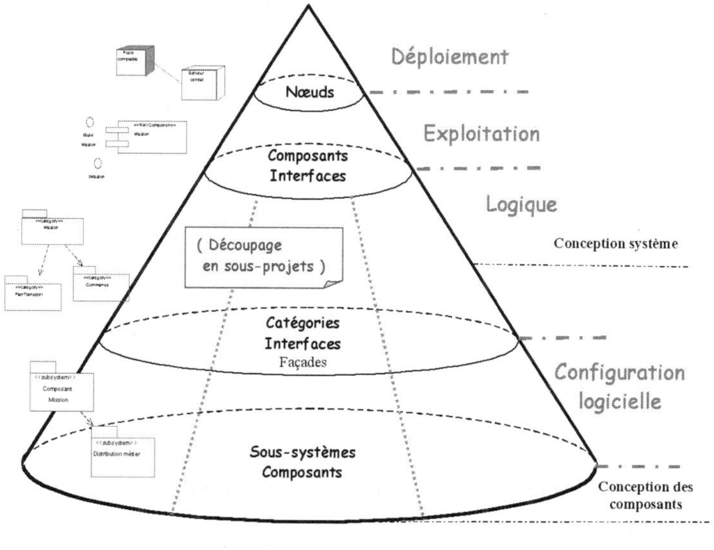

Figure 10-2. : Le processus de conception à information croissante suivant les points de vue

L'organisation suivant le point de vue logique permet d'isoler les éléments de développement. Cette caractéristique qui suit les principes d'architecture et d'orientation composants peut aussi devenir une opportunité de développement parallèle en sous-projets.

Éléments mis en jeu

- Modèle de déploiement, postes de travail, style d'architecture à niveaux,
- modèle d'exploitation, applications, composants métier et instances de base de données,
- interfaces de composants, interfaces utilisateur, interfaces EAI, façade,
- modèle logique, diagramme de classes, classes et catégories de conception, distribution du modèle logique sur les couches,
- modèle de configuration logicielle.

Développement du modèle de déploiement

Le déploiement d'une solution client/serveur se construit sur la définition des postes de travail.

Définition

POSTE DE TRAVAIL

Le poste de travail représente un ou plusieurs acteurs pouvant être localisés sur une machine d'un type particulier et remplissant une fonction identifiée dans l'entreprise. Le poste de travail ne représente pas forcément une machine physique, mais peut consister en plusieurs machines, à condition qu'elles donnent lieu au même type de déploiement.

À un acteur de l'analyse correspond généralement un poste de travail, mais ce n'est pas toujours le cas :

- le chauffeur disposant d'un terminal portable correspond à un poste de travail ;
- si l'on imagine qu'il existe deux types de terminaux nécessitant deux configurations logicielles différentes, deux postes de travail correspondent à l'environnement du chauffeur ;
- l'administrateur du système n'a pas de poste de travail particulier mais peut intervenir à partir de n'importe quel poste.
- La notion de poste de travail peut cependant être quelque peu bouleversée par la généralisation des déploiements en client léger. En effet, au travers de la notion de portail plusieurs applications sont potentiellement accessibles, voire atteintes de manière transparente à l'utilisateur par des techniques de syndication. Cette évolution technologique nous amène à associer la notion de poste de travail à l'ensemble des applications Web que l'on désire rendre accessibles pour un acteur particulier du système. La définition des postes de travail dans ce cadre constitue alors une excellente ana-

lyse des acteurs et des droits que l'on doit déclarer au travers des mécanismes de « single sign-on » d'un portail.

Les modèles de déploiement et de configuration matérielle s'expriment tous deux à l'aide d'un diagramme de déploiement. Cependant, ils n'expriment pas tout à fait le même niveau de description.

- Le modèle de configuration matérielle a été utilisé au chapitre 5 pour exprimer les contraintes de mise en œuvre au niveau physique. On y trouve les nœuds et les connexions physiques du système, qui sont les différents types de machine connectés par des moyens divers. Le modèle de configuration matérielle permet de spécifier, de documenter et de justifier tous les choix d'organisation physique en fonction des machines dédiées aux diverses fonctions techniques du système.
- Le modèle de déploiement considère plutôt chaque nœud comme un poste de travail. Il exprime la répartition physique des fonctions métier du système et permet de justifier la localisation des bases de données et des environnements de travail. Le modèle de déploiement aide à préciser la qualification des postes client, des réseaux et de leur sécurité physique, par rapport à des critères fonctionnels.

ÉTUDE DE CAS : DESCRIPTION D'UN DÉPLOIEMENT À 3 NIVEAUX

Le déploiement se répartit suivant les deux niveaux central et départemental de l'entreprise [Orfali 94]. Les postes de travail s'articulent ainsi soit autour du serveur central, soit autour d'un serveur d'agence. Un serveur Web est dédié à la consultation distante des clients.

Vous remarquerez l'utilisation de l'astérisque '*' pour marquer les nœuds multiples du réseau, ainsi que du grisé pour distinguer les postes de travail des serveurs auxquels ils sont connectés.

- En rapprochement avec la configuration matérielle :
- les environnements de travail « Comptable » et « Logistique » sont chacun déployés sur un des PC centraux – l'environnement comptable correspond au déploiement de l'IHM de SAP R3 sur poste client lourd ;
- les environnements de travail « Réceptionniste » et « Répartiteur » sont mis en œuvre sur des PC agence – au travers d'un portail le réceptionniste accède à la fois à des fonctions propres à SIVEx et aux IHM de SIEBEL ;
- L'environnement de travail « Opérateur de quai » est implanté sur un PC agence spécifique qui devra être muni d'un lecteur de codes-barres et d'une balance de pesée ;
- L'environnement de travail « Chauffeur » est déployé sur un terminal spécifique en termes de matériel, mais prenant en charge l'exécution d'une machine virtuelle Java.

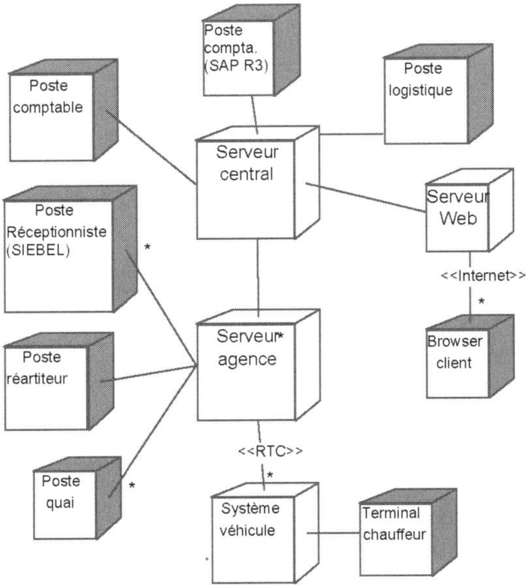

Figure 10-3. : Modèle de déploiement SIVEx

Développement du modèle d'exploitation

L'élaboration d'une architecture d'exploitation a déjà commencé en conception générique. À partir du déploiement, il est possible de la compléter en fonction des machines et des postes de travail, tout en intégrant les besoins exprimés en analyse. Conformément à ce qui vous a été expliqué en conception générique, le modèle d'exploitation va définir les applications installées sur les postes de travail, les composants métier déployés sur les serveurs et les instances de bases de données implantées sur les serveurs également.

Les applications se déterminent par regroupement des fonctions de l'utilisateur, tout en respectant la définition des postes de travail. On partira du modèle de spécification fonctionnelle pour définir les applications du système – à cette occasion, les choix d'utilisation de progiciels du marché et l'anticipation des impacts sur l'architecture pourront être affinés. Un découpage idéal en cas d'utilisation permet en effet d'affecter une application à la réalisation d'un nombre entier de ces derniers. Il faut cependant tenir compte des regroupements qu'a pu réaliser l'analyste, car un cas d'utilisation peut concerner plusieurs acteurs différents sur des postes de travail séparés. On rencontre donc les cas de figure suivants :

- un même cas d'utilisation donne lieu à plusieurs applications. Cette situation survient lorsque plusieurs acteurs y participent simultanément ou au travers de postes de travail différents ou encore par la réutilisation des fonctions d'un progiciel ;
- un ou plusieurs cas d'utilisation recourent à la même application. C'est un choix d'ergonomie du poste de travail, lorsque les cas d'utilisation concernent le même acteur.

ÉTUDE DE CAS : DÉFINITION DES APPLICATIONS

L'exemple ci-après illustre la réalisation des cas d'utilisation par des applications, à partir d'un extrait du modèle de spécification fonctionnelle.

Nous avons attribué un nom à chaque application de SIVEx. L'application *ConVEx* servira aux exemples de conception préliminaire et détaillée. Elle correspond aux fonctions de planification et de contrôle des missions.

- *ConVEx* implémente tout ou partie des cas d'utilisation *Gestion de mission* et *Suivi de mission* ;
- *ConVEx* est destinée au poste de travail du répartiteur.

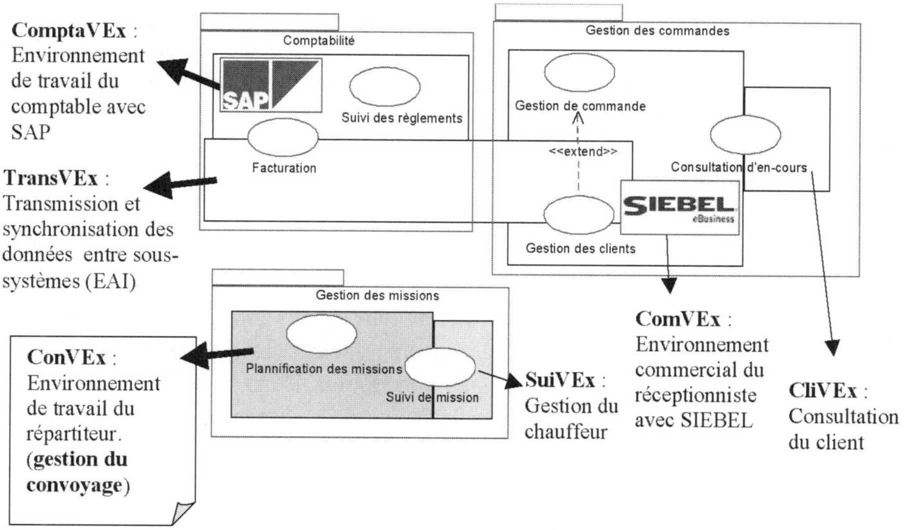

Figure 10-4. : Identification des applications du système SIVEx

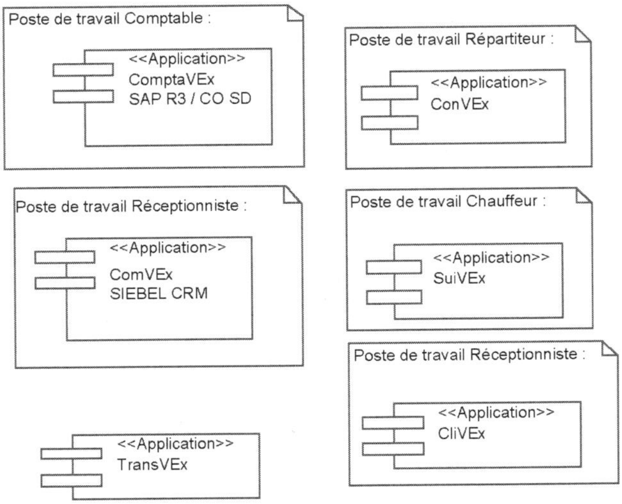

Figure 10-5. : Définition des applications dans le modèle d'exploitation

---

La distribution d'un composant facilite sa réutilisation, puisque les mêmes services sont accessibles depuis différentes applications. La première façon d'identifier les composants distribués consiste donc à recenser les catégories d'analyse partagées par plusieurs applications. Le critère de partage et de réutilisation n'est a posteriori pas suffisant : les composants distribués offrent en effet un découplage logiciel entre les applications et le métier. Ce découplage facilite la réutilisation, mais également la maintenance et l'évolution du système global. Nous conseillons donc de transformer chaque catégorie d'analyse en composant d'exploitation, dès lors que celle-ci représente des concepts du domaine. L'architecte logiciel peut ensuite arranger ce découpage pour intégrer des critères de conception. Dans la perspective d'optimisation du système, il peut être en effet judicieux de regrouper au contraire plusieurs catégories d'analyse dans le même composant.

L'introduction de progiciels dans le système est une forme de réutilisation qui bouleverse notre approche d'architecture orientée objet. En effet, le progiciel introduit à la fois des concepts fonctionnels parfois orthogonaux à l'analyse effectuée et des contraintes techniques d'interopérabilité. Dans ce cadre, nous allons bien entendu procéder à l'assimilation du progiciel à un composant supplémentaire de l'architecture logicielle. Pour couvrir l'ensemble de la problématique d'intégration, nous rattachons cependant notre méthode aux techniques d'analyse et de conception employées dans le domaine de l'EAI.

Pour compléter la définition des composants, il est ensuite nécessaire d'en énumérer les interfaces. Il s'agit d'un travail d'approche consistant à produire une description sommaire de ce que réalise un composant dans le système. Le premier objectif de ces interfaces vise à donner à l'ingénieur d'exploitation une vision fonctionnelle de ce que réalisent les différents composants afin de lui permettre d'améliorer son diagnostic de pannes. Les interfaces servent également à préciser les dépendances logicielles qui vont s'établir entre composants. Notez bien que nous sommes encore loin de définir des opérations et des signatures précises. Dans le cadre de notre processus à précision croissante, c'est seulement en conception détaillée que l'on aboutira à ce résultat.

Des interfaces particulières sont également définies pour permettre l'encapsulation des progiciels en composants logiciels. Techniquement, ces interfaces correspondent soit à des fonctions distribuées synchrones qui s'apparentent aux opérations RMI que l'on désire mettre en œuvre dans notre architecture, soit à des messages de données transmis de manière asynchrone. Dans tous les cas, les techniques d'interopérabilité proposées par les éditeurs de progiciels sont plus assimilables à des flux de synchronisation de données qu'à des services proprement encapsulés. Dans le cadre de notre architecture orientée objet, une interface de progiciel, que l'on nomme « interface EAI » tout au long de cet ouvrage, représente des flux de synchronisations d'objets.

ÉTUDE DE CAS : DÉFINITION DES COMPOSANTS MÉTIER

Pour SIVEx, toutes les catégories donnent lieu à un composant distribué, sauf la catégorie *Transmission comptable* car elle ne décrit pas proprement de nouveaux objets métier mais correspond exclusivement à des concepts applicatifs d'échanges de données.

D'autre part, le couplage des concepts entre les catégories *Réseau* et *Ressource* a poussé le concepteur à les regrouper dans un même composant distribué. Le diagramme ci-dessous illustre l'identification des composants sur la base du modèle structurel d'analyse.

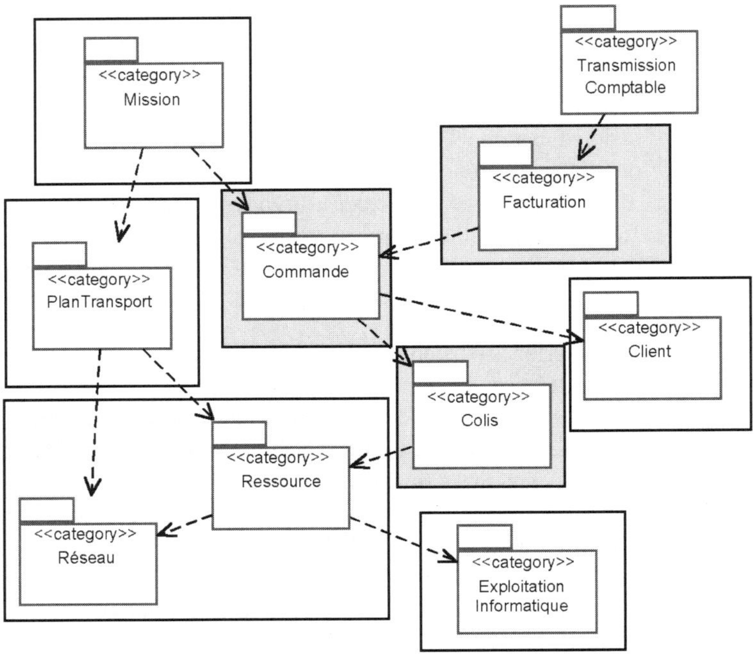

Figure 10-6. : Identification des composants métier du système SIVEx

Tous les composants identifiés sont ajoutés, avec leurs dépendances, au modèle d'exploitation.

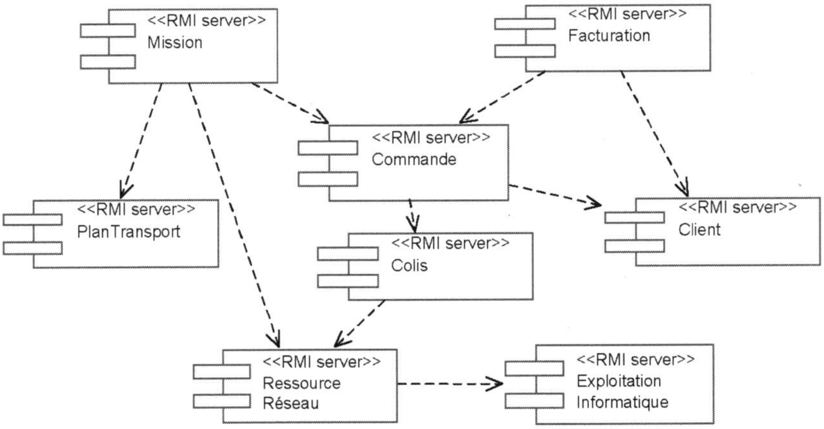

Figure 10-7. : Schéma de dépendances entre composants métier du modèle d'exploitation

Dans un second temps, les interfaces sont définies en termes de regroupement de responsabilités. Conformément à ce que nous avons déjà mentionné, il s'agit juste de préciser un premier niveau de définition qui devra être affiné en conception détaillée. Le tableau ci-dessous illustre cette première ébauche de définitions pour les interfaces des composants *Commande* et

Mission. Vous remarquerez que, par convention, tous les noms d'interfaces sont précédés d'un I, comme suggéré dans [UML-UG 99].

Composant distribué	Interface	Description de ses responsabilités
Mission	IMission	Gestion distribuée d'une entité mission : création, modification, validation, archivage.
	ISuiviMission	Distribution des informations d'une mission en exécution. Notification d'alertes, calcul des durées estimées de parcours, rafraîchissement des informations d'avancement. Distribution automatique des informations pour le rafraîchissement des en-cours de commandes.
Commande	ICommande	Gestion distribuée des entités commande. Création, modification, validation, annulation, archivage et suppression d'une commande.
	IEnCoursDeCmd	Distribution des informations d'en-cours des commandes en exécution. Réception des informations de mission, calcul des horaires estimés de passage.

Tableau 10-1 : Définition sommaire des interfaces métier

Pour compléter l'architecture logicielle, il reste à identifier et définir les interfaces EAI afin de préparer leur rattachement aux concepts orientés objet de notre processus de développement. Nous verrons par la suite les avantages à appliquer une méthode orientée objet à un domaine du logiciel, l'intégration des progiciels d'entreprise, dans lequel une approche purement fonctionnelle est généralement employée.

ÉTUDE DE CAS : DÉFINITION DES INTERFACES EAI

Cette définition consiste à recenser dans un premier temps les objets métier de SIVEx et à les projeter sur chacun des composants du système : SAP R/3, Siebel, Mission, Commande, Facturation, etc. Dans un second temps, chacune des intersections du tableau est renseignée avec les opérations de synchronisation que réalisent les composants.

Composant	SAP R3	Siebel	Client	Mission
Client	Consultation Renseignement des données comptables Interdiction de vente	Consultation Renseignement des données commerciales	Consultation Suppression Archivage	Consultation Renseignement des adresses de livraison

Commande	Consultation Consolidation	Création Consultation Modification des conditions commerciales, Suppression		Consultation Renseignement des en-cours

Tableau 10-2 : Identification des interfaces EAI

Pour chaque case renseignée de cette matrice, une ou plusieurs interfaces EAI sont identifiables. Par exemple, l'interdiction de vente d'un client donne lieu à une interface EAI entre les composants SAP R3 et Siebel. Dans l'optique d'en donner une première définition, nous nous sommes inspirés des PIPs (Partner Interface Processes) du consortium RosettaNet (***www.rosettanet.org***) chargé de définir des standards d'interfaces d'échanges pour l'industrie électronique.

Chaque PIP constitue effectivement une spécification d'interface, dont la modélisation UML est compatible avec le profil « UML for EAI », proposé par l'OMG en janvier 2002.

Dans ce cadre, une spécification métier de l'interface utilise un diagramme d'activités pour décrire l'usage fonctionnel de l'interface EAI.

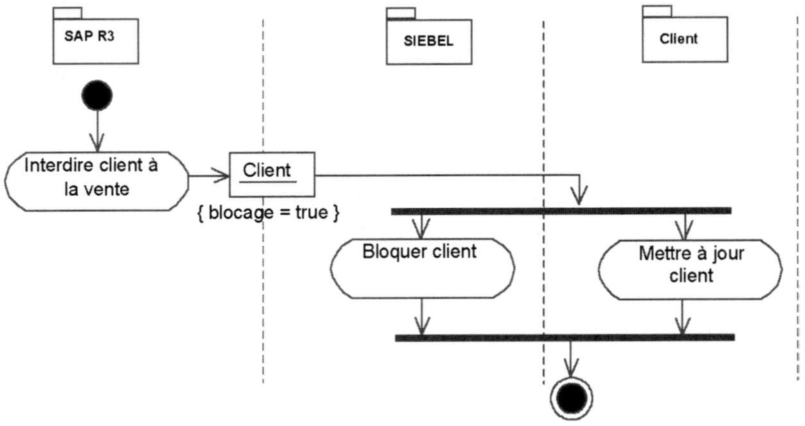

Figure 10-8. : Schéma de spécification métier d'une interface EAI

Par la suite, un diagramme de séquence concerne l'analyse du protocole réalisant la synchronisation d'information. Remarquez la notation des messages asynchrones utilisés par les mécanismes EAI de SIVEx, ainsi que la numérotation décimale des messages.

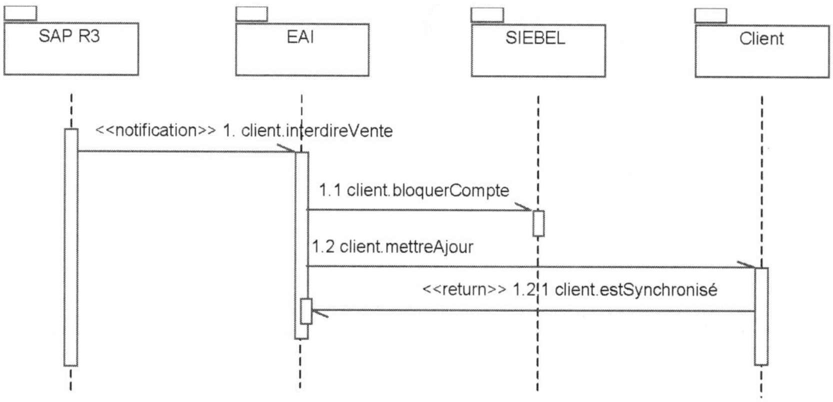

Figure 10-9. : Analyse du protocole d'une interface EAI

Dans le cadre d'une architecture 3-tiers : application, composant distribué, stockage des données, il reste maintenant à identifier les instances de base de données pour optimiser la distribution du système. Ces dernières se définissent en fonction de critères de répartition de données soit pour accélérer les temps d'accès, soit pour intégrer d'autres systèmes, soit pour isoler une partie du système en vue de sa réutilisation.

ÉTUDE DE CAS : DÉFINITION DES INSTANCES DE BASE DE DONNÉES

Dans le cadre de SIVEx, l'optimisation des temps d'accès est gérée par les mécanismes de la couche d'accès aux données et ne nécessitent pas une séparation en plusieurs instances. Seules les données de la catégorie *Client* doivent être isolées en vue de leur réutilisation au sein du système d'entreprise. Nous disposerons donc de deux instances de base de données : les données *SIVEx* et une base *Clients*.

Il reste à répartir les données entre agences et siège. La base *Clients* doit rester unique car c'est le meilleur moyen de garantir la cohérence de ce référentiel métier. De plus, la fréquence de mise à jour des clients depuis les agences est relativement faible et permet de conserver ces informations au niveau central. En revanche, les données traitées en agence et en central n'étant pas les mêmes, il semble naturel que leurs schémas soient différents, suivant qu'il s'agit d'une agence ou du central. Une fréquence de mise à jour également différente fait pencher la balance en faveur d'une conception des bases séparées en deux types d'instances : *Agence* et *Central*.

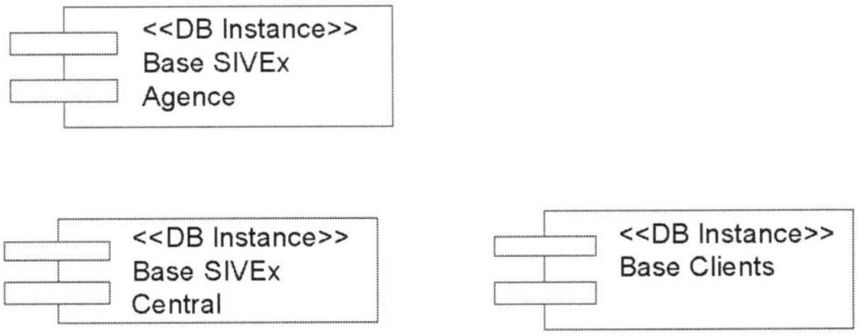

Figure 10-10. : Modèle d'exploitation des instances de base de données

---

Conseil

CONSOLIDEZ LE MODÈLE D'EXPLOITATION POUR CHAQUE APPLICATION

Une fois les composants d'exploitation identifiés – applications, composants distribués et instances de bases de données – avec leurs interfaces métier et EAI définies, il convient de tracer un diagramme des dépendances du point de vue de chacune des applications du système. Vous verrez alors se dessiner le rôle de chaque interface par rapport aux applications, les rôles que jouent les composants entre eux et les contextes d'accès aux instances de base de données.

Ces diagrammes vont vous permettre de consolider les définitions du modèle d'exploitation et d'anticiper des embouteillages potentiels dus aux accès réseau.

ÉTUDE DE CAS : CONSOLIDATION DE L'APPLICATION *CONVEX*

Le modèle d'exploitation permet de tracer sur plusieurs diagrammes les dépendances entre les composants. La figure suivante livre un aperçu des composants impliqués par l'application *ConVEx*.

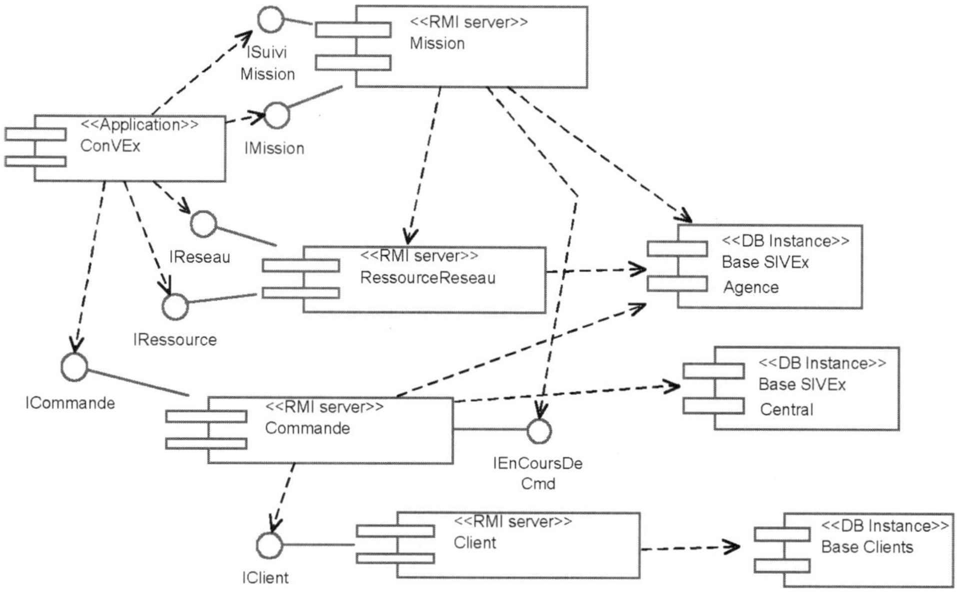

Figure 10-11. : Diagramme de consolidation de l'application ConVEx

Pour terminer le paragraphe sur le modèle d'exploitation, il convient de ne pas oublier le travail commencé en conception générique. En effet, le modèle d'exploitation comporte déjà les instances de base de données et les composants offrant les services techniques transverses. Ces composants restent évidemment sous-jacents au travail de définition que nous venons d'effectuer. Ils définissent des protocoles et des interfaces implicitement accessibles par tous les composants d'exploitation du système. Vouloir les intégrer dans un travail de consolidation aurait complexifié les ramifications des dépendances sans apporter de progrès aux éléments de notre conception.

Énumération des interfaces utilisateur

Si les composants communiquent par le biais de leurs interfaces, les applications, quant à elles, sont utilisables par le biais de leurs interfaces utilisateur ou IHM (Interface Homme Machine). Afin de compléter l'architecture d'exploitation, les concepteurs peuvent dresser la liste des vues d'IHM dont dispose chaque application. Il n'y a ici aucune technique propre à UML : une liste des vues attendues et de leurs principales fonctions suffit à ce niveau de description. En outre, ces définitions servent à identifier des composants d'IHM transverses aux applications, augmentant ainsi la réutilisation dans la conception de la couche de présentation.

Conseil

EXPLOITEZ LES DÉFINITIONS D'IHM TOUT AU LONG DU PROCESSUS 2TUP

Dans le cadre d'entreprises dont la culture de spécification est fortement axée sur la définition d'écrans, il est fort judicieux d'accompagner le développement 2TUP de la définition des IHM.

- À l'étape de capture des besoins fonctionnels, ceux d'IHM peuvent se transformer en maquettes pour chaque cas d'utilisation. Leur présentation aux utilisateurs pourra susciter des remarques et avoir des répercussions sur les règles de gestion métier.
- À l'étape d'analyse, au niveau de l'analyse de l'application plus particulièrement, les messages produits ou reçus par les acteurs peuvent être attachés aux vues déjà définies. Cette pratique permettra de mieux fixer le rôle fonctionnel de chaque vue et d'améliorer éventuellement leur ergonomie.
- À l'étape de conception préliminaire, les vues de la maquette sont formalisées et réparties sur les différentes applications du modèle d'exploitation. L'identification des composants d'IHM et la réutilisation au niveau de la couche de présentation s'en trouveront affinées. Leur présentation auprès des utilisateurs permettra enfin d'améliorer l'ergonomie de fonctionnement.

Bien que l'écran constitue un excellent support de communication avec les utilisateurs, à exploiter tout au long du processus, nous ne sommes pas ici les promoteurs d'une méthode pilotée par les écrans, car inversement, le processus 2TUP prône un développement axé sur la définition du métier. Il ne faut donc pas confondre succession d'écrans avec processus d'entreprise, ni ergonomie avec plus-value métier.

ÉTUDE DE CAS : ENUMÉRATION DES VUES DE L'APPLICATION *CONVEX*

Cette énumération définit les interfaces exploitées par l'application de gestion du convoyage (missions) et donne une idée plus précise de l'environnement de travail du répartiteur.

Vue d'IHM	Description
Sélection mission	Sélection d'une mission dans une liste filtrée et triée des missions de l'agence courante. Les critères sont les suivants : affectation, site, client, poids, chauffeur, véhicule.
Sélection commande	Sélection d'une commande dans une liste filtrée et triée des commandes présentes dans l'agence courante. Les critères sont les suivants : affectation, site, client, poids, mission, quai.
Édition mission	Feuille d'édition d'une mission. Création, modification, suppression, validation et annulation.

Tableau suivi de mission	Tableau de suivi des missions en cours d'une agence, affichage des retards, des événements et des messages.
Planning des ressources	Tableau de planning style GANTT d'affectation des chauffeurs et des véhicules aux missions. Cette vue se présente suivant deux options qui sont la matrice de planification des véhicules ou la matrice de planification des chauffeurs.

Tableau 10-3 : Extraits des définitions d'IHM de l'application ConVEx

L'énumération des vues permettra de développer la structure des classes de la couche de présentation.

Développement du modèle logique

Nous avons jusqu'ici défini les modèles de déploiement et d'exploitation en déterminant les postes de travail et les composants de la solution visée. Nous devons cependant développer les classes nécessaires au codage. Le modèle logique est précisément celui de la représentation des classes organisées en catégories. Comme nous allons le voir, ce modèle dérive du modèle structurel d'analyse d'une part et du modèle logique de conception technique d'autre part.

Une catégorie de conception a des objectifs analogues à une catégorie d'analyse : c'est un regroupement de classes à fort couplage. Les objectifs poursuivis ne sont cependant plus les mêmes ; les catégories de conception organisent des classes techniques et contribuent à la réutilisation et à l'optimisation d'un système à développer.

Les éléments qui servent à identifier les catégories de conception sont à la fois :

- les composants d'exploitation, qui définissent un ensemble cohérent de classes à assembler ;
- les *frameworks* techniques, conservant la structure des couches logicielles, regroupent les classes travaillant dans le même domaine de responsabilité technique et mettant en œuvre les mêmes types de technologies ;
- les catégories d'analyse qui structurent le métier en plusieurs domaines de spécialisation logique et qui rassemblent des classes collaborant étroitement entre elles.

Étude

INFLUENCE DES COMPOSANTS D'EXPLOITATION SUR L'ORGANISATION DU MODÈLE LOGIQUE

Premièrement, les composants d'exploitation peuvent constituer autant de sous-projets dans le développement global du système. On pourrait dès à présent découper le développement global de SIVEx en différents sous-projets et chaque équipe se verrait confier la tâche de concevoir des applications et des composants distribués. Dans ce cadre, chaque équipe en charge de sa conception pourra développer des catégories de classes parallèles et indépendantes les unes des autres.

Deuxièmement, une catégorie de conception ne peut regrouper des classes destinées à fonctionner pour moitié sur une application et pour moitié sur un composant distribué : il faut choisir, ou l'une ou l'autre. Un composant d'exploitation est en effet réalisé par un nombre entier de catégories de conception. Cela n'exclut pas pour autant qu'une même catégorie puisse participer à l'élaboration de plusieurs composants par réutilisation.

Retenez donc que le modèle d'exploitation guide l'organisation du projet au travers de son modèle logique, car une même catégorie de conception ne peut être découpée entre les réalisations de différents composants.

Étude

INFLUENCE DES FRAMEWORKS TECHNIQUES SUR L'ARCHITECTURE LOGIQUE DE CONCEPTION

Rappelons que les *frameworks* techniques peuvent être abstraits. Nous effectuons par exemple une distinction entre :

- le *framework* de journalisation auquel correspond un composant d'exploitation réutilisable ;
- et le noyau applicatif ou la définition d'un mécanisme modèle vue contrôleur (MVC) qui apporte une structure de conception générique, mais qui nécessite des compléments de code.

Les *frameworks* concrets font déjà l'objet de catégories dans le modèle logique de conception technique. Ces catégories continuent d'exister dans la nouvelle organisation pour fournir leurs services techniques.

Les *frameworks* abstraits vont permettre d'organiser les catégories de conception. Chacun d'eux correspond généralement à une couche logicielle du système. Dans cette optique, nous organisons le modèle logique suivant les cinq couches : Présentation, Application, Métier, Accès aux données et Stockage de données.

À chacune des couches correspond un package qui englobe les catégories de conception. Si on leur applique les règles de nommage UML, on distingue alors la catégorie *Métier::Mission* de la catégorie *Accès aux données::*

Mission. La figure 10-10 illustre l'organisation en couches des catégories de conception.

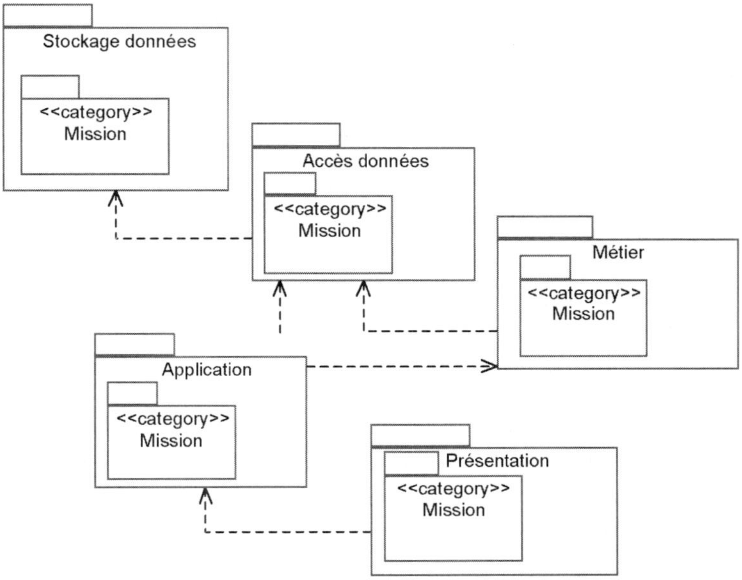

Figure 10-12. : Projection de la catégorie «Mission» sur les couches logicielles

Par définition, la couche métier est implicitement structurée suivant les catégories d'analyse. Afin de formaliser l'influence des *frameworks* abstraits sur le découpage en catégories de conception, la figure 10-13 illustre la réalisation concrète du *framework noyau métier*, suivant les domaines métier définis par l'analyse.

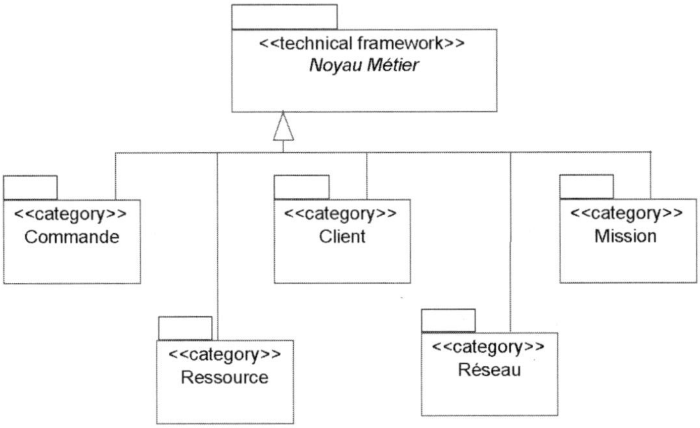

Figure 10-13. : Relations entre catégories dans le package Métier

Chaque catégorie de ce schéma correspond à l'une des catégories de conception qui réalisent la couche métier. La relation de généralisation entre packages UML est moins formelle que celle entre classes ; elle signifie simplement que le contenu d'un package est la spécialisation d'un super-package. Considérées de l'extérieur des packages, les définitions publiques du super-package, principalement ses interfaces, sont héritées par spécialisation. Ainsi, la catégorie *Métier::Client* en tant que spécialisation du framework *Noyau Métier* hérite de comportements techniques homogènes et répandus à toutes les autres catégories de la couche Métier. C'est ainsi que nous appliquons les informations issues de l'analyse objet, en projetant les catégories d'analyse sur les couches logicielles.

Conseil

TECHNIQUE D'ORGANISATION DU MODÈLE LOGIQUE DE CONCEPTION SYSTÈME

On rappelle que la conception système est le niveau d'abstraction visé par l'étape de conception préliminaire. Pour obtenir le découpage en catégories de conception, notre approche consiste à prendre tour à tour chaque composant d'exploitation et à considérer le devenir de chaque catégorie d'analyse par rapport aux *frameworks* techniques abstraits. C'est ce que nous avons réalisé pour l'étude de cas.

À l'échelle d'un système tel que SIVEx, cette technique fait apparaître des redondances entre les différentes catégories. Ces redondances conduisent à identifier les parties réutilisables que l'on isolera dans des catégories spécifiques pour en faciliter la réutilisation.

ÉTUDE DE CAS : ORGANISATION DU MODÈLE LOGIQUE

Le découpage présenté ici correspond à la façon dont les concepteurs envisagent d'organiser leur conception. Notez qu'il ne s'agit pas de la seule et bonne organisation car nous sommes ici dans le domaine subjectif des choix de conception.

Découpage pour l'application *ConVEx* :

En tant qu'application, *ConVEx* n'est concernée que par les *frameworks* issus des couches de présentation et d'application. Dans le tableau 10-3, chacune des cases remplies correspond à une catégorie de conception, qui définit brièvement le rôle qu'elle doit occuper au sein du système.

Catégorie	Noyau présentation	Noyau applicatif
Mission	Gestion de mission	Mission et Suivi de missions
	Tableau de suivi de mission	
Commande	*Consultation des commandes**	Sélection des commandes
Ressource	*Consultation des ressources**	Sélection des ressources

Réseau	Gestion des mises à disposition	Mise à disposition des ressources
	*Consultation des sites et des parcours**	Sélection des sites et des parcours
Exploitation informatique	-	Gestion des habilitations

Tableau 10-4 : Projection des catégories d'analyse dans le cadre de l'application ConVEx

Les catégories marquées d'un astérisque représentent des mécanismes réutilisables dans d'autres contextes applicatifs. Ainsi, le concepteur a intérêt à isoler ces mécanismes dans des catégories séparées, de manière à en favoriser la réutilisation.

Découpage pour le composant métier *Mission* :

Le composant *Mission* implémente son propre noyau métier et s'appuie également sur la couche d'accès aux données qui lui est propre. En règle générale, la trame des catégories identifiée en analyse est similaire à celle de la couche métier en conception.

Framework / Catégorie	Noyau métier	Accès aux données
Mission	Implémentation des interfaces IMission et ISuiviMission.	Accès aux informations des missions
Commande	Utilisation de l'interface ICommande	-
Plan Transport	Utilisation de l'interface IPlanTransport	-
Ressource	Utilisation de l'interface IRessource	-
Réseau	Utilisation de l'interface IReseau	-
Exploitation informatique	Utilisation de l'interface IHabilitation	-

Tableau 10-5 : Projection des catégories d'analyse dans le cadre du composant métier Mission

Les catégories résultantes pour la couche présentation s'établissent en fonction des besoins afférents des différentes applications. Les dépendances entre catégories pourront être ensuite définies en fonction des structures des différentes IHM conçues. Ainsi, on distingue une catégorie *Mission* d'une catégorie *SuiviMission* car les besoins de présentation seront différents. On différencie également *EnCoursCommande* de *EnCoursCommandeWeb* car les techniques employées seront cette fois-ci différentes.

Notez que les catégories de la couche Application seront identiques. Il existe en effet un fort couplage entre l'application et sa présentation, qui correspond au couplage existant entre la vue et le contrôleur du modèle MVC.

Les catégories résultantes pour la couche métier reflètent le modèle structurel d'analyse, d'où sont absents les concepts purement applicatifs. Dans l'exemple de SIVEx, l'analyste a déjà isolé dans la catégorie *Transmission Comptable* des concepts propres à l'application ; cette catégorie disparaît de la couche métier.

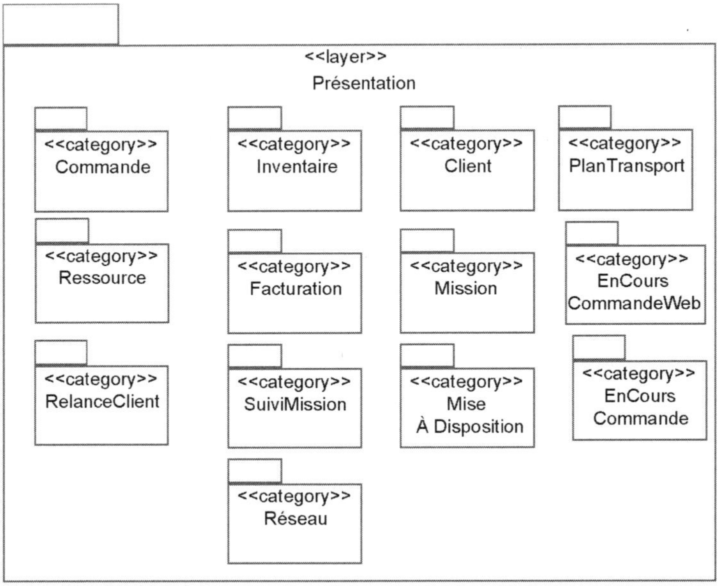

Figure 10-14. : Identification des catégories de la couche Présentation

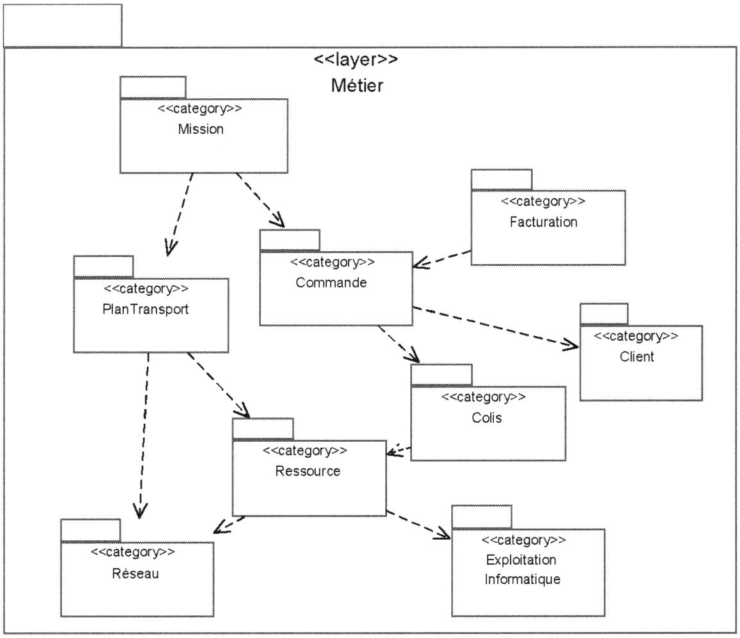

Figure 10-15. : Identification des catégories de la couche Métier

Notez que les catégories de la couche d'accès aux données seront également identiques. I existe effectivement un couplage fort entre les concepts métier et leurs données.

Définir l'interface des catégories

Rappelons que chaque catégorie regroupe des classes qui fournissent un ensemble cohérent de services aux autres parties du logiciel. Comme nous vous l'avons déjà signalé, il est possible de considérer la catégorie comme niveau d'encapsulation supérieur aux classes, avec d'une part l'interface constituée des classes publiques et d'autre part l'implémentation comportant des classes privées.

Dans un modèle, l'interface d'une catégorie se présente donc sous la forme des classes et des interfaces utilisables de l'extérieur de la catégorie. Nous avons introduit le stéréotype *interface* qui, appliqué aux packages, isole ces définitions particulières.

Les interfaces des catégories se construisent à partir des interfaces déjà identifiées des composants d'exploitation. Leur définition nécessite cependant d'être précisée et doit prendre en compte les opérations identifiées dans le modèle d'analyse. Ces opérations se répartissent sur les couches application, métier ou accès aux données en fonction de leur spécialité. D'autres opérations d'analyse correspondent plutôt à des mécanismes internes à la catégorie et ne se positionneront pas dans une interface. Le tableau suivant vous donne un exemple de répartition des opérations d'analyse.

Opération d'analyse	Description	Positionnement
Affecter commande	Associer une commande à une mission, ce qui déclenche la vérification de la charge du véhicule et la création d'une étape, s'il s'agit d'une mission de tournée.	C'est un service métier de la catégorie *Mission* qui entre dans la définition de l'interface *IMission.*
Vérifier tonnage	Opération déclenchée par l'ajout d'une commande.	C'est une opération métier exclusivement déclenchée par l'ajout d'une commande. Il s'agit donc d'une opération interne à la catégorie *Métier::Mission.*
Éditer bordereau étape	Opération déclenchée à la validation d'une mission.	C'est d'une part une opération qui gère un aspect applicatif. D'autre part, puisqu'on désire localiser cette opération sur le poste client il s'agit également d'un service de *Application::Mission.*

Tableau 10-6 : Exemple de positionnement des opérations d'analyse

Outre la prise en compte des opérations d'analyse, les *frameworks* techniques définissent eux-mêmes des interfaces identifiées lors de la conception générique. Celles-ci vont évidemment influencer l'identification et la structure des interfaces des catégories de conception. En partant de la conception générique des couches Présentation et Métier, nous allons illustrer comment apparaissent les interfaces des catégories de conception.

Il nous paraît cependant essentiel d'introduire auparavant la définition d'un *design pattern* connu, parce qu'il formalise le concept d'interface entre catégories.

Définition

LE *DESIGN PATTERN* « FAÇADE »

Le *design pattern* « Façade » [Gamma 95] constitue une technique complémentaire pour organiser le modèle logique. Une façade a pour fonction de produire une classe qui constitue le seul point d'entrée aux services offerts par la catégorie. L'objectif de cette classe est de mieux contrôler les échanges d'une catégorie avec le reste du système et de faciliter le bon usage d'une catégorie.

La réalisation d'une façade consiste en la définition d'une classe dont les opérations reproduisent les services offerts par l'ensemble d'une catégorie. De manière à apporter plus de cohérence par rapport aux interfaces identifiées, on va développer une façade par interface de la catégorie. L'utilisation d'une ou de plusieurs façades par catégorie simplifie la compréhension des objectifs que réalisent les classes de cette catégorie. La figure suivante montre la façade de la catégorie *Métier::Mission* qui réalise l'interface *IMission*.

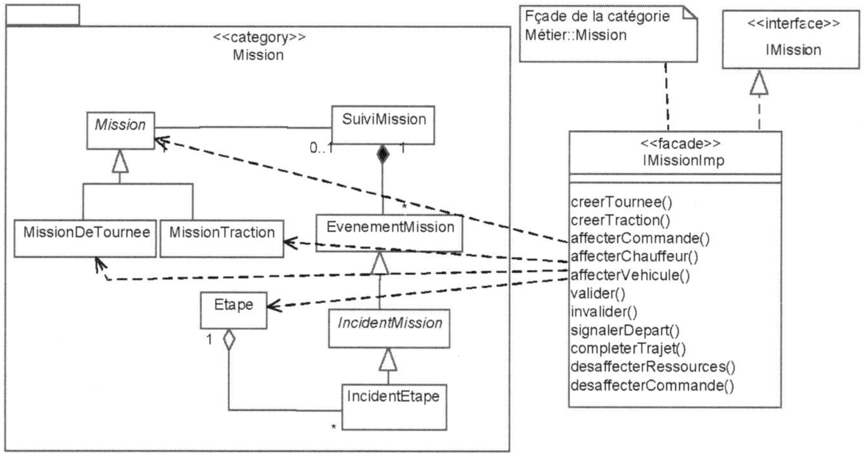

Figure 10-16. : Structure d'une façade pour la catégorie Métier::Mission

La façade masque au code client la complexité interne de la catégorie qu'il utilise. Elle réduit le nombre de classes publiques et favorise une utilisation correcte des services offerts. Elle permet également de formaliser la dépendance entre catégories et minimise les couplages entre composants. En d'autres termes, la façade contribue à transformer les catégories en modules réutilisables et aide à mettre en œuvre le leitmotiv « réutiliser pour concevoir et concevoir pour réutiliser », exposé au chapitre 9. En conséquence, le concept de façade correspond exactement aux principes que nous cherchons à instaurer pour développer un modèle logique de conception, à la fois robuste et évolutif.

Conseil

UTILISEZ DES FAÇADES POUR CONCEVOIR LES COMPOSANTS DISTRIBUÉS

Lorsque l'on utilise un middleware de distribution tel que WebServices, EJB, .Net, Corba, DCOM ou RMI, il est indispensable de réduire le nombre d'interfaces [Orfali 98] en identifiant des façades sur les couches concernées par la distribution. Cela réduit en conséquence le nombre de références d'objets distribués et améliore sensiblement les performances de l'infrastructure de distribution.

ÉTUDE DE CAS : DÉVELOPPEMENT DES INTERFACES ET DES FAÇADES

Nous allons passer en revue tour à tour les interfaces d'un *framework* technique, une catégorie de la couche d'application et une catégorie métier.

Interface du *framework* technique *Noyau applicatif* :

Le *Noyau applicatif* est issu de la conception générique. Il est calqué sur la classe *Document* et les interfaces *CommandeApp* et *Vue*.

- La classe *Vue* représente toutes les fenêtres d'un IHM qui seront porteuses d'informations provenant d'un ou de plusieurs objets du modèle.
- La classe *Document* représente les entités qu'un utilisateur manipule au travers d'une ou de plusieurs vues. Le document constitue le cache des informations présentées dans une vue. Au sein d'une application, il joue généralement le rôle de conteneur des données nécessaires aux fonctions CRUD (Create, Retrieve, Update, Delete) d'un objet métier, ou le rôle de graphe d'objets permettant d'agir sur des relations entre objets métiers, ou encore celui d'ensemble d'objets métier de même type pour les recherches et la définition de listes. Ce concept est associé au design pattern *Observateur* qui vous sera présenté au chapitre 11.
- La classe *CommandeApp* (commande applicative) représente les processus de l'application. Ce sont toutes les exécutions déclenchées par un utilisateur depuis une vue. Ce concept est associé au design pattern *Commande* qui vous sera également présenté au chapitre 11.

L'interface du *framework* technique est donc composée des trois classes représentées à la figure suivante.

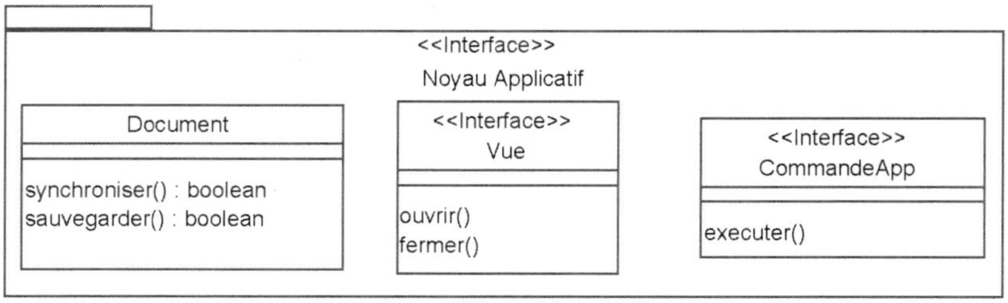

Figure 10-17. : Interface du noyau applicatif

Les classes publiques de la catégorie *Application::Mission* :

Il y aura autant de classes publiques qu'il y a de documents et de commandes applicatives, les panneaux d'IHM correspondant aux vues appartiennent quant à eux à la couche de présentation. Le diagramme ci-après représente les documents utilisés par l'utilisateur, dont les deux plannings d'affichage possibles : le planning d'affectation des chauffeurs corrélé avec le celui des véhicules.

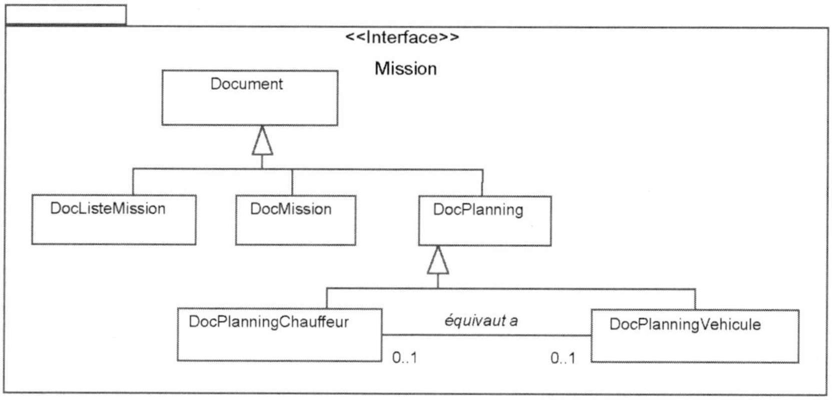

Figure 10-18. : Interface des documents de la catégorie Application::Mission

Les commandes applicatives sont de deux ordres : celles issues d'une action portant sur une classe de la couche métier, et celles qui n'ont qu'une portée applicative. Les premières proviennent d'opérations déjà identifiées en analyse, ce sont par exemple toutes les opérations d'affectation sur une mission. Les secondes peuvent résulter soit de l'identification des besoins d'IHM, soit de l'analyse de l'application ; il s'agit par exemple des opérations de sélection, de recherche ou d'impression.

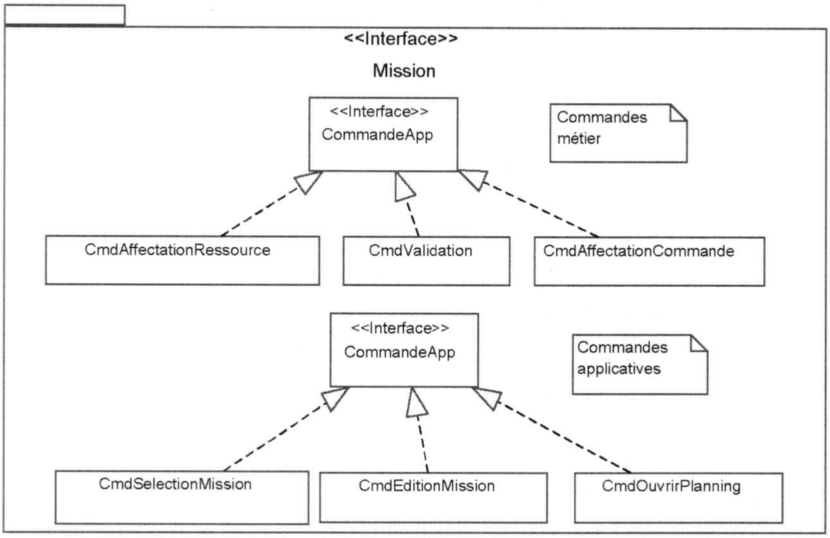

Figure 10-19. : Interface des commandes de la catégorie Application::Mission

Interface de la catégorie *Métier::Mission* :

Les façades de cette catégorie sont identifiées à partir des opérations que le composant métier doit mettre à la disposition des applications. Conformément aux interfaces déjà identifiées sur le composant distribué *Mission*, nous développons les deux façades *IMission* et *ISuiviMission*. Encore une fois, il faut tenir compte ici du *framework* technique *Noyau Métier*. Ce dernier définit cinq concepts : l'entité de composant, l'instance de composant, le gestionnaire des entités, le pointeur sur une entité de composant et le critère. Cette conception vous sera expliquée plus en détail au chapitre 11.

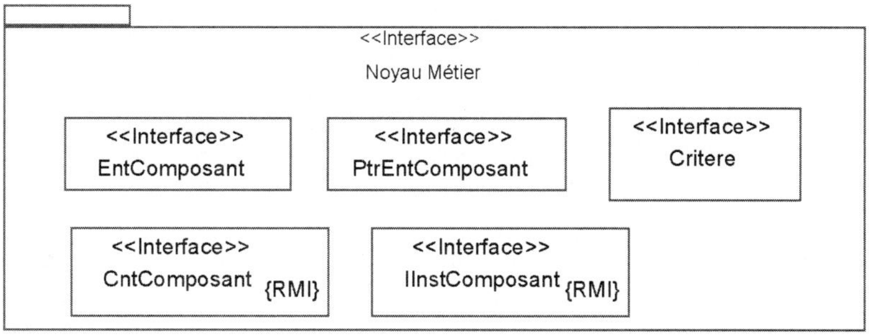

Figure 10-20. : Interface du framework technique Noyau Métier

- L'entité de composant répond au besoin d'échanger une classe par valeur entre le client et le serveur. Elle est utile aux classes métier sur lesquelles on désire réaliser des opérations CRUD et d'autres opérations métier relatives à l'entité.

- L'instance de composant réalise un objet distribué qui représente directement un objet métier. On peut y recourir lorsque plusieurs applications doivent se synchroniser parallèlement sur le même objet. Une instance de composant représente donc un serveur de distribution RMI. C'est par exemple le cas pour l'en-cours de commande qui est mis à jour par les processus d'acheminement des colis, tout en étant observé par les clients et les répartiteurs.
- Le gestionnaire d'entité ou conteneur pilote le cycle de vie des entités. C'est notamment à lui que s'adressent les applications pour contrôler la création et la modification des objets via une référence ou une entité. Le gestionnaire est un objet distribué unique par classe ; il représente également un serveur de distribution RMI.
- Les autres interfaces correspondent à des concepts utilitaires : échanger une référence sur une entité de composant (PtrEntComposant) ou exprimer un critère de sélection d'entités (Critère).

Les entités *Mission* et *SuiviMission* sont chacune distribuées par une entité de composant. Le diagramme ci-après illustre la structure de ces deux entités.

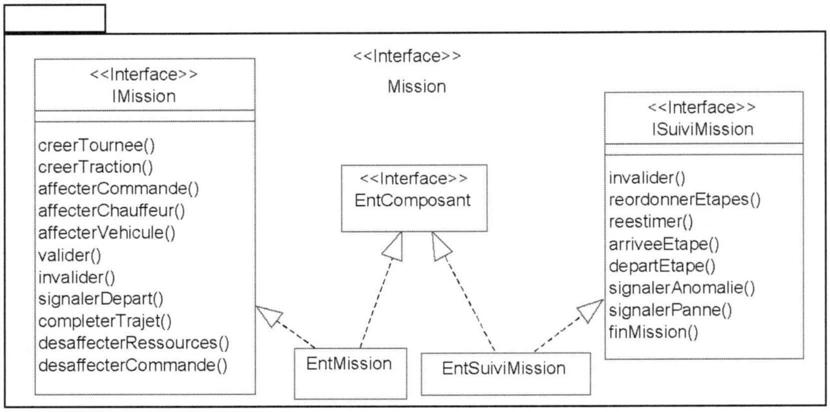

Figure 10-21. : Interface de la catégorie Métier::Mission

En raison de sa participation à plusieurs processus parallèles, le suivi de mission implémente en plus une instance de composant. La classe *CntMission* implémente l'interface *CntComposant*. Elle est chargée de gérer le cycle de vie (sélection, chargement, modification, suppression) des entités *EntMission* et *EntSuiviMission*, et de démarrer les instances distribuées de type *InstSuiviMission*. La figure 10-22 schématise la structure du modèle de distribution au niveau de l'interface du package *Métier::Mission* et illustre directement la signification d'une relation de généralisation entre la catégorie *Métier::Mission* et le *framework* technique abstrait *Noyau Métier*.

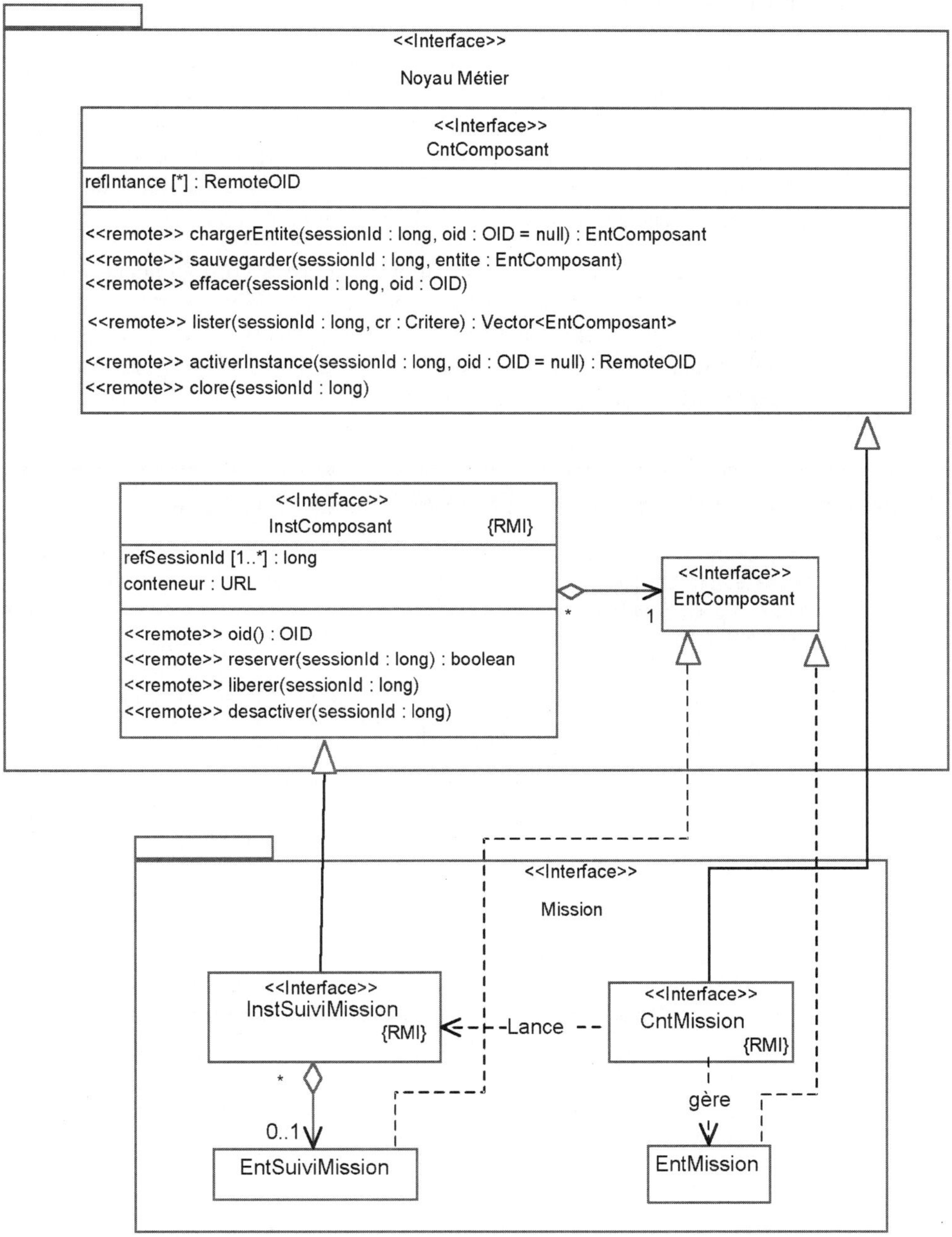

Figure 10-22. : Interface de la catégorie Métier::Mission héritée du noyau métier

Concevoir la structure objet des IHM

Nous sommes maintenant à un état d'avancement où la structure de la conception est complètement définie, ainsi que les interfaces qui permettent aux différentes catégories de communiquer entre elles. Pour compléter la vision du système, il est nécessaire d'en concevoir les IHM. Leur conception ne fait pas spécifiquement appel à des techniques UML, mais plutôt à des règles d'ergonomie accompagnées d'outils de fabrication d'écrans.

La conséquence notable est l'apparition des classes correspondant aux vues ou panneaux d'IHM de la couche de présentation. D'une part ces panneaux contribuent à préciser l'identification des documents et des commandes de l'application, d'autre part on peut estimer que ces classes constituent en quelque sorte les interfaces des catégories de la couche de présentation.

ÉTUDE DE CAS : CONCEPTION DES IHM DU RÉPARTITEUR

Les panneaux de l'application *ConVEx* correspondent aux classes Documents identifiées dans le package *Application::Mission*. Le *framework* technique *Noyau Présentation* consiste simplement à établir le lien entre la classe *JFrame* de Java Swing et l'interface *Vue* nécessaire au pilotage des applications.

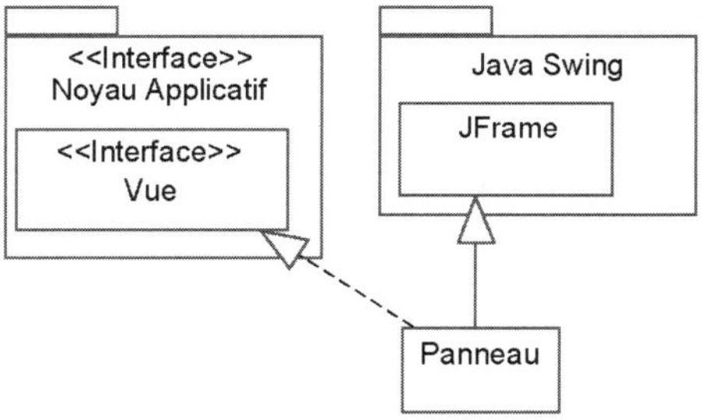

Figure 10-23. : Définition de la classe technique Panneau

À chaque panneau identifié correspond une classe d'IHM. La conception détaillée des protocoles entre l'application et l'utilisateur pourra ensuite être formalisée par des diagrammes d'interactions UML (séquences ou collaborations) mettant en jeu l'acteur, le panneau, les commandes et les documents.

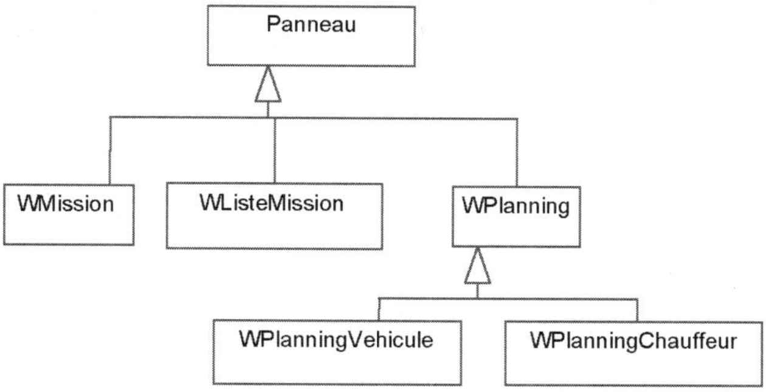

Figure 10-24. : Structure objet des panneaux de l'application ConVEx

Organiser la configuration logicielle

Le travail de conception préliminaire s'achève par la définition des unités de fabrication du logiciel. Il s'agit ici de consolider le modèle logique avec les réutilisations de code détectées et de compléter la configuration logicielle déjà commencée en conception générique.

A priori, chaque catégorie se transforme en un sous-système de configuration logicielle. Il faut cependant prendre en compte les parties à extraire pour bénéficier de la réutilisation de code. Par exemple, le sous-système de présentation des commandes doit isoler spécifiquement un sous-système regroupant les classes nécessaires à la construction de la fenêtre de recherche et de sélection de commandes. Ce sous-système est en effet réutilisé pour la présentation de l'application *ConVEx*.

Inversement, plusieurs catégories peuvent être regroupées dans le même sous-système de configuration logicielle. Les couches présentation et application sont par exemple souvent indissociables et regroupées dans la même unité de fabrication. C'est le cas des catégories *Présentation::Mission* et *Application::Mission* qui participent à la définition d'un même sous-système de constitution de l'application *ConVEx*. C'est seulement suite à la conception détaillée que chaque sous-système pourra être précisé avec les composants correspondants aux classes Java qu'il faudra coder.

ÉTUDE DE CAS : ORGANISATION DE LA CONFIGURATION LOGICIELLE

L'application *ConVEx* est élaborée à partir de deux sous-systèmes de construction du client ; l'environnement d'édition des missions et l'environnement de suivi des missions. Les deux sous-systèmes correspondant aux panneaux de sélection ont été isolés afin de permettre leur réutilisation. Les sous-systèmes issus de la conception générique sont intégrés.

Côté serveur, il existe un sous-système de fabrication du composant distribué *Mission* ainsi, qu'un sous-système pour l'accès aux données. Les deux sous-systèmes sont séparés par choix d'architecture technique. Il est en effet nécessaire de ménager un serveur spécifique gérant les connexions aux bases de données.

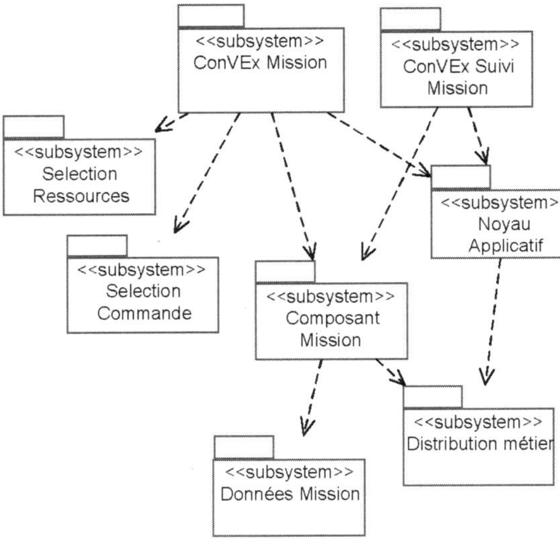

Figure 10-25. : Organisation des sous-systèmes de l'application ConVEx

Pour la suite, chacun des sous-systèmes donne lieu à une subdivision en composants représentant l'implémentation Java des classes de conception.

Étude

IL Y A COMPOSANT ET COMPOSANT

Pour terminer ce chapitre, il nous semble nécessaire de revenir sur la notion de composant et d'y apporter quelques précisions en matière de terminologie.

Un composant au sens d'UML représente un élément physique à partir duquel on construit le logiciel. Il peut s'agir d'un fichier de code tout comme d'un exécutable. Comme nous vous l'avons expliqué, ce concept est trop vaste pour être exploitable, et dans le cadre des projets, nous avons été amenés à distinguer les composants d'exploitation des composants de la configuration logicielle.

Étude

On parle également de composant pour la distribution. Dans ce cas, un composant distribué est un composant de la vue d'exploitation, au même titre qu'une application ou qu'une instance de base de données. Le composant distribué participe au logiciel par l'ensemble des services accessibles *via* un middleware. Le composant distribué correspond donc à une même unité d'exécution qui déclare ses services par l'intermédiaire de différentes interfaces. L'interface d'un composant distribué ne doit pas être confondue avec le stéréotype *interface* d'UML qui correspond plutôt à l'interface de Java. En conception préliminaire, l'interface du composant distribué est plutôt une ou plusieurs catégories qui permettent de déclarer des services. En conception détaillée, les interfaces du composant distribué doivent ensuite coller à la notion d'interface *remote* de RMI.

On parle enfin de composant métier, ce qui intègre une dimension fonctionnelle. Il s'agit cette fois d'un composant de configuration logicielle qui regroupe les services issus d'une même partie spécifique d'un métier. Un composant métier s'identifie à l'aide des catégories d'analyse et sert à réutiliser les notions communes à plusieurs applications. Un objet métier correspond à une classe de l'analyse du domaine et participe bien entendu à la réalisation d'un composant métier. Un composant distribué peut regrouper plusieurs composants métiers. En les localisant sur le réseau, la distribution facilite la réutilisation des composants métier.

Phases de réalisation en conception préliminaire

La conception préliminaire est avant tout affaire d'organisation ; il s'agit de préparer le modèle de conception en intégrant les résultats provenant à la fois de l'analyse et de la conception générique. Dans le cadre d'une application client/serveur, la conception du déploiement des postes de travail et des composants d'exploitation constitue un premier guide d'organisation.

La vue d'exploitation est constituée d'applications, de composants distribués et d'instances de base de données nécessaires au système. L'identification de ses interfaces précise la définition d'un composant distribué, tout comme les interfaces utilisateur précisent celle d'une application. Des interfaces EAI peuvent également être définies lorsque l'on doit intégrer des progiciels dans son système.

Les catégories de conception sont identifiées à partir des *frameworks* abstraits de la conception générique et des catégories de l'analyse. Une première liste des catégories de conception fait apparaître les éléments communs que l'on isolera en vue d'une réutilisation. Chaque catégorie doit ensuite définir son interface. Dans le cadre d'une distribution, le recours au *design pattern* Façade permet de réduire la multiplicité des interfaces et facilite le protocole d'utilisation du composant distribué. Pour les applications, il est utile de concevoir les IHM afin d'avoir une vision précise des interfaces des couches présentation et application.

La conception préliminaire se termine en organisant la configuration logicielle du développement.

Le détail du processus suggéré pour la conception préliminaire est le suivant :

1. Concevez le déploiement :
- identifiez les postes de travail ;
- déployez-les sur le réseau physique ;
- commentez et justifiez les caractéristiques opérationnelles du déploiement : dimensionnement des réseaux, dispositifs physiques de sécurité, localisation des bases de données, etc.

2. Élaborez le modèle d'exploitation :
- identifiez les applications à partir des cas d'utilisation ;
- identifiez les composants distribués à partir des catégories d'analyse ;
- ébauchez les interfaces des composants distribués ;
- identifiez et spécifiez le cas échéant les interfaces EAI ;
- identifiez les instances de base de données afin d'optimiser la distribution ;
- énumérez les interfaces utilisateurs des applications ;
- complétez la vue d'exploitation.

3. Organisez le modèle logique de conception :
- identifiez les catégories de conception à partir des catégories d'analyse et des *frameworks* techniques abstraits ;
- isolez les mécanismes communs dans des catégories séparées afin d'organiser leur réutilisation ;
- structurez le modèle logique suivant les couches logicielles et disposez-y les catégories identifiées.

4. Créez les interfaces des catégories :
- répartissez les opérations d'analyse suivant les couches ;
- identifiez les opérations accessibles depuis l'extérieur de la catégorie ;
- concevez l'interface des catégories conformément aux *frameworks* techniques réalisés.

5. Mettez au point la présentation des applications :
- élaborez une maquette d'IHM pour les interfaces des applications ;

- reportez la structure des classes d'IHM dans les catégories des couches de présentation et d'application.

6. Structurez la configuration logicielle :

- identifiez les sous-systèmes à partir des catégories de conception ;
- complétez la configuration logicielle déjà commencée en conception générique.

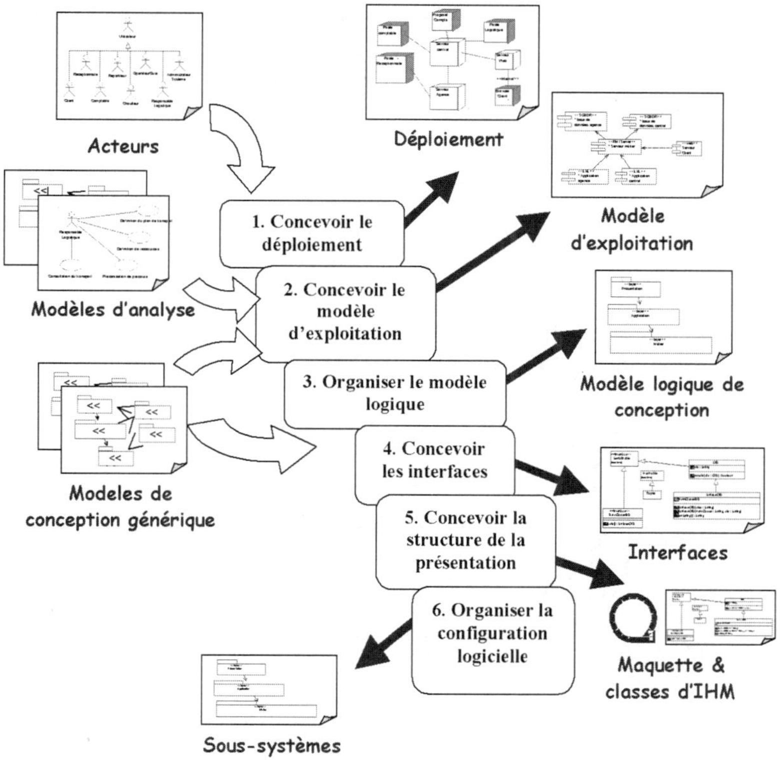

Figure 10-26. : Construction de l'étape de conception préliminaire

Dans le chapitre 11 « Conception détaillée », nous aborderons en détail l'élaboration des catégories suivantes :

- *Présentation::Mission*, pour illustrer la documentation d'un IHM avec UML ;
- *Application::Mission*, pour montrer comment l'IHM se couple avec les concepts de l'application ;
- *Métier::Mission*, pour étudier un modèle de distribution avec UML ;
- *StockageDonnées::Mission*, pour examiner un modèle de persistance relationnel à partir d'un schéma objet.

Sur le site Web (www.editions-eyrolles.com)

Vous trouverez sur le site Web des éditions Eyrolles les diagrammes UML qui ont servi à illustrer ce chapitre ainsi que la façon d'organiser les packages pour commencer la conception détaillée. Ces informations sont disponibles dans le fichier *ch10.mdl*, au format Rational/Rose.

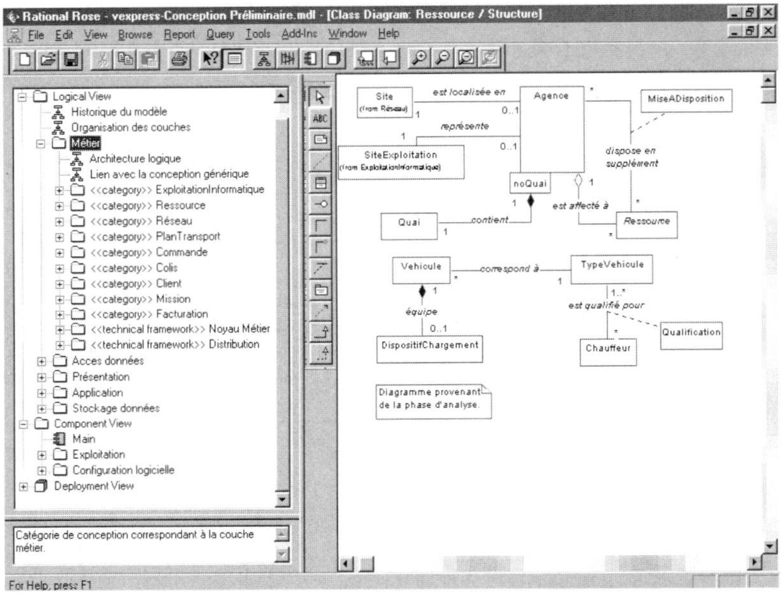

Figure 10-27. : Conception préliminaire avec Rational Rose

Chapitre 11 Conception détaillée

Objectifs du chapitre

Nous arrivons maintenant à la phase ultime de modélisation avec UML. Après la modélisation des besoins puis l'organisation de la structure de la solution, la conception détaillée consiste à construire et à documenter précisément les classes, les interfaces, les tables et les méthodes qui constituent le codage de la solution. Il s'agit de :

- comprendre le rôle d'UML pour la conception détaillée ;
- savoir appliquer le micro-processus utilisé pour bâtir une conception objet avec UML ;
- apprendre à construire une solution pour : la couche de présentation, la couche d'application et la couche métier distribuée dont l'EAI ;
- savoir transformer un modèle objet en modèle relationnel.

Quand intervient la conception détaillée ?

La conception détaillée est une activité qui s'inscrit dans l'organisation définie par la conception préliminaire. Le modèle logique y est particulièrement important dans la mesure où c'est en conception détaillée que l'on génère le plus gros volume d'informations. Il est ainsi possible de confier les catégories à des personnes différentes, qui pourront travailler indépendamment les unes des autres. La conception détaillée s'appuie donc sur les catégories de conception organisées à la fois suivant les *frameworks* techniques et les regroupements propres au métier. Les concepteurs construisent alors les classes, les vues d'IHM, les interfaces, les tables et les méthodes qui vont donner une image « prête à coder » de la solution.

En dernier lieu, il convient de préciser le contenu des sous-systèmes de manière à compléter la configuration logicielle. Le niveau d'abstraction visé par l'étape de conception détaillée est la conception des composants. Il s'agit d'avoir une idée la plus précise possible pour la fabrication et l'assemblage des sous-systèmes de configuration logicielle.

La conception détaillée précède la phase de codage. À ce niveau, toutes les questions relatives à l'agencement et aux détails de la solution doivent être modélisées. Ainsi, les interrogations restantes concernent exclusivement la bonne utilisation des langages et des outils de développement.

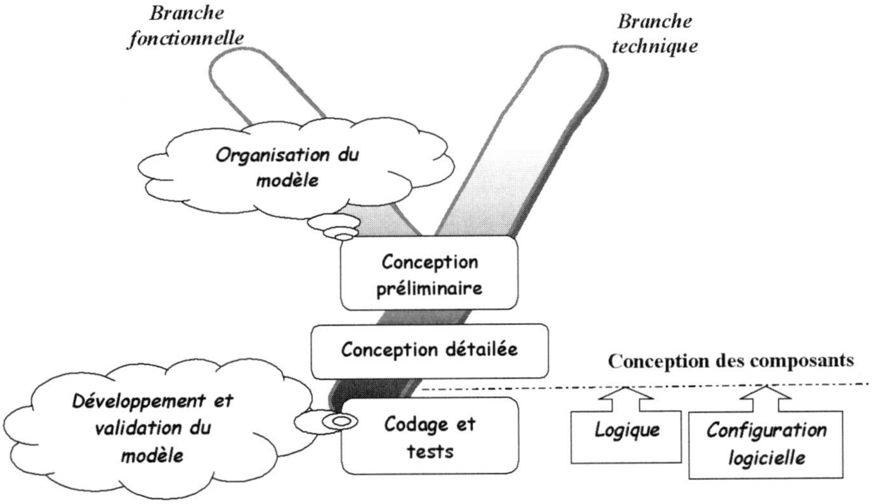

Figure 11-1. : Situation de la conception détaillée dans 2TUP

Éléments mis en jeu

- Micro-processus de conception logique, modèle logique,
- propriétés de conception d'une classe, d'un attribut, d'une association et d'une opération,
- *design patterns* : État, Itérateur, Curseur, Stratégie, Observateur, Référence futée,
- couches de présentation, de l'application, de métier distribué et de stockage des données,

- IHM, distribution RMI, passage d'un modèle objet à un modèle relationnel,
- modèle d'exploitation consolidé et modèle de configuration logicielle détaillée.

Le micro-processus de conception logique

Le micro-processus de conception logique concerne la définition des classes à implémenter. C'est donc une activité centrée sur le modèle logique, qui combine les diagrammes UML suivants :

- principalement les diagrammes de classes pour préciser la structure des classes de développement,
- mais aussi les diagrammes d'interactions pour préciser les collaborations entre objets,
- et les diagrammes d'activités pour exprimer les algorithmes des méthodes.

Enfin, il est possible de recourir à du pseudo-code pour les algorithmes les plus complexes. Il s'agit en fait d'esquisser le code des méthodes à développer. En l'occurrence, nous utilisons une formulation proche de Java.

Le micro-processus consiste en une itération des cinq activités représentées à la figure 11-2.

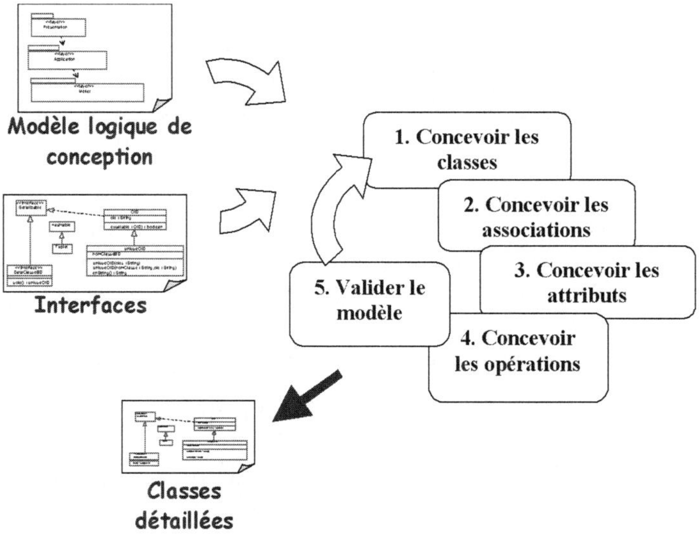

Figure 11-2. : micro-processus de conception détaillée

- Concevoir les classes consiste à transformer des concepts provenant de l'analyse, tels que les métaclasses ou les classes à états parallèles, en techniques disponibles avec les langages et les outils de développement.
- Concevoir les associations définit la façon d'exploiter chaque association et les techniques qui seront employées dans le codage.
- Concevoir les attributs nécessite essentiellement d'identifier les structures de données, les itérations et d'autres types complexes permettant de représenter les attributs d'analyse avec le langage utilisé.
- Concevoir les opérations permet de déterminer le contenu des méthodes complexes et d'identifier en cascade de nouvelles classes et opérations dans la catégorie.
- Valider le modèle constitue la phase de décision du cycle itératif. Sortir de ce cycle signifie que le modèle donne l'image prête à coder de ses composants de configuration logicielle.

Nous allons étudier tour à tour ces activités, puis voir leur application sur les différentes couches du système SIVEx.

Concevoir les classes

Les classes qui proviennent de l'analyse ne sont pas toujours conformes aux possibilités du langage d'implémentation. Dans certains cas, une analyse orientée objet est réalisée dans un langage non objet. La transformation des classes en codage est alors particulièrement importante pour conserver la trace du passage de l'analyse au code. Java offre bien entendu une transformation beaucoup plus directe. Certaines formes telles que les métaclasses, les états ou les héritages multiples sont cependant tolérées par les analystes mais inconnues de Java. Concevoir les classes consiste tout d'abord à expliciter comment ces concepts devront être traduits dans le code.

Concevoir les classes, c'est aussi en introduire de nouvelles soit pour prendre en charge des responsabilités purement techniques, soit pour décharger une classe d'analyse de certains de ces aspects techniques. Les liens qui rattachent ces classes entre elles doivent le plus souvent correspondre à des *design patterns*. On trouvera à terme des classes comme des « fabriques », des « archiveurs », des « traceurs », des « vérificateurs de cohérence », etc.

Concevoir les classes, c'est enfin redistribuer les messages et les événements du modèle dynamique sur les différentes couches de conception – nous verrons notamment comment réaliser la conception orientée objet des messages identifiés dans les interfaces EAI. Il est probable en effet que ces concepts vus de manière abstraite par l'analyste ne correspondent plus aux principes de conception. Pour les systèmes client/serveur, nous pensons plus particulièrement à la redistribution des échanges entre les couches métier et application. Ces échanges s'appuyant sur les capacités d'un réseau physique doivent faire l'objet d'optimisations. Dans cette optique, il convient que les diagrammes d'états soient retravaillés au niveau de la conception.

Définition

LE DESIGN PATTERN ÉTAT

Le *design pattern* État [Gamma 95] est une façon de concevoir le diagramme d'états d'une classe d'analyse. La gestion des états est déléguée de sorte qu'à chaque état corresponde une classe du patron. Une classe gère ainsi les actions, les activités et les transitions attachées à l'état qu'elle représente.

Le diagramme d'états du suivi de mission sert à illustrer l'application de ce *design pattern*. Chaque état de la classe correspond à une spécialisation de la classe *SuiviMissionEtat*. Les événements du diagramme d'états deviennent des opérations polymorphes pour les classes *États*. L'interprétation du diagramme d'états de la figure 11-3 donne ainsi une conception de la classe *SuiviMission*, accompagnée d'un environnement de gestion de ses états (voir figure 11-4).

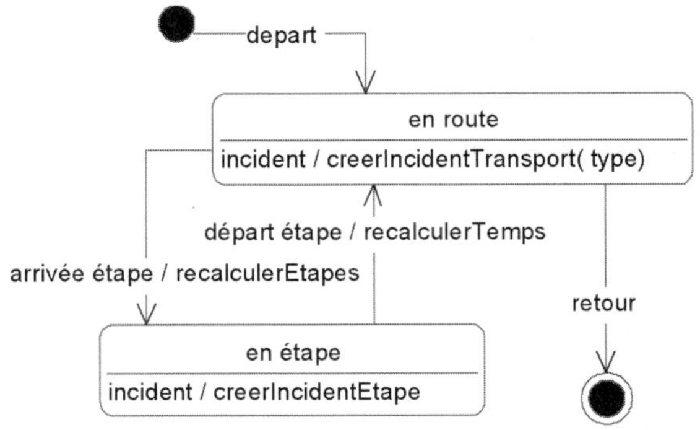

Figure 11-3. : Diagramme d'états de la classe SuiviMission

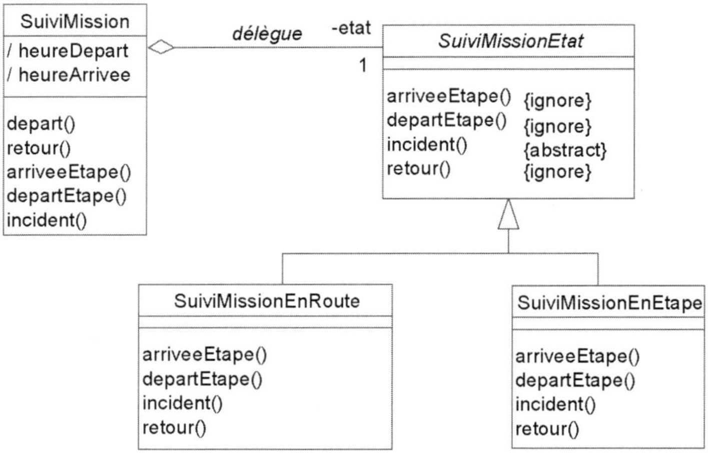

Figure 11-4. : Environnement résultant des états de la classe SuiviMission

La classe *SuiviMission* délègue la gestion de ses états à la classe *SuiviMission Etat* ; en d'autres termes, elle transmet systématiquement les événements qu'elle reçoit. Les états de la classe sont ensuite chargés de déclencher les opérations et d'assurer les transitions. Le diagramme de collaboration ci-après vous montre comment un tel mécanisme peut être documenté.

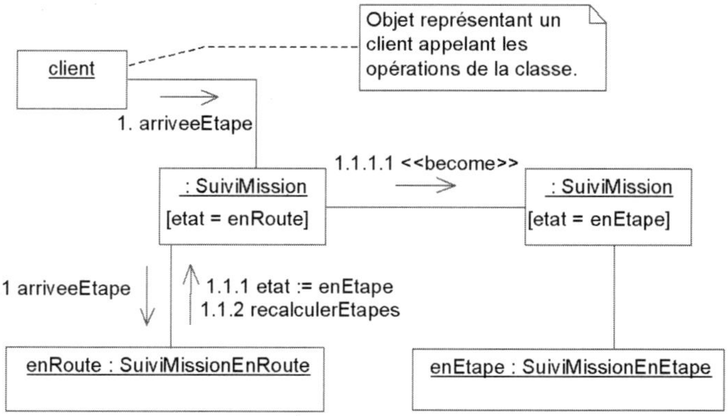

Figure 11-5. : Dynamique d'un changement d'état sur une arrivée d'étape

Le *design pattern* État réduit la complexité des méthodes par extraction des instructions d'aiguillage nécessaires à la gestion des transitions. De ce fait, il facilite l'ajout de nouveaux états. La prise en compte d'un super-état se résout tout aussi facilement par l'introduction d'une super-classe état (voir l'étude de cas ci-après).

Lorsque les classes représentant les états ne possèdent aucun attribut, il est souvent possible d'en faire des singletons. L'instruction associée à une transition d'état prendra alors la forme suivante : *etat := SuiviMissionEn Etape.getInstance()*.

ÉTUDE DE CAS : CONCEPTION DES ÉTATS DE LA CLASSE *MISSION*

La réalisation des états de la classe *Mission* s'établit à partir du diagramme d'états de la classe d'analyse (voir chapitre 8). Le diagramme d'états élaboré par l'analyste regroupe à la fois des aspects de niveau application et métier. En effet, les transitions, les actions et les activités qui concernent l'affectation des valeurs sont d'ordre applicatif, tandis que les états de création, validation, annulation et réalisation concernent la couche métier. Le concepteur s'appuie donc sur de nouveaux diagrammes d'états de conception pour les classes *Metier::Mission::Mission* et *Application::Mission::DocMission*. À cet égard, reportez-vous respectivement aux figures 11-6 et 11-8.

Au niveau de la couche métier, les événements d'affectation et de modification sont simplifiés de manière à alléger les échanges RMI lors de la création d'une nouvelle mission. Il n'en résulte donc que deux sous-états, suivant l'état correct ou incorrect déterminé par une opération de vérification.

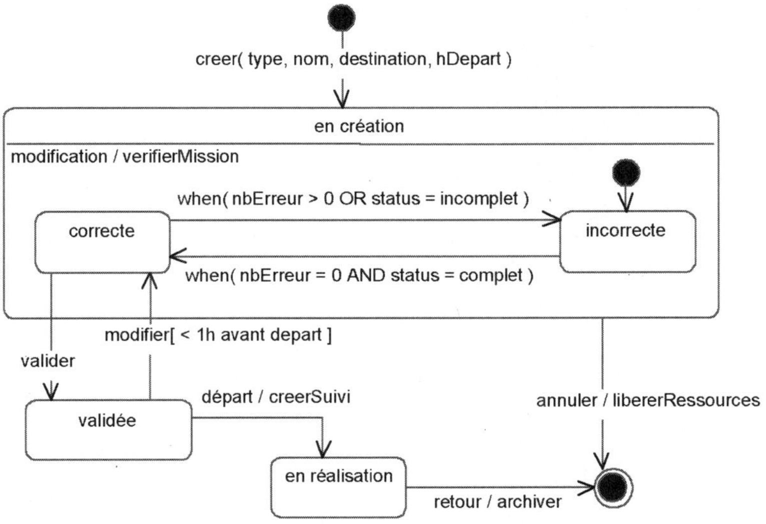

Figure 11-6. : Diagramme d'états simplifié de la classe Mission au niveau de la couche Métier

L'environnement de la classe *Mission* après l'application du design pattern État est donc illustré à la figure 11-7. Vous remarquerez le devenir des sous-états en tant que sous-classes dans la hiérarchie des classes d'état. Toutes les sous-classes finales dans la hiérarchie des états implémentent le design pattern singleton.

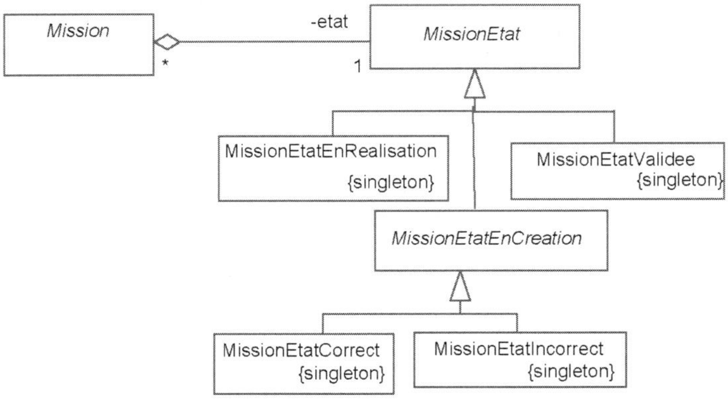

Figure 11-7. : Environnement de gestion d'états de la classe Métier::Mission::Mission

Pour fixer les idées, voici le code Java correspondant à la structure et la distribution des opérations sur les classes *État*. En premier lieu la classe *Mission* délègue à son état le traitement des événements du diagramme d'états.

```
package    SIVEx.metier.mission.mission;
import       SIVEx.metier.mission.mission.etats;
…
public class Mission {
      private    MissionEtat    _etat;
      …
      // Opération réservée qui permet aux états de transiter :
      public void setEtat( MissionEtat newEtat) {
         _etat = newEtat;
      }
      // réception des événements du diagramme d'états :
      public void modification(this, …) {
         _etat.onModification(this);
      }
      public void erreursOuIncomplete() {
         _etat.onErreurOuIncomplete(this);
      }
      public void justeEtComplete() {
         _etat.onJusteEtComplete(this);
      }
      public void valider() {
         _etat.onValider(this);
      }
      // etc…
}
```

Par la suite, chaque état gère les transitions sur la classe *Mission*. Les classes représentant des super-états fournissent des opérations factices, qui peuvent déclencher un message d'erreur, dans la mesure où un fonctionnement normal ne devrait jamais les utiliser.

```
package      SIVEx.metier.mission.mission.etats;
...
abstract public class MissionEtat {
      public void modification( Mission sujet) {
         FichierTrace.instance().tracer( «ERREUR : états mission : …»);
      }
      // etc…
}
```

```
package   SIVEx.metier.mission.mission.etats;
...
public class MissionEtatEnCreation extends MissionEtat {
      public void onModification( Mission sujet, …) {
         // traitement de l'événement au niveau du super-état.
         sujet.modifier( …);
         sujet.verifier(); // déclenche de nouveaux événements.
      };
}
```

```
package      SIVEx.metier.mission.mission.etats;
...
public class MissionEtatEnCreationCorrecte extends MissionEtatEnCeation {
      // réalisation du singleton :
      private static MissionEtat          _instance;
      public static MissionEtat           instance() {…}
      // réalisation des événements qui concernent le sous-état :
      public void onValider(Mission sujet) {
         // transition :
         sujet.setEtat( MissionEtatValidee.getInstance());
      }
}
```

En ce qui concerne la couche application, le nouveau diagramme d'états montre la prise en compte des contrôles au niveau du poste client, à charge pour la classe *Mission* de fournir une seule opération de vérification lors de la création ou de la modification d'une mission dans la couche métier. Le design pattern État est également applicable au niveau de la classe *DocMission*.

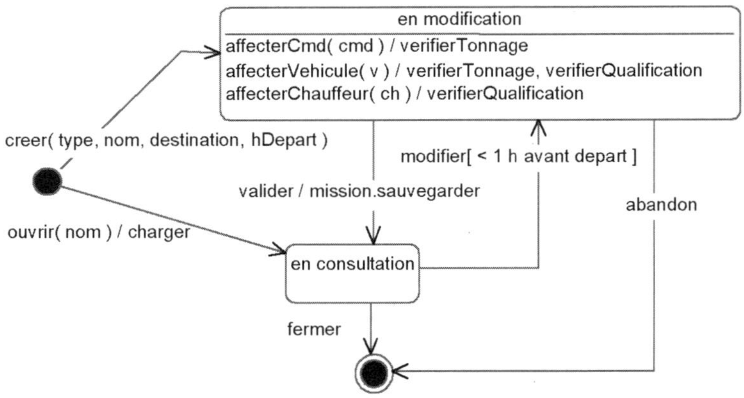

Figure 11-8. : Diagramme d'états de la classe DocMission au niveau de la couche application

L'identification des classes à partir des interfaces EAI illustre également comment les éléments du modèle dynamique, cette fois-ci les messages, alimentent de nouvelles classes. En effet, pour des raisons de maintenance des modèles d'échanges, il est important de donner une tournure orientée objet à l'EAI, même si les outils qui l'implémentent proposent par défaut une séparation forte des données et des fonctions.

Le travail réalisé en conception préliminaire donne déjà une première orientation objet au travers de la matrice qui a servi à identifier les interfaces EAI et par la sémantique « objet.verbe » des messages utilisés dans les diagrammes de séquence.

ÉTUDE DE CAS : CONCEPTION DES MESSAGES EAI « CLIENT »

À partir de l'identification de l'objet client, présent sur plusieurs interfaces d'échanges EAI, le travail consiste à établir la structure d'un client au vu des différentes interfaces auxquelles il participe.

Typiquement, un message EAI est composé d'un en-tête contenant les informations d'identification de l'objet, et ce afin de minimiser le volume d'informations à envoyer lorsqu'une simple référence à l'objet concerné par le message suffit. Par ailleurs, et suivant les différentes interfaces, l'échange d'un objet client est assorti d'adresses, d'informations comptables ou de contacts. En conséquence, l'utilisation d'un diagramme de classes supporte la conception orientée objet des messages EAI en mettant en valeur les agrégations, voire les héritages, nécessaires à la structuration des données échangées.

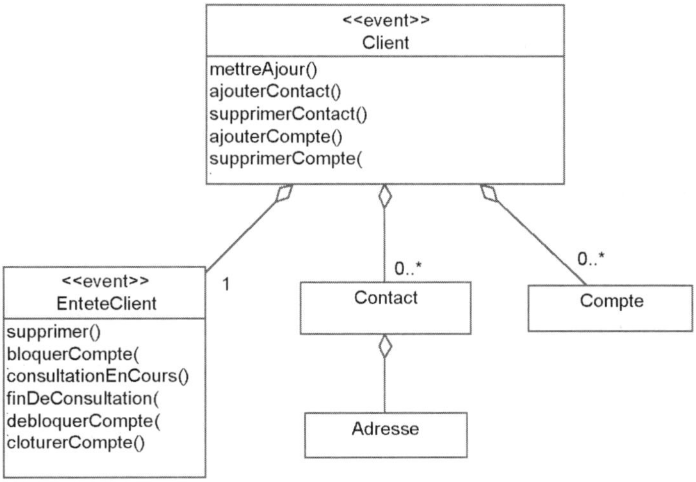

Figure 11-9. : Conception orientée objet des messages identifiés dans les interfaces EAI

Le diagramme ci-dessus montre la conception des messages EAI, remarquez la réutilisation du stéréotype « event » pour différencier les classes qui sont échangées des blocs d'attributs qui les accompagnent. Par ailleurs, la transformation des verbes, provenant des messages identifiés en conception préliminaire, en opérations permet d'identifier rapidement quelle structure de données accompagne le message. Ainsi le message « client.supprimer » transporte la structure de données décrite par la classe *EnteteClient*, tandis que le message « client.mettreAjour » transporte celle qui correspond à la classe *Client*.

Concevoir les associations

L'association est un concept inconnu de la plupart des langages orientés objet. Elle se transforme en attribut ou en tableau d'attributs suivant sa multiplicité. La figure 11-10 montre l'application de ce principe à deux associations de la classe *Métier::MissionTraction*.

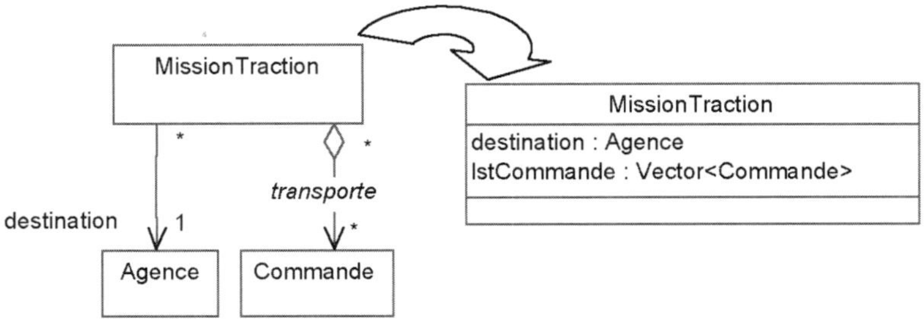

Figure 11-10. : Exemple d'une conception d'associations par des attributs

La figure ci-dessus montre qu'une agrégation, outre la précision sémantique qu'elle apporte en analyse, n'est pratiquement jamais prise en compte en conception. Remarquons également que l'utilisation du tableau générique *Vector* ou *ArrayList* de Java ne permet pas d'exprimer le type d'éléments stockés (nous donnons par la suite indifféremment des exemples avec *Vector* ou *ArrayList*, le principe est le même). L'usage d'une notation empruntée au *template* de C++ permet de conserver cette information sur le diagramme. Remarquons enfin que la conception des associations est facilitée par l'expression de leur navigabilité.

Il serait cependant fastidieux de transformer tous les diagrammes de conception, d'autant que la conception d'une association s'accompagne d'un ensemble d'opérations nécessaires à sa gestion. On utilise donc une valeur étiquetée, *design tip*, pour désigner les mécanismes d'association accompagnés de leurs opérations de gestion. Souvenez-vous, nous avons déjà utilisé la même technique en conception générique. Ce mécanisme doit donc être documenté dans le modèle, comme l'illustre la figure ci-dessous.

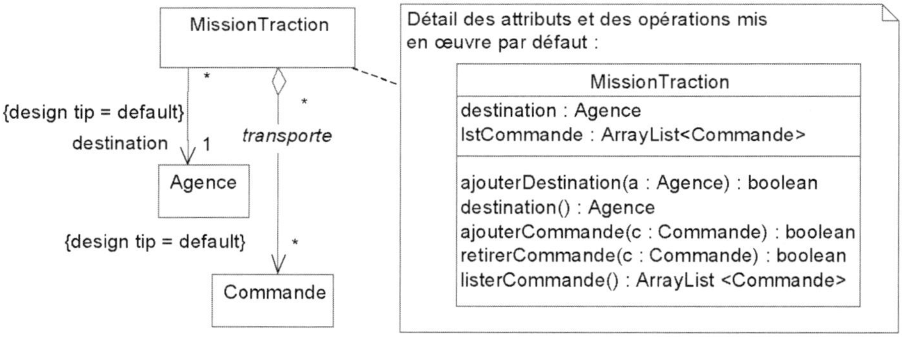

Figure 11-11. : Documentation du mécanisme {design tip = default}

La visibilité des opérations de gestion de l'association étant identique à la visibilité du rôle, il est important d'introduire cette information en conception détaillée.

La conception d'une association se complique lorsqu'elle comporte des contraintes à respecter. On peut considérer deux types de contraintes différentes et adapter le style de conception en conséquence.

- Les contraintes de gestion sont exprimées par une multiplicité minimale supérieure à 0 (obligatoire), une composition, un qualifieur ou les propriétés d'UML {ordered}, {addOnly} et {frozen}. Ces contraintes ont des répercussions sur l'interface et les méthodes de gestion d'une seule association. Par exemple : l'opération de retrait peut disparaître du fait d'un addOnly ou d'un frozen ; le constructeur doit comporter des paramètres supplémentaires pour initialiser les liens obligatoires. Une composition se traduit par une règle de structure : la destruction du composite implique celle de ses sous-parties ; cette contrainte a toutefois peu d'influence appliquée à Java du fait de son ramasse-miettes. Enfin, les qualifieurs transforment un *Vector* en *Hashtable* et une *ArrayList* en *HashMap* dont la clé est le qualifieur.

- D'autres contraintes structurelles portent sur plusieurs associations : il peut s'agir des contraintes utilisateur, des contraintes prédéfinies {XOR}, {subset} et {AND}, des associations bidirectionnelles ou d'une classe d'association. Ces contraintes induisent des postconditions aux opérations de gestion de l'association. Les associations bidirectionnelles sont conçues exactement comme deux associations réciproques, dont les attributs de part et d'autre sont synchronisés par des règles de gestion. Une classe d'association devient un point central qui gère la relation avec les deux autres classes.

Concevoir les associations consiste enfin à transformer les relations n-aires, tolérées par les analystes, en relations binaires alors plus faciles à concevoir, ou bien à ajouter une nouvelle classe qui pilote la relation complexe.

Dans un second temps, il est possible d'optimiser les méthodes de gestion. Le cas le plus fréquent concerne la consultation d'une liste d'objets en mode client/serveur. D'une part, le transfert d'un groupe d'objets est coûteux pour le réseau, alors qu'il suffit d'afficher un seul libellé caractéristique pour chaque objet. D'autre part, au-delà de 10 à 20 références, un utilisateur reformule la plupart du temps son critère de sélection. Pour éviter des temps d'attente, il est souvent utile de procéder à la gestion d'une liste de libellés caractéristiques, par un curseur ramenant 10 à 20 références à la fois.

ÉTUDE DE CAS : CONCEPTION DES ASSOCIATIONS DANS *MÉTIER::MISSION*

La conception des associations consiste ici à compléter le nom des rôles et la navigabilité des associations. Pour la plupart, une application du mécanisme par défaut suffit à décrire les attributs et les opérations d'implémentation.

Seule la classe d'association liant une mission de tournée à ses étapes doit être explicitée. Dans ce cas, le {*design tip = ignore*} signifie que l'association reste sur le diagramme aux seules fins d'une meilleure lisibilité, mais qu'elle est explicitement conçue par les attributs et les opérations disponibles sur la classe *MissionTournée*.

La figure ci-dessous montre la structure résultant des classes de la catégorie.

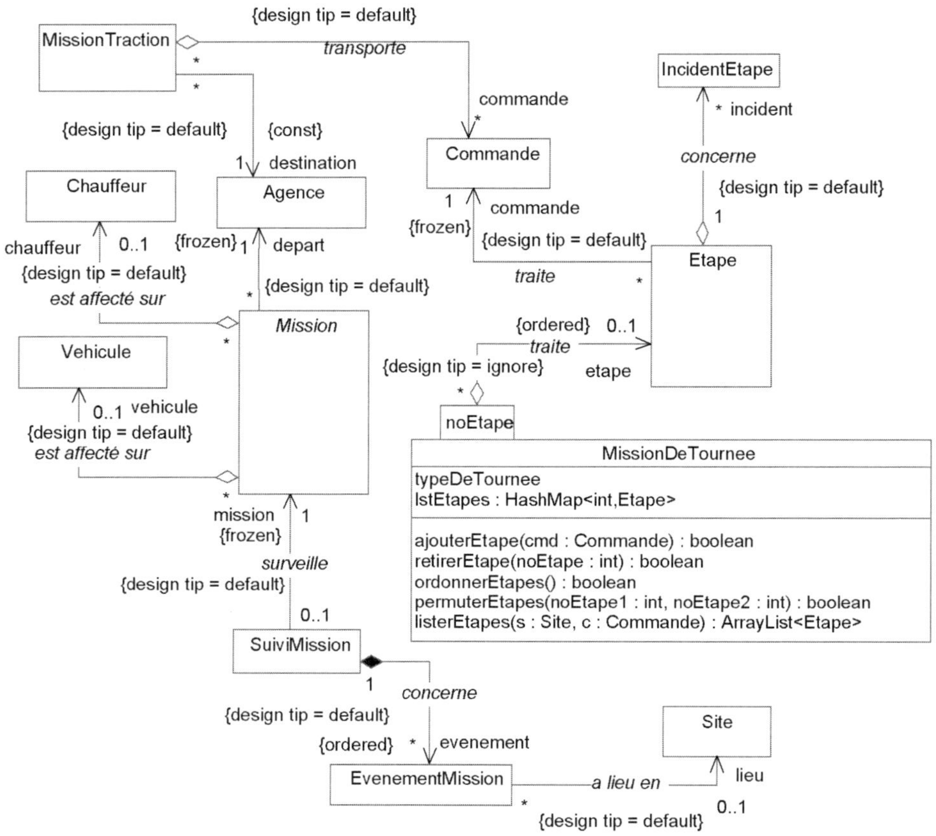

Figure 11-12. : Associations de la catégorie Mission, documentée pour la conception détaillée

Le code Java ci-dessous montre la réalisation par défaut de l'association entre la classe *Etape* et *IncidentEtape*. L'aspect systématique de ce code souligne l'avantage d'utiliser un générateur de code, conformément aux préconisations « Model Driven » de l'OMG

```
package      SIVEx.metier.mission;
...
public class Etape {
      // réalisation de l'association avec les incidents d'étape :
      private Vector          _incident;
      ...
      // opérations de gestion :
      public Boolean ajouterIncident( IncidentEtape inc) {
         _incident.addElement( inc);
         return true;
      }
      public Boolean retirerIncident( IncidentEtape inc) {
         int        _incident.removeElement( inc);
         return true;
```

```
    }
    public Vector listerIncidents() {
       Vector    clone = _incident.clone();
       return clone;
    }
}
```

Définition

LE DESIGN PATTERN ITÉRATEUR

Le design pattern Itérateur [Gamma 95] est une façon de concevoir l'accès séquentiel à un ensemble d'objets, sans avoir à exposer la structure interne de l'ensemble. Par ailleurs, l'itérateur offre une interface de parcours standard qui uniformise et facilite la manipulation des différents types de liste d'un même projet. Il offre enfin la possibilité de parcourir simultanément et indépendamment le même ensemble d'objets par des tâches parallèles.

L'objectif de l'itérateur est de déléguer les opérations de parcours d'une association. Par ailleurs, il a pour rôle de gérer l'état d'un élément courant, auquel on peut accéder séquentiellement au précédent ou au suivant. L'itérateur est donc particulièrement approprié aux associations ordonnées (propriété *{ordered}*).

La structure d'un itérateur répond au diagramme de la figure 11-13 ; la classe responsable de gérer l'association sert naturellement de fabrique d'itérateur.

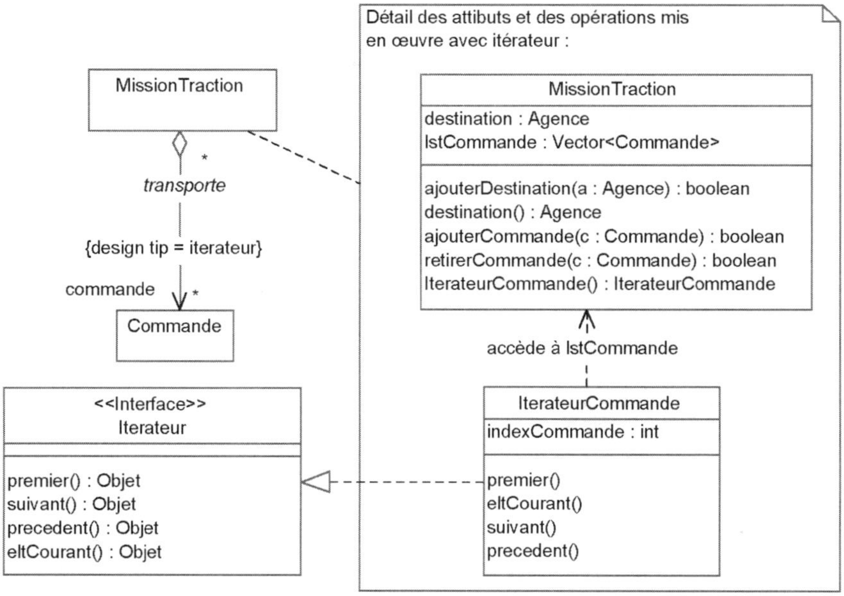

Figure 11-13. : Documentation du mécanisme {designTip=itérateur}

Un curseur est un dérivé d'itérateur qui renvoie à chaque requête un nombre déterminé d'éléments. Nous allons maintenant le mettre en œuvre dans le cadre de l'étude de cas.

ÉTUDE DE CAS : CONCEPTION D'UN CURSEUR ENTRE AGENCE ET MISSION

Nous allons maintenant passer à la phase d'optimisation des associations. L'accès aux missions d'une agence pour une plage de dates donnée est une opération fréquente du répartiteur, des opérateurs de quai et des réceptionnistes. Par ailleurs, cette opération est parallèle, car elle s'appuie sur le réseau et requiert par conséquent plus d'attention en matière de volume et de temps d'accès.

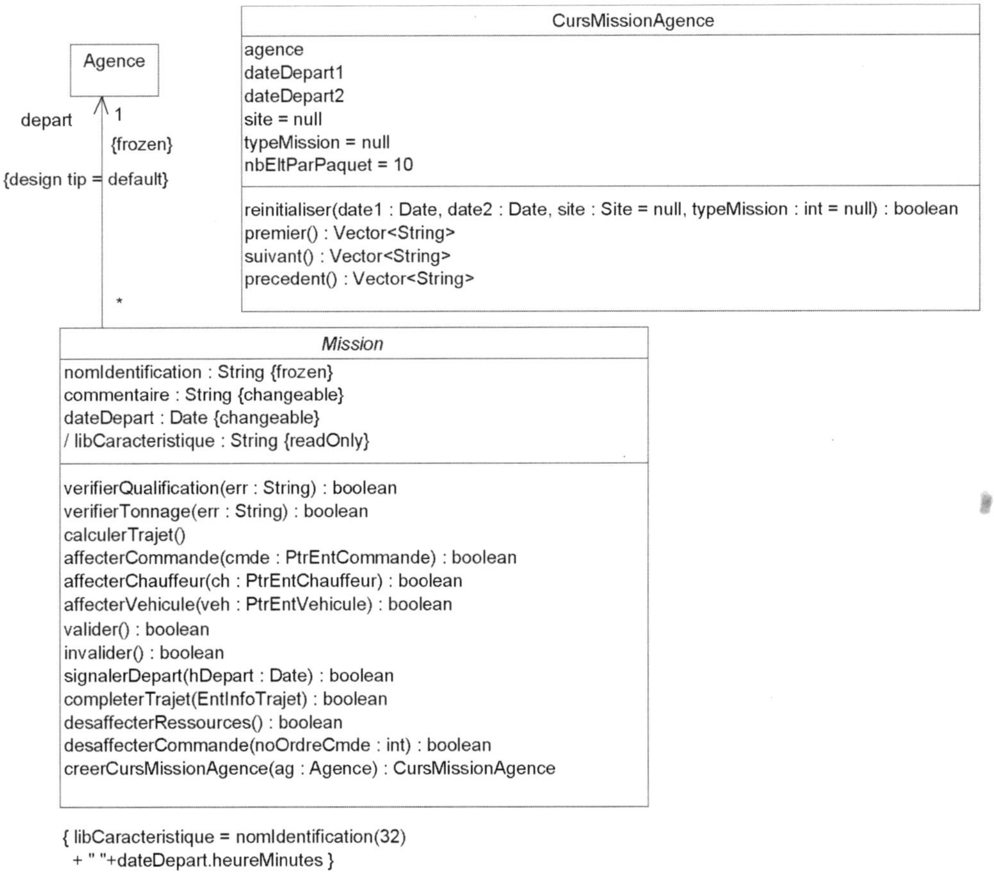

Figure 11-14. : Structure d'un curseur parcourant les missions concernées par une agence

Le développement d'une classe curseur parcourant les libellés caractéristiques des missions se justifie donc en prévision de la distribution aux applications clientes de l'information. En effet, des listes de sélection de missions sont notamment gérées par les applications ConVEx déployées sur le poste de travail du réceptionniste.

La fabrication d'un curseur est une opération de classe ; elle correspond à une responsabilité sur la classe *Mission*. La construction d'un curseur spécifie une agence, car il s'agit de recenser les missions d'une agence. Cette technique permet de respecter le sens de la dépendance entre la catégorie *Ressource* à laquelle appartient le concept d'agence et la catégorie *Mission*.

Le curseur distribue des tableaux de libellés caractéristiques au travers des opérations *premier()*, *suivant()* et *precedent()*. L'attribut *nbEltParPaquet* permet de redimensionner la taille des tableaux.

Concevoir les attributs

La conception des attributs consiste principalement à définir le type des attributs identifiés en analyse. Bien que la plupart des attributs se satisfassent des types de base de Java, certains attributs d'analyse correspondent à une structure de données qu'il est nécessaire de spécifier. Dans ce cas, nous introduisons le stéréotype *struct* pour distinguer une simple structure de données d'une classe. Cette dernière s'apparente à un type de base du langage ; tous ses attributs sont publics, de sorte qu'elle nécessite rarement d'opérations associées. D'autres attributs induisent des énumérations pour lesquelles nous introduisons également le stéréotype *enum*. En Java, une énumération correspond à une classe composée d'attributs *public static final*.

Concevoir les attributs, c'est également spécifier leur visibilité et leur mode d'accès. Par défaut, un attribut est privé et ce principe reste invariable dans notre conception. La prise en compte des propriétés UML {changeable}, {readOnly} ou {frozen} est donc implicitement gérée par des opérations d'accès.

Pour assurer respectivement la modification et la lecture de la valeur de l'attribut, les attributs {changeable} requièrent deux opérations *set<nom attribut>* et *get<nom attribut>*. La propriété {frozen} implique l'initialisation de l'attribut dans le constructeur de la classe. Cela se traduit le plus souvent par un paramètre d'initialisation supplémentaire. Nous avons ajouté la propriété *{readOnly}* pour indiquer que l'attribut n'est disponible qu'en lecture grâce à l'opération get.

Enfin, concevoir les attributs, c'est spécifier les méthodes qui servent à la mise à jour des attributs dérivés. Il existe à cet effet plusieurs techniques, la plus simple consistant à invoquer une opération de mise à jour lors de l'accès à l'attribut. Certaines méthodes de calcul peuvent cependant être coûteuses ou fréquentes, aussi faut-il gérer un attribut d'état pour recalculer l'attribut dérivé uniquement si l'opération se justifie. La gestion des attributs dérivés dans une application multitâche nécessite parfois la conception de synchronisations complexes.

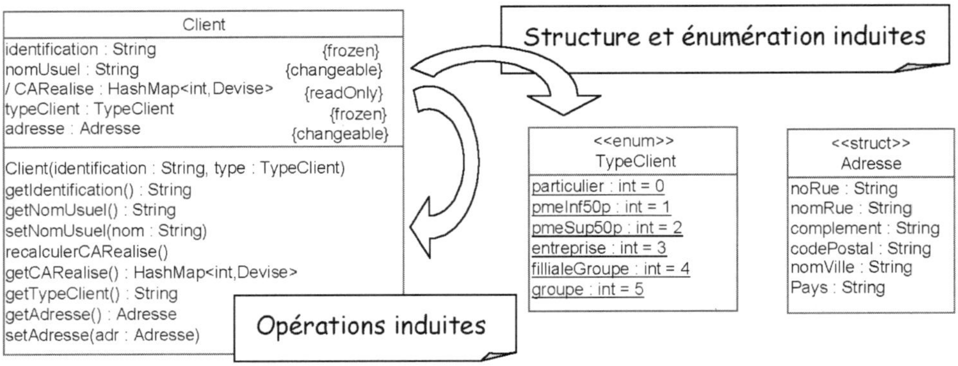

Figure 11-15. : Mécanismes induits par la définition des attributs

ÉTUDE DE CAS : CONCEPTION DES ATTRIBUTS DE *MÉTIER::MISSION*

La conception des attributs des classes de la catégorie *Mission* ne pose guère de problèmes, les méthodes de calcul des attributs dérivés correspondront à la transcription en langage Java des contraintes spécifiées par l'analyste.

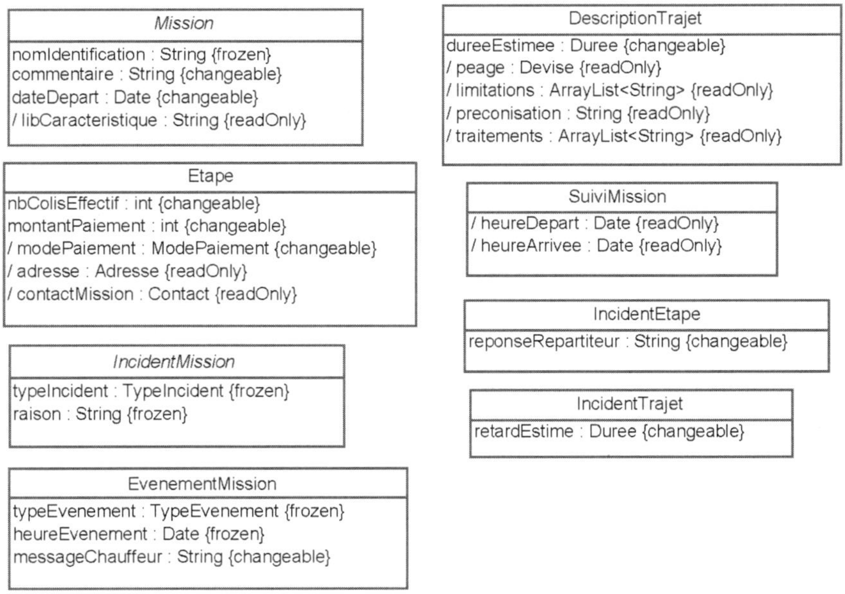

Figure 11-16. : Définition des attributs sur les classes de la catégorie Métier::Mission

À titre d'exemple, les structures et énumérations induites par la conception des attributs sont détaillées à la figure 11-17.

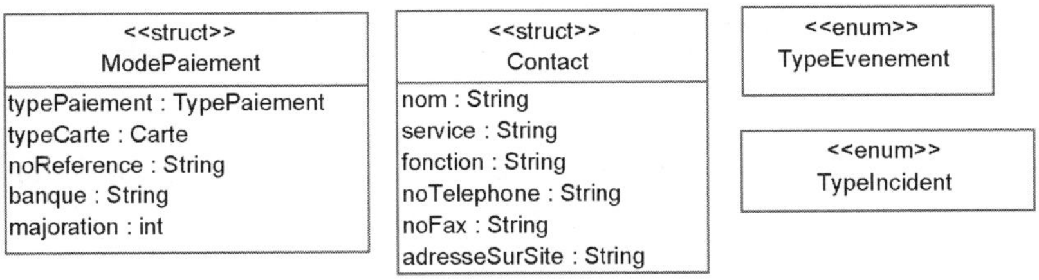

Figure 11-17. : Classes dérivées de la conception des attributs

Les choix de réalisation des attributs induisent donc la réalisation du code suivant. Nous avons pris pour exemple la classe *Mission* qui possède les trois types de propriétés.

```
package      SIVEx.metier.mission;
...
public class Mission {
      // réalisation des attributs :
      private String          _nomIdentification;
      private String          _commentaire;
      private Date            _dateDepart;
      // libCaracteristique pas déclaré car c'est un attribut dérivé
      ...
      // Constructeur avec les attributs frozen :
      public Mission( String nomIdentification) {
         _nomIdentification = nomIdentification;
      }
      // Accès en lecture :
      public String getNomIdentification() {
         return _nomIdentification;
      }
      public String getCommentaire() {...}
      public Date         getDateDepart() {...}
      // Calcul des attributs dérivés :
      public String       getLibCaracteristique() {...}
      // Accès en écriture
      public void         setCommentaire( String commentaire) {
         _commentaire = commentaire;
      }
      public void         setDateDepart( Date dateDepart) { ...}
      ...
}
```

Concevoir les opérations

La conception des opérations constitue la dernière étape du micro-processus de conception. Le plus gros du travail est certainement fourni lors de cette étape. Il s'agit en effet de donner une image assez précise du contenu des méthodes du projet.

Pour concevoir ou documenter une méthode, UML met à notre disposition toute la palette des diagrammes du modèle dynamique.

- Un diagramme d'activités permet de décrire une méthode pour laquelle peu de classes différentes interviennent. Ce diagramme se révèle efficace lorsque la méthode met en jeu un algorithme avec des étapes et de nombreuses alternatives.
- Un diagramme d'interactions expose au contraire une méthode faisant intervenir plusieurs classes, mais avec peu d'alternatives.

Certaines méthodes sont conçues avec des états stables de calcul intermédiaire et nécessitent un contexte de variables pour mémoriser leur avancement. Ces méthodes peuvent correspondre à une classe de conception avec des états/transitions. Cette technique de transformation d'une méthode d'analyse en classe est depuis longtemps connue des concepteurs objet ; cela s'appelle la réification.

Définition

RÉIFICATION

Réifier consiste à traiter en objet ce qui n'est pas usuellement considéré comme un objet [UML-RM 99] et [Rumbaugh 91].

Cette technique est particulièrement utile pour transformer des comportements dynamiques, tels que processus, tâches, activités, en classes que l'on peut stocker et associer avec d'autres éléments du modèle. La réification de méthodes permet de réaliser des délégations lorsqu'une classe concentre trop de rôles (syndrome de la classe obèse) ; c'est un principe de conception couramment employé pour apporter plus de souplesse et d'évolution à la solution mise en œuvre.

Dans la mesure où la classe issue d'une réification de méthode décrit un processus, un diagramme d'états peut être utilisé pour décrire les états qu'elle réalise. Ce diagramme montrant des successions d'actions et d'activités s'apparente à un diagramme d'activités.

En pratique, la description des méthodes permet d'identifier de nouvelles responsabilités techniques à assigner aux différentes classes du système. C'est ainsi qu'apparaissent tantôt de nouvelles opérations sur les classes existantes, tantôt de nouvelles classes techniques provenant de l'application de design patterns. Les nouveaux éléments de modélisation alimentent alors une nouvelle itération sur le micro-processus de construction jusqu'à l'obtention d'un modèle facile à coder. Ce processus suit le principe d'une approche *top-down* (du plus abstrait vers le plus détaillé), mise en place à l'aide des techniques traditionnelles de décomposition fonctionnelle.

Définition

LE DESIGN PATTERN STRATÉGIE

Le *design patten* Stratégie [Gamma 95] consiste à encapsuler une famille d'algorithmes qui s'exécutent dans un contexte identique. La stratégie utilise la réification pour transformer les algorithmes en classes, puis l'héritage d'interface pour organiser ces classes en arbre de spécialisation.

Le diagramme de la figure 11-18 indique le schéma nominal d'une stratégie

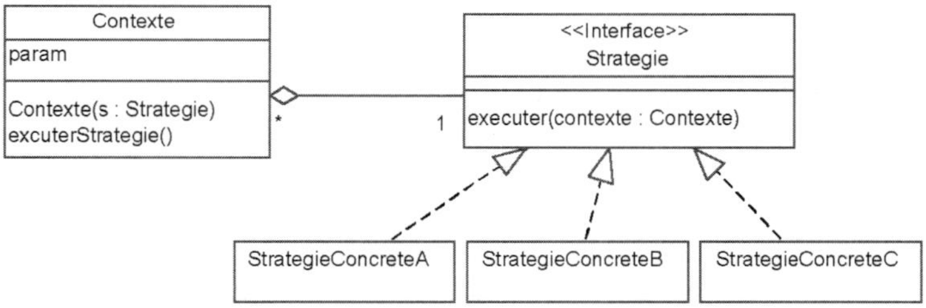

Figure 11-18. : Structure du design pattern Stratégie.

Le contexte d'une stratégie sert à la fois de réceptacle à ses paramètres d'entrée/sortie, et de déclencheur de son comportement. Le mode d'utilisation d'une stratégie est illustré par le diagramme de séquence de la figure 11-19.

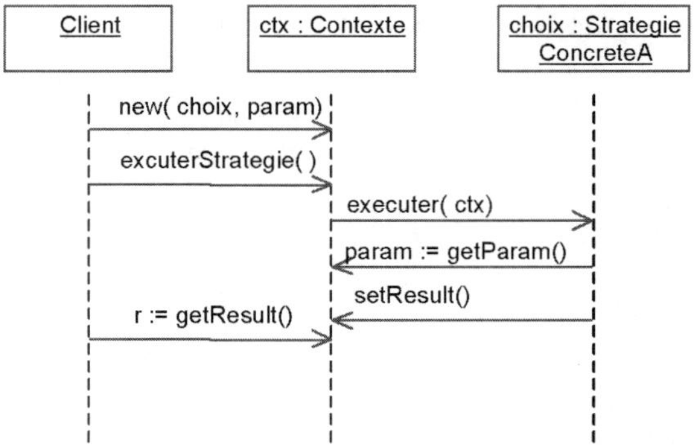

Figure 11-19. : Dynamique de fonctionnement du design pattern Stratégie

On recourt à une stratégie lorsqu'on a besoin de différentes variantes de comportements s'exécutant en fonction de conditions extérieures à une classe. On utilisera généralement une stratégie pour développer des variantes dépendantes d'un paramétrage ou d'un choix utilisateur. Une stratégie sert également à organiser les différents comportements d'une hiérarchie de classes dotées de la même opération.

ÉTUDE DE CAS : CONCEPTION D'OPÉRATIONS DANS *MÉTIER::MISSION*

Opération Mission::signalerDepart :

Le signal de départ d'une mission entraîne une chaîne de messages dans le système qui permet la mise à jour des informations d'encours de commande. Un diagramme de séquence est le plus approprié pour documenter ce type de méthode mettant en jeu plusieurs classes différentes.

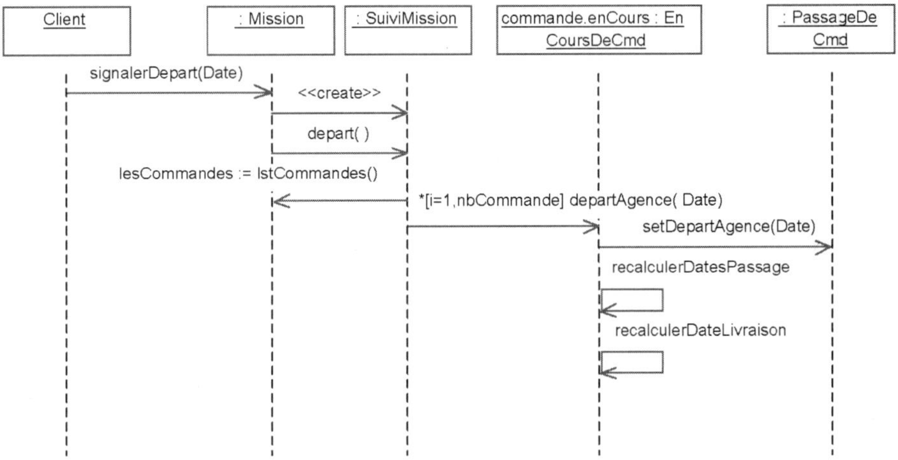

Figure 11-20. : Conception de Mission::signalerDepart au travers d'un diagramme de séquence

Cette séquence de messages correspond aux méthodes décrites ci-après pour la classe *SuiviMission* et l'opération *EnCoursDeCmd ::DepartAgence.*

```
package  SIVEx.metier.mission;
…
public class SuiviMission {
      …
      public SuiviMission( Mission mission, …) {
            _mission = mission;     // définit le lien avec la mission
            …
      }
      public void depart() {
            int    i = 0;
```

```
            Vector          lesCmd = _mission.lstCommandes();
            Commande                 cmd;
            EnCoursCommande          ecmd;
            for( i = 0; i < lesCmd.size(); i++ ) {
               cmd = (Commande)lesCmd.elementAt( i);
               ecmd = cmd.encours();
               ecmd.setDepartAgence( _mission.getDateDepart());
            }
      }
      ...
}
```

```
package SIVEx.metier.commande;
...
public class EnCoursCommande {
      ...
      public void setDepartAgence( Date date) {
         _departAgence = date;
         recalculerDatesPassages();
         recalculerDatesLivraison();
      }
}
```

Opération MissionDeTournee::ordonnerEtapes :

La fonction Ordonner les étapes offre au répartiteur un calcul d'agencement des étapes sur un parcours en fonction de critères de rapidité d'exécution, de distance minimale ou d'urgences à traiter. C'est une méthode construite sur un algorithme de recherche ; elle comporte des étapes d'avancement et des alternatives de calcul dépendant d'urgences à positionner sur le parcours. Cette méthode ne fait appel à aucune autre opération d'autres classes et sa description fait apparaître de nouvelles opérations privées de gestion interne. Un diagramme d'activités est dans ce cas le plus approprié pour représenter cette méthode.

Par ailleurs, le calcul d'ordonnancement réclame un environnement composé de différents tableaux de classement et de diverses opérations spécifiques. C'est pourquoi nous avons choisi de réifier l'opération en une classe *OrdonnateurDEtapes* qui a pour attributs les variables du contexte de calcul et pour opérations les activités de l'algorithme. Les diagrammes ci-après documentent la structure statique et fonctionnelle de cette classe.

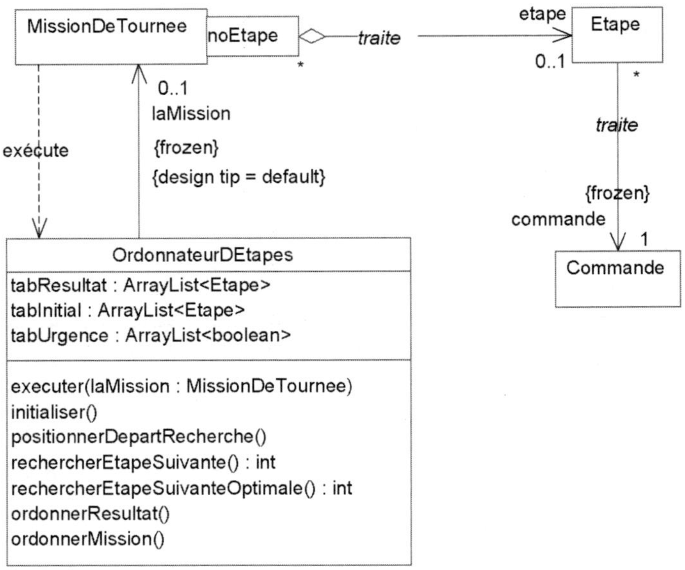

Figure 11-21. : Structure de l'opération réifiée OrdonnateurDEtapes

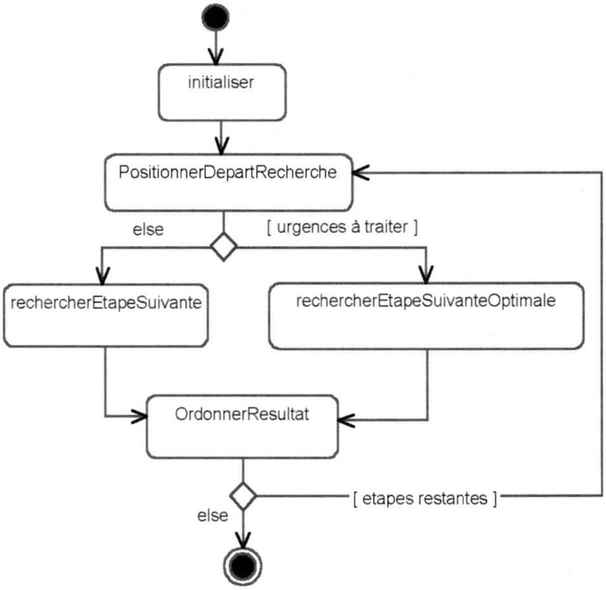

Figure 11-22. : Activités de l'opération OrdonnateurDEtapes::executer()

Le diagramme d'activités correspond au code Java suivant pour la classe *OrdonnateurDEtapes*

```
package  SIVEx.metier.mission;
...
class OrdonnateurDEtapes {
    ...
    public OrdonnateurDEtapes( Mission laMission) {
        int          i;
        _laMission = laMission;
        _tabInitial = laMission.lstEtapes();
        _tabUrgence = new Boolean[_tabInitial.size()];
        for ( i = 0; i < _tabInitial.size(); i++ ) {
            Etape etape = (Etape)_tabInitial.elementAt(i);
            _tabUrgence[i] = etape.commande.estUrgente();
        }
    }
    public void executer() {
        int err = 1;
        _initialiser();
        // tant qu'il reste des étapes à traiter :
        while( _tabResultat.size() < _tabInitial.size() && err > 0) {
            _positionnerDepartRecherche();
            if ( _tabUrgence.size() > 0 ) // reste des urgences
                err = _rechercherEtapeSuivanteOptimale();
            else
                err = _rechercherEtapeSuivante();
            _ordonnerResultat();
        }
    }
    private void _initialiser() {...}
    private void _positionnerDepartRecherche() {...}
    private int _rechercherEtapeSuivanteOptimale() {...}
    private int _rechercherEtapeSuivante() {...}
    private void _ordonnerResultat() {...}
}
```

Opération SuiviMission::recevoirEvenement :

Notre dernier exemple concerne la réception d'un événement de mission dont le traitement revient au suivi de mission en cours. La réception d'un événement s'exécute toujours dans un même contexte, mais donne lieu à des comportements totalement différents suivant le type d'événement.

Nous avons en effet distingué en analyse, les simples événements des incidents d'étape et de trajet. Suivant leur nature, les incidents engendrent une série de messages susceptibles de provoquer une réponse du répartiteur ou de recalculer les encours de mission.

En raison de cette divergence de comportements, nous avons choisi de mettre en œuvre une stratégie dont la hiérarchie est documentée dans le diagramme de la figure 11-23.

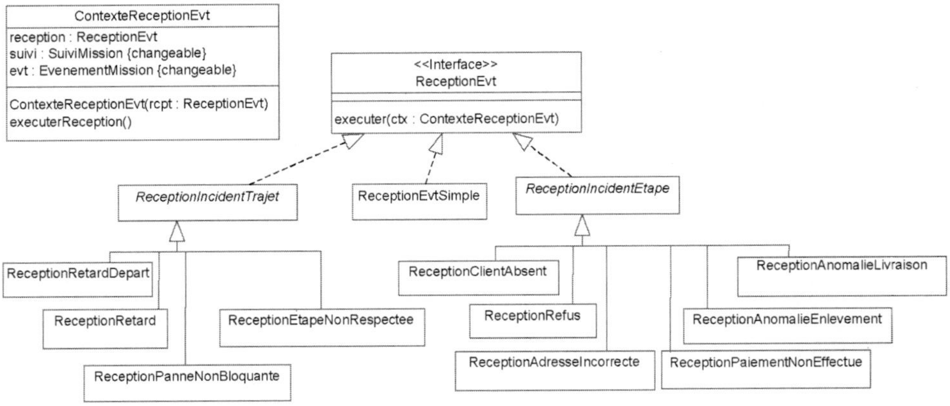

Figure 11-23. : Structure des stratégies de réception d'un événement

La fabrication de la stratégie dépend du type de l'événement de mission reçu par le système. Pour cela, une fabrique cataloguée isole et encapsule l'aiguillage switch que nécessite la construction des différents types de stratégies. Le diagramme de séquence ci-dessous illustre la réception d'un refus client lors d'une étape.

Une fois les mécanismes de la stratégie définis, il convient bien entendu de décrire la méthode *executer(ctx)* de tous les types de stratégies possibles. On aura recours pour cela aux diagrammes d'interactions et d'activités.

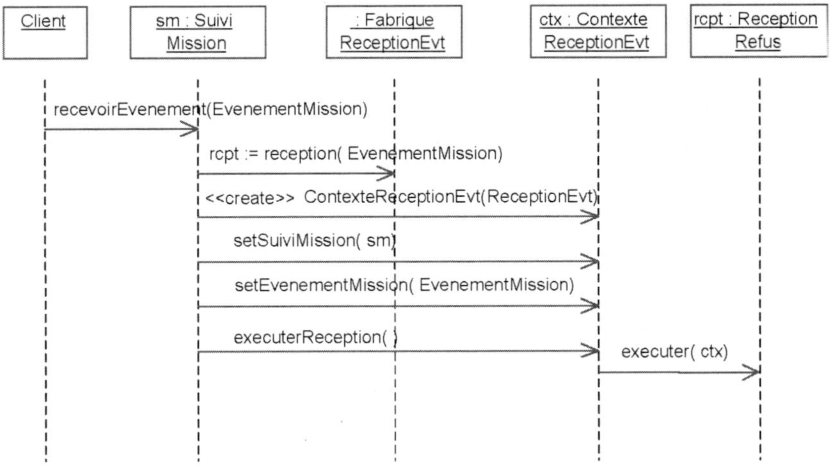

Figure 11-24 : Dynamique d'exécution sur la réception d'un événement d'étape

Nous vous présentons ci-après la structure du code correspondant à la fabrique cataloguée chargée de construire les stratégies.

```
package SIVEx.metier.mission.evenementsMission;
…
public class FabriqueReceptionEvt()
      // mise en œuvre du catalogue :
      Map       _catalogue;
      ReceptionEvt       instance( Class cl) {
         // la classe de l'événement sert de clé :
         Object recept = _catalogue.get( cl);
         if ( recept == null ) {
            // swith de fabrication en fonction des types d'événements :
            if ( cl.getName().equals( «IncidentTrajetRetardDepart») )
               recept = new ReceptionRetardDepart();
            else if ( cl.getName().equals(«IncidentTrajetRetard») )
               recept = new ReceptionRetard();
            else if ( cl.getName().equals(«IncidentTrajetPanneBloquante»))
               recept = new ReceptionPanneBloquante();
            //etc…
            _catalogue.put( cl, recept)
         }
         return (ReceptionEvt)recept;
      }
      …
      public void reception( EvenementMission evt, SuiviMission sm) {
         ReceptionEvt          strategie = instance( evt.getClass());
         ContexteReceptionEvt ctx = new ContexteReceptionEvt( strategie);
         ctx.setSuiviMission( sm);
         ctx.setEvenementMission( evt);
         ctx.executerReception();
      }
}
```

Conception de la couche de présentation

La couche de présentation ou IHM se limite à la partie visible d'une application. Les environnements avec fenêtrage (type Windows) ou pages HTML équipées de mécanismes réflexes en JavaScript, correspondent aux choix technologiques les plus courants. Dans ces environnements, un utilisateur est face à trois grandes familles de concepts.

- les fenêtres (ou pages) et leur contenu qu'il voit, redimensionne, bouge et réduit, font partie des concepts visuels ;
- les actions qu'il peut déclencher et les changements d'aspects, font partie du comportement de la présentation ;

- les flux de données qu'il transmet *via* des listes de choix, des champs d'édition font partie de l'échange d'informations avec l'application.

Concevoir ou documenter une couche de présentation revient à passer en revue ces trois aspects : le visuel, le comportemental et le fonctionnel.

Grâce aux environnements de développement actuels, la conception d'une IHM s'effectue le plus souvent conjointement avec sa construction visuelle. Cette capacité est liée à l'existence d'éléments standard qui peuvent se composer à souhait pour former l'application de notre choix. Une IHM se caractérise également par la notion de fenêtre ou de page qui représente un élément insécable de présentation. Cette notion présente en effet une unité visuelle, comportementale et fonctionnelle, caractéristique très utile pour organiser le modèle UML de conception. Par ailleurs, une fenêtre ou une page correspond à une vue de la couche applicative, comme nous l'aborderons au paragraphe suivant.

Il serait en fait rarement utile de documenter avec UML la structure statique d'une IHM, si ce n'est pour en étudier le comportement et les informations échangées. C'est en effet à la fois la force et la faiblesse des environnements modernes que de permettre la construction immédiate de l'IHM statique : force pour la productivité que cela procure au développement, faiblesse pour l'apparente facilité qui masque les contraintes d'architecture d'une conception. On constate ainsi que les développeurs entreprennent la construction immédiate des comportements et des flux de données, sans avoir pris la peine de dénouer les mécanismes de comportements et d'échanges nécessaires. Le manque de modélisation et de réflexion sur l'intégrité conceptuelle engendre fréquemment un imbroglio de code difficile à relire et coûteux à maintenir. Le manque de clarté est généralement lié à l'amalgame de responsabilités de niveau comportements, fonctionnels et applicatifs, au sein de la même classe d'IHM. Nous allons justement étudier ici comment séparer ces responsabilités pour gagner en lisibilité et en facilité de maintenance.

La première étape de conception d'une IHM concerne la définition visuelle des fenêtres ou des pages. L'existence d'un modèle objet d'analyse permet d'influencer cette conception : à partir d'un diagramme de classes, un générateur de code pourrait générer des fenêtres ou des pages pour l'affichage et la saisie de chaque élément du modèle :

- une fenêtre ou plusieurs pages pour chaque classe afin d'en éditer les instances : création, modification des attributs et des relations, simple consultation et suppression ;
- une fenêtre ou plusieurs pages pour certaines associations complexes afin d'en éditer les liens.

La figure 11-25 vous donne un aperçu de cette idée en montrant des fenêtres d'édition des sites et des parcours du réseau. L'équivalent en pages HTML est aussi facile à imaginer ; notons cependant qu'il faut parfois doubler les pages car l'affichage et la saisie procèdent de techniques HTML différentes.

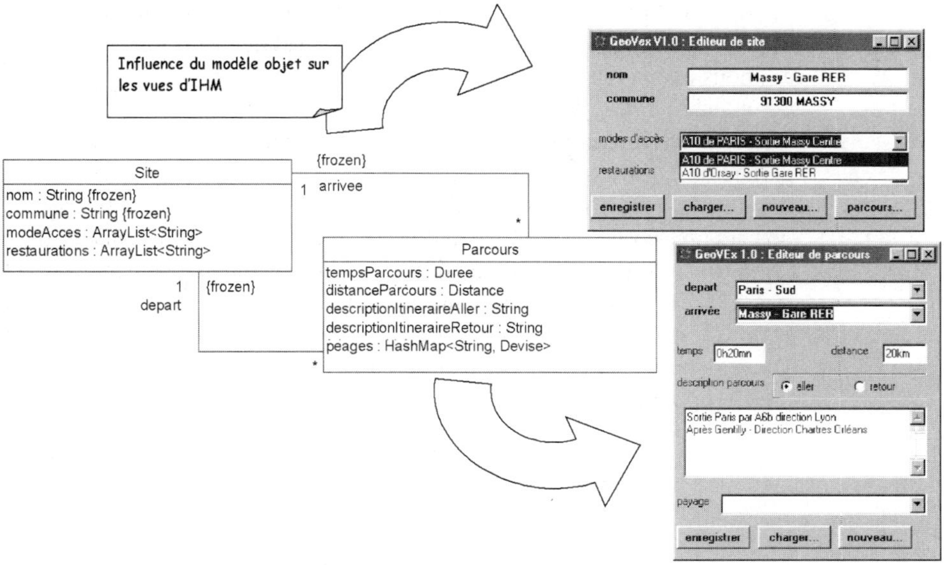

Figure 11-25. : Développement d'une IHM calquée sur le modèle objet

La conception d'une IHM provenant d'un modèle objet n'est pourtant pas toujours aussi simple. Comme l'illustre le schéma de la figure 11-26, l'IHM doit en effet tenir compte des synoptiques attendus par les utilisateurs, or ces derniers font rarement partie du modèle objet d'analyse.

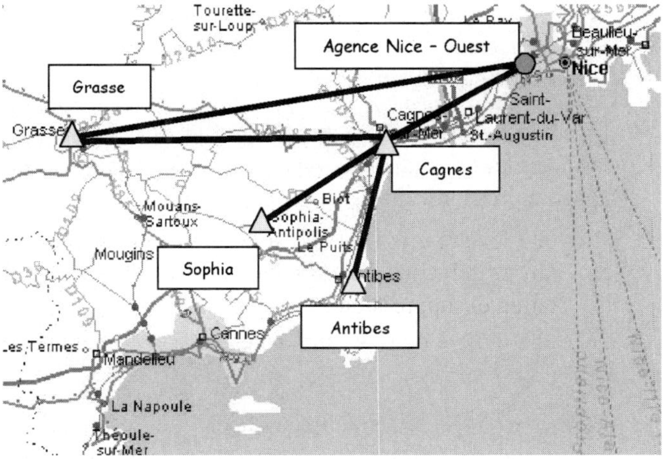

Figure 11-26. : Exemple de synoptique attendu mais non représenté dans le modèle objet d'analyse

L'utilisation d'UML pour documenter la structure statique d'un IHM permet de répertorier les fenêtres ou pages puis d'identifier, le cas échéant, les composants réutilisés d'une vue à l'autre. Dans le diagramme de la figure 11-27, nous avons représenté les fenêtres de gestion du réseau ainsi qu'une liste déroulante ou *drop list* présentant une sélection de choix de sites, utilisée à la fois dans la fenêtre d'édition des parcours et dans la fenêtre de sélection des parcours.

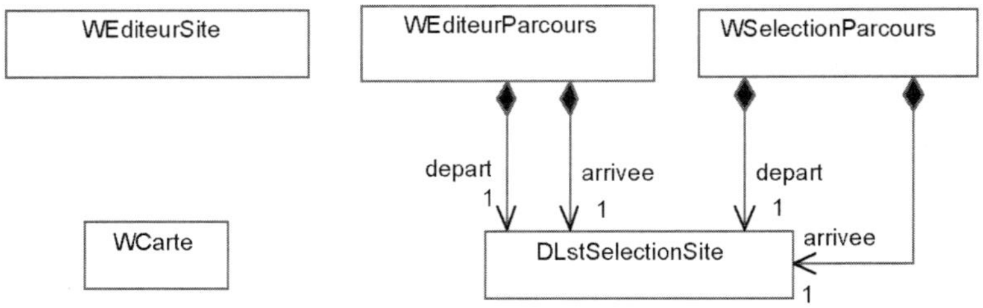

Figure 11-27. : Structure des classes graphiques d'édition du réseau

La seconde étape de conception consiste à définir les comportements des fenêtres. Une modélisation UML s'impose alors pour concevoir la dynamique des IHM. En effet, à partir d'une fenêtre ou d'une page, un utilisateur déclenche des actions ou contrôle des activités. À chaque instant, la vue doit refléter ce qu'il a le droit ou non de faire, en désactivant des boutons, des champs, des menus ou tout autre élément visuel de contrôle.

La plupart des vues ont en fait un comportement de machine à états ; le développement d'un diagramme d'états est alors très utile à la conception de leur comportement. D'autant plus que certains frameworks applicatifs, tels que le composant *struts* du projet Apache, réalisent explicitement le déroulement d'une machine à états en associant une page et une classe Java à chaque état et en décrivant la dynamique des transitions séparément dans un fichier XML.

L'étude de l'éditeur de site permet d'identifier trois états distincts ainsi que de trouver les attributs, les événements et les actions associés à la fenêtre ou à la page correspondante.

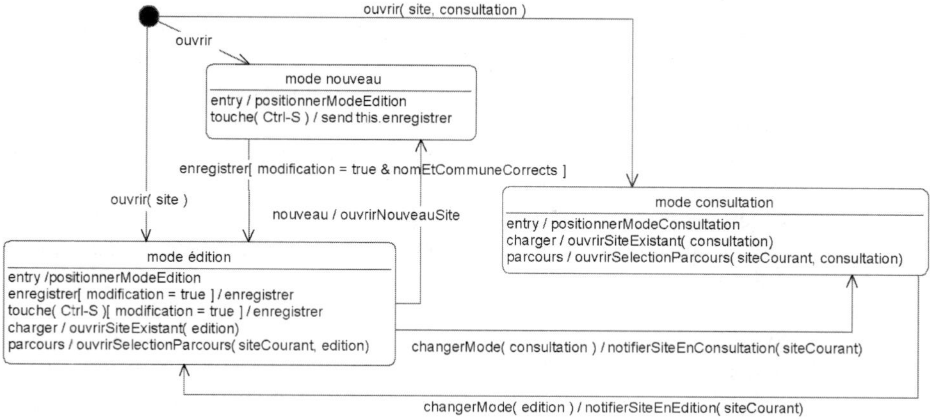

Figure 11-28. : États de la fenêtre Éditeur de site

En conception orientée objet, il est d'usage d'associer à chaque vue une classe dite contrôleur, dont l'objectif est de piloter le comportement interactif avec l'utilisateur. Tandis que les événements transmis par l'utilisateur sont reçus et traduits techniquement par la fenêtre, les actions et les états concernent majoritairement le contrôleur. Si, en outre, le contrôleur est conçu à l'aide du *design pattern* état, le code lié à l'IHM devient extrêmement souple et facile à maintenir et ce même pour les fenêtres aux comportements les plus complexes. Le diagramme de la figure 11-29 montre la structure de la classe contrôleur ainsi que les états qui en résultent.

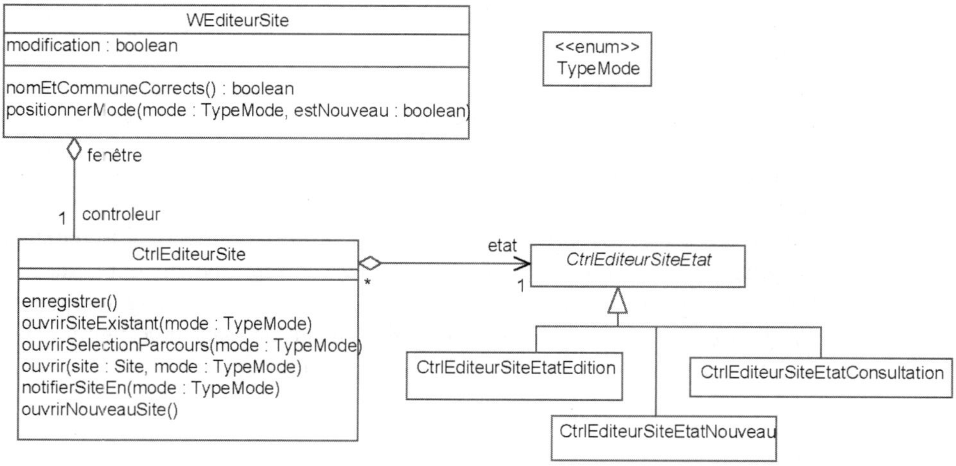

Figure 11-29. : Structure Fenêtre - Contrôleur – États, de la fenêtre Éditeur de site

Le contrôleur prend en charge les actions impliquant une coordination avec la couche de l'application, tandis que la vue reste responsable des opérations gérant l'aspect graphique.

La conception de l'IHM se termine enfin par l'étude des flux de données. Dans le modèle vue-contrôleur que nous développons ici, la vue communique avec l'image mémoire des données qu'elle affiche. Lors de la conception générique, nous avons qualifié de document (voir chapitre 9) cette image qui, tout en appartenant à la couche applicative, fait le lien entre le contenu affiché d'une vue et les objets métier.

Si la couche application est responsable des documents, les vues de présentation sont généralement responsables du transfert de format entre les informations du document et celles qui sont affichées. Des opérations d'accès sur toutes les données modifiables prennent en charge les transformations nécessaires. Ces opérations permettront au contrôleur de modifier la présentation ou de récupérer les informations introduites par l'utilisateur. Le diagramme de la figure 11-30 vous donne en final la structure de la vue *WEditeurSite*.

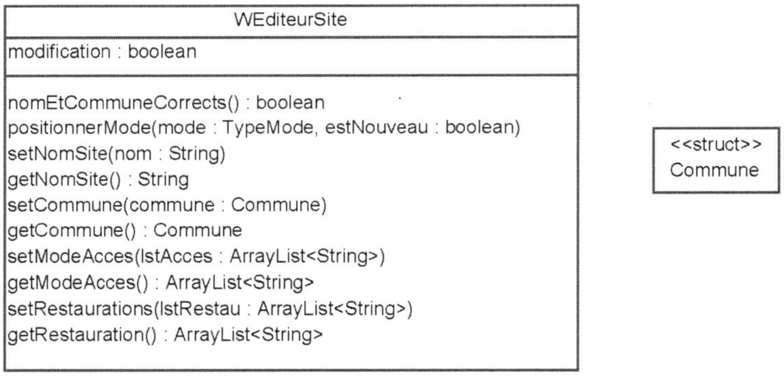

Figure 11-30. : Attributs et opérations de la fenêtre Éditeur de site

Nous n'enchaînerons pas le micro-processus de conception sur l'étape concernant les opérations, car dans ce cas, la formalisation des opérations de transfert de format est superflue. Mais, pour bien en comprendre l'importance, imaginez les opérations que nécessiterait la vue représentant le réseau sous forme cartographique (voir figure 11-26) : les coordonnées géographiques de chaque site doivent en effet être converties en coordonnées image en fonction du niveau de zoom et de centrage choisi par l'utilisateur.

ÉTUDE DE CAS : CONCEPTION DE LA VUE D'ÉDITION D'UNE MISSION

La fenêtre d'édition et de consultation des missions est un peu plus sophistiquée. Elle correspond à la classe *WEditeurMission*.

- La partie supérieure comprend les attributs qui définissent une mission. Ces derniers sont obligatoirement renseignés lors de la création d'une nouvelle mission.
- La partie intermédiaire représente à droite les attributs de la mission, à gauche les relations avec les ressources chauffeur et véhicule.
- La partie inférieure donne les informations de chargement de la mission, le bouton Commandes permet d'affecter des commandes via une fenêtre complémentaire.
- Une barre d'état restitue enfin l'état de l'objet métier contenu dans la fenêtre.

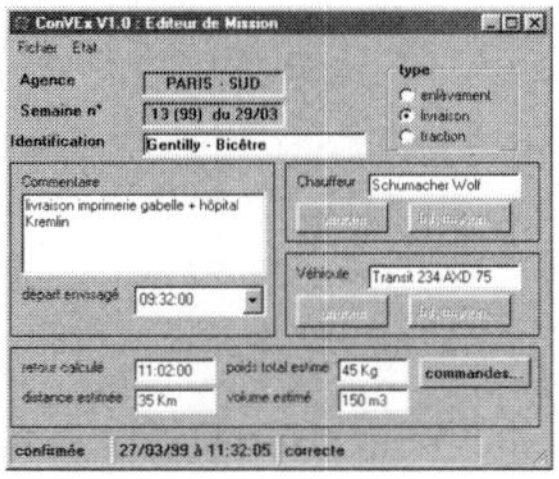

Figure 11-31. : Fenêtre d'édition d'une mission, telle que présentée dans la maquette d'IHM

Le comportement de cette fenêtre est sensiblement identique à la fenêtre d'édition d'un site. Le menu Fichier permet d'accéder aux actions de niveau application : enregistrer, charger et création d'une nouvelle mission, tandis que le menu État accède aux actions de niveau métier : valider, annuler et recalculer pour forcer la mise à jour des attributs de chargement. L'IHM doit restituer l'état métier de l'objet représenté, ce qui influe sur les états applicatifs de la fenêtre WEditeurMission.

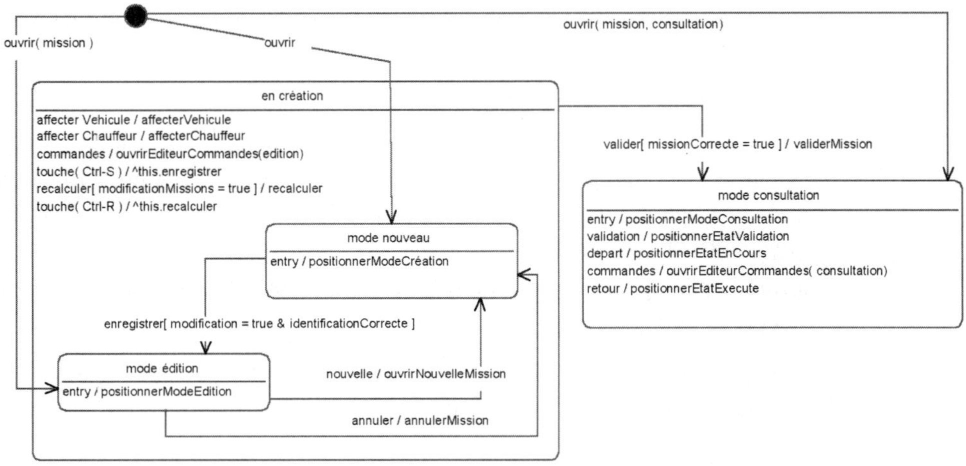

Figure 11-32. : États de la fenêtre d'édition d'une mission

La distribution des actions sur les classes *Vue* et *Contrôleur* ainsi que les opérations de transfert des données aboutissent au diagramme de classes de la figure 11-33. Les contrôles IHM correspondant aux associations et aux attributs dérivés du modèle d'analyse sont introduits dans le document par des moyens complémentaires, il n'y a donc pour ces attributs que des opérations *set*, permettant au contrôleur de positionner la valeur d'affichage.

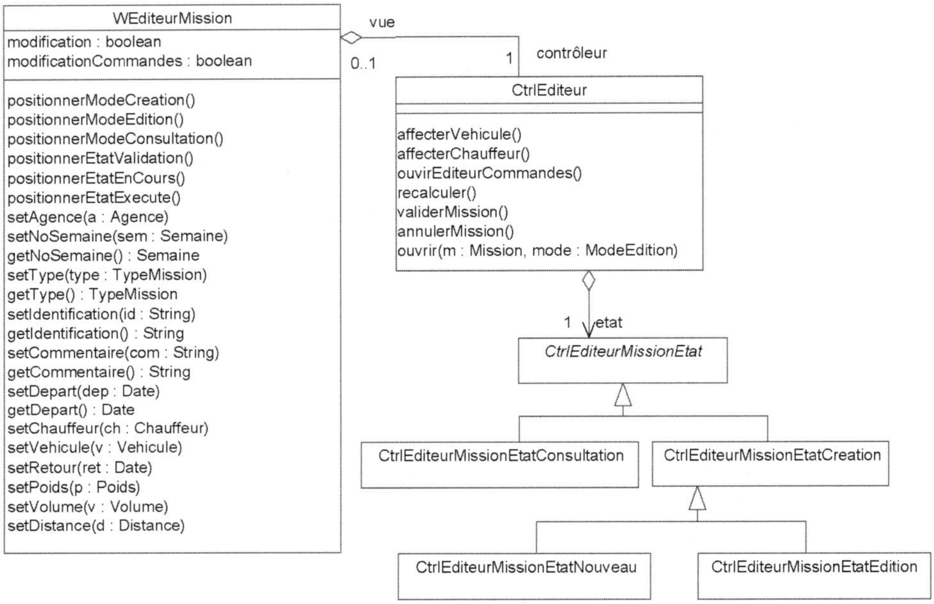

Figure 11-33. : Structure Vue-Contrôleur-États de la fenêtre Éditeur de mission

Définition

LE DESIGN PATTERN OBSERVATEUR

Le *design pattern* Observateur [Gamma 95] consiste à synchroniser des objets en minimisant les dépendances qui devraient s'établir entre eux. Chaque objet n'a cependant pas un rôle symétrique : nous y distinguons le sujet et les observateurs.

Le sujet centralise les données et il est unique. Il comprend des opérations permettant aux observateurs d'accéder à ses données.

L'observateur restitue les données du sujet auquel il est abonné, et plusieurs peuvent se synchroniser sur le même sujet.

Le diagramme de la figure 11-34 représente la structure nominale de l'observateur.

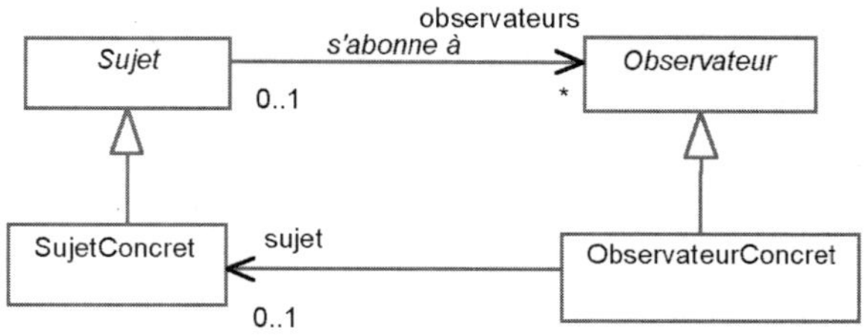

Figure 11-34. : Structure du design pattern Observateur

La dynamique d'échange entre le sujet et ses observateurs abonnés s'établit à partir d'une notification indiquant une modification du sujet. Ce dernier en avise ses observateurs qui questionnent en retour le sujet pour obtenir les informations nécessaires à leur mise à jour. Le diagramme de collaboration de la figure 11-35 décrit une notification concernant un sujet et ses deux observateurs.

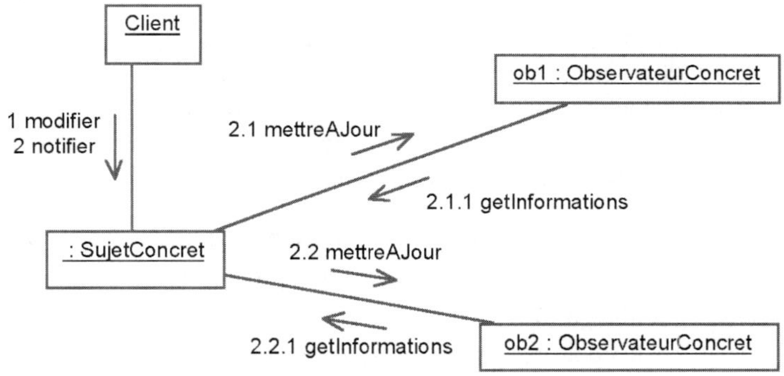

Figure 11-35. : Dynamique du design pattern Observateur

L'observateur est également connu comme modèle document-vue : terminologie que nous avons justement retenue lors de la phase de conception générique de la couche de l'application.

Dans ce cadre, chaque fenêtre ou page de présentation implémente une vue (observateur) et s'abonne par ce biais aux modifications du document associé. De leur côté, les documents ne connaissent des fenêtres ou des pages que leur interface *Vue*. Par cet artifice, nous conservons l'indépendance logicielle de la couche de l'application vis-à-vis de la couche de présentation, bien que les mécanismes de rafraîchissement leur imposent une collaboration étroite.

Ce *design pattern* est intégré à Java au travers des classes *Observable* et *Observer* du package *Java.util*. Par souci de standardisation, la conception du *framework* de la couche de l'application n'a pas manqué d'intégrer ces classes pour concevoir les notions de Document et de Vue.

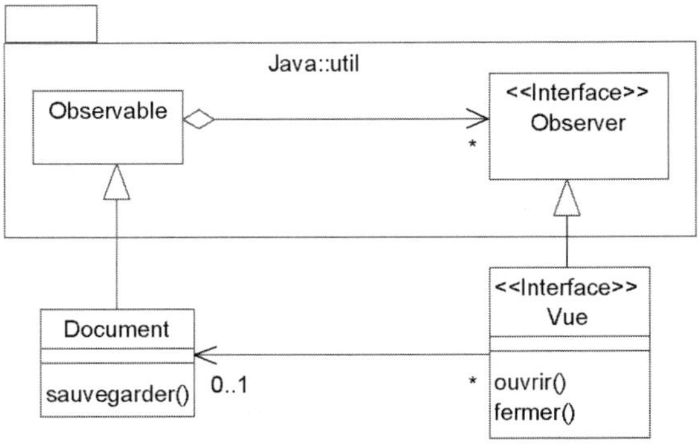

Figure 11-36. : Utilisation des définitions standards de Java

Conception de la couche Application

Le rôle de la couche de l'application consiste à piloter les processus d'interactions entre l'utilisateur et le système. Cette notion peut paraître abstraite, mais il s'agit généralement de mettre en œuvre toutes les règles nécessaires au maintien d'une application cohérente et à l'optimisation des échanges client/serveur et/ou des requêtes http.

De manière plus précise, les mécanismes d'une application assurent :

- l'existence de différentes fenêtres ou pages synchronisées sur les mêmes données ;
- la cohérence entre les objets distribués et les multiples façons de les représenter au travers des IHM ;
- l'optimisation des chargements au niveau des *servlets* pour un déploiement en client léger ou sur le poste client pour un déploiement client/serveur ;
- le respect des habilitations des différents acteurs ;
- l'obligation pour l'utilisateur d'abandonner ou de mener jusqu'au bout un changement commencé ;
- la mise en œuvre des concepts applicatifs : typiquement les sorties de rapports sur imprimante.

Pour toutes ces capacités, la conception d'une application s'appuie sur la définition des documents représentant en fait l'image mémoire des fenêtres ou des pages de présentation. Par définition, il existe un document par vue de l'application. Chaque document définit ensuite les opérations permettant aux pages ou fenêtres d'accéder aux informations nécessaires à l'affichage.

La synchronisation concerne la relation entre un document et ses vues, mais également entre plusieurs documents. Un objet *Site* peut être à la fois visible *via* la page d'édition d'un site, mais également par l'intermédiaire d'une représentation géographique. Le document associé à la carte géographique est qualifié de document composite, en ce sens qu'il rapporte implicitement l'information de plusieurs documents Site et Parcours. En conséquence, le document composite devient implicitement un observateur d'autres documents. Cette caractéristique se traduit par des relations d'agrégation entre documents, comme illustré dans le diagramme de la figure 11-37.

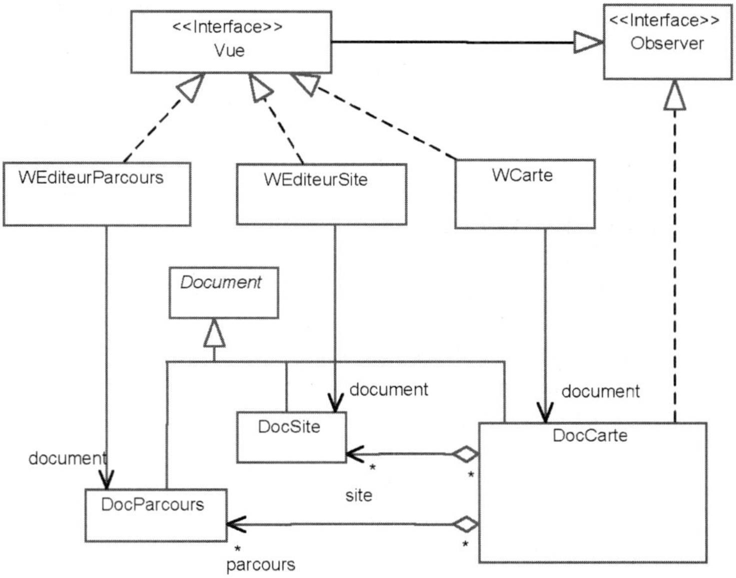

Figure 11-37. : Structure du document composite associé à une carte géographique

Le diagramme de collaboration de la figure 11-38 montre comment la modification d'un site se propage parallèlement à la fenêtre d'édition et à la carte.

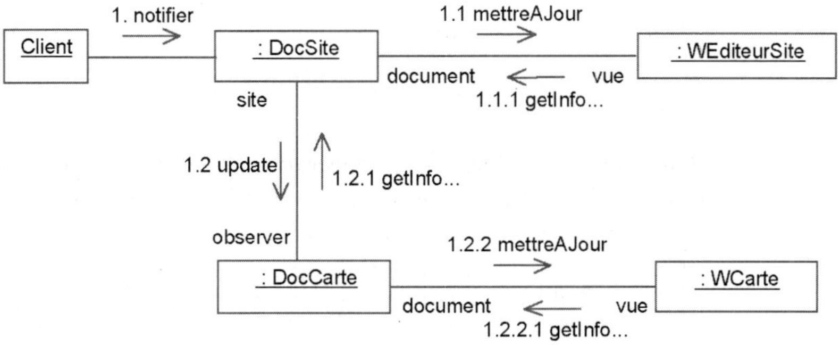

Figure 11-38. : Propagation d'un rafraîchissement entre documents et vues

On trouve généralement des documents composites lorsqu'il faut représenter des cartes, des synoptiques, des schémas, des courbes, des tableaux, des arborescences ou des diagrammes. Une liste d'objets présente également le comportement d'un document composite lorsque celle-ci doit réagir au changement d'un libellé caractéristique ou à la suppression d'un objet.

L'optimisation des échanges consiste à mémoriser ce qui a déjà été chargé, de telle sorte que l'application puisse minimiser les appels aux objets distribués. Nous verrons que la distribution implique un modèle construit autour d'entités. Les entités sont en quelque sorte les données des classes qui sont distribuées. Elles sont en outre caractérisées par un OID (Object Identifier) servant à référencer de manière unique l'objet qu'elles représentent.

Une entité constitue en fait un grain insécable de distribution, de sorte que chacun des documents de l'application est directement lié à un ou plusieurs de ces grains. Charger un document revient donc à demander le transfert des entités correspondantes ; la mémorisation de ces chargements s'effectue à l'aide d'un catalogue de références OID. À des fins d'optimisation, le catalogue est organisé en sous-catalogues, classés par nom de classe, qui retrouvent eux-mêmes les objets par OID. Comme le montre le diagramme de la figure 11-39, les attributs qualificatifs d'UML servent à spécifier ces clés de rangement.

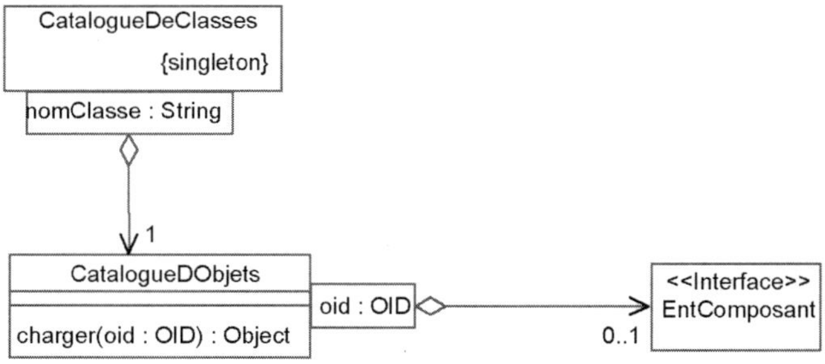

Figure 11-39. : Structure du référencement des entités chargées dans la couche application

Le diagramme précédent schématise la structure du catalogue de référence des entités. L'interface *EntComposant* représente toutes les entités provenant des composants distribués. Le chargement d'une entité est donc systématiquement soumis au catalogue, de manière à retrouver les données précédemment chargées.

Si cette technique minimise les échanges sur le réseau, elle en complique le protocole de synchronisation. Il faut en effet s'assurer par d'autres mécanismes que les données précédemment chargées n'ont pas été modifiées parallèlement par une autre application. Cependant, nous arrêterons là la réflexion de conception car ce n'est pas le but de l'ouvrage ; sachez que ce problème lié à l'intégrité des données distribuées peut être géré de différentes manières avec différents coûts de développement. Nous conseillons dans ces cas de procéder à une analyse de la valeur et de fournir uniquement le mécanisme de synchronisation nécessaire, sans rechercher de sophistications coûteuses.

Nous traitons enfin la cohérence des processus de l'application en recourant au design pattern Commande. Cette technique nous permet en effet de garantir un comportement homogène face aux actions de l'utilisateur, en termes de traces produites et de vérification d'habilitations. Une commande complexe peut enchaîner des sous-commandes et assurer l'atomicité transactionnelle des interactions de l'utilisateur, à savoir que toute interruption d'une sous-commande implique l'interruption de la commande complexe.

Définition

LE DESIGN PATTERN COMMANDE

Le *design pattern* Commande [Gamma 95] consiste à réifier un groupe d'opérations afin de pouvoir les traiter comme les ressources d'une application. On peut mémoriser de la sorte les dernières commandes effectuées par un utilisateur ou bien leur associer dynamiquement une séquence de touches clavier.

La structure du *design pattern* Commande inclut les éléments suivants (voir figure 11-40) :

- une interface d'exécution générique (appelée ici « commande applicative », *CommandeApp* pour la différencier de l'objet métier *Commande*) ;
- un récepteur correspondant à l'objet porteur de l'opération effectivement exécutée par la commande ;
- un invocateur chargé de gérer et d'enchaîner l'exécution des commandes.

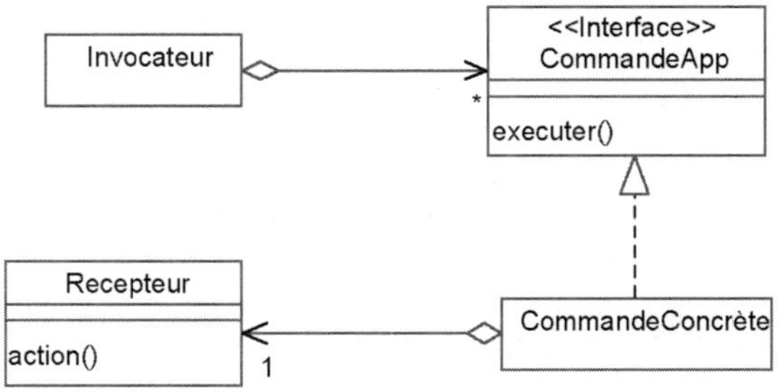

Figure 11-40. : Structure du design pattern Commande

Ce *design pattern* permet de :

- standardiser l'exécution d'une même famille d'opérations, en produisant des vérifications d'habilitation et des traces d'exécution ;

- contrôler le déroulement et l'atomicité d'une action composée d'un enchaînement de sous-actions.

Nous illustrons ces deux avantages dans la conception des commandes d'édition d'une mission. Mais ce *design pattern* permet aussi de :

- différer l'exécution d'actions lorsque l'invocateur doit assurer, par exemple, la disponibilité d'un équipement tout en maintenant la disponibilité de l'interface utilisateur ;
- mémoriser les commandes exécutées et d'offrir le cas échéant le service de défaire (*undo*) ou de reprise de crash ;
- associer dynamiquement des actions à des contrôles de l'utilisateur, pour réaliser des macros ou bien pour personnaliser des touches du clavier.

Dans notre conception, l'interface *CommandeApp* est potentiellement composée d'autres commandes. Les commandes représentant par ailleurs les actions de l'utilisateur sur une application, le récepteur est naturellement le document sous-jacent à la vue d'où est déclenchée l'action. L'invocateur coordonne enfin les commandes, les documents et les informations de l'utilisateur connecté pour générer les traces et vérifier les habilitations.

Le diagramme de collaboration de la figure 11-41 résume les rôles et responsabilités des différents objets intervenant dans l'exécution d'une action de l'utilisateur.

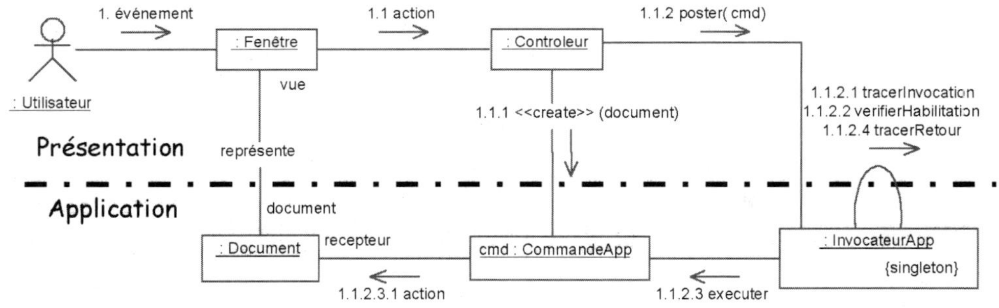

Figure 11-41. : Dynamique d'échange d'une commande entre les couches présentation et application

Dans la couche de présentation :

- la fenêtre ou la page transforme les événements de l'utilisateur en action, elle restitue par ailleurs les informations du document si ce dernier a été modifié ;
- le contrôleur centralise les actions déclenchées depuis l'IHM, il crée la commande correspondante à l'action et la place en file d'exécution auprès de l'invocateur applicatif ;

Dans la couche de l'application :

- l'invocateur exécute les commandes et, suivant un protocole standard, assure les traces et les vérifications d'habilitation ;
- la commande encapsule l'action sur un document et permet de les enchaîner dans une même unicité d'actions de l'utilisateur ;
- le document encapsule les données nécessaires à la présentation d'une fenêtre ou d'une page. Il gère la cohérence des différentes vues sur ses données et prend en charge les opérations nécessaires à l'exécution des commandes.

ÉTUDE DE CAS : CONCEPTION DU DOCUMENT D'ÉDITION DE MISSION

La conception des documents est, en termes d'attributs et d'opérations, le reflet des vues de présentation.

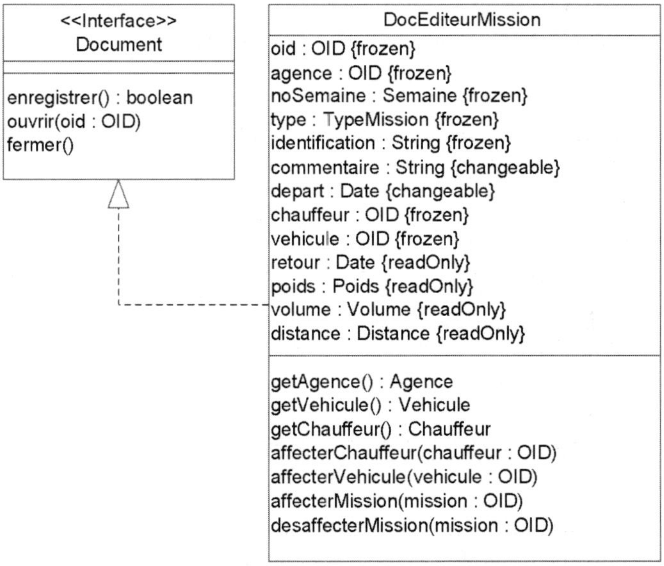

Figure 11-42. : Définition du document d'édition de mission

La conception des classes de type document doit prendre en compte les états applicatifs, ce qui permet d'affiner ses opérations par l'application du *design pattern* État. On se servira donc ici de la technique déjà présentée dans le paragraphe consacré à la conception des classes.

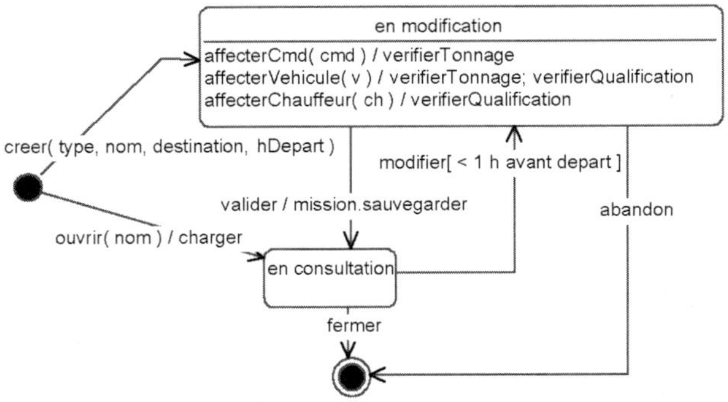

Figure 11-43. : Conception des états du document d'édition de mission

Il convient dans un second temps de concevoir les commandes associées au document Il n'y aurait bien entendu aucun intérêt à traiter toutes les actions possibles de l'utilisateur, c'est pourquoi nous prenons, à titre d'exemple, la commande applicative d'affectation d'une Commande métier à une mission[1]. Le processus consiste à ouvrir une vue permettant l'édition des objets Commandes de la mission, puis à itérer sur une ou plusieurs sélections de l'utilisateur, avant de terminer par une validation ou un abandon. La commande applicative pilote donc elle-même d'autres sous-commandes qui peuvent interrompre la transaction en cours. Ce type d'enchaînement illustre parfaitement ce que nous appelons un processus applicatif.

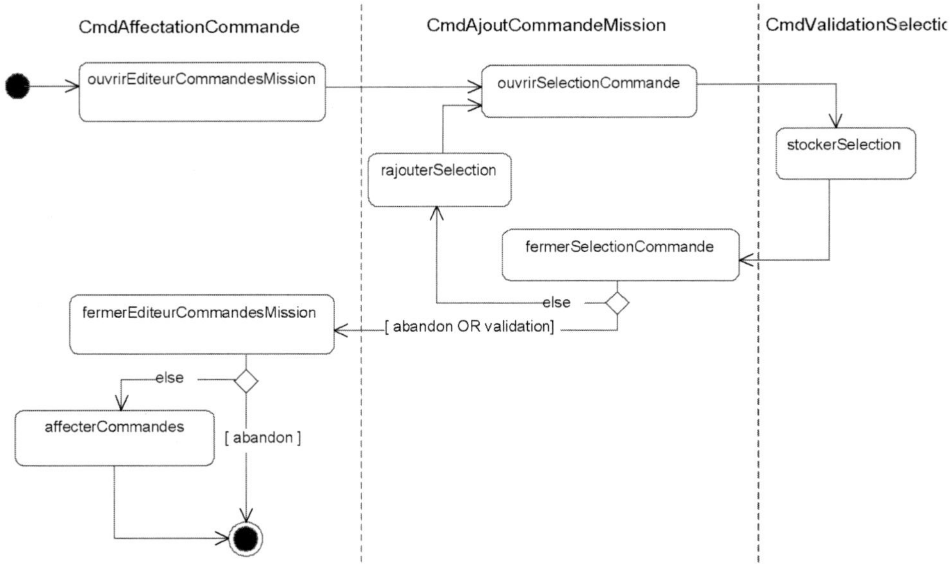

Figure 11-44. : Processus d'affectation d'objets Commande à la Mission

1. Il se trouve que nous appliquons le design pattern *commande* aux concepts métier de Missions et de Commande. Pour ne pas risquer de confondre les deux notions une Commande commençant par une majuscule fait référence au concept métier.

Un diagramme d'activités doté de couloirs de responsabilité constitue la formalisation la plus appropriée pour représenter ce type d'enchaînement. L'aperçu que vous en donne la figure 11-44 montre la séparation des responsabilités et l'imbrication des déclenchements entre les commandes applicatives.

Conception de la couche métier distribué

Maintenant que vous avez un bon aperçu de la conception des couches de présentation et de l'application, nous allons aborder l'étude de la couche métier. Conformément aux préconisations du style d'architecture 3-tiers, la couche métier distribue ses interfaces *via* le middleware RMI.

Une conception simpliste de la distribution consiste à projeter toutes les classes de la couche métier en interfaces RMI. Cette approche naïve a cependant les inconvénients suivants :

- toute consultation ou modification sur un attribut d'une classe métier entraîne un échange de services RMI. On imagine le volume de transactions nécessaires à l'édition d'une mission comportant une dizaine d'attributs et les temps de réponse qui en découlent ;
- toutes les instances en cours d'édition dans l'application donnent chacune lieu à une tâche et à une connexion d'échanges TCP. Pour un système de l'ampleur de SIVEx, cela exige des ressources CPU, mémoire et socket très importantes de la part des serveurs ;
- toutes les instances distribuées ont une adresse RMI et saturent le gestionnaire de références.

Pour éviter ces handicaps également valables pour CORBA, DCOM ou EJB il est d'usage de concevoir une distribution en tenant compte des principes suivants. Bien entendu, ces principes ne sont pas à prendre en dépit du bon sens.

- une classe représente un ensemble d'attributs insécables pour la distribution. Dans ce cas, il vaut mieux échanger en une seule transaction l'ensemble des informations d'une instance ;
- lorsque l'exploitation d'une classe ne concerne que des aspects CRUD (Create, Retrieve, Update & Delete) et que la fréquence d'interactions avec le serveur est faible (inférieure à 20 transactions par minute), il est d'usage de ne définir qu'un seul objet distribué par classe. Cet objet représente successivement différentes instances dont les états sont conservés au travers des structures d'informations échangées.

Ces principes respectent les contraintes qu'impose un middleware objet : réduire la fréquence des transactions, le nombre de références et la multiplication des tâches sur le serveur. Pour appliquer ces conseils, nous définissons deux types d'objets distribués, les entités de composant et les instances de composant – qui sont parents mais non identiques aux concepts d'entité et de session EJB.

- Les premiers constituent les instances qui s'échangent par structure de données ; nous en avons conçu le concept au travers d'une interface capable de fournir un OID et un ensemble de libellés caractéristiques, nécessaires aux applications.

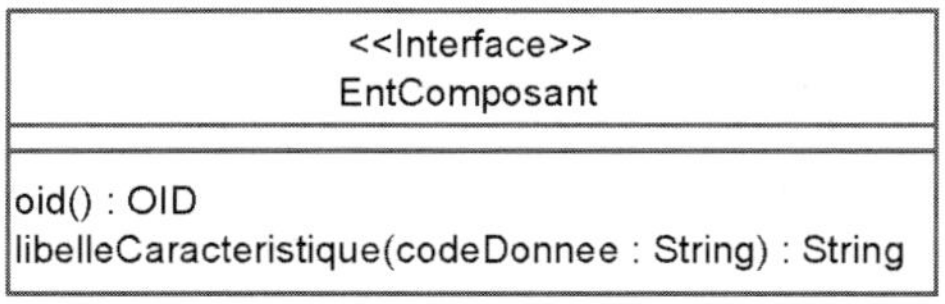

Figure 11-45. : Définition de l'interface entité de composant dans la conception générique

- Les seconds correspondent aux objets que l'on désire réellement représenter avec un état distribué. Chaque instance de composant est, par construction, associée à l'entité de composant qui correspond au même objet métier et qui peut être transmise en paramètre des services distribués. Le diagramme ci-après montre la structure d'une instance de composant. On recourt à une technique de représentation UML souvent utilisée en conception détaillée, mais qui n'est pas complètement conforme à UML ; nous savons en effet qu'une interface ne peut comporter ni attribut, ni association. Les attributs et les associations de l'interface représentent en fait les opérations d'accès (*get* et *set*) qu'ils génèrent par application des règles de conception des attributs et des associations que nous avons étudiées dans ce chapitre.

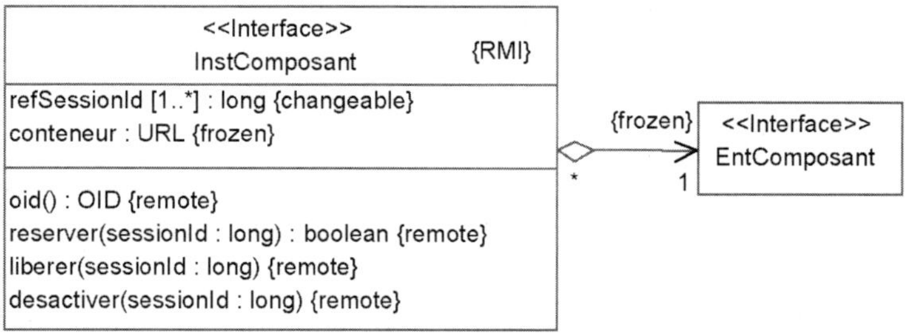

Figure 11-46. : Définition de l'interface Instance de composant dans la conception générique

Il reste encore à définir la classe chargée de piloter le cycle de vie des entités de composant (création, recherche, chargement, enregistrement, suppression) et de démarrer les instances de composant, à l'instar de la classe *Home* d'EJB.

Il s'agit de la classe conteneur de composant, qui conserve une référence des instances démarrées et qui offre les opérations de gestion CRUD des entités. Les conteneurs de composant constituent les points d'accès des applications aux composants métier.

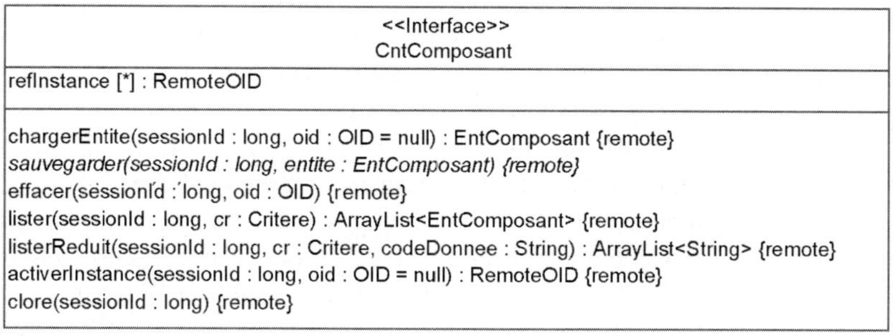

Figure 11-47. : Définition de l'interface Conteneur de composant dans la conception générique

La conception de la couche métier consiste à identifier les conteneurs, les entités et les instances de composant qu'il convient de développer au vu des classes et des opérations métier à distribuer. Par définition, une classe distribuée donne généralement lieu à un composant distribué (correspondant au stéréotype *RMI component* déjà mentionné) regroupant un conteneur, des entités et des instances.

Le diagramme ci-dessous illustre la représentation UML de cette conception appliquée au composant distribué *Site*. Cette classe réalise essentiellement des mécanismes CRUD. Elle fonctionne à des fréquences d'édition très faibles et n'a pas besoin d'une instance de composant. L'entité *EntSite* permet la distribution des données de la classe *Site*, tandis que le conteneur *CntSite* réalise toutes les opérations héritées de l'interface *CntComposant*. Le conteneur de composant Site distribue en outre les opérations métier qui ont été affectées à la classe métier *Site*. On y distingue notamment une opération d'instance, pour laquelle une référence de l'entité concernée doit être passée en paramètre.

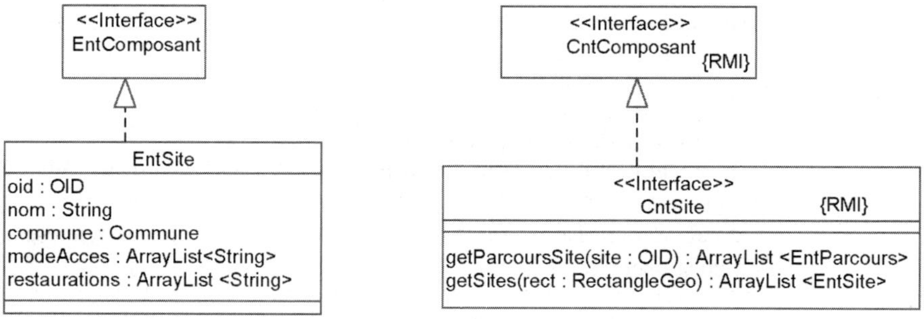

Figure 11-48. : Application du framework de distribution aux classes de la couche métier

Le concept d'objets distribués pose également le problème de la distribution des liens d'un graphe d'objets. Pour cela deux techniques s'opposent :

- les objets sont distribués unitairement, et la demande d'un objet lié ou de sa référence déclenche une nouvelle demande de transaction. Cette pratique convient bien à l'édition d'objets métier telle que celle d'une mission : lorsque l'utilisateur veut obtenir des informations sur le chauffeur associé à la mission en cours d'édition, une nouvelle transaction rapporte l'entité de chauffeur correspondante dans le contexte mémoire de la *servlet* ou de l'application cliente ;
- un graphe complet d'objets liés est préalablement chargé dans le contexte mémoire de la *servlet* ou du poste client. Cette technique s'utilise de préférence pour réaliser la présentation de documents composites, à savoir l'édition d'une carte du réseau qui requiert le rapatriement des informations de tous les sites et parcours à afficher. La difficulté consiste cependant à définir la frontière du graphe, de sorte qu'il n'est peut être pas nécessaire de rapporter tous les sites et parcours d'Europe, si la carte ne concerne que la région Côte d'Azur.

Pour répondre à cette problématique de conception, nous avons introduit le *design pattern* Référence futée, inspiré du *smart pointer* : l'idiome de programmation C++ [Lee 97]. La gestion des liens par référence futée va en effet permettre le maintien des objets liés dans le contexte mémoire de l'application tout en masquant au développeur la décision de chargement et en assurant que seul ce qui sera réellement utilisé sera transféré sur le réseau.

Définition

LE DESIGN PATTERN RÉFÉRENCE FUTÉE

Ce *design pattern* a pour objectif de réaliser la navigation au travers d'une association, en masquant les mécanismes de mise à jour du graphe d'objets en mémoire. Cette technique est motivée par le besoin de synchroniser deux graphes d'objets qui, résidants dans deux espaces mémoire distincts, sont image l'un de l'autre. C'est le cas lorsque l'on souhaite distribuer un graphe d'objets, le graphe existe à la fois sur le serveur et sur le client. Cette technique peut également être utilisée entre un graphe d'objets persistants et son équivalent dans la base de données.

Vouloir charger une représentation du graphe dans le contexte client ne signifie pas forcément charger le graphe tout entier. Cependant, l'utilisateur peut demander à naviguer sur une association qui sort des limites de ce qui a été préalablement chargé. La référence futée s'occupe alors du chargement de l'instance demandée, et masque au développeur les mécanismes pour se synchroniser avec l'image.

La structure de la référence futée est détaillée dans le diagramme suivant. Une classe *Référence* vient s'immiscer dans la relation entre le client et son sujet.

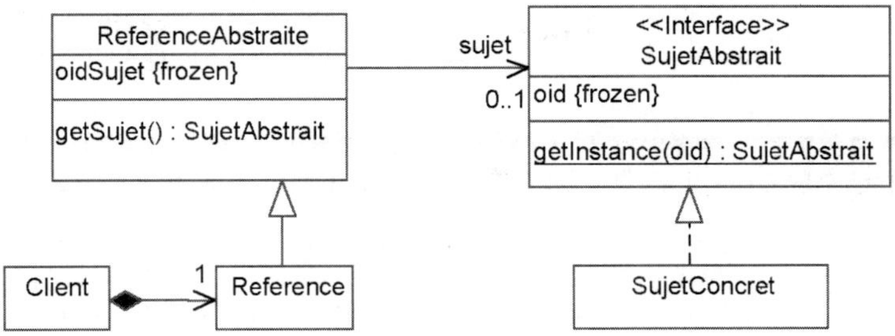

Figure 11-49. : Structure du design pattern Référence futée

Le mécanisme mis en jeu par la référence futée est analogue au mécanisme d'un singleton. Le diagramme de collaboration de la figure 11-50 en montre la dynamique de déclenchement.

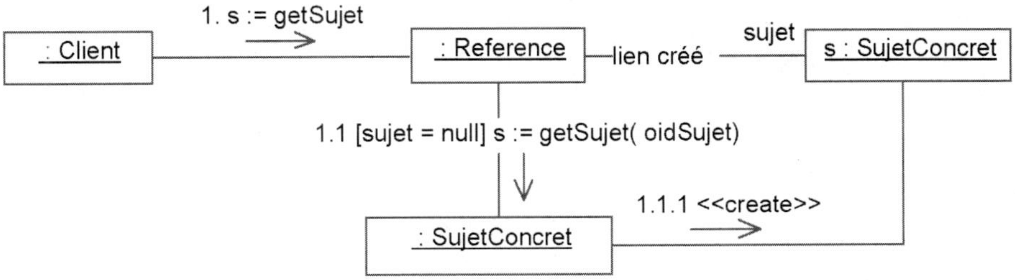

Figure 11-50. : Dynamique du design pattern Référence futée

La référence futée nous permet ainsi de communiquer les associations par l'utilisation des entités de composant ; le diagramme ci-après illustre son utilisation sur l'entité de parcours dans la mesure où la classe *PtrEntSite* réalise une référence futée sur les sites de départ et d'arrivée du parcours.

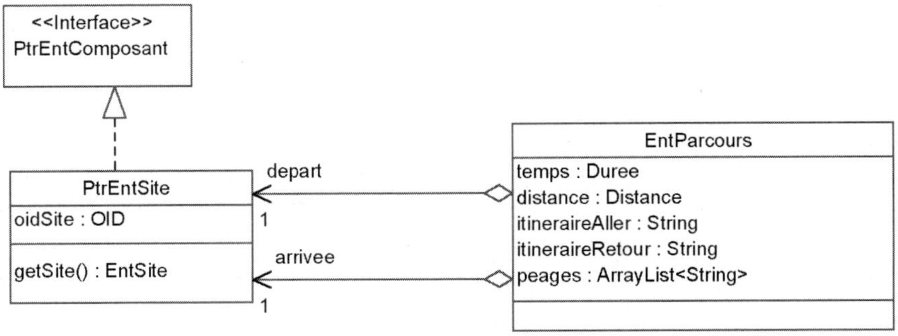

Figure 11-51. : Application d'une référence futée aux liens entre Site et Parcours

Nous allons maintenant récapituler tous les éléments de conception que nous avons introduits pour réaliser une couche métier distribué au travers de l'étude de cas.

ÉTUDE DE CAS : CONCEPTION DE LA CATÉGORIE *MÉTIER::MISSION*

La distribution des classes métier tient compte des résultats de la conception générique pour organiser techniquement la distribution, mais également des résultats de la conception préliminaire pour structurer les services distribués en interfaces. Dans ce cadre, les conteneurs distribuent des entités de composant pour mettre en œuvre les mécanismes CRUD, mais réalisent en plus les opérations distribuées que l'on a déjà formalisées sous forme d'interfaces en phase de conception préliminaire (voir chapitre 10).

Le diagramme de la figure 11-52 schématise la structure des classes de distribution pour la catégorie *Mission*. Nous y trouvons un conteneur des missions qui est principalement dédié à leur édition CRUD et un conteneur des suivis de mission, servant à distribuer l'état d'avancement d'une mission. Le suivi de mission implémente d'une part un état distribué, mais impose d'autre part des mises à jour fréquentes pour les répartiteurs et pour les clients en recherche d'informations sur l'encours de leurs commandes. Nous prévoyons en conséquence une instance de composant pour le suivi de mission.

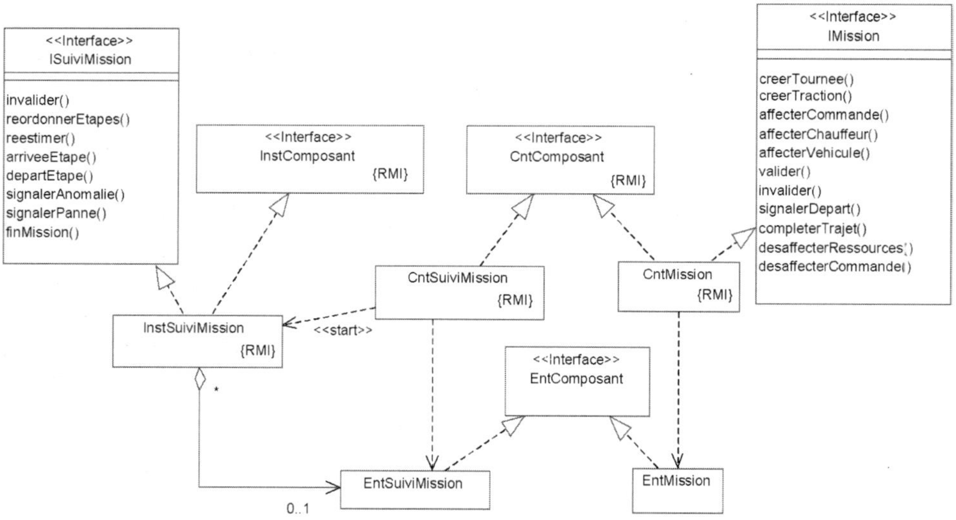

Figure 11-52. : Structure de distribution de la catégorie Métier::Mission

La conception détaillée d'une distribution ne s'arrête pas à la définition de sa structure. L'ensemble des opérations distribuées définissent également des signatures nécessitant le passage d'informations autres que celles contenues dans l'entité de composant. Nous devons donc y ajouter la définition de toutes les structures de données correspondant aux paramètres des opérations.

Conception du stockage des données

La réalisation d'un stockage des instances varie suivant le mode de stockage retenu. Dans tous les cas, la réalisation d'un modèle objet facilite la maintenance des données stockées. Il existe aujourd'hui plusieurs modes de stockage possibles.

- Le système de fichiers est actuellement le moyen le plus rudimentaire de stockage. Avec le mécanisme de sérialisation, Java a fortement simplifié la technique de stockage d'objets dans des fichiers. Le stockage en fichiers ne coûte donc rien, pas même en surcoût de développement. Cependant, il ne permet que de lire ou d'écrire une instance par des moyens externes à l'application et il n'a aucune capacité à administrer ou à établir des requêtes complexes sur les données.
- La base de données relationnelle ou SGBDR est un moyen déjà plus sophistiqué. Il existe aujourd'hui une très large gamme de SGBDR répondant à des besoins de volume, de distribution et d'exploitation différents. Le SGBDR permet d'administrer les données et d'y accéder par des requêtes complexes. C'est la technique la plus répandue, que nous avons retenue pour SIVEx. Notre conception aborde donc, à la fin de ce paragraphe, les principes de rapprochement objet-relationnel.
- La base de données objet ou SGBDO constitue la méthode la plus élaborée de toutes. Cette technique élude la conception d'un stockage des données puisqu'elle permet de stocker et d'administrer directement des instances de classe. Cette technique n'a pourtant pas connu un grand succès sur le marché des bases de données.
- La base de données XML ou SGBDX est un concept émergeant qui répond au besoin croissant de stocker des documents XML sans risque d'altération de ces derniers. Dans le cadre de développement orienté objet qui nous occupe, cela signifierait une translation intermédiaire entre nos objets Java et un format XML. Bien que certains composants standards (JDO ou Xerces) facilitent ce travail, il ne nous a pas paru opportun de recourir à ce type de technologie pour SIVEx.

La conception du stockage des données consiste à étudier sous quelle forme les instances sont sauvegardées sur un support physique. Elle s'accompagne également d'une conception de la couche d'accès aux données, qui explicite comment se réalise la transformation du modèle de stockage en modèle mémoire. On peut citer ici le composant *open source* Castor qui fournit la conception très complète d'une couche d'accès aux données, et tout particulièrement dans un cadre objet-relationnel.

Étude

PASSAGE DU MODÈLE OBJET AU MODÈLE RELATIONNEL

L'utilisation d'un SGBDR impose un changement de représentation entre la structure des classes et la structure des données relationnelles. Les deux structures ayant des analogies, les équivalences [Blaha 97] exprimées au tableau 11-1 sont utilisées pour en réaliser le rapprochement.

Une classe définit une structure de données à laquelle souscrivent des instances ; elle correspond donc à une table du modèle relationnel : chaque attribut donne lieu à une colonne, chaque instance stocke ses données dans une ligne (*T-uplet*) et son OID sert de clé primaire.

Certains attributs de type complexe ne correspondent à aucun des types de SQL ; on rencontre fréquemment ce cas pour les attributs représentant une structure de données. Un type complexe peut être conçu ;

- soit avec plusieurs colonnes, chacune correspondant à un champ de la structure ;
- soit avec une table spécifique dotée d'une clé étrangère pour relier les instances aux valeurs de leur attribut complexe.

Modèle objet	Modèle relationnel
Classe	Table
Attribut de type simple	Colonne
Attribut de type composé	Colonnes ou clé étrangère
Instance	T-uplet
OID	Clé primaire
Association	Clé étrangère ou Table de liens
Héritage	Clé primaire identique sur plusieurs tables

Tableau 11-6 : Équivalences entre les concepts objets et relationnels

Le diagramme suivant (figure 11-53) illustre la conception du stockage de la classe *Commande* dans la table *TblCommande* correspondante. UML définit spécifiquement un stéréotype *table* pour représenter la table d'un schéma relationnel. Nous avons ajouté le stéréotype *join* pour exprimer les jointures que définissent les clés étrangères entre tables.

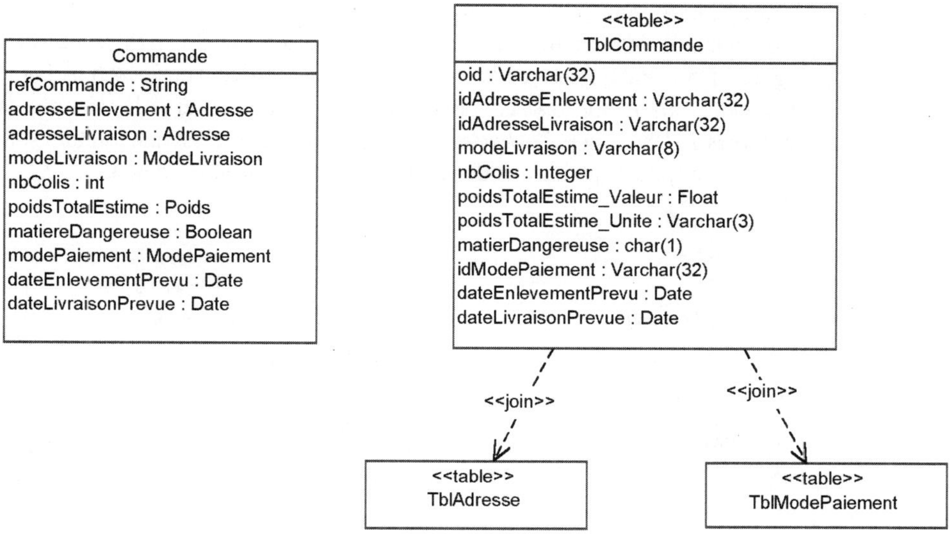

Figure 11-53. : Conception du stockage de la classe Commande avec une table relationnelle

Il est à noter que le schéma relationnel ne permet pas de différencier les associations des agrégations et des compositions. Quel qu'en soit le type, les relations correspondent en effet à une clé étrangère lorsque la multiplicité le permet. Une association multiple, plusieurs à plusieurs, nécessite en revanche la définition d'une table de liens supplémentaire. Cette dernière stocke des couples de clés étrangères provenant de chacune des deux classes de l'association. Le diagramme de la figure 11-54 schématise la conception des associations, simple et multiple, de la classe *EnCoursDeCmd*.

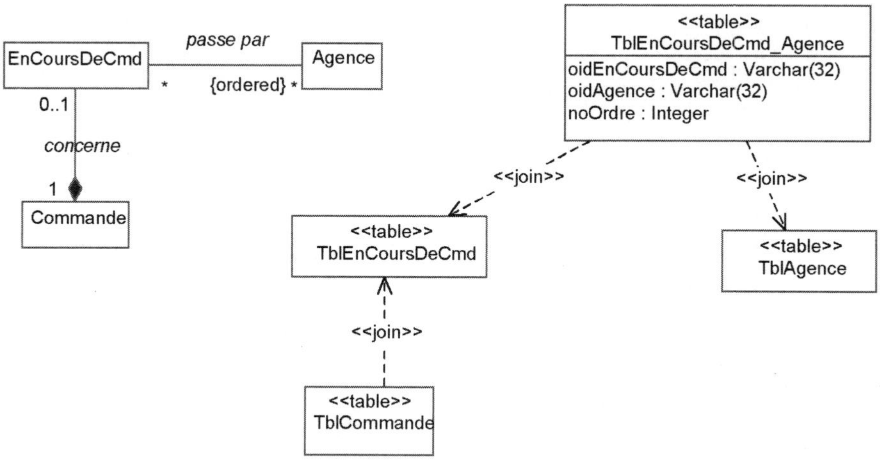

Figure 11-54. : Illustration d'une table servant à stocker une association multiple

La relation d'héritage se définit par le partage du même OID entre les tables provenant d'une même hiérarchie de classes. Dans l'exemple de la figure 11-55, une mission de tournée stocke ses données dans les tables *TblMission* et *TblMissionDeTournee*, tandis qu'une traction conserve les siennes dans les tables *TblMission* et *TblTraction*. Dans les deux cas, c'est une jointure sur les tables appropriées qui permet de reconstituer une instance complète.

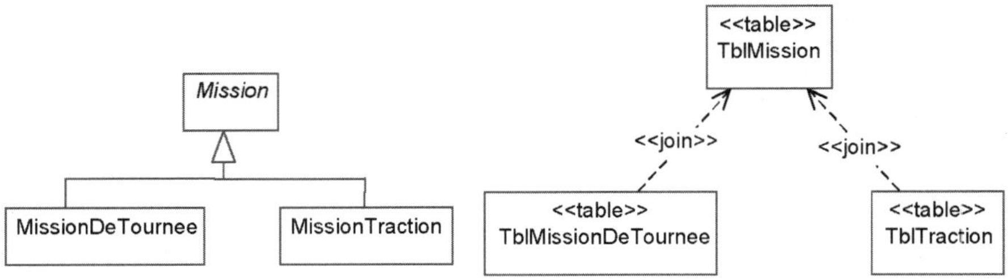

Figure 11-55. : Illustration du stockage d'une relation de généralisation

ÉTUDE DE CAS : CONCEPTION DU STOCKAGE DES CLASSES *MISSION*

Il s'agit ici de définir les tables correspondant à la classe *Mission* et à ses spécialisations. Une fois comprise, la conception du modèle relationnel ne pose aucune difficulté. C'est pourquoi les générateurs de code SQL fournis par les outils CASE apportent généralement une aide facile à mettre en œuvre et appréciable. Dans le diagramme suivant, nous avons simplement appliqué les techniques exposées au paragraphe précédent.

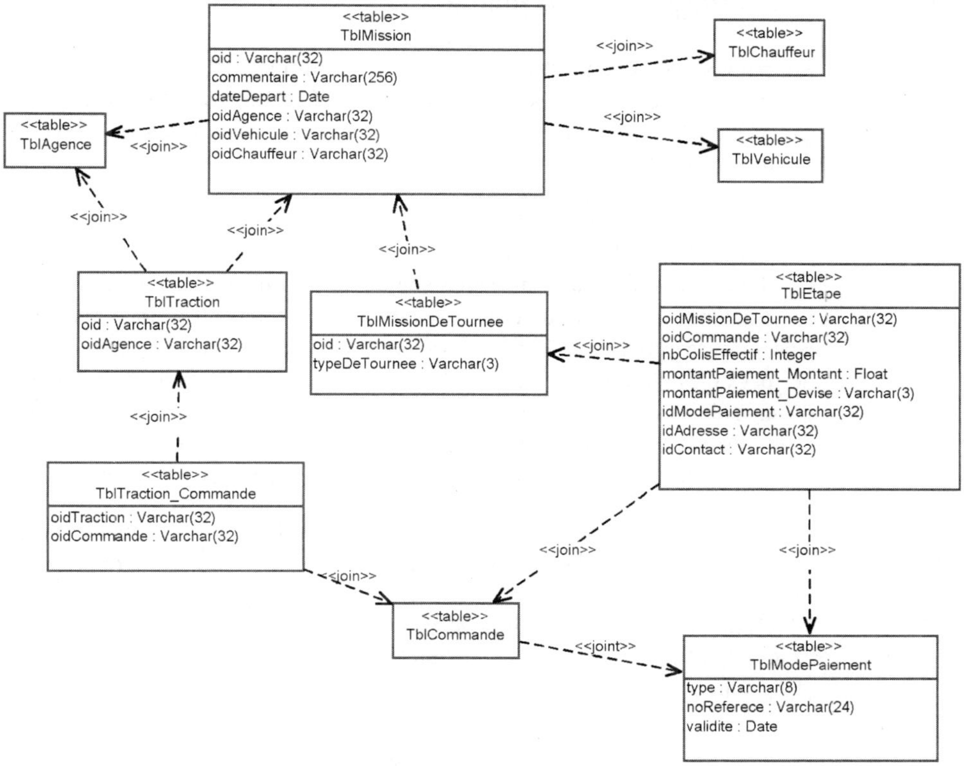

Figure 11-56. : Structure des tables relationnelles pour stocker les missions

Nous avons maintenant terminé l'étude de la conception détaillée et abordé tous les aspects du développement depuis l'analyse jusqu'à la conception détaillée. Vous pouvez mesurer ici le volume d'informations relativement important que produit la phase finale de conception détaillée, et comprendre de ce fait l'importance que nous accordons à la décomposition en catégories et en sous-systèmes ; cette décomposition permet en effet de structurer et d'organiser le modèle et en facilite donc la maintenance.

Une fois le modèle de conception terminé, il peut être encore opportun de développer le modèle de configuration logicielle. Il s'agit de préciser comment les différents produits doivent être assemblés à partir des classes, des interfaces et des tables du modèle logique.

Développer la configuration logicielle

Rappelons que la conception préliminaire a défini une structure de configuration logicielle en packages ou sous-systèmes. C'est lorsque toutes les classes sont détaillées à un niveau proche du code que chaque sous-système de configuration logicielle peut être défini.

La technologie Java a grandement simplifié cette dernière étape de conception puisque à chaque classe de conception correspond par défaut une classe Java, qui est elle-même codée dans un fichier source identifiable par le nom de la classe. La structure d'une configuration logicielle peut cependant être améliorée ; il faut à cet effet regrouper les classes en packages Java, lesquels correspondent alors à des packages du modèle de configuration logicielle. Pour plus de lisibilité, il est d'usage d'associer les catégories de conception détaillée aux packages Java. Certaines règles d'organisation du code peuvent également intervenir : il est parfois opportun de séparer les interfaces dans des packages Java spécifiques.

Pour documenter ou concevoir la configuration logicielle, il peut donc être utile de représenter la configuration logicielle à l'aide d'un ou plusieurs diagrammes de composants UML. Dans cette optique, nous avons développé à la figure suivante un extrait de la structure du sous-système de configuration logicielle *Composant Mission*, en soulignant les dépendances nécessaires aux classes Java *Mission* et *SuiviMission*.

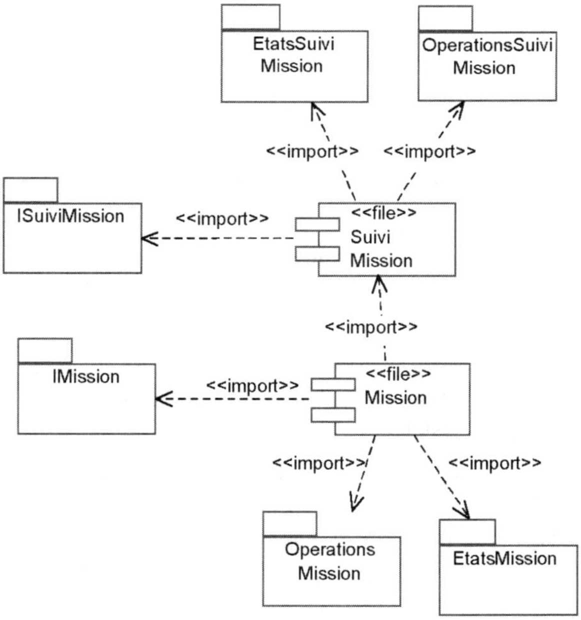

Figure 11-57. : Exemple de configuration logicielle

Phases de réalisation en conception détaillée

La conception détaillée consiste à concevoir et documenter précisément le code qui va être produit. Dans cette phase, toutes les questions concernant la manière de réaliser le système à développer doivent être élucidées. Le produit d'une conception détaillée consiste en l'obtention d'un modèle prêt à coder. Lorsque l'on utilise des langages orientés objet : C++, Java, VB6 ou C#, le concept de classe UML correspond exactement au concept de classe du langage concerné. Cette propriété facilite la compréhension des modèles de conception et donne encore plus d'intérêt à la réalisation d'une conception détaillée avec UML.

L'activité de conception détaillée utilise beaucoup de représentations UML, sans dégager spécialement de préférences entre les différents diagrammes de modélisation dynamique. On retiendra cependant les rôles suivants :

- le diagramme de classes centralise l'organisation des classes de conception, c'est lui qui se transforme le plus aisément en code ;
- les diagrammes d'interactions (séquence ou collaboration) montrent la dynamique d'échanges entre objets en mettant en valeur l'utilité des différentes opérations. On notera une petite préférence pour le diagramme de collaboration lorsqu'il s'agit de détailler la réalisation d'une méthode ;
- les diagrammes d'activités servent spécifiquement à détailler une méthode dont l'algorithmique complexe met en jeu de nombreuses alternatives ;
- les diagrammes d'états permettent de démonter les mécanismes d'une classe à états. On a vu que leur emploi est courant lors de la conception des couches de présentation et de l'application. Le diagramme d'états se transforme en code, par l'application du *design pattern* État ;
- le diagramme de composants sert à établir la configuration logicielle des sous-systèmes.

La conception détaillée met en œuvre itérativement un micro-processus de construction, qui s'applique successivement aux différentes couches logicielles du système. En dernier lieu, la conception détaillée précise les modes de fabrication de chacun des sous-systèmes définis lors de la conception préliminaire.

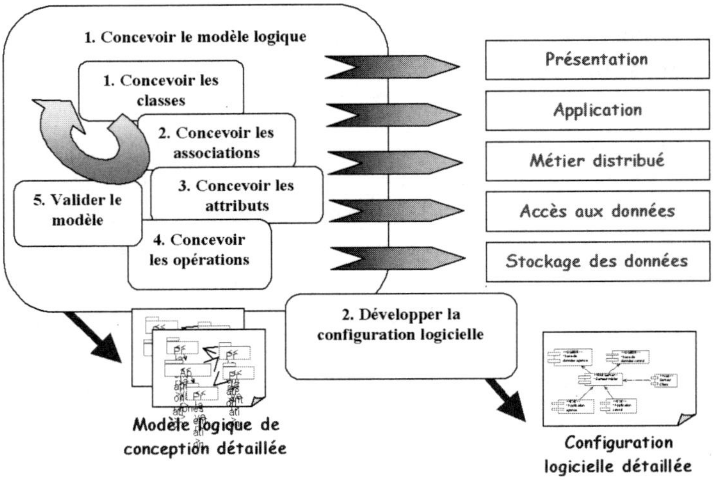

Figure 11-58. : Construction de l'étape de conception détaillée

Sur le site Web (www.editions-eyrolles.com)

Vous trouverez sur le site Web des Éditions Eyrolles les diagrammes UML qui ont servi à illustrer ce chapitre, ainsi que la façon d'organiser les packages pour commencer la conception détaillée. Le fichier *ch11.mdl*, au format Rational/Rose, contient en effet les catégories de conception du modèle logique développé pour le composant distribué *Mission* et l'application *ConVEx*.

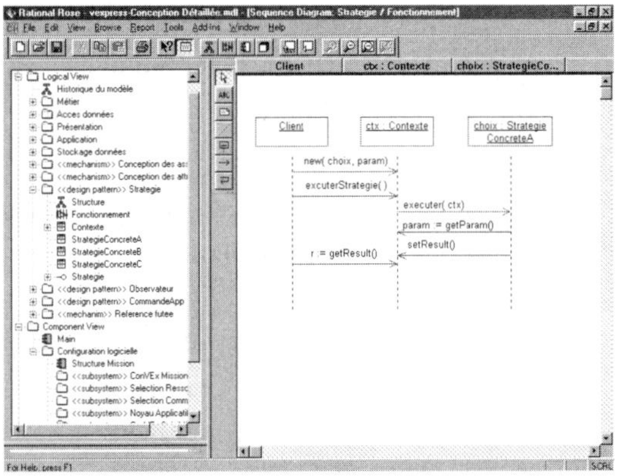

Figure 11-59. : Conception détaillée avec Rational Rose

Annexe 1

Bibliographie

Nous avons structuré la bibliographie selon quatre grands thèmes :

- le processus ;
- la capture des besoins ;
- l'analyse objet ;
- la conception objet.

Certains ouvrages se retrouvent ainsi cités plusieurs fois (par exemple [UML-RM 99]), car ils traitent plusieurs sujets, d'autres au contraire sont plus ciblés sur une phase du développement ou sur un thème particulier (par exemple [Shalloway 02]).

Processus

[Ambler 97] *Building Object Applications: Patterns, Architecture, Design, Construction, and Testing*, S. Ambler, 1997, Prentice Hall

[Ambler 00] *The Unified Process Construction Phase – Best Practices in implementing the UP*, S. Ambler, L. Constantine, 2000, Mc Graw Hill

[Ambler 01] *The Unified Process Transition and Production Phases – Best Practices in implementing the UP*, S. Ambler, L. Constantine, 2001, Mc Graw Hill

[Ambler 02] *Agile Modeling – Effective Practices for Extreme Programming and the Unified Process*, S. Ambler, 2002, Wiley

[Arlow 02] *UML and the Unified Process – Practical Object-Oriented Analysis and Design*, J. Arlow, I. Neustadt, 2002, Addison-Wesley

[Booch 96] *Object Solutions: Managing the Object-Oriented Project*, G. Booch, 1996, Addison-Wesley

[Brooks 90] *The mythical man-month 2nd edition*, F.P. Brooks Jr., 1990, Addison-Wesley

[Cantor 98] *Object-Oriented Project Management with UML*, M. Cantor, 1998, Wiley

[Cockburn 98] *Surviving Object-Oriented Projects*, A. Cockburn, 1998, Addison-Wesley

[Conallen 00] *Concevoir des applications Web avec UML*, J. Conallen, 2000, Eyrolles

[De Champeaux 97] *Object-Oriented Development Process and Metrics*, D. De Champeaux, P. Faure, 1997, Prentice Hall

[D'Souza 99] *Objects, Components, and Frameworks with UML: The Catalysis Approach*, D. D'Souza, A. Wills, 1999, Addison-Wesley

[Ezran 99] *Réutilisation logicielle : Guide pratique et retours d'expérience*, M. Ezran, M. Morisio, C. Tully, 1999, Eyrolles

[Goldberg 95] *Succeeding with Objects: Decision Frameworks for Project Management*, A. Goldberg, K. Rubin, 1995, Addison-Wesley

[Jacobson 92] *Object-Oriented Software Engineering: A Use Case Driven Approach*, I. Jacobson, 1992, Addison-Wesley

[Jacobson 97] *Software Reuse: Architecture, Process, and Organization for Business Success*, I. Jacobson et al., 1997, Prentice Hall

[Jacobson 99] *The Unified Software Development Process*, I. Jacobson, G. Booch, J. Rumbaugh, 1999, Addison-Wesley

[Kettani 01] *De Merise à UML*, N. Kettani et al., 2001, Eyrolles

[Kruchten 00] *The Rational Unified Process: An Introduction*, P. Kruchten, 2000, Addison-Wesley

[Larman 02] *UML et les Design Patterns*, C. Larman, 2002, Campus Press

[Lorenz 94] *Object-Oriented Software Metrics*, M. Lorenz, J. Kidd, 1994, Prentice Hall

[Martin 97] *Object-Oriented Methods: A Foundation, UML Edition*, J. Martin, J. Odell, 1997, Prentice Hall

[Muller 01] *Modélisation objet avec UML*, P-A. Muller, 2001, Eyrolles

[Roques 02] *UML – Modéliser un site e-commerce*, P. Roques, 2002, Eyrolles

[Royce 98] *Software Project Management: A Unified Framework*, W. Royce, 1998, Addison-Wesley

[Scott 02] *Unified Process Explained*, K. Scott, 2002, Addison-Wesley

Capture des besoins

[Adolph 02] *Patterns for Effective Use Cases*, S. Adolph, P. Bramble, 2002, Addison-Wesley

[Armour 01] *Advanced Use Case Modeling*, F. Armour, G. Miller, 2001, Addison-Wesley

[Bittner 02] *Use Case Modeling*, K. Bittner, I. Spence, 2002, Addison-Wesley

[Cockburn 01] *Rédiger des cas d'utilisation efficaces*, A. Cockburn, 2001, Eyrolles

[Conallen 00] *Concevoir des applications Web avec UML*, J. Conallen, 2000, Eyrolles

[Douglass 98] *Real-Time UML: Developping Efficient Objects for Embedded Systems*, B. Douglass, 1998, Addison-Wesley

[D'Souza 99] *Objects, Components, and Frameworks with UML: The Catalysis Approach*, D. D'Souza, A. Wills, 1999, Addison-Wesley

[Fowler 97] *UML Distilled: Applying the Standard Object Modeling Language*, M. Fowler, 1997, Addison-Wesley

[Graham 98] *Requirements Engineering and Rapid Development: An Object-Oriented Approach*, I. Graham, 1998, Addison-Wesley

[Harmon 97] *Understanding UML: The Developer's Guide*, P. Harmon, M. Watson, 1997 Morgan Kaufmann

[Jacobson 92] *Object-Oriented Software Engineering: A Use Case Driven Approach*, I. Jacobson, 1992, Addison-Wesley

[Jacobson 97] *Software Reuse: Architecture, Process, and Organization for Business Success*, I. Jacobson et al., 1997, Prentice Hall

[Kettani 01] *De Merise à UML*, N. Kettani et al., 2001, Eyrolles

[Kovitz 98] *Practical Software Requirements*, B. Kovitz, 1998, Manning

[Kulak 00] *Use Cases – Requirements in Context*, D. Kulak, E. Guiney, 2000, Addison-Wesley

[Larman 02] *UML et les Design Patterns*, C. Larman, 2002, Campus Press

[Leffingwell 99] *Managing Software Requirements: A Unified Approach*, D. Leffingwell, D. Widrig, 1999, Addison-Wesley

[MacLean 95] *Analyzing Systems: Determining Requirements for Object-Oriented Development*, R. MacLean, D. Gradwell, 1995, Prentice Hall

[Muller 01] *Modélisation objet avec UML*, P-A. Muller, 2001, Eyrolles

[Robertson 99] *Mastering the Requirements Process*, S. Robertson, J. Robertson, 1999, Addison-Wesley

[Roques 99] *Hierarchical Context Diagrams with UML: An experience report on Satellite Ground System Analysis*, P. Roques, E. Bourdeau, P. Lugagne, in <<UML>>'98: Beyond the Notation, J. Bezivin & P.A. Muller (eds), 1999, Springer Verlag LNCS 1618

[Roques 02] *UML – Modéliser un site e-commerce*, P. Roques, 2002, Eyrolles

[Rosenberg 99] *Use Case Driven Object Modeling with UML*, D. Rosenberg, 1999, Addison-Wesley

[Rosenberg 01] *Applying Use Case Driven Object Modeling with UML – An Annotated e-Commerce Example*, D. Rosenberg, K. Scott, 2001, Addison-Wesley

[Schneider 01] *Applying Use Cases: A Practical Guide*, G. Schneider, J. Winters, 2001, Addison-Wesley

[Texel 97] *Use Cases combined with Booch/OMT/UML: Process and Products*, Texel & Williams, 1997, Prentice Hall

[UML-RM 99] *The Unified Modeling Language Reference Manual*, J. Rumbaugh, I. Jacobson, G. Booch, 1999, Addison-Wesley

[UML-UG 99] *The Unified Modeling Language User Guide*, G. Booch, J. Rumbaugh, I. Jacobson, 1999, Addison-Wesley

[Windle 02] *Software Requirements using the Unified Process – A Practical Approach*, D.Windle, L. Abreo, 2002, Prentice Hall

Analyse objet

[Blaha 97] *Object-Oriented Modeling and Design for Database Applications*, M. Blaha, W. Premerlani, 1997, Prentice Hall

[Arlow 02] *UML and the Unified Process – Practical Object-Oriented Analysis and Design*, J. Arlow, I. Neustadt, 2002, Addison-Wesley

[Booch 94] *Object-Oriented Analysis and Design with Applications, 2nd ed.*, G. Booch, 1994, Addison-Wesley

[Coad 91] *Object-Oriented Analysis, 2nd ed.*, P. Coad, E. Yourdon, 1991, Prentice Hall

[Coad 97] *How to Build Better Object Models*, P. Coad, 1997, Prentice Hall

[Coad 97-2] *Object Models: Strategies, Patterns and Applications, 2nd ed.*, P. Coad, D. North, M. Mayfield, 1997, Prentice Hall

[Conallen 00] *Concevoir des applications Web avec UML*, J. Conallen, 2000, Eyrolles

[Douglass 98] *Real-Time UML: Developping Efficient Objects for Embedded Systems*, B. Douglass, 1998, Addison-Wesley

[D'Souza 99] *Objects, Components, and Frameworks with UML: The Catalysis Approach*, D. D'Souza, A. Wills, 1999, Addison-Wesley

[Embley 92] *Object-Oriented Systems Analysis: A Model-Driven Approach*, D. Embley, B. Kurtz, S. Woodfield, 1992, Yourdon Press

[Fowler 97] *Analysis Patterns: Reusable Object Models*, M. Fowler, 1997, Addison-Wesley

[Fowler 99] *UML Distilled: Applying the Standard Object Modeling Language*, M. Fowler, 1999, Addison-Wesley

[Gossain 98] *Object Modeling and Design Strategies*, S. Gossain, 1998, SIGS

[Harmon 97] *Understanding UML: The Developer's Guide*, P. Harmon, M. Watson, 1997 Morgan Kaufmann

[Jacobson 92] *Object-Oriented Software Engineering: A Use Case Driven Approach*, I. Jacobson, 1992, Addison-Wesley

[Jacobson 97] *Software Reuse: Architecture, Process, and Organization for Business Success*, I. Jacobson et al., 1997, Prentice Hall

[Kettani 01] *De Merise à UML*, N. Kettani et al., 2001, Eyrolles

[Larman 02] *UML et les Design Patterns*, C. Larman, 2002, Campus Press

[Lee 01] *UML and C++: A Practical Guide to Object-Oriented Development*, R. Lee, W. Tepfenhart, 2001, Prentice Hall

[Muller 01] *Modélisation objet avec UML*, P.-A. Muller, 2001, Eyrolles

[Odell 98] *Advanced Object-Oriented Analysis & Design Using UML*, J. Odell, 1998, SIGS

[Oestereich 02] *Developing Software with UML: Object-Oriented Analysis and Design in Practice*, B. Oestereich, 2002, Addison-Wesley

[Roques 01] *UML par la pratique – Étude de cas et exercices corrigés*, P. Roques, 2001, Eyrolles

[Rosenberg 99] *Use Case Driven Object Modeling with UML*, D. Rosenberg, 1999, Addison-Wesley

[Rosenberg 01] *Applying Use Case Driven Object Modeling with UML – An Annotated e-Commerce Example*, D. Rosenberg, K. Scott, 2001, Addison-Wesley

[Rumbaugh 91] *Object-Oriented Modeling and Design*, J. Rumbaugh, 1991, Prentice Hall

[UML-RM 99] *The Unified Modeling Language Reference Manual*, J. Rumbaugh, I. Jacobson, G. Booch, 1999, Addison-Wesley

[UML-UG 99] *The Unified Modeling Language User Guide*, G. Booch, J. Rumbaugh, I. Jacobson, 1999, Addison-Wesley

[Warmer 99] *The Object Constraint Language: Precise Modeling with UML*, J. Warmer, A. Kleppe, 1999, Addison-Wesley

Conception objet

[Ahmed 02] *Developing Enterprise Java Applications – With J2EE and UML*, K. Ahmed, C. Umrysh, 2002, Addison-Wesley

[Ambler 97] *Building Object Applications: Patterns, Architecture, Design, Construction, and Testing*, S. Ambler, 1997, Prentice Hall

[Ambler 98] *Building Object Applications That Work*, S. Ambler, 1998, Cambridge University Press

[Arlow 02] *UML and the Unified Process – Practical Object-Oriented Analysis and Design*, J. Arlow, I. Neustadt, 2002, Addison-Wesley

[Blaha 97] *Object-Oriented Modeling and Design for Database Applications*, M. Blaha, W. Premerlani, 1997, Prentice Hall

[Buschmann 96] *Pattern-Oriented Software Architecture: A System of Patterns*, F. Buschmann et al., 1996, Wiley

[Coad 91-2] *Object-Oriented Design*, P. Coad, E. Yourdon, 1991, Prentice Hall

[Coad 97-2] *Object Models: Strategies, Patterns and Applications, 2nd ed.*, P. Coad, D. North, M. Mayfield, 1997, Prentice Hall

[Coad 98] *Java Design: Building Better Apps and Applets, 2nd ed.*, P.Coad, M. Mayfield, J. Kern, 1998, Prentice Hall

[Coad 99] *Java Modeling in Color with UML: Enterprise Components and Process,* P.Coad et al., 1999, Prentice Hall

[Conallen 00] *Concevoir des applications Web avec UML*, J. Conallen, 2000, Eyrolles

[Cooper 00] *Java Design Patterns: A tutorial*, J.Cooper, 2000, Addison-Wesley

[Douglass 98] *Real-Time UML: Developping Efficient Objects for Embedded Systems*, B. Douglass, 1998, Addison-Wesley

[Douglass 99] *Doing Hard Time: Developing Real-Time Systems with UML, Objects, Frameworks, and Patterns*, B. Douglass, 1999, Addison-Wesley

[D'Souza 99] *Objects, Components, and Frameworks with UML: The Catalysis Approach*, D. D'Souza, A. Wills, 1999, Addison-Wesley

[Eckel 98] *Thinking in Java*, B. Eckel, 1998, Prentice Hall

[Eeles 98] *Building Business Objects*, P. Eeles, O. Sims, 1998, Wiley

[Eeles 02] *Building J2EE Applications with the Rational Unified Process*, P. Eeles, K.Houston, W.Kozaczynski, 2002, Addison-Wesley

[Fowler 99] *UML Distilled: Applying the Standard Object Modeling Language*, M. Fowler, 1999, Addison-Wesley

[Gamma 95] *Design Patterns: Elements of Reusable Object-Oriented Software*, E. Gamma et al., 1995, Addison-Wesley

[Gossain 98] *Object Modeling and Design Strategies*, S. Gossain, 1998, SIGS

[Grand 98] *Patterns in Java,* Vol. 1, M. Grand, 1998, Wiley

[Grand 99] *Patterns in Java,* Vol. 2, M. Grand, 1999, Wiley

[Harmon 97] *Understanding UML: The Developer's Guide*, P. Harmon, M. Watson, 1997 Morgan Kaufmann

[Havdal 02] *Java the UML Way – Integrating Object-Oriented Design and Programming,* V. Havdal, E. Lervik, 2002, Wiley

[Hubert 01] *Convergent Architecture – Building Model-Driven J2EE Systems with UML,* R. Hubert, 2001, Wiley

[Jacobson 97] *Software Reuse: Architecture, Process, and Organization for Business Success*, I. Jacobson et al., 1997, Prentice Hall

[Jell 98] *Component-Based Software Engineering*, T. Jell, 1998, SIGS

[Kettani 01] *De Merise à UML*, N. Kettani et al., 2001, Eyrolles

[Knoernschild 02] *Java Design – Objects, UML, and Process*, K. Knoernschild, 2002, Addison-Wesley

[Larman 02] *UML et les Design Patterns*, C. Larman, 2002, Campus Press

[Lee 01] *UML and C++: A Practical Guide to Object-Oriented Development*, R. Lee, W. Tepfenhart, 2001, Prentice Hall

[Lee 02] *Practical Object-Oriented Development with UML and Java*, R. Lee, W. Tepfenhart, 2002, Prentice Hall

[Liberty 97] *Clouds to Code: A Case Study in Application Development with UML, Design Patterns and C++*, J. Liberty, 1997, Wrox Press

[Marinescu 02] *EJB Design Patterns – Advanced patterns, processes and idioms,* F. Marinescu, 2002, Wiley

[Metsker 02] *The Design Patterns Java Workbook*, S. Metsker, 2002, Addison-Wesley

[Meyer 94] *Reusable Software: The Base Object-Oriented Component Libraries*, B. Meyer, 1994, Prentice Hall

[Meyer 97] *Object-Oriented Software Construction, 2nd ed.*, B. Meyer, 1997, Prentice Hall

[Muller 01] *Modélisation objet avec UML*, P.-A. Muller, 2001, Eyrolles

[Naiburg 02] *Bases de données avec UML*, E. Naiburg, R. Maksimchuk, 2002, Campus Press

[Odell 98] *Advanced Object-Oriented Analysis & Design Using UML*, J. Odell, 1998, SIGS

[Oestereich 02] *Developing Software with UML : Object-Oriented Analysis and Design in Practice*, B. Oestereich, 2002, Addison-Wesley

[Orfali 94] *Essential Client/Server Survival Guide*, R. Orfali, D. Harkey, J. Edwards, 1994, Wiley

[Orfali 95] *Essential Distributed Objects Survival Guide*, R. Orfali, D. Harkey, J. Edwards, 1995, Wiley

[Orfali 97] *Instant CORBA*, R. Orfali, D. Harkey, J. Edwards, 1997, Wiley

[Orfali 98] *Client/Server Programming with Java and CORBA, 2nd ed.*, R. Orfali, D. Harkey, 1998, Wiley

[Pooley 99] *Using UML: Software Engineering with Objects and Components*, R. Pooley, P. Stevens, 1999, Addison-Wesley

[Pope 98] *The CORBA Reference Guide: Understanding the Common Object Request Broker Architecture*, A. Pope, 1998, Addison-Wesley

[Pree 96] *Framework Patterns*, W. Pree, 1996, SIGS

[Pree 98] *Design Patterns et architectures logicielles*, W. Pree, 1998, Vuibert

[Reed 01] *Developing Applications with Java and UML*, P. Reed, 2001, Addison-Wesley

[Richter 99] *Designing Flexible Object-Oriented Systems with UML*, C. Richter, 1999, Macmillan

[Rising 98] *The Patterns Handbook: Techniques, Strategies, and Applications*, L. Rising, 1998, SIGS

[Roques 01] *UML par la pratique – Étude de cas et exercices corrigés*, P. Roques, 2001, Eyrolles

[Schach 98] *Classical and Object-Oriented Software Engineering with UML and Java, 4th ed.*, S. Schach, 1998, McGraw-Hill

[Shalloway 02] *Design patterns par la pratique*, A. Shalloway, J. Trott, 2002, Eyrolles

[Shaw 95] *Software Architecture: Perspectives on an Emerging Discipline*, M. Shaw, D. Garlan, 1995, Prentice Hall

[Soley 96] *Object Management Architecture Guide, 3rd ed.*, R. Soley, 1996, Wiley

[Soutou 02] *De UML à SQL – Conception de bases de données*, C. Soutou, 2002, Eyrolles

[Stelting 02] *Applied Java Patterns*, S. Stelting, O. Maasen, 2002, Prentice Hall

[Szyperski 98] *Component Software: Beyond Object-Oriented Programming*, C. Szyperski, 1998, Addison-Wesley

[UML-RM 99] *The Unified Modeling Language Reference Manual*, J. Rumbaugh, I. Jacobson, G. Booch, 1999, Addison-Wesley

[UML-UG 99] *The Unified Modeling Language User Guide*, G. Booch, J. Rumbaugh, I. Jacobson, 1999, Addison-Wesley

[Vlissides 98] *Pattern Hatching: Design Patterns Applied*, J. Vlissides, 1998, Addison-Wesley

[Vogel 99] *Programming with Enterprise JavaBeans, JTS, and OTS: Building Distributed Transactions with Java and C++*, A. Vogel, M. Rangarao, 1999, Wiley

[Warmer 99] *The Object Constraint Language: Precise Modeling with UML*, J. Warmer, A. Kleppe, 1999, Addison-Wesley

[Wirfs-Brock 90] *Designing Object-Oriented Software*, R. Wirfs-Brock, B.Wilkerson, L. Wiener, 1990, Prentice Hall

Annexe 2

Rappels de notation UML 1.4

Ce rappel de notation est structuré selon les trois activités de développement que sont :

- la capture des besoins,
- l'analyse,
- la conception.

Cette distinction va nous permettre de détailler les différences d'utilisation de certains concepts ou diagrammes, selon le point de vue et le niveau d'abstraction.

Les diagrammes présentés ont tous été extraits d'un des chapitres du livre. Il ne s'agit pas d'un simple récapitulatif de notations, mais plutôt d'une synthèse de toutes celles que nous avons utilisées dans la mise en œuvre du processus 2TUP.

Lorsqu'il s'agit de notations ou de diagrammes non standards, utilisant par exemple des stéréotypes que nous avons créés, nous avons ajouté le sigle : **(*NS*)**.

Capture des besoins

Diagramme de collaboration utilisé au niveau du contexte dynamique ***(*NS*)***

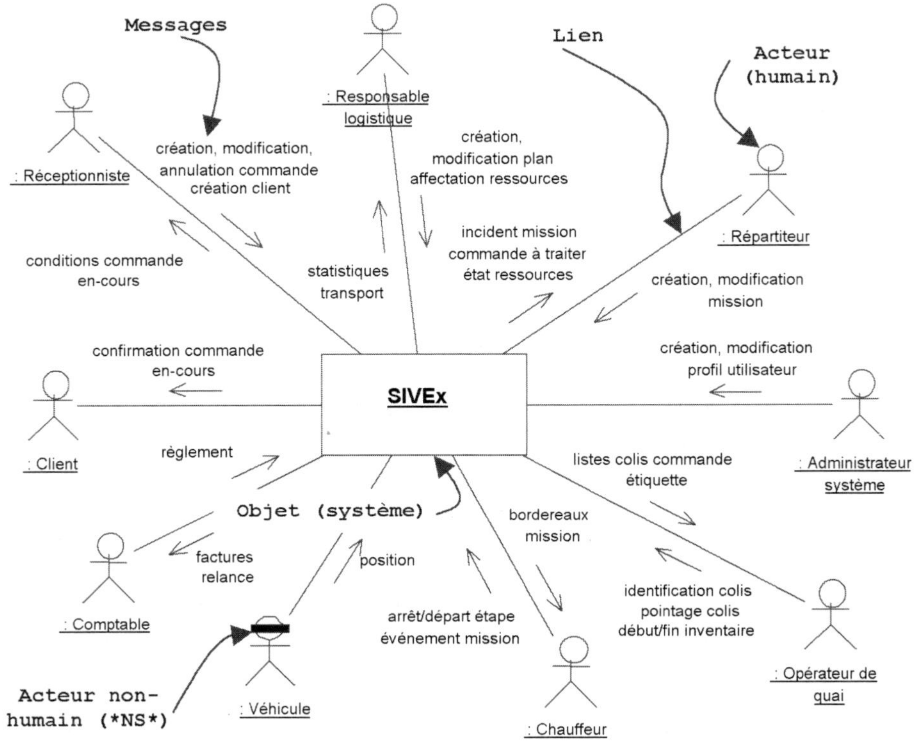

Figure B-1. : Contexte dynamique de SIVEx

Diagramme de classes utilisé au niveau du contexte

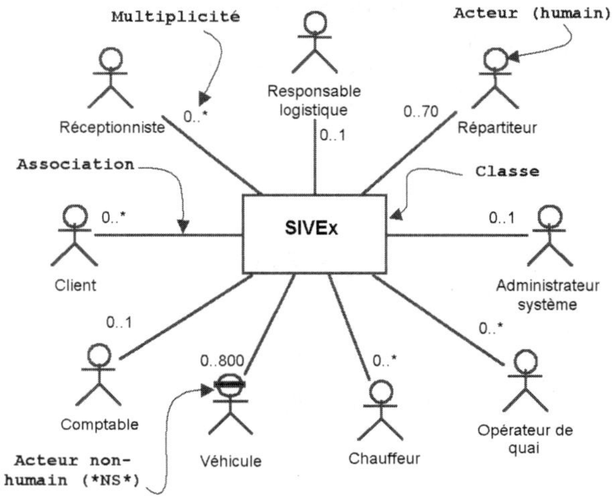

Figure B-2. : Contexte statique de SIVEx

Diagramme de cas d'utilisation

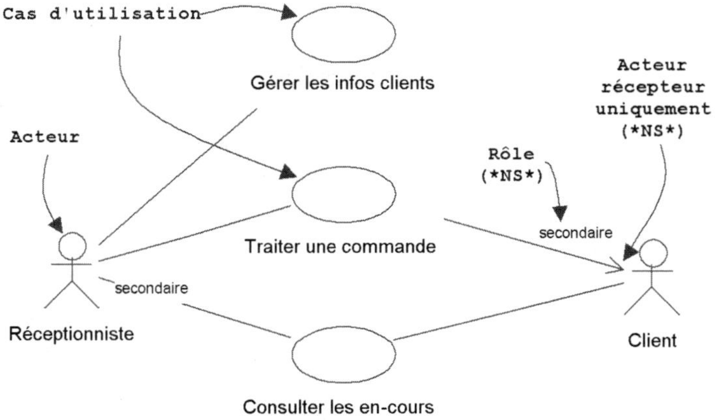

Figure B-3. : Exemple de diagramme de cas d'utilisation de SIVEx

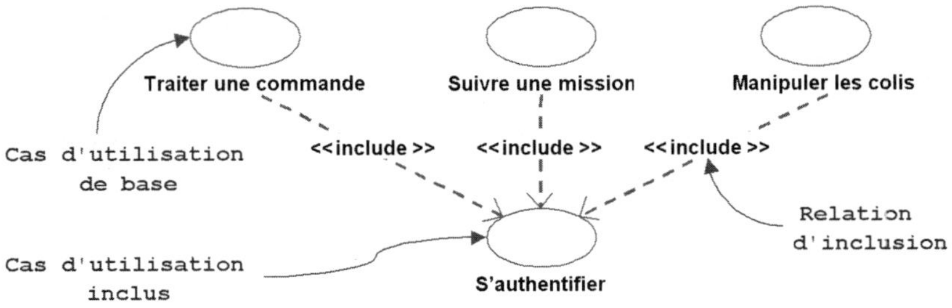

Figure B-4. Relation <<include>> entre cas d'utilisation

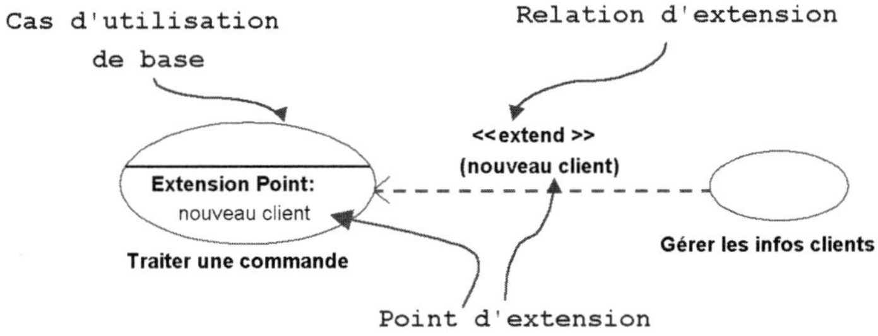

Figure B-5. : Relation <<extend>> entre cas d'utilisation

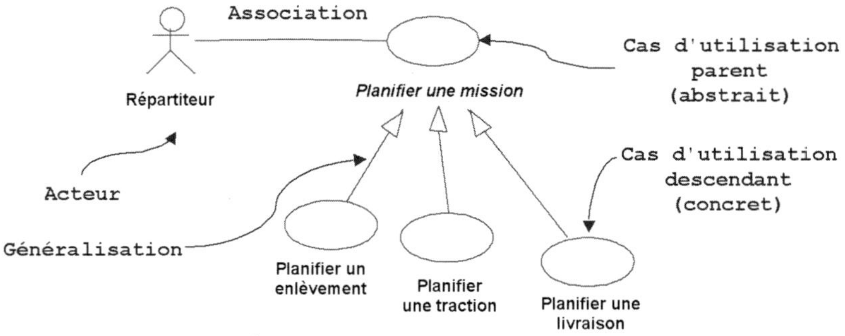

Figure B-6. : Relation de généralisation entre cas d'utilisation

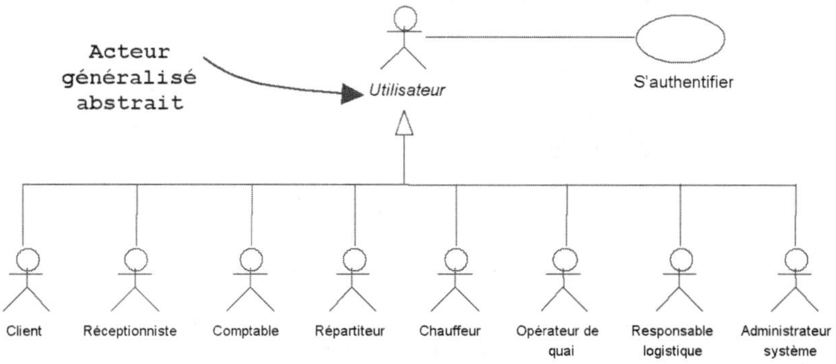

Figure B-7. : Acteur généralisé « Utilisateur »

Diagramme d'activités d'un cas d'utilisation

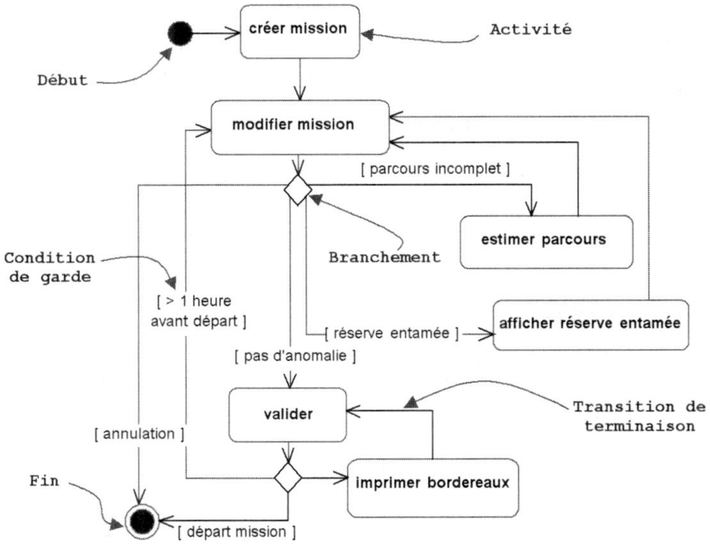

Figure B-8. : Diagramme d'activités du cas d'utilisation « Planifier une mission »

Diagramme de séquence d'un cas d'utilisation

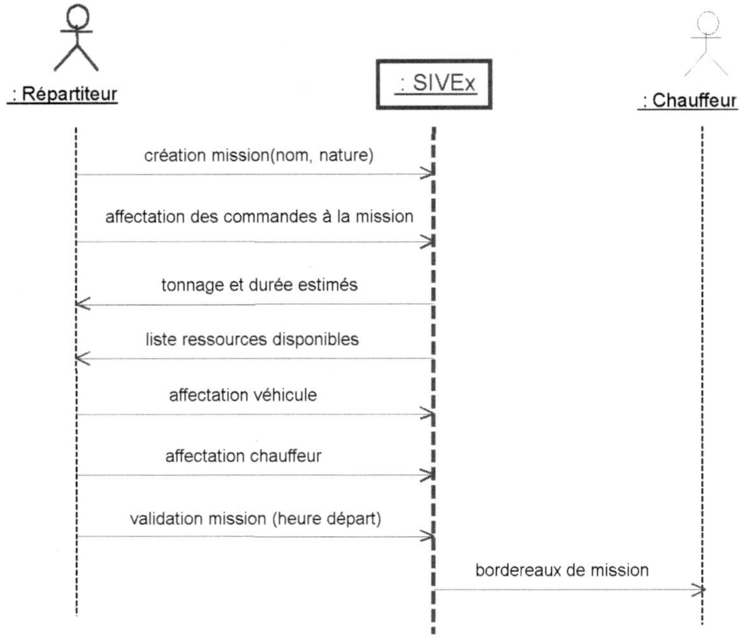

Figure B-9. : Diagramme de séquence du scénario nominal du cas d'utilisation « Planifier une mission »

Diagramme de classes participantes

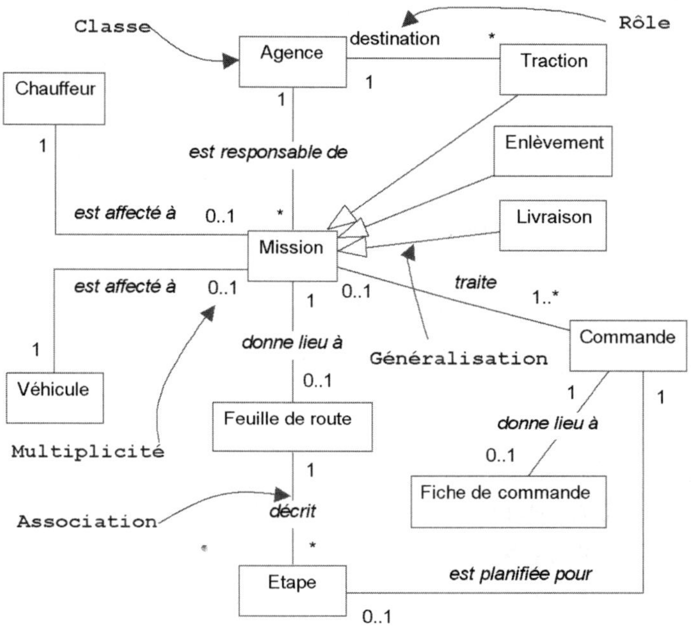

Figure B-10. : Diagramme de classes participantes du cas d'utilisation « Planifier une mission »

Diagramme de déploiement

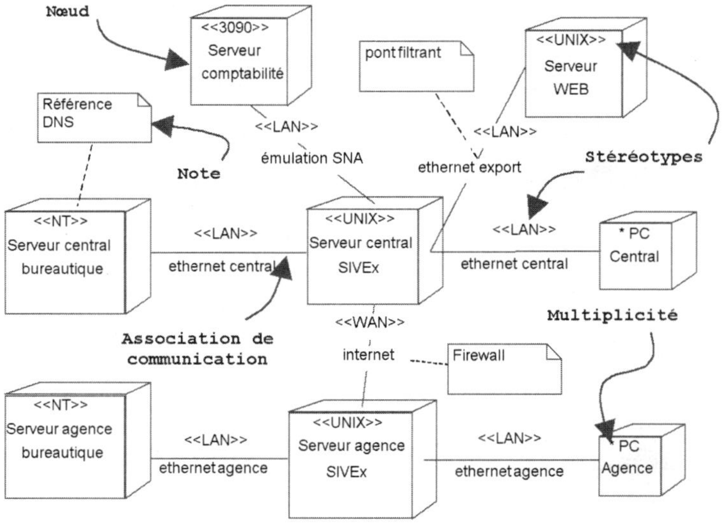

Figure B-11. : Configuration matérielle du système SIVEx

Diagramme de composants

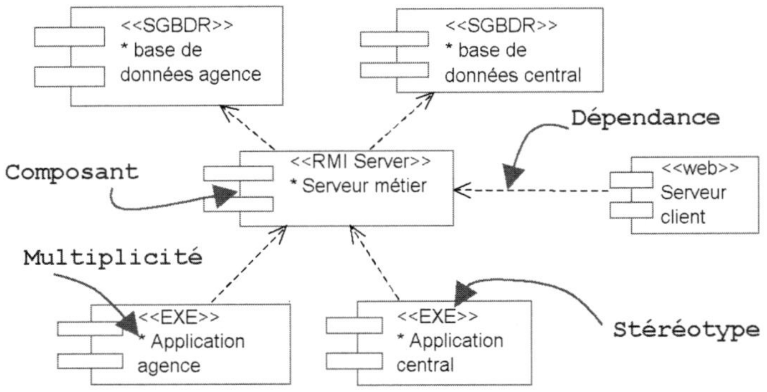

Figure B-12. : Composants d'exploitation du système SIVEx

Analyse

Diagramme de packages utilisé pour exprimer la structure du modèle en catégories

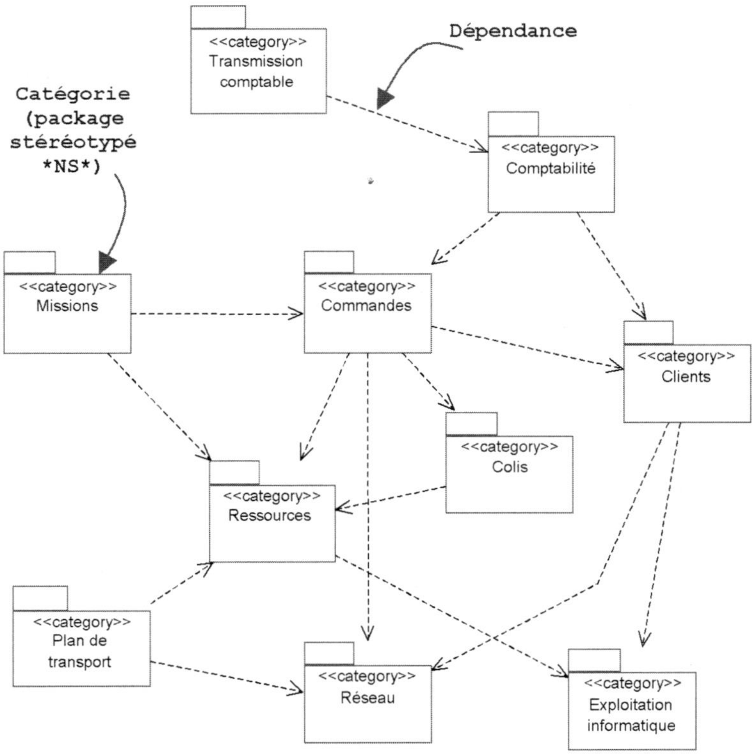

Figure B-13. : Catégories d'analyse du système SIVEx

Diagramme de classes d'analyse

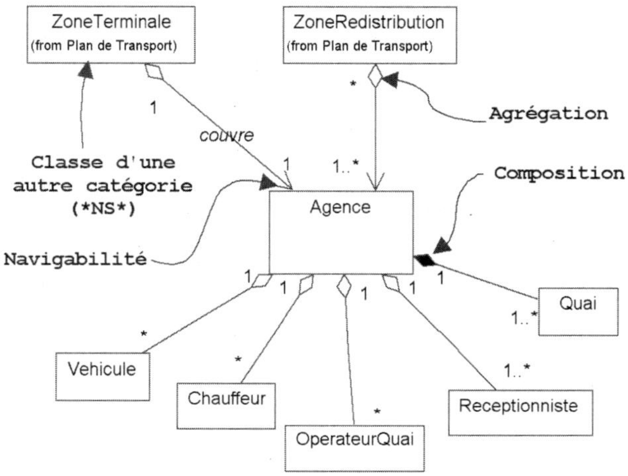

Figure B-14. : Exemples d'agrégations et de composition autour de la classe Agence

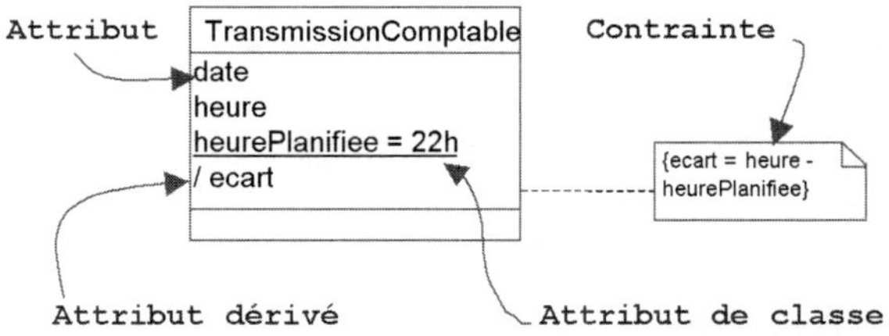

Figure B-15. : Exemples d'attributs et de contrainte

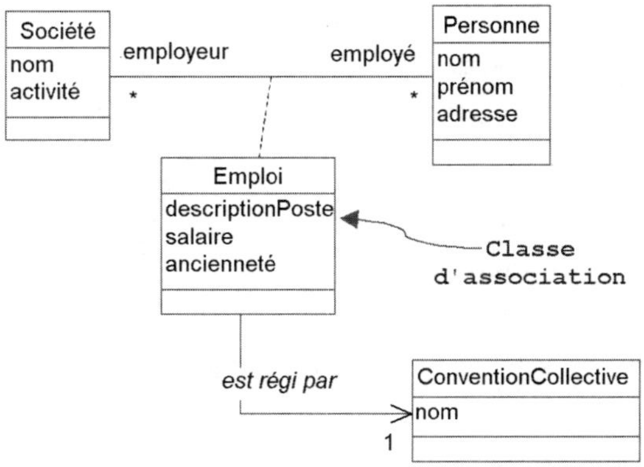

Figure B-16. : Exemple de classe d'association

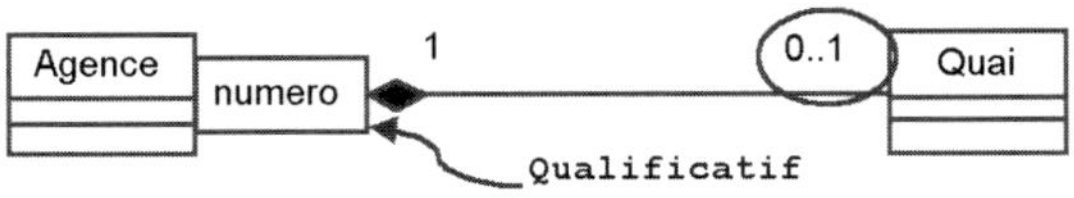

Figure B-17. : Exemple de qualificatif

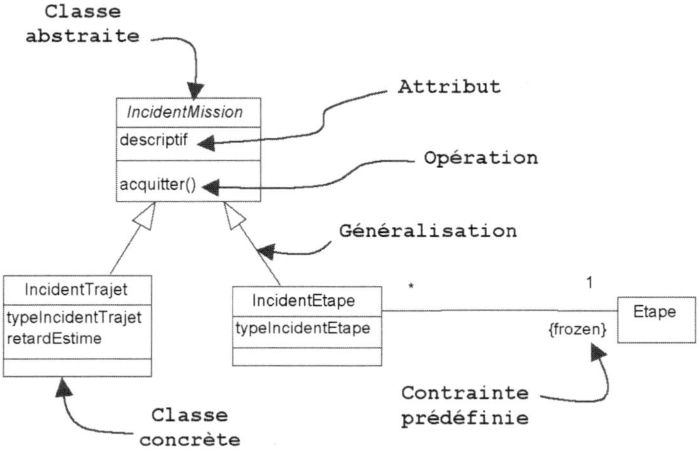

Figure B-18. : Exemples de généralisation et d'opération

Diagramme d'objets

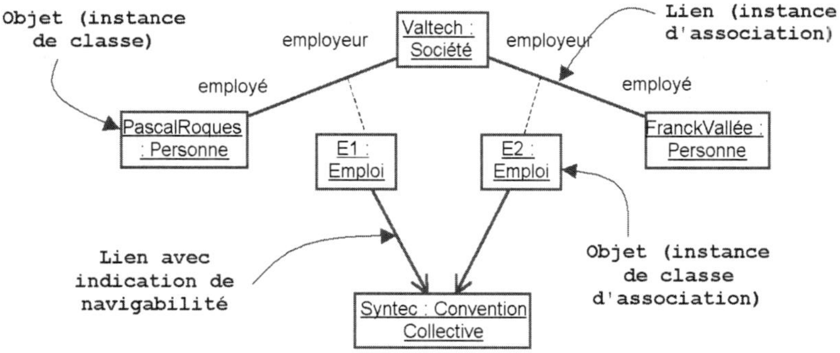

Figure B-19. : Exemple de diagramme d'objets

Diagramme de séquence (notation de base)

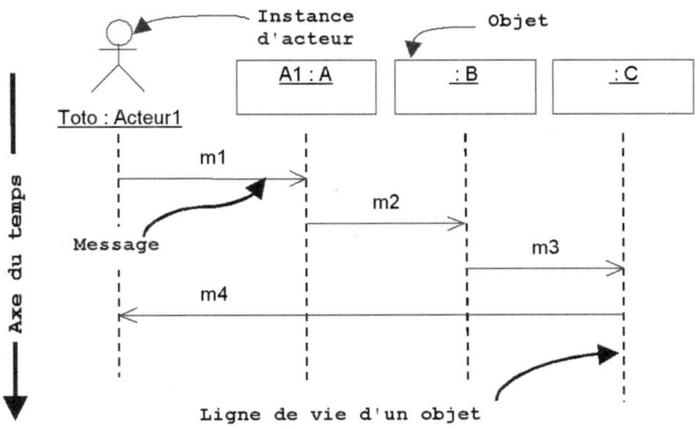

Figure B-20. : Notation graphique de base du diagramme de séquence

Diagramme de séquence (notation avancée)

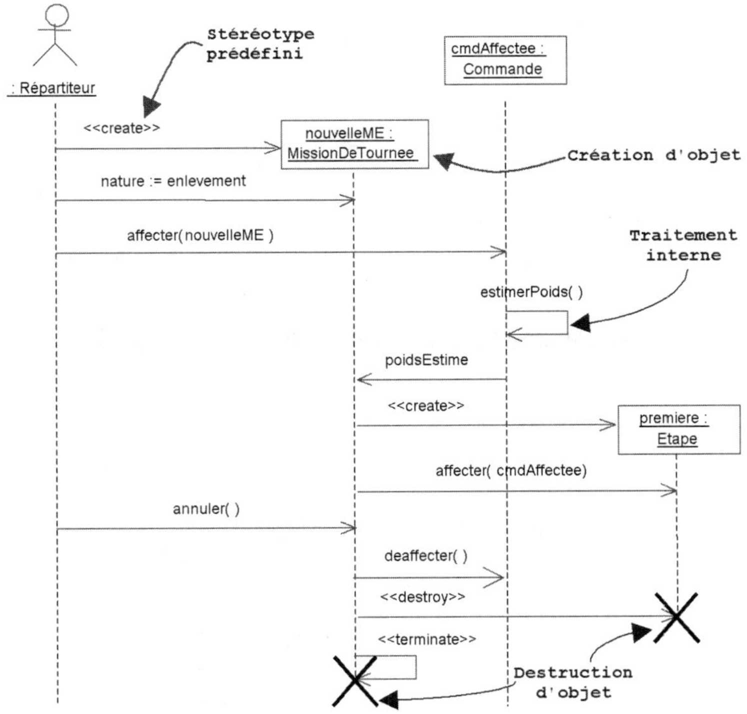

Figure B-21. : Notation graphique étendue du diagramme de séquence

Diagramme de séquence (suite)

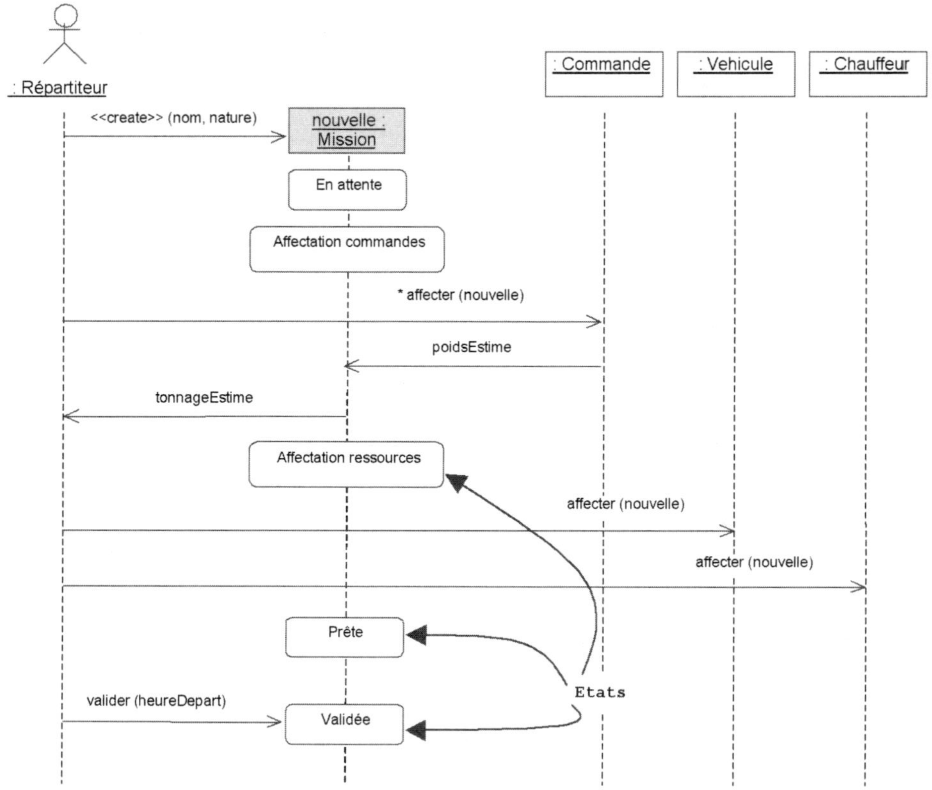

Figure B-22. : Représentation des états sur le diagramme de séquence

Diagramme de collaboration (notation de base)

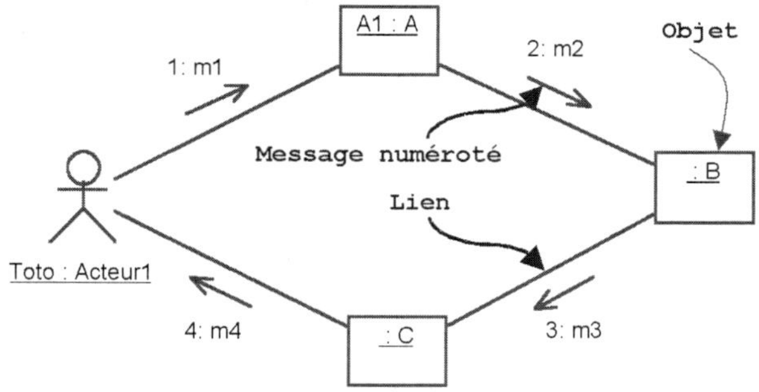

Figure B-23. : Notation graphique de base du diagramme de collaboration

Diagramme de collaboration (notation avancée)

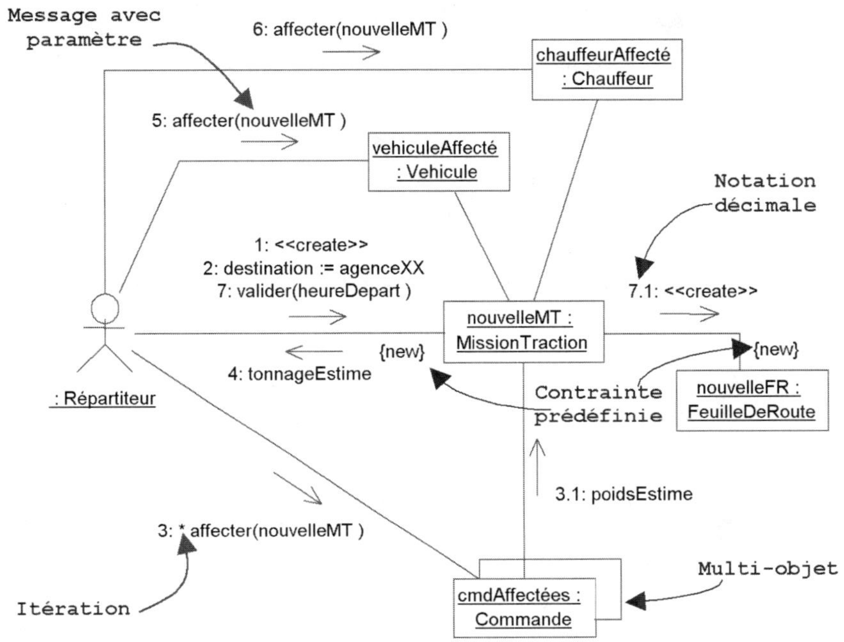

Figure B-24. : Notation graphique étendue du diagramme de collaboration

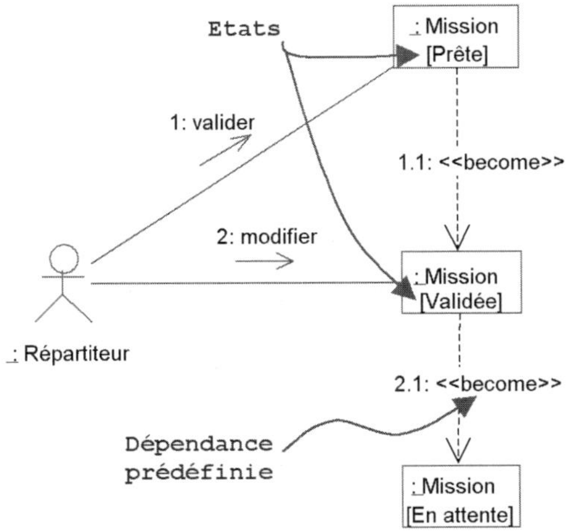

Figure B-25. : Diagramme de collaboration montrant un changement d'état

Diagramme d'états (notation de base)

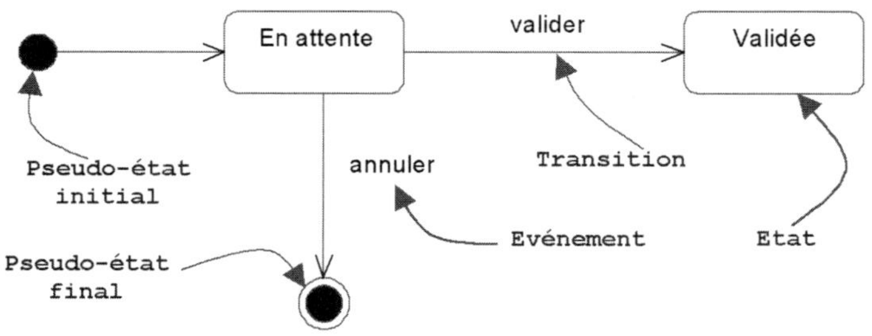

Figure B-26. : Notation graphique de base du diagramme d'états

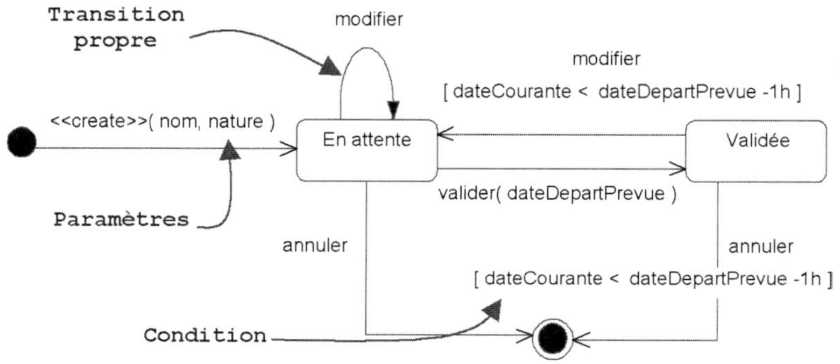

Figure B-27. : Suite de la notation graphique de base du diagramme d'états

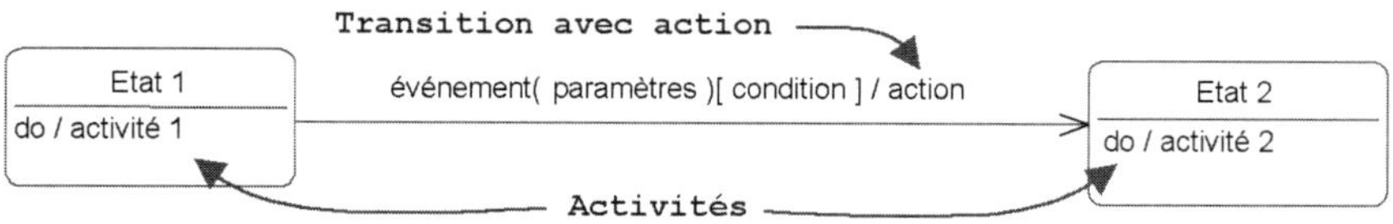

Figure B-28. : Notation des actions et des activités

Diagramme d'états (notation avancée)

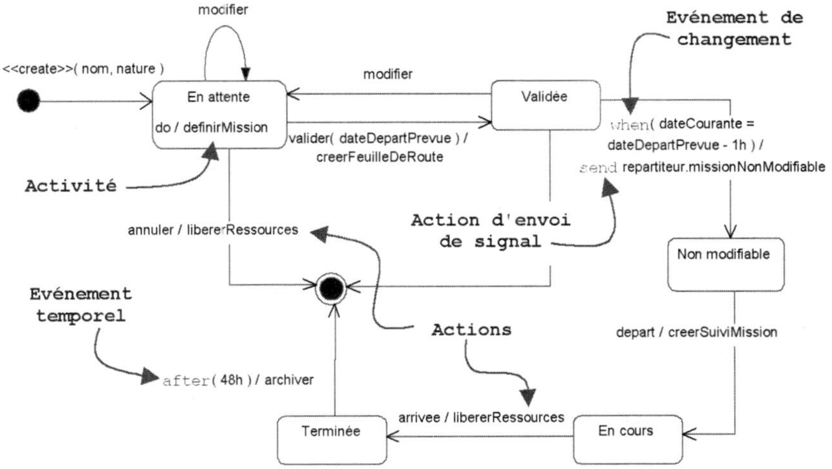

Figure B-29. : Exemples d'événements, d'actions et d'activités

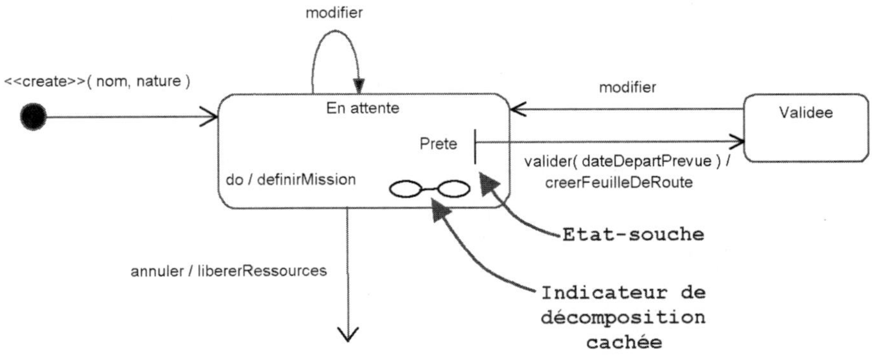

Figure B-30. : Exemple d'état-souche

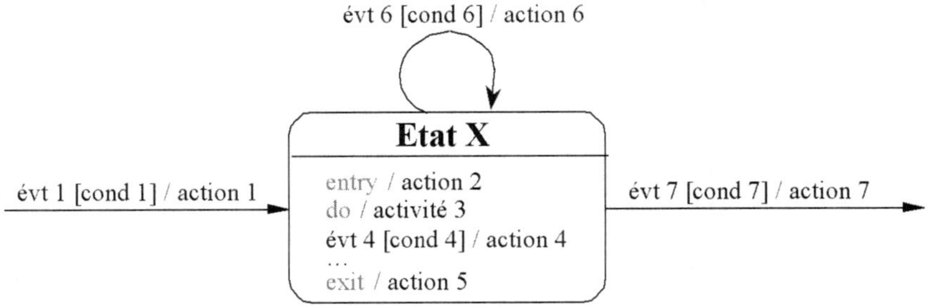

Figure B-31. : Récapitulatif de la notation de base du diagramme d'états

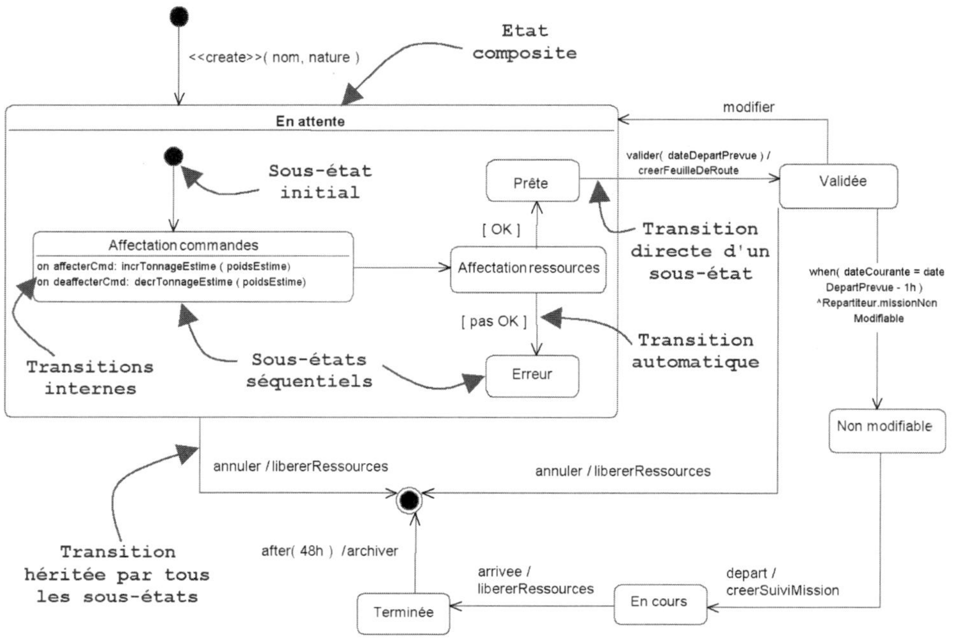

Figure B-32. : Exemple de sous-états séquentiels

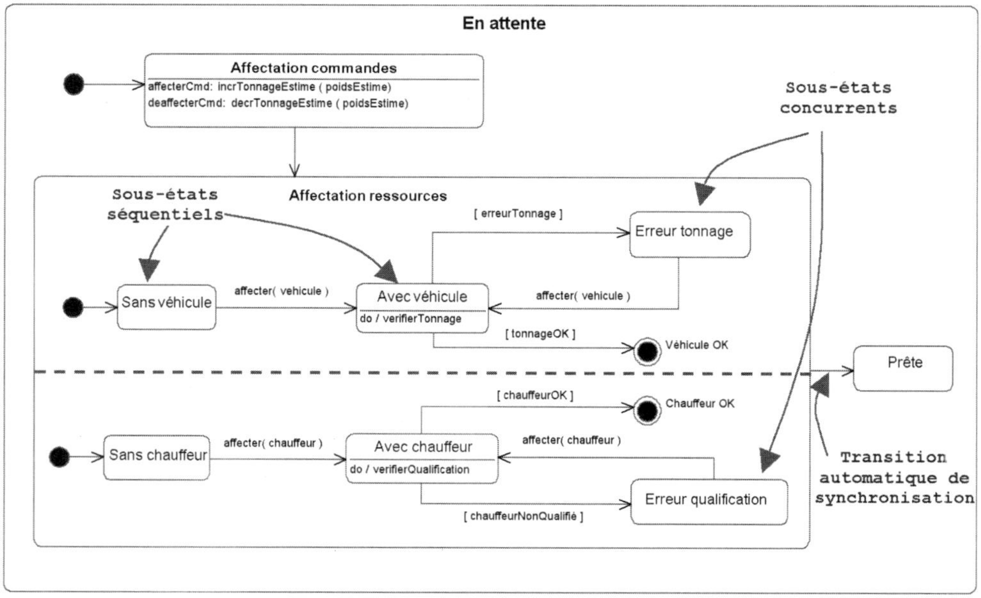

Figure B-33. : Exemple de sous-états concurrents

Conception

Diagramme de classes de conception

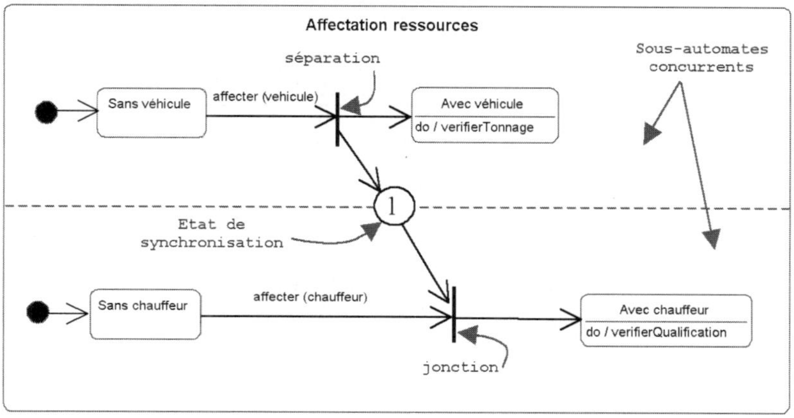

Figure B-34. : Exemple d'état de synchronisation

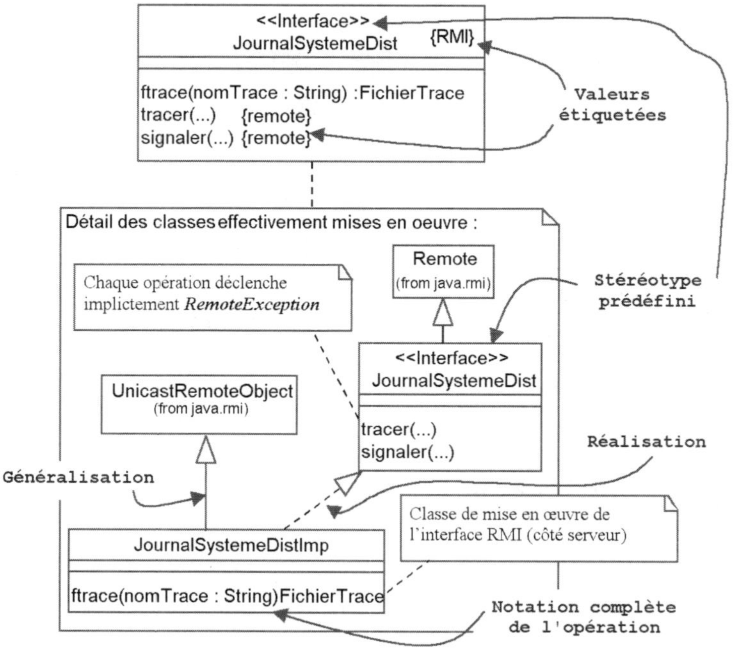

Figure B-35. : Compléments au diagramme de classes en conception

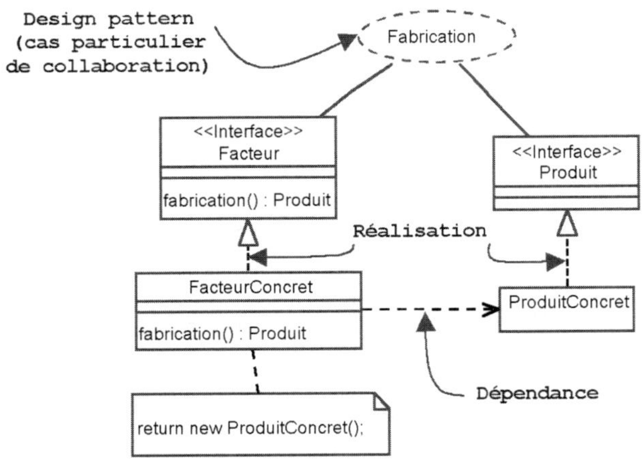

Figure B-36. : Représentation d'un design pattern par une collaboration

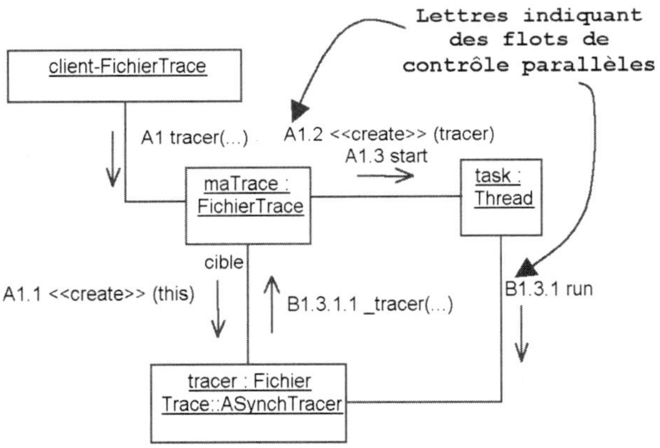

Figure B-37. Collaboration avec flots de contrôle parallèles

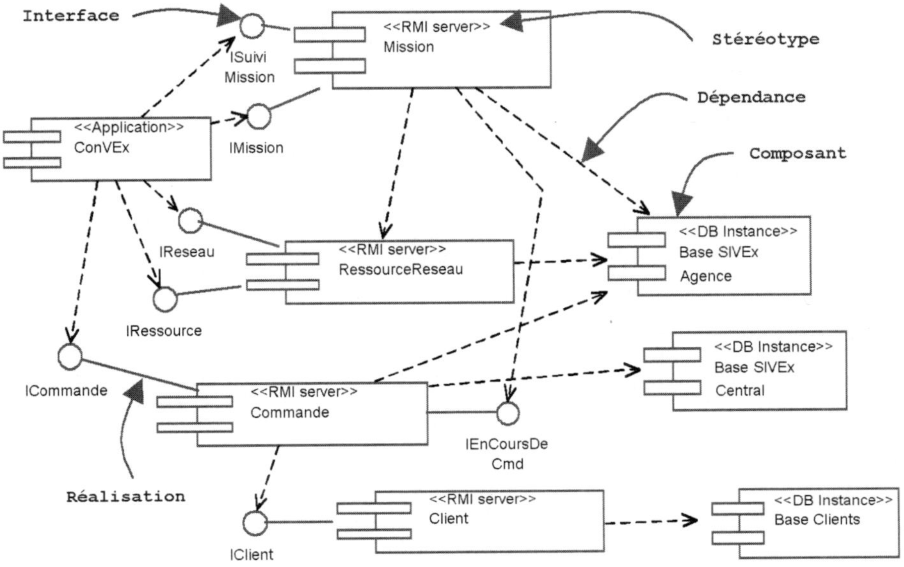

Figure B-38. Compléments au diagramme de composants en conception

Annexe 3 Synthèse des stéréotypes UML

Nous avons établi un récapitulatif des stéréotypes (ou des mots-clés) retenus pour ce livre ou bien utilisés dans nos missions de conseil. Afin de mieux comprendre la portée du stéréotype ainsi que sa sémantique, nous avons classé les explications suivant les huit points de vue de modélisation utilisés dans le processus de développement technique du 2TUP :

- le modèle de spécification fonctionnelle (cas d'utilisation et diagrammes d'interactions) ;
- le modèle structurel (catégories, classes et associations d'analyse) ;
- le modèle de configuration matériel (nœuds et connexions physiques) ;
- le modèle de spécification logicielle (couches logicielles et cas d'utilisation techniques) ;
- le modèle de déploiement (postes de travail, serveurs de base de données, connexions logiques) ;
- le modèle logique (catégories, classes, interfaces, et associations de conception) ;
- le modèle d'exploitation (composants d'exploitation, interfaces, et dépendances d'utilisation) ;
- le modèle de configuration logicielle (sous-systèmes, composants logiciels, et dépendances de fabrication).

Dans les tableaux ci-après, un astérisque caractérise les stéréotypes prédéfinis par UML ([UML-UG 99] ou [UML-RM 99]). Par souci d'homogénéité avec les stéréotypes standards, nous avons adopté une terminologie en langue anglaise même pour les définitions que nous avons spécifiquement présentées.

Modèle de spécification fonctionnelle

Le modèle de spécification fonctionnelle est utilisé à l'étape de capture des besoins fonctionnels, puis à l'étape d'analyse (voir chapitres 3, 4 et 8). Il consiste à découper le système suivant des cas d'utilisation de niveau métier, à organiser en packages ces cas d'utilisation pour obtenir la cohérence des concepts par domaines fonctionnels et à détailler les scénarios d'usage en étudiant les interactions entre objets participants.

Stéréotype ou mot-clé	Élément UML	Définition
actor*	(Classe) Actor	Représente l'abstraction d'un rôle joué par des entités externes (utilisateur, dispositif matériel ou autre système) qui interagissent directement avec le système étudié. Attention : depuis UML 1.3, actor n'est plus considéré comme un stéréotype mais comme un classifieur à part entière.
non human actor	(Classe) Actor	Schématise les acteurs non humains (par opposition aux humains qui conservent le symbole standard du stick man). La remarque ci-dessus s'applique également ; depuis UML 1.3 ce stéréotype s'applique au classifieur Actor.
boundary	Classe	Correspond aux objets qui font la liaison entre le système et ses acteurs, tels que des écrans de saisie ou des capteurs [Jacobson 97].
control	Classe	Concerne les objets qui gèrent des interactions dans le cadre d'un cas d'utilisation [Jacobson 97].
entity	Classe	Représente les objets passifs [Jacobson 97].
extend*	Dépendance	Le cas d'utilisation de base en incorpore implicitement un autre, à un emplacement spécifié indirectement dans celui qui étend.
include*	Dépendance	Le cas d'utilisation de base en incorpore explicitement un autre, à un endroit spécifié dans la base.
use case package	Package	Package contenant des cas d'utilisation (par opposition à category, par exemple) [UML-RM 99].
create*	Message	Indique que l'objet émetteur crée une instance de la classe à laquelle le message est adressé.
destroy*	Message	Spécifie que l'objet émetteur détruit une instance de la classe à laquelle le message est adressé.
terminate*	Message	Action causant la destruction de l'objet qui en est responsable (= suicide de l'objet).

Modèle structurel

Le modèle structurel est utilisé à l'étape d'analyse (voir chapitres 6 et 7). Il consiste à préciser par des classes et des associations les concepts utilisés par l'utilisateur. Le modèle structurel contient des classes de niveau métier ou domaine, et de niveau application. Ce modèle organisé par catégories représente un agencement fonctionnel du système et peut notamment servir à identifier des composants métier.

Stéréotype ou mot-clé	Élément UML	Définition
Category	Package	Consiste en un regroupement logique de classes à forte cohérence interne et faible couplage externe [Booch 96].
Import*	Dépendance	Spécifie que le contenu public du package cible est ajouté à l'espace de nommage du package source
Access*	Dépendance	Indique que le contenu public du package cible est accessible depuis le package source
Metaclass*	Classe	Classe dont les instances sont des classes.
Process*	Classe	Classe active représentant un processus.
Signal*	Classe	Classe représentant une communication explicite entre objets.
InstanceOf*	Dépendance	Relation entre classe et métaclasse ou entre instance et classe.
Model*	Package	Abstraction sémantiquement complète d'un système, à un certain niveau de détail et pour un point de vue particulier.

Modèle de configuration matériel

Le modèle de configuration est utilisé dans l'étape de capture des besoins techniques. Il consiste à disposer les moyens matériels sur lesquels le système doit s'implanter. Ce modèle est l'occasion de spécifier les contraintes de volumétrie des réseaux, de sécurité et de communication.

Stéréotype ou mot-clé	Élément UML	Définition
LAN	Connexion	Spécifie une connexion locale et propre au site d'implantation.
RTC	Connexion	Spécifie une connexion par moyen téléphonique.
WAN	Connexion	Indique une connexion distante, ce qui permet notamment d'identifier des contraintes de sécurité.
Unix NT Mainframe	Nœud	Signale le système d'exploitation présent sur le nœud physique considéré. Cette précision permet d'identifier plus facilement des contraintes d'intégration et de communication.

Modèle de spécification logicielle

Le modèle de spécification logicielle est utilisé lors de la capture des besoins techniques. Il consiste à découper le système en cas d'utilisation techniques, à organiser ces derniers en couches de manière à en répartir les responsabilités logicielles et à détailler les concepts techniques utilisés dans chaque couche.

Stéréotype ou mot-clé	Élément UML	Définition
technical use case	Cas d'utilisation	Spécifie un cas d'utilisation technique, à savoir un ensemble de séquences d'actions techniques d'un exploitant, qui concourent à la réalisation d'une même fonctionnalité technique.
operator	Classe	Exploitant du logiciel, à savoir un acteur qui bénéficie des plus-values techniques du système.
delegate	Dépendance	Dépendance entre deux cas d'utilisation techniques de couches différentes, qui signifie le transfert de responsabilités techniques pour une partie des séquences de résolution.
layer	Package	Précise une couche logicielle, c'est-à-dire une classe de services techniques du système. Les couches s'assemblent verticalement pour réaliser les fonctionnalités techniques du système.

Modèle de déploiement

Le modèle de déploiement est en quelque sorte l'image fonctionnelle du modèle de configuration matérielle. Ce modèle consiste à définir la répartition des différentes machines dédiées aux fonctions du système logiciel. On y trouve notamment la définition des postes de travail.

Stéréotype ou mot-clé	Élément UML	Définition
FAP SQL	Connexion	Connexion logique dédiée au transfert de protocoles de bases de données relationnelles, dans le cadre du système étudié.
IIOP	Connexion	Connexion logique dédiée au transfert de protocoles CORBA, dans le cadre du système étudié.
internal	Connexion	Lien entre nœuds logiques présents sur la même machine physique, ou sur le même cluster.
DB engine	Nœud	Nœud logique qui a la fonction de moteur de base de données.
directory	Nœud	Nœud logique qui assume le rôle d'annuaire d'entreprise.
services	Nœud	Nœud logique qui doit supporter les services pris en charge par un middleware.
software package	Nœud	Nœud logique qui supporte l'exécution d'un progiciel.
workstation	Nœud	Nœud logique qui occupe le rôle de poste de travail dans le cadre du système étudié.

Modèle logique

Le modèle logique est utilisé à toutes les étapes de conception (voir chapitres 9, 10 et 11). Il consiste à préciser, par des classes, la structure et la dynamique du code orienté objet de la solution. Il est organisé à la fois par couches logicielles et suivant les catégories provenant de l'analyse. Sa structure détermine les modèles d'exploitation et de configuration logicielle qui en découlent.

Stéréotype ou mot-clé	Élément UML	Définition
enum(eration)*	Classe	Liste de valeurs nommées, utilisées comme plage de valeurs discrètes pour un type d'attribut [UML-UG 99].
facade	Classe	Classe particulière qui agrège et facilite l'interface d'un package. La classe réalise le design pattern façade (ne pas confondre avec le stéréotype standard de package).
interface*	Classe	Un ensemble d'opérations qui spécifie un service réalisé par une classe ou un composant.
struct	Classe	Liste d'attributs connexes (structure de données), utilisée comme type d'attribut.
table	Classe	Spécifie une table dans une base de données. Standard en tant que stéréotype de composant.
type*	Classe	Ensemble d'attributs, de relations et d'opérations qui précisent une structure réalisée par une classe ou un composant.
utility*	Classe	Indique une classe ne contenant que des attributs et des opérations de classe. Sert à représenter une librairie de fonctions non-objet.
join	Dépendance	Concerne une dépendance entre deux classes de stéréotype table. Exprime une relation de clé étrangère entre deux tables d'une base de données relationnelle.
become*	Message	Spécifie que la cible est le même objet que la source, mais à un instant ultérieur, lorsqu'une valeur, un état ou un rôle a changé.
call*	Message	Indique un appel d'opération synchrone ou asynchrone.
create*	Message	Informe que la cible est créée par la réception du message.
destroy*	Message	Signale que la cible est détruite par la réception du message.
send*	Message	Spécifie l'envoi d'un signal asynchrone.
category	Package	Regroupement de classes à forte cohérence qui présente une interface et une implémentation, et qui constitue un service fonctionnel et technique pour le reste du modèle logique.
design pattern	Package	Regroupement d'éléments du modèle logique qui documentent le fonctionnement d'un design pattern.
interface	Package	Regroupement des concepts d'un package, qui doivent être utilisés et connus pour bénéficier des services offerts par le package.
layer	Package	Regroupement de catégories et de frameworks techniques qui répondent aux exigences d'une couche du modèle de spécification logicielle.
mechanism	Package	Regroupement d'éléments du modèle logique qui documentent un mécanisme. Il documente généralement une valeur étiquetée introduite dans la conception.
technical framework	Package	Regroupement de classes à forte cohérence qui présente une interface et une implémentation et qui constitue un service technique transverse pour le reste du modèle logique.

Modèle d'exploitation

Le modèle d'exploitation est utilisé à toutes les étapes de conception (voir chapitres 9, 10 et 11). Il consiste à préciser par des composants la structure du système logiciel vu par les exploitants. Le modèle d'exploitation est organisé à la fois suivant le modèle de déploiement, les couches logicielles et les fonctions métier. Sa structure sert à installer, dépanner et comprendre le système informatique.

Stéréotype ou mot-clé	Élément UML	Définition
applet	Composant	Composant qui réalise une applet Java.
application	Composant	Composant qui pilote les interactions avec l'un des acteurs du système. Les applications se déploient généralement sur les postes de travail du système.
DB instance	Composant	Composant qui réalise une instance de base de données.
EJB container	Composant	Composant qui implémente un conteneur Enterprise Java Beans.
EJB entity	Composant	Composant qui met en œuvre une entité Enterprise Java Beans.
EJB session	Composant	Composant qui réalise une session Enterprise Java Beans.
executable*	Composant	Composant qui peut être exécuté sur un nœud.
RMI server CORBA server DCOM server RPC server	Composant	Composant dont les services sont distribués par RMI, CORBA, DCOM ou RPC.
EAI Broker	Composant	Composant qui réalise la fonction de distribution des messages de synchronisation de données.
EAI Adapter	Composant	Composant qui réalise la transformation des messages de synchronisation de données en fonction de mise à jour d'une application.
servlet	Composant	Composant qui réalise un servlet Java.
Web server	Composant	Composant constituant un serveur WEB.

Modèle de configuration logicielle

Le modèle de configuration logicielle est utilisé à toutes les étapes de conception (voir chapitres 9, 10 et 11). Il consiste à préciser la façon dont on fabrique les composants d'exploitation à partir des éléments du modèle logique. Le modèle de configuration logicielle est donc organisé suivant le modèle d'exploitation et le modèle logique. Il définit des sous-systèmes comme des étapes de fabrication communes (en cas de réutilisation), et peut spécifier différentes versions logicielles. Sa structure sert à fabriquer le système dans une version donnée et à établir la cartographie des compatibilités entre versions.

Stéréotype ou mot-clé	Élément UML	Définition
ADB	Composant	Spécifie un corps de module ADA.
ADS	Composant	Précise une spécification de module ADA.
document*	Composant	Indique un composant qui représente un document texte. Il peut être utilisé pour spécifier le détail des livraisons de documentation d'un projet.
file*	Composant	Signale un composant qui représente un document de code ou des données.
header	Composant	Indique un fichier header C ou C++.
HTML DHTML Java script	Composant	Spécifie un fichier HTML ou DHTML ou Java script.
JAR	Composant	Précise un fichier d'archive Java.
library*	Composant	Spécifie une librairie statique ou dynamique
makefile	Composant	Signale le fichier makefile d'un projet.
script	Composant	Fait état d'un script (shell) de fabrication, d'installation ou de réalisation du système logiciel.
table	Composant	Pour un composant de configuration logicielle, spécifie le script de construction d'une table dans une base de données.
import	Dépendance	Entre deux composants de configuration logicielle, signale une relation d'import de packages Java.
include	Dépendance	Entre deux composants de configuration logicielle, indique une relation d'inclusion entre header C++.
with	Dépendance	Entre deux composants de configuration logicielle, représente une relation with entre modules Ada.
subsystem*	Package	Spécifie un regroupement de composants dont l'assemblage constitue une étape de fabrication. Le sous-système spécifie un ensemble de composants dont le code est réutilisé, ou dont la cible peut être construite pour différentes versions et/ou configurations.

Annexe 4 Récapitulatif des conseils et des pièges

Cette annexe présente un récapitulatif des différents conseils et des pièges que vous avez pu trouver tout au long du livre. Il se fonde principalement sur les paragraphes repérés par les sigles suivants :

Conseil

NOUS VOUS CONSEILLONS DE...

Ne pas faire

NOUS VOUS DÉCONSEILLONS FORTEMENT DE...

Pour bien distinguer les conseils des pièges, nous avons utilisé l'impératif pour les premiers et l'infinitif pour les seconds.

Nous avons également enrichi cette synthèse avec des considérations plus générales, qui résument en quelque sorte la trame de cet ouvrage.

UML en Action... - Processus et architecture

Conseil

LES CONSEILS

- Distinguez la spécification et le développement des aspects fonctionnels et techniques. Cela constitue les deux axes d'évolution d'un système d'information d'entreprise.

Conseil

- Capitalisez les résultats de la branche fonctionnelle afin de réutiliser les concepts métier de l'entreprise. Vous développez ainsi un premier niveau de description des objets métier de l'entreprise et bénéficiez parallèlement d'un outil pour gérer la connaissance.
- Capitalisez les résultats de la branche droite afin d'appliquer la même architecture technique à plusieurs domaines métier de l'entreprise. De la sorte, vous disposez d'un savoir-faire éprouvé, qui pourra continuer à évoluer indépendamment des systèmes en cours de développement, et être réutilisé pour d'autres développements.
- Développez le système informatique par incréments. Vous mettez ainsi en place un plan d'évolution et d'implantation qui permettra de mesurer concrètement les retours du développement, et d'écarter au plus tôt les risques.
- Construisez un modèle progressivement, par étapes, plutôt que d'accumuler une montagne de documents. De cette façon, vous procédez par niveaux d'abstraction, les plans devenant de plus en plus détaillés pour expliquer comment fabriquer le système informatique, et permettre de vérifier le respect des styles d'architecture.
- Utilisez le paradigme objet pour construire le modèle et UML comme langage d'expression des points de vue du modèle. L'orientation objet permet de travailler sur tous les plans abstraits de construction. UML standardise les notations et les concepts utilisés.
- Vérifiez, grâce au modèle, le respect des styles d'architecture définis pour le système. Chaque niveau d'avancement s'exprime par une évolution du modèle qui doit rester cohérente avec la ligne directrice du projet et conforme aux intérêts du maître d'ouvrage.

Ne pas faire

LES PIÈGES...

- Vouloir construire, en un seul cycle, un produit dont le temps de développement dépasserait 9 mois. On sait que, passé cette date, le projet court un risque majeur d'abandon. Par ailleurs, on ne peut maintenir une équipe motivée que si des résultats tangibles permettent de montrer à moyen terme le résultat de ses efforts.
- Ignorer et ne pas traiter les risques majeurs du développement logiciel. La politique de l'autruche se rencontre encore fréquemment; elle conduit pour une large part au désastre. Une des manières d'échapper à cette règle consiste justement à mettre en œuvre un processus de type UP.

Ne pas faire

- Laisser chacun utiliser le formalisme de son choix, pour accompagner les documentations de représentations personnalisées. C'est la meilleure façon de construire une montagne de documents au détriment d'un modèle. La tour de Babel des acteurs du développement est d'autant plus dangereuse qu'elle se révèle tardivement dans le processus. C'est en effet lors de l'intégration ou de la recette, que les incompréhensions mutuelles se matérialisent, avec toutes les conséquences néfastes que l'on connaît !
- Laisser la liberté des décisions d'architecture, sans concertation, ni ligne directrice. C'est la différence entre une ville et un bidonville. Dans une ville, les réseaux sont rationalisés, dans un bidonville, l'irrationnel règne en maître. Un système sans guide d'architecture donne lieu à une complexité de ramifications, de synchronisations et de réplications qu'il faut sans cesse maintenir sous peine de paralysie.

Capture des besoins - Étude préliminaire

Conseil

LES CONSEILS...

- Définissez en priorité la frontière fonctionnelle du système.
- Les acteurs candidats sont systématiquement : les utilisateurs humains directs (identifiez tous les profils possibles, sans oublier l'administrateur, l'opérateur de maintenance, etc.) et les autres systèmes connexes qui interagissent aussi directement avec le système.
- Stéréotypez, si vous le souhaitez, les acteurs afin de fournir des icônes particulières plus évocatrices pour le lecteur.
- Représentez le contexte dynamique grâce à un diagramme de collaboration. Le système étudié est matérialisé par un objet central ; cet objet est entouré par d'autres objets symbolisant les différents acteurs ; des liens relient le système à chacun des acteurs ; enfin, sur chaque lien, sont montrés les messages en entrée et en sortie du système, sans numérotation.
- Décrivez les messages textuellement. Afin de ne pas surcharger inutilement le diagramme de contexte, il est souvent nécessaire de décrire à part, sous forme textuelle, le détail des messages. On peut aussi déjà distinguer, si c'est pertinent, les messages asynchrones des messages synchrones, ainsi que signaler les messages périodiques.
- Le diagramme de contexte statique n'est pas obligatoire. Ne perdez pas de temps à dessiner un diagramme qui ne montrerait que des multiplicités quelconques (0..*). Ce diagramme est surtout utile lorsque les acteurs sont nombreux, et que l'on veut mettre en évidence les différences qui existent en termes de multiplicités d'instances.

Ne pas faire

LES PIÈGES...

- Se passer du recueil des besoins fonctionnels issu des futurs utilisateurs. Il ne faudra pas se plaindre lors de la recette si le client ne veut pas signer !
- Oublier le recueil des besoins opérationnels : il doit servir de base à la détermination des besoins techniques de la branche droite du Y.
- Reporter les grandes décisions techniques à la conception préliminaire. Le cycle en Y doit nous inciter à tout mettre en œuvre pour que les décisions importantes et dimensionnantes ne soient pas prises trop tard ...
- Répertorier en tant qu'acteurs des entités externes qui n'interagissent pas directement avec le système, mais uniquement par le biais d'un des vrais acteurs.
- Recenser des acteurs qui correspondent en fait à des composants internes au système étudié, voire à de futures classes.
- Confondre rôle et entité concrète. Une même entité externe concrète peut jouer successivement différents rôles par rapport au système étudié, et être modélisée par plusieurs acteurs. Réciproquement, le même rôle peut être tenu simultanément par plusieurs entités externes concrètes, qui seront alors modélisées par le même acteur.
- Privilégier les acteurs « physiques » à la place des « logiques » : l'acteur est celui qui bénéficie de l'utilisation du système. Il a une autonomie de décision, qui ne doit pas se réduire à un simple dispositif mécanique passif. Cette règle permet de s'affranchir dans un premier temps des technologies d'interface, et de se concentrer sur les acteurs « métier », nettement plus stables.
- Perdre du temps à réfléchir aux messages échangés par les acteurs entre eux : c'est complètement hors sujet par rapport du système étudié.

Capture des besoins - Capture des besoins fonctionnels

Conseil

LES CONSEILS...

- Déterminez les besoins fonctionnels en défendant le point de vue des acteurs.
- Distinguez l'acteur principal des acteurs secondaires. Nous appelons acteur *principal* celui à qui le cas d'utilisation produit un résultat observable intéressant. Par opposition, nous qualifions d'acteurs secondaires ceux qui sont seulement sollicités par le système lors du cas d'utilisation, ou qui en retirent un résultat secondaire.

Conseil

- Chaque cas d'utilisation doit faire l'objet d'une définition *a priori* qui décrit l'intention de l'acteur lorsqu'il utilise le système et quelques séquences d'actions qu'il est susceptible d'effectuer. Ces définitions servent à fixer les idées lors de l'identification des cas d'utilisation et n'ont aucun caractère exhaustif.
- Diagramme de cas d'utilisation : détaillez les rôles (principal ou secondaire) et le sens des associations. Par défaut, le rôle d'un acteur est *principal*, si ce n'est pas le cas, précisez explicitement que le rôle est *secondaire* sur l'association, du côté de l'acteur. Si un acteur ne fait que *recevoir* des informations du système, sans rien fournir en retour, ni demander, représentez cette particularité en ajoutant une flèche vers l'acteur sur l'association avec le cas d'utilisation.
- Limitez à 20 le nombre de vos cas d'utilisation : cette limite arbitraire oblige à ne pas se poser trop de questions philosophiques et à rester synthétique.
- Cas d'utilisation : utilisez le style de description adapté. N'oubliez pas qu'un cas d'utilisation a pour but d'exposer comment un acteur particulier utilise le système. La façon dont vous allez décrire cette utilisation dépend de la raison pour laquelle vous la présentez.
- Cas d'utilisation : vous pouvez compléter les descriptions textuelles avec des diagrammes dynamiques simples.
- Vous pouvez généraliser les acteurs. Si un ensemble d'acteurs communiquent de la même façon avec certains cas d'utilisations, on peut créer un acteur généralisé (souvent *abstrait*), qui permettra de factoriser ce rôle commun.
- Regroupez vos cas d'utilisation en packages. Les stratégies principales sont les suivantes : par domaine d'expertise métier, par acteur ou par lot de livraison.
- Pour trouver les premières classes candidates : cherchez les noms communs importants dans les descriptions textuelles des cas d'utilisation ; vérifiez les propriétés « objet » de chaque concept (identité, propriétés, comportement), puis définissez ses responsabilités. Une classe qui comporte plus de cinq responsabilités doit être subdivisée en plusieurs.
- Formalisez ensuite ces concepts métier sous forme de classes et d'associations rassemblées dans un diagramme statique pour chaque cas d'utilisation : le diagramme de classes participantes.
- Assurez la traçabilité des cas d'utilisation avec l'expression des besoins, par exemple grâce à une matrice de traçabilité.

Conseil

- Servez-vous des cas d'utilisation pour définir vos incréments. Identifiez d'abord les cas d'utilisation les plus critiques en termes de gestion des risques. Demandez également au client d'affecter une priorité fonctionnelle à chaque cas d'utilisation. Ces deux critères pouvant être contradictoires, la décision du découpage en incréments incombe néanmoins au chef de projet, qui doit le faire valider par le client.

Ne pas faire

LES PIÈGES...

- Un cas d'utilisation n'est pas une fonction atomique. Une erreur fréquente concernant les cas d'utilisation consiste à vouloir descendre trop bas en termes de granularité. Un cas d'utilisation représente bien *un ensemble de séquences d'actions* réalisées par le système. Il ne doit en aucun cas se réduire à une seule séquence (on parlera alors de *scénario*), et encore moins à une simple action.
- Réinventer les méthodes fonctionnelles. Paradoxalement, malgré l'apparente simplicité du concept de cas d'utilisation, il existe des risques importants de mauvaise utilisation liés à leur nature fonctionnelle (et non objet), la difficulté de savoir à quel niveau s'arrêter. N'oubliez pas : les cas d'utilisation ne doivent pas être une fin en soi, mais simplement servir (et ce n'est déjà pas si mal !) à dialoguer avec le client et à démarrer l'analyse orientée objet, en identifiant les classes candidates.
- Mélanger l'IHM et le fonctionnel. Une erreur fréquente concernant les cas d'utilisation consiste à les rendre dépendants d'un choix prématuré d'interface homme-machine. Elle conduit alors à les redocumenter complètement à chaque évolution d'interface, alors qu'il s'agit en fait du même cas d'utilisation fonctionnel.

Capture des besoins - Capture des besoins techniques

Conseil

LES CONSEILS...

- Définissez en premier lieu le style d'architecture à niveaux requis pour le système. Il convient de préciser rapidement la portée géographique et organisationnelle du système. Il est évident qu'un système à 2 ou 3 niveaux n'a pas le même coût. En outre, la promotion d'un système de niveau départemental à un niveau d'entreprise est souvent fort onéreuse.
- Structurez les spécifications d'exploitation technique à partir du modèle de configuration matérielle. Du fait de leur existence, les machines imposent des contraintes de performances et d'intégration qu'il convient de porter à la connaissance de tous les acteurs du projet.

Conseil

- Définissez en second lieu le style d'architecture en tiers et précisez son influence sur le modèle d'exploitation. Le développement d'un système 2-tiers, 3-tiers ou n-tiers n'a pas le même coût et ne requiert pas les mêmes outils de développement.
- Développez les besoins techniques en défendant le point de vue des exploitants. À cet effet, nous avons introduit la notion de cas d'utilisation technique.
- Définissez en troisième lieu le style d'architecture en couches, pour répartir l'expression des besoins techniques. Pour des systèmes client/serveur, considérez les cinq couches : présentation, application, métier, accès aux données et stockage des données.
- Établissez un dictionnaire de termes techniques. Que l'on soit sur la branche fonctionnelle ou technique, les dictionnaires constituent une partie importante du modèle ; ils apportent une précision sémantique indispensable à l'élaboration de concepts complexes.

Ne pas faire

LES PIÈGES...

- Spécifier l'usage d'outils logiciels mal adaptés à un système d'entreprise. C'est fréquent lorsqu'on ne considère que des aspects fonctionnels. Les plates-formes de développement 2-tiers facilitent le développement de fonctions, mais n'ont pas été prévues pour faire face à des systèmes répartis.
- Spécifier un style d'architecture 2-tiers pour un système d'entreprise. Conformément au piège cité précédemment, le 2-tiers n'est pas adapté aux systèmes répartis, à forte exigence de disponibilité, et pour un nombre important d'utilisateurs.
- Concevoir les fonctionnalités techniques sans les spécifier au préalable. La spécification permet d'évaluer les priorités et d'analyser la valeur. Sinon, la conception risque soit d'en faire trop, soit pas assez. Il n'existe par ailleurs aucun critère pour organiser les développements en incréments.
- Coder directement les cas d'utilisation techniques sans les concevoir. La conception est une phase importante pour organiser, optimiser et réutiliser le code à développer.

Analyse - Découpage en catégories

Conseil

LES CONSEILS...

- La classe est une entité de structuration trop petite dès qu'on entreprend un projet réel. Au-delà d'une douzaine de classes, regroupez les classes fortement reliées (par des associations, généralisations, etc.) en unités plus grandes. Booch a introduit le concept de *catégorie*, pour nommer ce regroupement de classes, qui constitue la brique de base de l'architecture logique.
- Pour le découpage en catégories, fondez-vous sur l'ensemble des classes candidates identifiées durant la phase précédente, ainsi que sur deux principes fondamentaux : l'homogénéité et l'indépendance. Le premier principe consiste à regrouper les classes sémantiquement proches. À cet égard, il faut chercher l'homogénéité au niveau des critères suivants : finalité, évolution et cycle de vie. Le deuxième principe a pour but de renforcer ce découpage initial en s'efforçant de minimiser les dépendances entre catégories.
- Une catégorie d'analyse contient moins de 10 classes.
- Minimisez les dépendances entre catégories. Aidez-vous des dépendances souhaitées entre catégories pour prendre des décisions sur le sens des relations entre classes : associations, généralisations, et par la suite en conception : dépendances et réalisations.

Analyse - Développement du modèle statique

Conseil

LES CONSEILS...

- Parmi les classes candidates, éliminez : les classes redondantes ou vagues, les attributs, les rôles, les acteurs non gérés, les classes de conception ou représentant des groupes d'objets.
- Parmi les associations candidates, éliminez les associations non structurelles (ou dynamiques) et les associations redondantes.
- Soyez très précis avec les multiplicités des associations. Elles doivent être vérifiées à tous les moments du cycle de vie des instances.
- Dans un modèle d'analyse, gardez uniquement comme attributs les propriétés simples des classes que le système doit mémoriser et manipuler.
- Nommez de préférence les associations avec des noms de rôle.
- Distinguez les attributs dérivés. En analyse, un attribut dérivé indique seulement une contrainte entre deux propriétés, un invariant, et pas encore ce qui doit être calculé par rapport à ce qui doit être stocké.

Conseil

- Distinguez les attributs de classe.
- Identifiez les classes d'association.
- Utilisez les qualificatifs, sans oublier la modification de la multiplicité de l'autre côté de l'association.
- Vos généralisations doivent respecter le principe de substitution.
- Répartissez bien les responsabilités. Vérifiez en particulier si elles sont cohérentes et homogènes. Identifiez à bon escient les métaclasses *TypeXXX*.
- Ajoutez les contraintes entre associations.

Ne pas faire

LES PIÈGES...

- Donner trop de responsabilités à une classe.
- Confondre objet physique et objet logique, en d'autres termes une entité et sa description.
- Confondre composition et agrégation.
- Utiliser un concept du domaine comme type d'un attribut. À la place, il faut modéliser le concept comme une classe et le relier à la classe de l'attribut par une association.
- Un autre défaut fréquent consiste à bien décrire l'association entre les deux classes, mais à ajouter tout de même un attribut du type de l'autre.
- Utiliser la notation complète de l'attribut en analyse. Outre le nom (obligatoire), les seules déclarations intéressantes sont la valeur initiale et la contrainte `{frozen}`.
- Il n'y a plus d'attribut d'association depuis UML 1.3. Il faut obligatoirement une classe d'association de même nom que l'association.
- Répertorier les opérations implicites en analyse : création et destruction d'instances, manipulation des attributs, création et destruction de liens. De même, les opérations « non métier », liées à l'IHM ou au stockage physique, seront ajoutées ultérieurement.
- Utiliser la notation complète de l'opération en analyse. Le nom de l'opération et un commentaire textuel suffisent largement.
- Abuser de la généralisation/spécialisation. Réservez-la pour mettre en évidence des différences structurelles entre classes.
- Avoir des réticences face à la généralisation multiple en analyse, même si vous savez que vous ne pourrez pas l'utiliser en conception détaillée.

Analyse - Développement du modèle dynamique

Conseil

LES CONSEILS...

- Le diagramme de séquence et le diagramme de collaboration contiennent en fait la même information : ils sont sémantiquement équivalents. Vous pouvez partir d'une des deux formes et la convertir dans l'autre, sans perte d'information. Si l'on veut mettre l'accent sur l'aspect chronologique des communications entre objets, il vaut mieux choisir le diagramme de séquence. Si l'on veut souligner les relations structurelles des objets qui interagissent, il vaut mieux choisir le diagramme de collaboration.
- Pour ne pas multiplier les diagrammes, nous vous conseillons de regrouper plusieurs scénarios sur un même diagramme s'ils représentent des variantes très proches. Vous utiliserez alors des notes textuelles en marge des diagrammes.
- En analyse, utilisez de préférence le concept de signal, qui a une sémantique plus simple que l'appel d'opération.
- Pour trouver les états d'une classe, utilisez trois démarches complémentaires : une recherche intuitive reposant sur l'expertise métier, l'étude des attributs (valeurs seuil) et des associations ainsi que l'étude systématique des diagrammes d'interactions.
- Servez-vous des pseudo-événements `when` et `after`. Ils améliorent la lisibilité des transitions.
- Préférez les transitions internes aux transitions propres. Méfiez-vous des effets de bord intempestifs des transitions propres : actions de sortie et d'entrée, redémarrage de l'activité et retour dans le sous-état initial.
- Validez les diagrammes d'états avec les diagrammes d'interactions. Vérifiez en particulier que les diagrammes d'états des classes impliquées dans les diagrammes d'interactions prennent bien en compte tous les scénarios décrits, et ce de façon correcte.
- Complétez les diagrammes de classes avec les attributs et opérations identifiées grâce à l'analyse dynamique.
- Aidez-vous du concept de stabilité pour choisir entre statique et dynamique : les éléments les plus stables par des concepts statiques (classe, association, etc.), les autres par des concepts dynamiques (message, état, etc.).

Ne pas faire

LES PIÈGES...

- Chercher l'exhaustivité des scénarios. Il est clair que la combinatoire des enchaînements entraîne un nombre illimité de scénarios potentiels ! On ne peut pas tous les décrire. Il faudra faire des choix et essayer de trouver le meilleur rapport « qualité/prix ».
- Perdre du temps à dessiner des diagrammes d'états contenant seulement deux états (de type « on/off »), voire un seul. Cela signifie que la dynamique de la classe est simple et peut être appréhendée directement. En suivant cette règle, il est habituel que seulement 10 à 20% des classes aient besoin d'une description détaillée sous forme de diagramme d'états.
- Confondre action et activité : les *actions* sont associées aux transitions et sont considérées comme atomiques ou ininterruptibles par rapport à l'échelle de temps considérée ; les *activités*, au contraire, ont une certaine durée, sont interruptibles et sont donc associées aux états.
- Se contraindre à utiliser toutes les subtilités des diagrammes d'états. Le formalisme du diagramme d'états UML (avec son dérivé, le diagramme d'activités) est très puissant, mais aussi très complexe. Néanmoins, le lecteur qui n'en maîtrise pas toutes les arcanes risque de s'en trouver désorienté.

Conception d'architecture - Conception générique

Conseil

LES CONSEILS...

- Organisez les services techniques en *frameworks* techniques. Les *frameworks* techniques sont concrets s'ils se suffisent à eux-mêmes et peuvent donner lieu à des composants d'exploitation à part entière. Ils sont abstraits lorsqu'ils nécessitent la connaissance d'un contenu fonctionnel pour être réalisés.
- Utilisez UML comme langage de communication entre concepteurs. En dehors du modèle, UML devient un vecteur d'échanges très utile pour les concepteurs, et ce en toutes circonstances.
- Déterminez les mécanismes récurrents avec des valeurs étiquetées. Les diagrammes s'en trouvent allégés et il est de la sorte plus aisé de factoriser les mêmes savoir-faire dans le projet.
- Utilisez les *design patterns* pour la conception. Vous bénéficierez de la sorte des meilleures pratiques de conception objet, et pourrez les diffuser.
- Réutilisez pour concevoir et concevez pour réutiliser. Cette directive vous permettra d'améliorer la documentation, la robustesse et l'organisation du système développé.

Conseil

- Identifiez les composants d'exploitation qui prennent en charge les services génériques d'après les *frameworks* techniques concrets. Ces composants peuvent faire l'objet d'un développement pour le prototype d'architecture.
- Définissez l'influence des *frameworks* techniques dans le modèle de configuration logicielle. C'est un outil qui permet d'étudier l'intégration de l'architecture technique et d'organiser la réutilisation de code.
- Utilisez un générateur de code à bon escient. Le générateur est intéressant pour créer des squelettes de code. Il est rentable à partir de 150 à 200 *classes*frameworks*.
- Développez un prototype comme preuve de concept de la conception générique. La conception d'architecture constitue l'épine dorsale du système en développement. Le prototype permet de vérifier la réponse aux besoins techniques et de tester la robustesse des composants génériques.

Ne pas faire

LES PIÈGES...

- Concevoir sans concertation. La conception reste un travail d'équipe. D'une part, il y a intérêt à partager les même techniques, mécanismes et *design patterns*. D'autre part, l'architecte logiciel doit transmettre et vérifier le respect des styles d'architecture.
- Réutiliser sans coordination. La réutilisation n'est pas une simple initiative au niveau d'un développeur ou d'un projet. Elle nécessite un pilotage, une implication et un investissement au niveau de la direction.
- Sous-estimer le coût d'un générateur de code. Le développement d'un générateur de code est un projet dans le projet dont le coût peut surprendre s'il n'a pas été planifié et estimé.

Conception - Conception préliminaire

Conseil

LES CONSEILS...

- Construisez en premier lieu le modèle de déploiement de manière à tomber d'accord sur la conception des postes de travail avec les utilisateurs.
- Identifiez les applications à déployer sur les postes de travail, à partir des cas d'utilisation métier.
- Déterminez les composants métier à déployer sur les serveurs, à partir des catégories d'analyse.

Conseil

- Identifiez les instances de base de données, à partir des contraintes de volumétrie sur le réseau, d'optimisation, de partage d'informations et de réutilisation.
- Consolidez le modèle d'exploitation pour chaque application du système. Cela donne une idée des interfaces de chaque composant et permet à l'exploitant d'obtenir une cartographie des fonctions implémentées sur le système.
- Exploitez les définitions d'IHM tout au long du processus de développement. Cela permet principalement de faire participer les utilisateurs au processus et de recueillir leurs réactions. De la sorte, il est également possible d'identifier les parties d'IHM réutilisables.
- Conservez l'identification des couches logicielles pour organiser le modèle logique. Une technique proposée consiste à considérer tour à tour chaque composant d'exploitation et à étudier la projection des catégories d'analyse sur chacune des couches logicielles.
- Utilisez le *design pattern* Façade pour développer l'interface des composants distribués.
- Concevez la structure objet des IHM. Vous pourrez ainsi structurer les catégories des couches de présentation et de l'application.
- Organisez la configuration logicielle en sous-systèmes. Vous disposerez ainsi des cibles de fabrication et d'une cartographie permettant de tracer plusieurs versions et configurations.

Ne pas faire

LES PIÈGES...

- Démarrer la conception du modèle logique sans définir au préalable le déploiement et les composants d'exploitation. Le modèle logique doit être orienté vers les cibles du développement. Dans le cas inverse, les développeurs risquent d'en faire trop ou pas assez, et se limiteront difficilement dans le cadre de l'incrément défini.
- Ne pas organiser le modèle logique. Dans ce cas, des dépendances inextricables réduiront inévitablement les capacités d'évolution, de maintenance et de robustesse du code produit.
- Ignorer le modèle de configuration logicielle peut être fortement préjudiciable à un projet, en l'absence de règles précises de fabrication et de compatibilité entre versions.

Conception - Conception détaillée

Conseil

LES CONSEILS...

- Utilisez le *design pattern* Etat pour concevoir les classes qui réalisent les processus de l'application et du métier.
- Utilisez les *design patterns* Itérateur et Curseur pour concevoir les associations dont les accès sont distribués et/ou concurrents.
- Réifiez les opérations qui possèdent des états et des attributs implicites.
- Utilisez le *design pattern* Stratégie lorsqu'une même opération s'adresse à une hiérarchie de classes, et que son traitement est polymorphe.
- Développez le diagramme d'états des fenêtres d'IHM qui accompagnent un processus de l'application.
- Attachez une classe contrôleur à chaque fenêtre, pour gérer les états de présentation de la classe et piloter les commandes déclenchées sur la fenêtre.
- Utilisez le *design pattern* Observateur pour synchroniser les changements opérés entre les couches de présentation et de l'application, tout en respectant un couplage unidirectionnel entre les deux couches.
- Recourez au *design pattern* Commande pour piloter systématiquement les actions de l'utilisateur.
- Servez-vous du *design pattern* Référence futée pour distribuer les liens entre objets d'un graphe.
- Utilisez les techniques nominales de transformation du modèle objet en modèle relationnel, de manière à faciliter la traçabilité de conception de la couche de stockage des données.
- Quant au modèle de configuration logicielle, il vous permettra d'identifier les dépendances entre modules de code tels les que packages Java, les modules Ada, ou les *headers* C++.

Ne pas faire

LES PIÈGES...

- Réutiliser sans coordination. Cette initiative ne doit pas être prise au niveau d'un développeur ou d'un projet. Elle nécessite un pilotage, une implication et un investissement de la part de la direction.
- Mélanger dans la couche de présentation le code de gestion de la présentation, de l'application et du métier. C'est le style par défaut qui est proposé par la plupart des plates-formes de développement client/serveur. Y souscrire réduira inévitablement les capacités d'évolution, de maintenance et de robustesse du produit, sans apporter de réduction notable dans le coût du développement.

Si vous avez eu le courage de nous lire jusqu'au bout et de parcourir soigneusement les différentes annexes, vous apprécierez cette ultime précision qui établit une analogie entre l'organisation du modèle logique et quelques spécialités culinaires italiennes ...

Étude

DU CODE SPAGHETTI AU CODE CANNELLONI EN PASSANT PAR LES RAVIOLIS !

À la glorieuse époque du développement par fonctions, il était d'usage de tracer à la règle, en marge des listings, la succession des appels de fonctions. Bien que le *goto* ait été déjà sévèrement proscrit pour le plus grand bonheur des relecteurs de code, il n'en était pas moins vrai qu'une dizaine d'appels de fonctions imbriquées suffisait à faire oublier l'intention de départ. La succession et l'imbrication des appels de fonctions donnait lieu à une myriade de traits en marge des listings qui n'était pas sans rappeler le plat de spaghetti, et l'effort du relecteur se résumait à la maxime suivante : « Essayez de suivre visuellement les méandres d'un bout à l'autre d'un spaghetti, au sein d'une assiette bien garnie ».

L'arrivée des langages orientés objet suscita l'espoir de venir à bout du code spaghetti, en offrant la possibilité de regrouper par responsabilités toutes les méthodes de réalisation d'un même objet du « monde réel ». À cette époque, l'idée d'organiser les objets n'était pas encore de mise, puisque ceux-ci s'organisaient d'eux-mêmes comme dans le monde réel. Le code de chaque classe prise une à une pouvait être examiné et compris. Cependant, une fois assemblées dans le système, les interactions multiples entre classes formaient un imbroglio peu intuitif. Cela évoquait terriblement le plat de raviolis, et le problème du relecteur tenait en ces termes : « Extrayez un ravioli d'une assiette, et étudiez le pour comprendre sa forme et son contenu ; c'est jusqu'ici facile. Replacez-le dans l'assiette et étudiez ses relations avec les autres raviolis ; c'est beaucoup plus difficile ».

Aujourd'hui, l'arrivée des pratiques issues des processus UP met plus l'accent sur l'organisation en couches et sur l'orientation composant. « Le cannelloni, bien que plus gros, offre les mêmes facilités d'étude que le ravioli. Une fois dans l'assiette, le cannelloni est assemblé en couches et en partitions et il ne communique pas avec n'importe quel autre cannelloni suivant sa position dans l'assiette ». On peut donc déclarer que le cannelloni constitue le modèle d'organisation du logiciel de l'an 2000, à charge de trouver mieux dans les prochaines années...

Index

B

C

D

E

F

G

H

I

M

N

O

P

Q

R

S

T

U

V

W

Imprimé en France
Dépôt légal : Novembre 2002
N° d'éditeur : 6855

Achevé d'imprimer le 18 novembre 2002
sur les presses de l'imprimerie «La Source d'Or»
63200 Marsat
Imprimeur n° 11191